2/93

IGNÁCIO
DE LOYOLA
BRANDÃO

KEIN LAND WIE DIESES

AUFZEICHNUNGEN AUS DER ZUKUNFT

Aus dem Portugiesischen von Ray-Güde Mertin

VERLAG VOLK UND WELT
BERLIN

ISBN 3-353-00585-4

1. Auflage
Lizenzausgabe des Verlages Volk und Welt, Berlin 1990
für die Deutsche Demokratische Republik
mit Genehmigung des Suhrkampverlages, Frankfurt am Main
L. N. 302, 410/102/90

Originalausgabe: *Não verás país nenhum*, erschienen bei Global Editora,
São Paulo;
Printed in the German Democratic Republic
Einbandentwurf: Hans-Joachim Petzak
Satz, Druck und Einband: Karl-Marx-Werk Pößneck V15/30
LSV 7364
Bestell-Nr. 649 088 5

01080

Und als ich dieses Kap
erreichte, strömte mir
ein so süßer, sanfter Duft
von Blumen und Bäumen
des Landes entgegen,
daß es das Köstlichste
auf der Welt war.

COLUMBUS, 1503
vor dem Cabo Hermoso

Amerika voller Bäume
wildes Gebüsch zwischen
den Meeren
von Pol zu Pol wiegtest du,
grüner Schatz, deinen Wald.

PABLO NERUDA
in *Canto General*

Das unerklärliche
Entsetzen, zu wissen, daß
dieses Leben wahrhaft ist.

FERNANDO PESSOA
in *O Horror de Conhecer*

Erde atmen
und nichts wissen
wollen von Grenzen –

CLARA ANGÉLICA
alternative Dichterin aus
Olinda in *Cara no Mundo*

Für Angela Rodrigues Alves
Und für Geraldo Alves Machado, der diese Widmung nicht mehr erlebt hat.

Das Vaterland

Liebe treu und stolz die Erde, die dich gebar!
Kind! Kein Land wie dieses siehst du immerdar!
Schau! Welch Himmel, Meer und Ströme, welche Flur!
In dauernder Feier gleicht die Natur
der Mutterbrust üppig zärtlichem Wogen.
Sieh! Welches Leben da drunten, und droben
wiegt sich's in Lüften und schwankendem Zweigegewirr!
Sieh! Welches Licht, welche Wärme, welches Geschwirr!
Sieh! Die Weite der Wälder, leuchtend und verziert
und fruchtbar von ewigem Frühling regiert!

Gute Erde! Die du dem Strebsamen nie verwehrt
das Dach, das ihn schützt, das Brot, das ihn nährt . . .

Wer mit seinem Schweiße dich befruchtet und benetzt,
sieht seiner Mühe Lohn, sich reich und glücklich schätzt!

Kind! Kein Land wie dieses siehst du immerdar!
Erstrebe die Größe der Erde, die dich gebar!

Olavo Bilac

(Olavo Bilac [1865–1918], herausragender Vertreter des brasilianischen Parnaß, gründete die Brasilianische Academia de Letras und war einer der populärsten Dichter seiner Zeit. Das hier aufgeführte Gedicht ist jedem Schulkind bekannt. A. d. Ü.)

Die Sirenen heulten die ganze Nacht, unaufhörlich. Schlimmer als die Sirenen war jedoch das Schiff, das sank, während die Köpfe der Kinder zerplatzten.

Mefitisch. Der Gestank kommt von den Leichen, vom Müll und den Exkrementen, die sich jenseits der *Erlaubten Offiziellen Kreise* in der Gegend der *Ärmstenlager* aufhäufen.

Hoffentlich hört niemand, daß ich jene Regionen mit den von uns verwendeten Namen bezeichne. Ich wage nicht, mir auszumalen, was dann mit mir geschehen würde. Vermutlich *Isolation.*

Sie haben alles versucht, um diesen Gestank nach Tod und Zersetzung, der uns unentwegt quält, zu beseitigen. Wirklich? Erreicht haben sie nichts. Die lustig gelb und grün angemalten Lastwagen kippen Tag und Nacht Tote aus. Wir wissen es, weil man so etwas einfach weiß. Das ist eben so.

Es bleibt keine Zeit, alle Leichen zu verbrennen. Sie stapeln sie und warten. Die Abwässer fließen durch schmale, offene Rinnen ins trockene Flußbett. Siebenundsiebzig Hügel Müll schlängeln sich dahin, und alle sind bewohnt. Die Sonne brennt viel zu stark, sie zersetzt das Fleisch und läßt es in wenigen Stunden verfaulen.

Der bestialische Gestank der Toten vermischt sich mit dem von wirkungslosen Insektenvertilgungsmitteln und Formalin. Nachmittags, bei Inversion, blutet einem die Nase von dem beißenden Geruch. Er dringt durch die vorgeschriebenen Masken, trocknet den Mund aus, die Augen tränen, die Haut wird rissig. Die Tiere auf dem Erdboden gehen davon zugrunde.

Verpestete Luft ringsum, die eine Batterie kräftiger Ventilatoren vergebens zu vertreiben sucht. Weit weg von den Grenzen des *oikoumenê,* ein Wort, das die Soziologen in ihrem Müßiggang wieder aus der Antike hervorgeholt haben, um damit den winzigen Raum, auf dem wir leben, zu bezeichnen. Leben?

Ich drehte mich erschrocken um. Adelaide hatte in zweiunddreißig Ehejahren noch nie einen Schrei von sich gegeben. Dreizehn vor acht. In vier Minuten mußte ich an der Haltestelle sein, sonst würde ich den S-7. 58 verpassen, die mir zugewiesene Linie. Merkwürdig, sie wußte. Und warum wollte ich mich dann noch mehr verspäten.

»Was ist?«

»Das Jackett. Hast du es vergessen?«

»Ich kann dieses Jackett nicht ausstehen. Ich schwitze den ganzen Tag darin.«

»Aber ohne lassen sie dich nicht arbeiten.«

»Schön wär's.«

Adelaide blickte mich mißtrauisch an. Beunruhigt prüfte ich ihr Gesicht und fragte mich. Eine Frage, zu der mir der Mut fehlt. Wenn ich sie zulasse, nimmt sie Form an, und es fällt mir wie Schuppen von den Augen. Ob es sich nach so vielen Jahren lohnt, zu sehen? Jetzt zu reagieren? Ich überlege: Und wenn es sich lohnte?

Wir frühstückten jeden Tag zusammen. Dann begleitete sie mich zur Tür. Ich setzte den Hut auf (man trägt wieder Hut), streichelte ihre linke Schulter (ich weiß nicht einmal mehr, ob wir dabei noch etwas empfinden) und sah auf die Uhr. Ich bekam Angst, wenn ich zu spät dran war.

»Sieh mal, der Nebel hängt tief. Es wird sehr heiß werden.«

Jeden Tag fällt der Nebel noch tiefer. Werden wir es aushalten, wenn er alles einhüllt? Vor sechs Monaten schwebte er in der Luft wie die Kuppel einer gigantischen Kathedrale. Die drückende Hitze heizt die Stadt auf, brennt einen aus. Manchmal zieht der Nebel fort. Es bleibt der Gestank, und man möchte sich übergeben. Der Kopf glüht.

»Konntest du denn schlafen?«

»Wo die ganze Nacht die Sirenen geheult haben?«

»War es nicht Alarm wegen Einbruchs? Ich bringe das immer durcheinander.«

»Feuer. Das spannt meine Nerven bis zum Zerreißen.

Sogar Schlaflosigkeit halte ich aus. Aber dieser Alarm macht mich verrückt.«

»Reicht nicht schon die höllische Wärme am Tage? Jetzt nachts auch noch Brände?«

»Es ist alles ausgedörrt.«

»Weißt du noch, damals, als die Benzintanks explodierten? Als die Gebäude ununterbrochen brannten? Es gab in jedem Haus ein Depot, gleich nach der Periode der *Unglaublichen Rationierungen.*«

Ich nahm das graue Jackett mit. Synthetisches Gewebe, das undurchlässig ist. Sie hatten behauptet, die Wärme dringe nicht durch. Von wegen. Genau wie Kaschmir. Es erdrückt mich. Ich sah die auf dem Tisch aufgestapelten Kalender, sie nahm sie gerade von den Wänden. Herrje! Heute mußte der 5. Januar sein. Was geht mich das an?

In diesem Haus zeigen die Kalender immer den ersten Tag des Jahres an. Die rote 1, universale Brüderlichkeit. Das Rot bleicht aus, am Jahresende ist es rosa geworden. Jeden Tag macht Adelaide sauber. Stundenlang wischt sie im Wohnzimmer, in der Küche, im Schlafzimmer den Staub von den Kalendern. Sorgfältig.

Die ewige 1. Es ist nicht nötig, die Zeit einzuteilen, es reicht, wenn man sie zurückläßt, sagte sie mir einmal. Was nützt es, zu wissen, welcher Tag heute ist? Die Stunden, ja, die sind wichtig. Der Tag hat eine feste Ordnung. Zu jeder Stunde etwas Bestimmtes. Es ist besser, einen einzigen Tag ohne Ende zu erleben. Was geschehen soll, ist in ihm enthalten.

Jetzt wird mir etwas klar. Es schien nicht von ihr zu kommen. Eine stille Frau, Ex-Buchhalterin bei der Eisenbahn. Nie redete sie. Sie nahm alles hin, und wenn sie sich ärgerte, merkte man das nur, weil sie schwieg und sich unter den Augen rieb. An dieser Stelle entstanden dann Fältchen, und die Augen wurden länglich wie die einer Japanerin.

Zu Jahresbeginn sammelte sie die Kalender ein und wikkelte sie in Packpapier. Wenn ich am 5. wegging, bat sie mich: »Vergiß das Papier nicht.« Das wiederholte sie zweiunddreißig Jahre lang. Ich erinnerte mich nie, sie vergaß es nie. Unweigerlich sagte sie diesen Satz, wenn wir uns um dreizehn vor acht verabschiedeten.

Automatisch wurden die Kalender am 5. Januar ersetzt. Morgens. Adelaide nahm sie ab. An diesem Tag blieb ich nicht in der Stadt, sondern kam zum Mittagessen nach Hause. Nach dem Essen legte ich mich immer etwas hin. Aber jetzt lassen das stickige Zimmer und der Schweiß mich nicht schlafen.

Und trotzdem bleibe ich im Zimmer. Beim Hinausgehen sehe ich die neuen Kalender an ihrem Platz. Und auf dem Tisch das Paket in braunem Papier. Ich soll es ins frühere Dienstmädchenzimmer tragen und zu den anderen legen. Dort stapeln sich der Reihe nach die Kalender der letzten zweiunddreißig Jahre.

Zehntausendsiebenhundert unberührte Tage. Verstaubt, vergilbt, nicht benutzt, aufbewahrt. Ich betrete diesen Raum nur einmal im Jahr. Wir hatten nie ein Mädchen. Adelaide machte immer alles allein. Ironisch sagte sie, das sei ihre Mission. Erst vor kurzem konnte ich eine Putzfrau einstellen. Sie kommt einmal in der Woche.

Und das nur, weil das Dienstpersonal fast nichts verdient. Diese Leute arbeiten für einen Teller Essen, für ein Glas Wasser pro Tag. Sie wollen kein Geld, nur Essen und Trinken. Darin liegt die große Schwierigkeit. Wenn sie doch nur Geld nähmen. Aber Essen? Und dann noch Wasser?

Die Tage sind aufbewahrt. Gelagert. Kein Zeichen darauf, nicht mal ein Strich. Zusammen, die Summe aller unserer Augenblicke. Jetzt weiß ich. Jeder Moment war etwas Vorangegangenes für uns. Ein endloses Warten. Wir lebten in der angstvollen Erwartung der Gelegenheit, die kommen mußte.

So streckte sich unser Leben wie ein Gummiband. Es dehnte sich, spannte sich bis zum Äußersten, eine unangenehme Unruhe. Wenn der Tag zu Ende ging, kam wieder Hoffnung in uns auf. Wir harrten der Augenblicke, die den folgenden Tag leer-füllen würden.

Augenblicke, frei von allem, was fehlte. Etwas, was wir brauchten und doch nicht suchen würden. Wir warteten darauf, daß es geschähe. Etwas fehlte. Nicht nur innerhalb der Zeit. Dennoch eine wirkliche, konkrete Leere. Stechende Leere. In jeden Winkel des Hauses warf sie ihre Schatten. Dichte Schatten.

Wir füllten die Wohnung allmählich mit allem Möglichen. Bis sie einem Basar mit einzigartigen, unverkäuflichen Artikeln glich. Vitrinen, bis zum Rand mit Glasschälchen, Tassen, Salzfässern, Gläsern, Sektschalen und Likörgläsern gefüllt. Wände mit Bildern, Reproduktionen, Fähnchen, Heiligenfiguren, stillstehenden Uhren.

Vasen, Nippes, stumme Diener, Tischchen, ungenutzte Aschenbecher, Statuetten, Figuren, Bilderrahmen, Spitzendeckchen, Hanfteppiche, verzierte Schächtelchen, leere Gläser, abgeschnittene Flaschen, Papiergewichte, Lampenschirme, Votivlampen, verzierte Nähkörbchen.

Und Kalender. Zwei oder drei in jedem Raum, die sie ausgesucht hatte. Geschenke von den *Superposten für Lebensmittelausteilung.* Oder in der Kirche gekaufte Kalender, die uns verschiedene, längst vergangene Bräuche lehrten. Wie zum Beispiel die beste Zeit für Aussaat und Ernte. Oder Hinweise auf gutes und schlechtes Wetter.

Wenn ich die Päckchen verstaut hatte, schaute ich mir die neuen Kalender einen nach dem anderen an. Farbdrucke. Mädchen bei der Kaffee-Ernte. Orangenbäume, die sich in Reihen über einen Hügel erstecken. Im Sonnenlicht golden schimmernde Weizenfelder, Männer beim Mähen. Häuser an Seeufern, Waldbrände. Alles so lange her.

Indios, Jaguare, Katzen im Korb, die Kultfigur des »alten Schwarzen«, Engel wachen über Kinder am Abgrund. Alles, nur keine nackten Mädchen. Zarte Blondinen, rundliche Mulattinnen lächeln in winzigen Tangas. Ich schaute sie flüchtig an, konnte sie ja noch das ganze Jahr bewundern.

»Du hast ein graues Haar. Was ist denn das, Väterchen? Du bist doch gerade erst fünfzig geworden. Dein Vater hatte noch mit neunzig dunkle Haare!«

Ihre Mutter nannte den eigenen Mann Vater. Aber wir? Wo ist unser Sohn? Ich weiß nicht einmal, ob wir einen hatten. Das mag absurd erscheinen, aber es ist wahr. Wirklich. Bei meiner Ehre. In meinem Kopf gerät alles durcheinander, was war und was sein sollte. Was wirklich war und was ich gern gesehen hätte.

»Souza, ich habe schon wieder geträumt.«

»Schon wieder? Den gleichen Traum?«

»Ein bißchen anders. Nicht die Sirenen haben mir den Schlaf geraubt. Es war der Traum. Ganz deutlich. So wirklich wie jene Nacht im Hafen.«

»Nein, Adelaide, nein. Wir tragen die Hölle schon im Herzen. Es gibt Dinge, die vergessen werden müssen, laß sie uns begraben. Es ist einfach notwendig. Wir haben einmal vereinbart, nie wieder darüber zu sprechen. Schließlich verlief unser Leben doch immer so ruhig, so tröstlich. Wir waren glücklich. Wenigstens schien es so.«

»Souza, es war unglaublich. Das Schiff versank in einem schrecklichen Meer. Es gab überhaupt kein Unwetter, auch keinen Wind, nur diese Stille. Weißt du, was mich erstarren ließ? Das Geräusch der heißen Glühbirnen, die bei der Berührung mit dem kalten Wasser platzten. Die Lichterketten rissen, weiße Rauchwölkchen stiegen auf. Das Meer wurde immer dunkler, bis auch die letzte Lampe ausging. Und ich sah nichts, hörte nur diese Explosion. Nicht einmal ein Stöhnen. Sie sind alle gestorben, nicht wahr, Souza? Du wirst mir das einmal ausführlich erzählen müssen. Kam das Geräusch nicht von den kleinen, zerplatzenden Köpfen?«

»Sei nicht verrückt, Adelaide. Wie sollten ihre Köpfe denn platzen?«

»Kinder haben so zarte Köpfchen.«

»Das ist alles bloß ein Traum, Adelaide, es hat nichts zu bedeuten. Beruhige dich.«

»Ich kann mich nicht beruhigen, und du auch nicht, bis ich Gewißheit habe.«

Das Schiff, unser Kummer, war vergessen. Ich hatte gedacht, es würde nie wiederkehren. Früher, als wir noch jünger waren, konnten wir mehr aushalten. Vor allem Adelaide. Sie ist erschöpft, vielleicht sogar krank. Sie findet keine Ruhe mehr. Die Zeit hat uns nicht geholfen zu vergessen, im Gegenteil, sie hat unsere Erinnerungen genährt.

Vier vor acht, wenn ich nicht renne, verpasse ich den Bus. Wenn es nicht wegen des Beines wäre, führe ich Fahrrad, wie alle Welt. Wegen einer Arthrose im Bein kann ich das nicht. Ich mußte ... zig Untersuchungen über mich ergehen lassen, war in ... zig Arztpraxen, zahlte Schmiergeld und lernte alle kleinen Bestechungsarten kennen.

Ich ließ Wassermarken in die Hände von Angestellten gleiten. Marken, die mir dann fehlten. Ich überschrieb Lebensmittelzuteilungen und wartete, bis mir die nahezu unmögliche Erlaubnis für den Bus erteilt wurde. Ich bekam eine Sonderfahrmarke für den S-7. 58. Der auch noch überpünktlich ist, richtig ärgerlich.

Ich öffne die Tür. Ein warmer Hauch schlägt mir aus dem Korridor entgegen. Ich bin schon naßgeschwitzt. Bis ich im Zentrum bin, werde ich triefen. Wie alle Welt. Die Nachbarin kehrt den Fußboden wie wild. Als sei es möglich, gegen den schwarzen Staub und Dreck anzukämpfen. Es wird kein Wasser für die Reinigung der Flure und Treppenhäuser ausgegeben.

Ich nehme die Treppe. Schon lange verzichte ich auf diesen störrischen, einsamen, wackligen Fahrstuhl. Er ist für dreißig Stockwerke mit einhundertfünfzig Wohnungen vorgesehen. Nur die Alten und Behinderten warten auf dieses bedrohliche, schiefe Ding. Der Eingangsflur vollgestopft mit Müll. Eine Schande.

Müll, der von Tag zu Tag zunimmt. Wir dürfen nichts auf die Straße werfen, und es gibt keinen Platz mehr für den Abfall. Der Lastwagen lädt auf, soviel er kann, wenn er vorbeikommt. Wenn. Er ist dann schon so voll, daß er nur sehr wenig mitnimmt. Ratten zernagen die Säcke, der Müll liegt herum, ein unerträglicher Gestank breitet sich aus. Noch ein Geruch mehr.

Ich möchte mal wissen, warum wir überhaupt einen Portier bezahlen, er ist nie da, und dann vergißt er auch noch, den Anti-Ratten-Summer anzustellen. Heutzutage muß ein Hausmeister ein Politiker sein, mit den *Müllwa-*

genmännern oder mit den *Ziviltären für Sicherheit* verhandeln und versuchen, mit den *Offiziellen Wasserlieferanten* ins Gespräch zu kommen.

Der Barbier macht gerade auf. Früher gab es hier im Foyer hübsche, winzige Läden. Es gab sogar ein Café, mit karierten Tischdecken, Tee und Torten, Baisers und Kuchen, Eis und gekühltem Wasser. Es wurde geschlossen, die Schaufenster sind mit Plasteplatten verdeckt.

Mit Platten verschlossen, die von außen aufgesetzt sind. So fühle ich mich auch. Ich zähle die Tage, jeden einzelnen Schritt. Das Gefühl, als beobachtete ich mich im Mikroskop, . . . zigmal vergrößert. Wie oft erkenne ich diesen Souza nicht, der in einer klebrigen Flüssigkeit schwimmt. Das bin ich, und dennoch kann ich es nicht sein.

Im Foyer hat nur der Barbier durchgehalten. Was weiß ich, wie oder warum. Ich verstehe das nicht. Die Alten kommen ab und zu für eine Rasur oder einen Haarschnitt herunter. Durch die verdreckten Fenster sieht man den Salon kaum noch. Ich grüße mit einer Handbewegung, Prata gibt mir ein Zeichen, er hält gern ein Schwätzchen. Unvermeidlich, harmlos.

»Gibt es diese Woche Wasser?«

»Woher soll ich das wissen? Fragen Sie den Verteiler.«

»Weil Sie doch diesen Neffen haben.«

»Ich habe nicht die leiseste Ahnung.«

»Die Lieferungen sind durcheinandergeraten, oder die Fristen wurden verlängert.«

»Oder beides.«

»Sehen Sie mal, ob Sie was herausfinden.«

Ein Jucken in den Händen. Es brennt. An der Stelle ist eine kleine Delle, als hätte ich lange Zeit eine Murmel eingedrückt. Ich streiche mit dem Finger über die Einbuchtung, es juckt. Ob es ein Insektenstich ist? Ich fühle nichts. Angst. Es tauchen so merkwürdige Viecher auf.

Der Lastwagen liefert der Bar künstliche Erfrischungsgetränke. Also ist ein Monat herum. Während der Festtage vergeht die Zeit wie im Flug. Unsinn. Was interessiert mich schon, wie schnell die Zeit vergeht? Man kann sowieso nichts damit anfangen. Welchen Sinn hat die Geschwindigkeit, wenn ich mit meinem Leben doch nichts mehr anfangen kann.

Wer kann das schon?

Während er sich in der Hand kratzt (Allergie?), beobachtet Souza angewidert das Vorgehen der Ziviltäre, die Banditen mit kataleptischen Kugeln bezwingen

Der Bus kam. Das Jucken kehrte zurück. Ich ging durch das Drehkreuz, keine freien Plätze. Normal zu dieser Stunde. Ich begrüßte Leute, die ich hier jeden Tag zur gleichen Zeit sehe. Selten gibt es neue Gesichter. Wir sind Teil des S-7. 58, uns ist dieser zugeteilt, kein anderer. So steht es auf den Verkehrsmarken.

Auf der Marke steht, in welchem Umkreis ich mich bewegen kann, welche Stadtviertel, welche Seite des Bürgersteigs und welches Transportmittel ich zu benutzen habe. Daher sind wir im S-7. 58 immer dieselben. Wir kennen uns alle, aber wir sprechen nicht miteinander, selten begrüßen wir uns. Wir fahren schweigend.

Drei Haltestellen vor der Endstation (jetzt muß es zehn Uhr zwanzig sein) empfand ich ein unerträgliches Jucken. Ich war eingezwängt. Ich konnte nicht nachsehen, nicht einmal die Hand heben. Ich trug die Aktentasche in der linken Hand, mit der rechten hielt ich mich an der Stange fest. Ich wurde zum Ausgang gestoßen und verabschiedete mich. Natürlich antwortete niemand.

Ich war gerade ausgestiegen, da hörte ich den Knall. Trokken, hohl. Den strikten Anweisungen folgend, warf ich mich sofort zu Boden. In einer Zehntelsekunde lagen alle um mich herum ausgestreckt, unsere Reflexe sind geschärft. Wie die Ratten, die zum Futternapf rennen, sobald sie die Klingel hören.

Wie oft am Tage werfe ich mich in dieser Stadt auf den Boden. Wenn jemand ein paar Stunden ohne Ton filmen würde, könnte man meinen, eine dieser alten Komödien mit Harold Lloyd, Dick und Doof oder Mack Sennet vor sich zu haben. Hinlegen, aufstehen, hinlegen, aufstehen. Und die Gesichter? Alle erschreckt, angespannt.

Die Menschen streiten sich auf dem Bürgersteig um Zentimeter. Sie stoßen mit den Köpfen aneinander, küssen sich, liegen Gesicht an Gesicht, atmen den Staub ein, stehen schmutzig auf, schimpfen und protestieren. Ich habe schon einmal für die zweihundert Meter bis zum Büro zwei Stunden gebraucht. Hinlegen, aufstehen. Schüsse in alle Richtungen.

Heute nur ein Schuß. Die Ziviltäre sind wegen ihrer hervorragenden Treffsicherheit und Schnelligkeit bekannt und gefürchtet. Der kleine Dieb oder was auch immer er war, ein Junge jedenfalls (ich konnte nie gut schätzen, wie alt jemand ist), lag auf dem Rücken. Die Kapsel mitten in die Stirn gebohrt. Kein Blutstropfen.

An dem Rot der Kapsel konnte ich erkennen, daß es sich um eine kataleptische handelte. Sie bewirkt für zwei Stunden einen todesähnlichen Zustand. Wenn der Getroffene aufwacht, befindet er sich schon in der Isolation. Und dann, adieu auf Nimmerwiedersehen. Es gibt Leute, die behaupten, man verblöde durch die kataleptische Kugel.

Der Ziviltär bückte sich, hob die Ausweismappe auf und gab sie einem Herrn neben sich. Der Mann nahm sie ruhig an sich, zog eine Rechnung hervor und reichte sie dem Polizisten. Die *Sicherheitsgebührenabrechnung* wird sofort erledigt. Bürokratie mit Dokumenten, Quittungen, Schaltern, Schlangen und Wartezeiten gibt es nicht mehr.

Der Ziviltär schaltete den Walkie-Talkie ein und bat um einen Transportwagen. Er schleifte den Getroffenen in eine Ecke auf dem Bürgersteig und schrie: »Ihr könnt aufstehen.« Aber wir lassen uns immer etwas Zeit. Auf einen solchen Vorfall folgen meistens vier oder fünf weitere, weil die *Outcasts* die Verwirrung nutzen.

Obwohl es nicht leicht ist. Praktisch kommt auf jeden, der sich auf der Straße bewegt, ein Ziviltär. Beim Laufen drehen sie sich ständig nach allen Seiten um, sie sehen wie Roboter aus. Das intensive Training schärft zwangsläufig ihren Spürsinn, einen gewissen Instinkt. Ich weiß nicht wie, aber sie sehen alles. Wirklich.

Sie scheinen mit den gleichen Methoden wie früher die Schäferhunde bei der Militärpolizei trainiert worden zu sein. Dank einer Konditionierung sind sie fabelhaft in ihrer Effizienz. Und wenn sie noch so unbeliebt sind, eines muß man anerkennen: Sie verhüten Katastrophen in dieser Stadt. Schlimmer noch wäre es ohne sie.

So weit sind wir schon gekommen. Daß wir die Ziviltäre als notwendig akzeptieren, sie unterstützen, sie hin und wieder rufen. Wenn ich das eines Tages tun müßte, wäre das für mich schlimmer, als Rizinusöl zu schlucken. Was? Rizinusöl? Gibt es das denn noch? Komisch, woran ich mich plötzlich so erinnere.

Das *Haus der Wassergläser.* Jeden Tag komme ich um zehn Uhr vierzig dort an. Ich habe eine halbe Stunde, um darin spazierenzugehen, die dort herrschende Ruhe in mich aufzunehmen. Vor zwei Jahren konnte ich den Tag nicht beginnen, ohne das *Haus* zu betreten. Es zu besichtigen. Jeden Tag in aller Ruhe eine Abteilung.

Ich betrachte meine Hand. Der Fleck war leuchtend rot, und ich schwöre, die Vertiefung kam mir größer vor. Viel tiefer. Ich drücke, es schmerzt nicht. Es juckt noch, aber ein angenehmes Jucken. Ich empfinde es als wohlig und bekomme Gänsehaut. Verrückt, daß es mich in meinem Alter so schaudert wegen eines Juckreizes.

Ich bin, wenn ich das *Haus der Wassergläser* verlasse, immer erschüttert. Über das Irreparable. Ich meine nicht mein Leben, sondern die Welt, die mich umgibt, wie weit alles gekommen ist. Schlimm.

Ich tauche auf dem zementfarbenen Platz unter, der von riesigen, farbigen *outdoors* beherrscht wird. Ich denke an den Sinn dieses *Hauses der Gläser* und stelle mir vor, es ist das Böse und nicht das Gute. Reine Mutmaßung, das Haus ist verlorengegangene Erinnerung, niemand besucht es. Wenn ich hineingehe, ist mir, als sei ich auf einer Eröffnungsfeier.

Jeden Tag wandere ich durch die Wüste, blühe in der Leere der Säle und Korridore auf. Das Gefühl, alles gehöre mir, ist so tröstlich. Egoismus. Aber es kommt mir vor, als beschmutzten die Menschen diesen Winkel, der fast wie eine Kirche ist, eine Kathedrale unserer Zeit, mit ihren Heiligen, Gottheiten und Bildern.

Sicher ist das *Haus*, von einem praktischen Standpunkt aus, nutzlos, und das, was darin ausgestellt ist, auch. Dinge, die mit der Zeit unwiderbringlich verlorengegangen sind. Alles funktioniert unter dem Aspekt der Nützlichkeit, ob es dienlich ist oder nicht. Vielleicht ist dieses *Haus* das letzte Werk, dem man keinen praktischen Wert für die Zivilisation beimißt.

Eigentlich dürfte ich nicht im *Haus* sein. Wenn ich es verlasse, kommen mir lauter Fragen. Und keine Antworten. Dennoch gehe ich hinein. Ich zwinge mich dazu, finde es notwendig. Wenn ich diese Klarheit, die ich langsam gewinne, verliere, werde ich tot sein. Wie die unveränderten Kalender, die in dem kleinen Zimmer bei mir zu Hause schlummern.

Einen Ausweg finden. Wenn die Menschen wollten, gäbe es Möglichkeiten. Niemand will und niemand sieht etwas. Alle akzeptieren das Unvermeidliche. Die Zeitungen sagen gar nichts. Mit der Zeit sind sie still geworden. Selbst wenn sie sprächen, hätten sie keine Kraft. Überhaupt keine. Das Fernsehen wird überwacht.

Auch wenn es nicht so wäre, es interessiert sich für nichts. Die Nachrichten sind harmlos. Fortsetzungsserien, Einweihungen, Pläne der Regierung, Versprechungen der Minister. Wie soll man diesen Ministern, von denen die meisten uralt sind, glauben? Sie sind fast unvergänglich, ein Überbleibsel der *Epoche Der Großen Völlerei.*

Das Volk redet heute noch von jenen unergründlichen Zeiten. Sie leben in der mündlichen Überlieferung weiter. Die Geschichtsbücher übergehen sie. Wer sich große Mühe gibt, wird einige Hinweise in den Zeitungsarchiven finden. Natürlich entstellt. Es war eine Zeit der Intoleranz, der Zerrissenheit, des Schweigens.

Als ich unterrichtete, stellten die Studenten Fragen über

jene Zeit. Es waren Studenten, die die Universität dann als unbequem abstempelte und vom Unterricht ausschloß. Die Direktion hörte Tonbandaufnahmen von meinen Stunden und ließ mich rufen. Ich sollte sagen, wer gefragt hatte. Sollte denunzieren.

Anfänglich weigerte ich mich. Ich konnte mich rechtfertigen. In diesen Klassen mit dreihundert Studenten, gab ich zu bedenken, sei es unmöglich, zu wissen, wer die *Unverdauliche Frage,* wie die Direktion das nannte, gestellt habe. Wie groß die Klassen heute wohl sind? Fünfhundert, sechshundert Studenten. Das würde ich gern wissen.

Und dann wurde die Situation schwieriger, die *Unverdaulichen Fragen* tauchten immer wieder in meinen Stunden auf. Die Direktion wollte wissen, warum. Was ich denn außerhalb der Hörsäle erzählte. Ich wurde beschattet, mein Haus überwacht, das Telefon abgehört.

Sie fanden folgende Lösung: Wer eine Frage stellen wollte, mußte vorher seinen Namen nennen. Daraufhin schwiegen viele, andere wollten lieber eine Bestrafung hinnehmen. »Jene Zeit der Völlerei gab es nicht. Das war eine Verleumdung«, versicherte die Direktion. »Es wird viel geredet, aber wo sind die Dokumente darüber? Alles Erfindungen, Mythen.«

Warum die Studenten nicht die Zeitungen, die öffentlichen Bibliotheken, die Archive auf Mikrofilmen nutzten? Alles in den Händen der Regierung. Man mußte und muß noch heute auf der Suche nach Papieren, Stempeln und Gebührenmarken für eine Erlaubnis einen langen Weg durch die Bürokratie zurücklegen. So wurde ein solches Vorhaben vereitelt.

Vereitelt ist das Wort. Ich hatte Studenten, die Jahre darauf verwendeten, und als die das letzte *nihil obstat* erhielten, verlagerte man die Archive. Frühere Angestellte wurden versetzt, und die neuen hatten bereits Instruktionen und erkannten die Erlaubnisscheine nicht an. Die Studenten versuchten es von neuem, die Taktik der Regierung war klar.

Wenn ich durch die Viertel der Circunstancial Nr. 14 gehe, sehe ich die riesigen Gebäude, in denen das nationale Gedächtnis aufbewahrt wird. Niemand weiß, welche Fakten dort deponiert sind. Ganz zu schweigen von den Mappen mit dem Stempel: IN ZWEI JAHRHUNDERTEN ZU ÖFFNEN. Es sind Dokumente aus der *Epoche Der Großen Völlerei.*

»Onkel.«

»Stell dir vor, zwei Jahrhunderte . . .«

»Was?«

»Ich dachte nur so . . .«

Bevor mein Neffe mir die Hand entgegenstreckte, hob er sie instinktiv zum militärischen Gruß. Ich übersah die Geste, unterbrach ihn, zog ihn an mich und umarmte ihn. Er blieb steif, obwohl er freundlich lächelte. Er war ja auch immer wie ein Sohn für uns gewesen.

»Was machst du denn hier, Onkel?«

»Ich habe das *Haus der Gläser* besucht.«

»Nostalgie?«

»Nun, wer weiß?«

»Ich bin befördert worden, Onkel. Ich bin der erste im *Neuen Heer,* der mit dreiundzwanzig Jahren den Posten eines Hauptmanns bekleidet.«

Ich hob ironisch die Hand zum Gruß. Er erwiderte ihn voller Ernst. Er war schon immer umsichtig und voller Pflichtbewußtsein gewesen. Schon als Kind. Er hockte zu Hause, und Adelaide sagte zu ihm: »Du mußt in die Armee eintreten.« Damals begriff ich, wie sehr sie mit beiden Beinen auf der Erde stand.

Viel fester, als ich mir vorstellen konnte. Adelaide überraschte mich ständig. Wenn ich unsere Beziehung überdenke, erkenne ich, daß ich meine Frau eigentlich recht wenig verstand. Wenn man am wenigsten darauf gefaßt war, machte sie eine treffende Bemerkung. Ob es schon zu spät ist? Der Volksmund sagt, es ist niemals zu spät.

Nun ja, in einer anderen Zeit, im 17. oder 18. Jahrhundert, hätte sie zu ihrem Neffen vermutlich gesagt: »Werde Priester.« Nun ja. An jenem Tag vor fünfzehn Jahren begann Adelaide eine stumme Kampagne, damit der Junge Uniform trüge. Ihr schwebte aber kein einfacher Soldat vor, er sollte Militechner werden.

Die besten Posten im Lande befanden sich in den Händen von Militechnern. Banken, Ministerien, die Multis. Und es war überaus schwer, die Hindernisse zu überwinden, um Militechner zu werden. Wer kam denn, abgesehen von der schweren militärischen Laufbahn, für die phantastischen Gebühren der Universitäten auf?

»Ich komme vorbei zum Feiern. Mit dir und der Tante. Darf ich?«

»Unbedingt. Ich werde deiner Tante nichts verraten. Wir werden sie überraschen.«

»Habt ihr zu essen?«

»Das Übliche.«

»Ich werde versuchen, etwas aus der *Subsistenz* zu bekommen. Übrigens, willst du Wassermarken?«

»Die sind immer willkommen, ich habe mich nie beherrschen können, ich habe einen ganz schönen Verbrauch.«

»Ja, ist das Wasser denn nicht dazu da?«

»Es gibt aber doch die Rationierung zur besseren Verteilung.«

»Rationierung, Onkel? Denkst du denn, die gilt für alle Welt?«

Im Grunde mag ich ihn nicht. Ich nutze die Erleichterungen, die er verschaffen kann. Ich denke, ich habe ein Recht darauf, ich trage dazu bei, daß das *Neue Heer* mit allen seinen Privilegien existieren kann. Ich muß ihn ausbeuten. Schließlich verdankt er Adelaide und mir den Posten, seine Karriere. Und wie oft hat sie ihm die Wäsche gewaschen! Und das Essen?

Ich wachte jeden Tag um Viertel vor sechs auf, machte das Frühstück und zerrte den Faulpelz aus dem Bett. Er ging zwei Jahre auf die *Hochschule der Integration*, das war die schlimmste Zeit, bis er alle Prüfungen hinter sich hatte, vor allem die in *Treue, Ideologischer Neutralität* und *Sinnlicher Wahrnehmung*.

Überhaupt keine Lust zu arbeiten. Es juckt wieder, ich bin beunruhigt. Die Mitte meiner Handfläche vertieft sich. Das kann nur eine Wahnvorstellung sein, die von der Hitze hervorgerufen worden ist. Ich greife nach dem Arm eines Mannes; er erschrickt. Ich weiß, in welche Gefahr ich mich begebe, jegliche Reaktion zur Verteidigung der eigenen Sicherheit ist erlaubt.

»Ruhe, mein Herr, Ruhe. Sehen Sie, entschuldigen Sie, aber ich muß es wissen. Schauen Sie auf meine Hand. Ist da eine Vertiefung?«

Er versuchte sich loszumachen. Er sah die Hand und war vielleicht noch entsetzter. Niemand kann garantieren, daß das nicht ansteckend ist. Er ist nur nicht weggelaufen, weil man auf den verstopften Bürgersteigen unmöglich rennen kann. Für mich ist das die Realität, diese Vertiefung, das Jucken. Unerklärlich.

Es ist sinnlos, zum Arzt zu gehen, lieber warte ich. Ich entkräfte damit Adelaides Ansicht, die mich für einen Hypochonder hält. Sie hat nie an meine Kopfschmerzen geglaubt, an die Übelkeit im Magen. Ich blickte auf. Ein beunruhigendes Gefühl durchfuhr mich. Der Kahlköpfige sah mich drohend an.

Ein überraschender Blick. Flüchtig und gleichzeitig bohrend. Vor allem beeindruckte mich die Farbe der Haut. Es konnte einem übel davon werden. Rot. Wie bei jemandem mit heller Haut, der sich zu lange der Sonne ausgesetzt hat. Kein einziges Haar. Die Kopfhaut bestand nur noch aus ausgetrockneten Hautfetzen, wie der Boden in der Steppe.

Bei seinen Abschweifungen merkt Souza, dass er Glück hat, denn er besitzt noch ein Gedächtnis. Im Gegensatz zu den Militechnern, die menschliche Fähigkeiten schon verloren haben

Wenn ich nicht arbeiten gehe, muß ich in der Stadt bleiben. Es ist zu heiß, die klimatisierten Unterkünfte sind überfüllt. Dort werde ich mich nicht den ganzen Tag herumdrücken. Ein Glück, daß ich kein Jackett mitgenommen habe. Ich entscheide mich schließlich für das Amt, ich bin schon viel zu spät dran. Was mich nicht weiter beunruhigt.

Am Schalter nenne ich Namen, Nummer, Matrikel, Lohnsteuer-, Gemeindesteuer- und Versicherungsnummer sowie meine Abteilung. Das gelbe Licht geht an. Also eine halbe Stunde Verspätung. Ich weiß nicht, welche Strafe mich erwartet, ich habe nie in das Handbuch geschaut. Ich habe es nicht gelesen, es interessiert mich nicht. Alle wissen, daß unsere Aufgaben und Pflichten darin festgelegt sind, aber keine Rechte.

»Warum so spät, Herr Souza?«

»Man konnte kaum laufen. Es war viel Sicherheitspolizei auf der Straße. Die Leute kamen nur mühsam vorwärts.«

»Wann werden Sie lernen, rechtzeitig aus dem Haus zu gehen?«

»Na ja!«

»Wie wäre es mit einem Abzug auf dem Gehaltszettel? Keinen freien Samstag und Sonntag oder einen Tag Urlaub weniger?«

»Da kann ich nichts machen, Dr. Álvaro.«

»Ja eben, aber ich. Wenn es in diesem Land doch nur mehr Verantwortungsbewußtsein gäbe, mehr Pflichtbewußtsein und Rücksicht auf das Gemeinwohl.«

Er redet weiter, ich gehe an meinen Tisch. Wie ein Schüler, den man ausgeschimpft hat. Verärgert, denn ich habe in all diesen Jahren weder gefehlt, noch bin ich zu spät gekommen. Da soll ich mir nun Gedanken machen? Ich bin nur beunruhigt wegen der Vertiefung in meiner Hand. Jetzt ist sie ganz rot, sie scheint größer zu sein. Mein Gott! Habe ich vielleicht rasant fortschreitenden Krebs?

Die ganze Arbeit auf dem Tisch. Unendlich lange Streifen aus gelbem Papier. Zahlenkolonnen, die ich abstimmen soll. Papiere, die aus dem Computer kommen. Wir müssen sie durchsehen. Seit zwölf Jahren hat keiner von uns, wirklich kein einziger, einen Fehler, eine Unvollkommenheit, einen Ausrutscher, ein Versagen festgestellt.

Das beunruhigt mich. Diese nicht genutzte, tote Zeit. Der Mensch kann sein Leben doch nicht damit verbringen, auf Blätter voller Zahlen zu sehen. Soll ich mich nun bei diesen Überprüfungen engagieren? Einen Teil meiner Zeit nutze ich, um zu beobachten, was in der Nachbarschaft geschieht. Das Fenster ist neben mir.

Wahrscheinlich beobachten sie mich auch von dort. Jemand, der mich gelangweilt betrachtet und dabei überlegt: Nun sehe ich diesen Mann da schon so lange hinter seinem Fenster sitzen. Wenn er einmal nicht mehr dort ist, wird er mir fehlen. Ich habe mich an ihn gewöhnt. Ich weiß von seiner Arbeit, kenne seine Gewohnheiten. Wann er kommt, wann er geht.

Bevor er sich setzt, zieht er sein Jackett aus und hängt es sorgfältig über die Stuhllehne. Er steckt sich eine Zigarette an, die erste von zweien, die er am Tag raucht. Er streckt sich, streicht sich über die Brust und rückt sich zurecht. Aber er sieht nicht gleich auf seinen Schreibtisch. Erst blickt er nach draußen.

Ich sehe, wie sein Blick umherschweift. Das Zentrum ist alt, die Innenhöfe sind schmutzig, grau, voller Müll. Die Dächer voller Papier, Plaste, Gasflaschen, verdrecktem Glas und Kisten, die Schornsteine der Imbißstuben stoßen fettigen Rauch aus. Verpackungsmaterial, Flaschen. Einen guten Teil seiner Zeit läßt dieser Mann seine Blicke wandern und hält bei jedem Gegenstand inne. Immer dieselben Dinge, seit so langer Zeit, was sollte sich hier schon ändern?

Eines Tages sah er einen Mann wie einen Verzweifelten mit den Händen an der Kehle herauslaufen. Voller Entsetzen hielt er vor einer Mauer inne. Hinter dieser Mauer lag ein Hof mit schwarz gewordenen Steinplatten. Der Mann wollte springen und fiel. Er zuckte wie in einem epileptischen Anfall. Dann lag er still. Niemand kam. Abends war die Leiche immer noch da; und auch am nächsten Morgen. Von hier oben sahen wir mit fragendem Blick hinunter.

Der Tag ging zu Ende, die Leiche lag immer noch dort. Ich machte mir Sorgen wegen der Verwesung und des Gestanks. Es sah so aus, als machte sich der Mann von gegenüber auch Sorgen, denn er blickte immer wieder unruhig zum Fenster hinaus. Am späten Nachmittag verschwand er. Ich dachte, er sei vielleicht hinuntergegangen, um etwas zu erfahren.

In der Annahme, ich könnte ihn treffen, ging auch ich hinunter. Obwohl ich sein Gesicht nicht kenne. Hinter dem Fenster kann ich nur eine Silhouette ausmachen, nichts eindeutig Umrissenes. Auf der Straße kam ich mir etwas verloren vor, denn es war nicht leicht, herauszufinden, aus welchem Gebäude der Mann mit dem Anfall herausgestürzt war.

Es gab dort Zahnärzte, Büros, Imbißstuben. Ob er aus einer Imbißstube gekommen war? Schon möglich. Für diese hier hatte ich aber keinen Erlaubnisschein. Ich gehe immer in eine andere. Sie würden mich nicht hineinlassen, auch wenn ich bäte: »Ich muß auf die Toilette, es eilt.« Auch wenn ich flehen und weinen würde. Oder mir in die Hose machte.

»Wenn es so eilt, gehen Sie doch zum *Vorgesehenen Posten*«, würden sie sagen. »Hier ist es unmöglich. Zugang haben nur unsere Kunden, eine bestimmte Anzahl von Personen pro Tag.« Die *Vorgesehenen Posten* sind umgebaute, ehemalige öffentliche Bedürfnisanstalten. Voll von raffinierten Apparaturen.

Die *Posten* sind verstreut, die meisten stehen im *Vergessenen Zentrum von São Paulo.* Sie sind wie ein exklusiver englischer Privatclub eingerichtet. Saubere WC-Tassen, Seife, Heißluft, um Gesicht und Hände zu trocknen, frischer Windhauch, Hocker zum Ausruhen, eine Maschine, die Bügelfalten in Hosen dämpft.

Die *Posten* bieten den Komfort, du lieferst den Urin. Um sie benutzen zu können, muß man sich einer rigorosen ärztlichen Untersuchung mit ausführlichen Nieren- und Blasentests unterziehen. Bei guter Gesundheit erhält dann der privilegierte Bürger die *Karte-zum-Gebrauch-für-den-Vorgesehenen-Posten,* die KaGVorP. Oje, was für ein scheußliches Wort.

Dein Urin wird kommerzialisiert. Da Wassermangel

herrscht, wird die gesunde Pisse in einem Zentralbecken gesammelt und geht von dort zum Recycling. Sie wird gemischt, chemisch behandelt, gefiltert, gereinigt, verfeinert und verwandelt. Der Urin kehrt weiß, rein, geruchlos und sterilisiert zurück.

Es heißt, er sei trinkbar. Ich für meinen Teil werde ihn nicht probieren. Meine eigene Pisse nicht und schon gar nicht die der andern. Aber die *Vorgesehenen Posten* haben nur ein begrenztes Fassungsvermögen. Daher auch die sorgfältige Auswahl und das gute Klima in diesen Luxustoiletten für feine Leute.

Wer keine Erlaubnis hat, die *Vorgesehenen* zu benutzen, oder nicht Schlange stehen will, schlägt das Wasser irgendwo ab, wo er gerade kann. Deshalb stinken bestimmte Straßen so. Na, und erst mal die Treppen. Wenn es gar keinen Ausweg mehr gibt, muß man sich im äußersten Fall in die kleine Schlange für den *Geschlechtssichtschutz,* den GSS, einreihen. Das sind kleine Mauern, man steht halb bedeckt, mit dem Gesicht zur Straße. Alle können einen sehen, während man sein Bedürfnis verrichtet. Warum geniert sich der Mensch, wenn er in Gemeinschaft uriniert? Die GSS sind eine Zumutung, weil sie den Urin gratis aufnehmen und an die Privilegierten verteilen.

Ich sagte, ich werde nie diesen zum Wasser aufbereiteten Urin zu mir nehmen. Aber wer kann mir denn versichern, daß ich ihn nicht schon längst zu Hause, auf der Straße und in den Imbißstuben bekomme? Wenn es in diesem Land irgend etwas gibt, woran niemand glaubt, etwas, was absolut nichts gilt, dann sind es die Worte des *Systems.*

Mein Neffe, der Militechner, hat mir das erzählt. Alle glauben, daß die überschüssige, aufbereitete Flüssigkeit in die Reserven der *Populopostalischen Zonen* geleitet wird, wo die größte Bevölkerungsdichte herrscht. Nein, nein, nicht durcheinanderbringen. Das hat nichts mit den *Ärmstenlagern* zu tun.

Die liegen noch etwas weiter weg, jenseits der *Erlaubten Offiziellen Kreise.* Das Volk aus den Lagern wurde daran gehindert, sie zu betreten, als der Präfekt eines Tages beschloß: »São Paulo muß aufhören zu wachsen.« Also wird ein Teil dieses Pinkelwassers wohl für die Bevölkerung dieser Zonen verwendet.

Der Rest geht in die Reservoirs. Der Minister für Wasser erklärte, daß unsere Reserven im Notfall sechs Monate reichen. Mein Neffe hat mir jedoch bestätigt, daß wir Wasser nach Chile verkaufen, und zwar zu einem Zehntel des Preises, den wir bezahlen. Für uns steigt der Preis pro Faß ständig, und zwar ohne Grund.

Man möchte, daß wir sparen, damit keine Rationierung eingeführt werden muß. Aber was sind die Marken denn anderes als Rationierung? Schwer zu verstehen. Sie stoßen uns in den Regen hinaus, und dann werden sie wütend: »Ihr werdet naß, zurück.« Wenn man dann zurück will, schließen sie die Tür, und wir stehen weiter im Regen.

In Wahrheit erhalten die Reservoirs nur ein Minimum des Überschusses. Die *Privilegierten Viertel* ergattern alles, was sie nur können. Das hat zwar niemand gesehen, aber es heißt, daß sie sogar überdachte Schwimmbäder haben. Wenn einmal ein Notstand eintritt, wird der Jammer groß sein, denn die Tanks sind bestimmt alle leer.

Seit einiger Zeit rechnet man mit einem solchen Notstand. Seit einiger Zeit? Ich hatte noch gar nicht in diesem Büro angefangen, als ich schon von den ständigen Warnsignalen hörte, die die Natur ausschickt. Das ist Alarm, sagten die Wissenschaftler. Die wenigen Wissenschaftler, die überlebt hatten und Abwehrkräfte aufzubauen versuchten.

Wissenschaftler. Eine unbedeutende Gruppe von Außenseitern. In einer nahezu prähistorischen Phase verschloß das Volk das Ohr vor ihren Warnungen. Später erkannte das *System* die Lage, manipulierte die Zeitungen und das Fernsehen und reagierte voller Ironie. Damals kam der scherzhafte Begriff »wissenschaftliche Paranoia« auf.

Jede Tat wurde als »wissenschaftliche Paranoia« abgestempelt. Damals ein gewissenhafter, aufgeklärter Wissenschaftler zu sein war mit der Situation eines Juden in der Nazizeit vergleichbar. Man verfolgte, verfluchte und überging sie. Aber dennoch studierten und redeten die Menschen weiter, wiesen auf Mißstände hin und provozierten die öffentliche Meinung.

Die meisten Wissenschaftler verloren die bürgerlichen Ehrenrechte. Andere verstummten oder nahmen einen Ruf ins Ausland an. Manche gingen in Pension oder übten eine andere Tätigkeit aus. Viele Institute wurden geschlossen, während eine neue Kaste entstand und alles beherrschte: die der Militechner oder fortgeschrittenen Technokraten der neuen Generation.

Heute ist uns das Wort Militechner geläufig, es ist in die Umgangssprache eingegangen. Aber damals wußten wir nicht genau, was es bedeutete. Wir lasen es in der Presse, hörten es im Radio und achteten nicht weiter darauf. Hätten wir die Gefahr doch geahnt! Wie sollten wir uns auch nur vorstellen, daß diese Männer kein normales Gehirn hatten? Das fanden die Wissenschaftler heraus. Ein Grund mehr, warum sie zu Außenseitern wurden. Sie wiesen nach, daß der Organismus der Militechner eine Metamorphose durchgemacht hatte, die das Gehirn beeinträchtigte. Ein Teil des Gedächtnisses ging dabei verloren. Emotionen wurden ausgeschaltet. Sie wurden zu seelenlosen Robotern.

Daher der recht praktische Charakter dieser neuen Zivilisation. Wenn wir das überhaupt Zivilisation nennen können. Da sie soviel mit Nummern, Berechnungen, Maschinen und Methoden zu tun haben, sind den Militechnern gewisse Eigenschaften abhanden gekommen. Bestimmte Teile des Körpers verkümmern, wenn sie nicht gebraucht werden. Das haben wir nun davon.

Selbsterhaltungstrieb, Brüderlichkeit, die Fähigkeit, das Schöne oder gute Eigenschaften zu erkennen, das alles ist gestorben. Dies wurde in einem Bericht offenbart, der in den Vereinigten Staaten erschien. Nordamerikanische Wissenschaftler, auf das Studium unseres Landes spezialisiert, gelangten zu höchst merkwürdigen Schlußfolgerungen.

Ich weiß, daß die totale Kontrolle der Medien, verbunden mit der *Offiziellen Intensivpropaganda*, den Verstand der Menschen geschwächt hat. Und zwar so, daß der Notstand, in dem wir leben, jetzt als normal gilt. Unser Gedächtnis ist bewundernswert, denn diese Vergangenheit liegt noch nicht weit zurück.

Und wir vergessen. Alles hat sich überstürzt. Viel zu schnell. *Die-Sich-Den-Bauch-Vollschlugen* bewohnen heute abgegrenzte Gebiete und leben dort in Saus und Braus. Sie können sich nicht vermehren, nicht fortbestehen. Aber das ist ihnen egal. Sie sind (ironischerweise?) die sogenannten *Menschen der Heutigen Zeit.*

Im Laufe der Jahre haben wir uns an alles gewöhnt. Haben etwa die Generationen der sechziger und siebziger Jahre sich nicht auch abgefunden, nachgegeben und sogar einen permanenten Ausnahmezustand gewollt? Wenn ich darüber nachdenke, schließe ich mich nicht aus. Auch ich bin das Volk. Und vielleicht habe ich eine größere Verantwortung.

Schließlich bin ich Professor der Geschichte. Ich habe sogar über die Kritik der Wissenschaftler gelacht. Sie sind verrückt, dachte ich bei mir. So etwas wird nie eintreten. Oder die Menschheit kann gleich von der Bildfläche verschwinden. Jetzt ist mir das klar. Vielleicht verschwindet die Menschheit nicht, aber unser Volk ist an seine Grenzen gelangt.

Angst. Ich lebe mit der Angst. Meine Frau wiederholt das ständig. Aber Adelaide ist anders, für sie zählt nur ihre Kirche. Sie glaubt an das ewige Leben. Sie denkt an die Erlösung. Jetzt das Leid, später das Paradies. Was hier geschieht, ist nur die Vorbereitung, um vor den Herrn dort oben zu treten.

Sie nimmt das Leben, wie es gerade kommt, und findet sich damit ab. Wenn sie will, kann sie die Dinge richtig einschätzen. Immerhin hat sie den Neffen überredet, ins *Neue Heer* einzutreten. Ich bin Professor der Geschichte mit einer Vertiefung in der Hand. Ich sehe das mit einer gewissen Selbstverständlichkeit. Das muß die Auswirkung von etwas sein, nicht aber die Ursache.

Und was ist nicht schon alles aufgetaucht? Der Kahlköpfige von heute? Wer hat eine Vorstellung, woher er kam? Die Menschen, die alle ihre Fingernägel verlieren? Die an Knochenzerfall leiden? Die Blinden oder Zahnlosen? Wenn es wissenschaftliche Nachforschungen gäbe, würden wir die Gründe kennen. Wer will sie schon wissen? Wir wollen bloß überleben.

An jenem Tag, als ich auf der Suche nach einem Zugang zum Hof hinunterging, fand ich weder den Hof noch den Mann, der immer hinter dem Fenster saß. Ich kehrte an meinen Schreibtisch zurück und beobachtete weiter. Die Leiche lag dort. Bis sie Tage später verfaulte, aber es stieg kein Gestank auf. Anormal? Na und?

Eines Morgens war das Skelett verschwunden. An seiner Stelle tauchten glänzende Stücke aus Metall auf. Sie sind bis heute da und verrosten, obwohl das Wetter seit Jahren unverändert trocken ist. Meiner Ansicht nach wird Rost durch Feuchtigkeit hervorgerufen. Es muß einen anderen Grund geben. Diskussionen, sinnlose Überlegungen.

Ich schaue durchs Fenster, ein Mann beobachtet mich. Ich glaube, er sieht zu mir herüber. Er unterbricht seine Arbeit und lehnt sich an die Scheibe. Er betrachtet mich und denkt wohl: »Seit langem sehe ich diesen Mann. Ich werde ihn vermissen, wenn er eines Tages fortgeht. Ich habe mich so an ihn gewöhnt.« Mein Gott, ich phantasiere. Schöne Bescherung!

Einige Hinweise, die Organisation betreffend, die das System in der Stadt errichtet hat, um Ordnung und Fortschritt in die Strassen zu bringen

Der Generalsender im Radio spielte zur Mittagszeit nur Volkslieder. Die ganze Zeit. Alte Platten mit den Wiener Sängerknaben. Die müssen schon tot sein. Oder sie sind sehr alt und singen noch immer mit zittriger Stimme. Als wir mein Examen feierten, wurde Walzer gespielt. Wir waren mehr als hundert walzende Paare.

Adelaide tanzte gut, sie war die Beste. An den Sonntagnachmittagen im Klub ließ sie keinen einzigen Tanz aus. Die jungen Männer tanzten gern mit ihr. Sie war fröhlich, schlank, leicht, behend, voller Begeisterung und Rhythmus. Ich verstehe nicht, wie sie das alles aufgeben konnte, um sich in eine Kirchenmaus zu verwandeln.

Sie ist sicher, daß Gott seine Hand über die Welt halten wird. Die Lage retten wird. Dann wieder verliert sie alle Hoffnung. Sie hat Angst vor einer neuen Sintflut. Ich kann mir schon vorstellen, daß eine neue Sintflut ganz willkommen wäre. Alles würde mit kaltem Wasser überschwemmt. Ich würde nichts lieber tun, als in irgendeiner Pfütze unterzutauchen und mich eine Woche lang darin treiben zu lassen.

Gegen Ende des Arbeitstages ist die Hitze am schlimmsten. Die Sonne versteckt sich, aber der Zement knallt vor Hitze, die Steine bersten und werfen die Schwüle zurück. Auf dem Bürgersteig warte ich in der rechten Schlange, in Richtung der Bushaltestellen, bis ich eine Lücke finde. Wegen der Apathie und der Hitze kommt man nur sehr langsam vorwärts.

»He Sie, ein Los gefällig?«

»Ein paar Kragenstäbchen?«

»Paßfotos?«

»Bleistift?«

»Anhänger?«

Hin und wieder stockt die Schlange. Die Menschen werden unruhig. Wahrscheinlich gibt es Ärger am *Distriktzugang.* Jede Stunde taucht ein neues Problem auf. Mit Leuten, die ihre Zirkulationsmarke verloren haben. Deren Marken abgelaufen sind. Die den Identitätstest nicht bestehen oder mit einer geliehenen Marke erwischt worden sind.

»Tasche für die Marken?«

»Schuhcreme?«

»Durchlässige Strümpfe?«

»Schreibblock? Gute Schmuggelware.«

»Schallplatten?«

In der Hosentasche umklammere ich meine Marke. Sie ist aus minderwertigem Aluminium und vom vielen Anfassen ganz blank. Wenn ich nervös bin, drehe ich sie zwischen den Fingern hin und her, als sei sie ein Amulett. Ohne Marken kann man das *Vergessene Zentrum* der Stadt nicht betreten. Der Zugang wird überaus streng kontrolliert.

»Rasierklinge?«

»Zigaretten?«

»Transportabler Aschenbecher?«

»Wattestäbchen? Eine Rarität.«

Auf den Straßen häufen sich die Fahrräder. Der Motorenlärm von früher hat dem Schnarren der Zahnradketten Platz gemacht. Tausende von Ketten. Statt Hupen hört man Klingeln, lange und schrille Pfiffe. Es wird viel geschimpft, wie damals in der Hochzeit des Autoverkehrs.

Obwohl es keine Autos mehr gibt, ist die Menschenmenge nicht kleiner geworden, sind Verstopfung und Durcheinander nicht besser. Die Fahrradfahrer drängen auf die Busfahrbahnen, fahren auf die Bürgersteige, rempeln Leute an, viele balancieren auf dem Bordstein. Wer in der Menge steckt, muß einiges aushalten. Es wird geschubst, gedrängelt, geschlagen, mit Füßen getreten, geflucht und herumgefummelt.

Als sei man bei einem Pferderennen im Jockey Club, wo die Pferde sich in den Weg kommen, aneinandergeraten und die Jockeys mit ihren Peitschen schlagen. Oder beim römischen Wagenrennen. Ben-Hur. Wenn man von den Gebäuden hinunterblickt, kann man den ständigen Strom von Köpfen und Reifen sehen, wie schmutziges Wasser.

Alles spielt sich auf der Pedale ab. Die Bestsituierten besitzen einen Chauffeur. Ein oder zwei Personen ziehen einen kleinen, leichten Trolleywagen, in dem ein Privilegierter thront. So etwas sieht man selten im Zentrum. Die Privilegierten trauen sich nicht heraus. Das Volk fällt über sie her, schlägt und beschimpft sie, zerrt sie aus ihren Fahrzeugen.

Es gibt zu viele Menschen in dieser Stadt. Eines Tages stellten die *Zirkulierenden Departments* fest, daß sich niemand mehr bewegen konnte. Alle waren zu einer einzigen Masse zusammengepfercht. Praktisch unbeweglich. Arbeitsstellen blieben unbesetzt, weil die meisten den Weg zum Arbeitsplatz nicht mehr zurücklegen konnten. Daher schuf man die *Zirkulationsdistrikte.*

Jeder erhält eine Marke und kann damit einen bestimmten Distrikt betreten. Die Distriktzugänge kontrollieren den Verkehr. Nur mit entsprechender Marke darf man passieren. Auf diese Weise wurde es möglich, den Verkehrsstrom zu vermindern. Dennoch mußten die Schlangen auf den Bürgersteigen organisiert werden.

Es gibt keine andere Möglichkeit, wenn wir irgendwohin wollen. Man stellt sich in die Schlange und kommt nur langsam vorwärts. Wenigstens haben die Menschen gelernt, geduldig zu sein. Es hat keinen Zweck, sich dagegen aufzubäumen, sich zu streiten. Es ist sogar gefährlich. Auseinandersetzungen um Schlangen und Plätze können den Entzug der Marke bedeuten.

Die bezeichneten Distrikte sind einigermaßen groß und bieten das Notwendige: Restaurants, Läden, Imbißstuben, Apotheken, Banken, Unterhaltung. Die Idee zu dieser Einteilung in Distrikte kam Ende der fünfziger Jahre auf, als Brasilia gegründet wurde. Heute ist sie nur viel perfekter.

Bei der Erforschung älterer Städte fanden die herrschenden Kreise heraus, daß der Mensch sich immer innerhalb gewisser Grenzen bewegte. Nur selten ging er über eine festgelegte Anzahl von Straßen und Orten hinaus. »Also wird das Verbot den Freiheitsraum, den der Mensch genießt, nicht beeinträchtigen«, schlossen sie.

Ich kam an den *Distriktzugang,* steckte meine Marke in den Schlitz und durchquerte den metallenen Korridor. Welche Erleichterung. Keine Anzeige. Ich werde nicht durch den Identitätstest gehen. Würde ich aber zweimal ein Klick hören, müßte ich den Personalausweis vorzeigen und mit der Nummer auf meiner Marke vergleichen lassen.

Die Distriktzugänge befinden sich mitten auf dem Bürgersteig. Es sind kleine blaue Korridore, einen halben Meter lang, elektronisch gesteuert. Die Marke erhält man beim Verlassen zurück. Wer den Distrikt betritt, geht auf dem rechten Bürgersteig; wer hinausgeht, auf dem linken. Die Marken erteilen Auskunft über erlaubte Besuchszeiten.

Manche gehen abends hin. Mit ihren Marken sind sie ab 17 Uhr 15 zugelassen. Die Distriktzugänge sind untereinander verbunden. Wenn eine Person hinausgeht, darf eine andere hinein. Die Anzahl der Menschen in den betreffenden Bereichen wird streng überwacht. Sonst gäbe es ein Chaos.

»Antiratten-Schallgerät?«

Da fiel mir ein, daß unseres schon seit vierzehn Tagen kaputt war. Adelaide hatte mich morgens, als ich wegging, nicht daran erinnert. Es muß repariert werden. Oder sollte ich lieber ein neues kaufen? Diese Dinger halten nicht lange. Und dabei sind sie so wichtig. Es wäre Wahnsinn, ohne das Schallgerät zu leben. Eine Bedrohung. Für mich und die anderen.

»Wieviel?«

»Fünfhundert.«

Ohne das Schallgerät bin ich in Gefahr. Es kann sein, daß ich eines Tages nach Hause komme und alles von Ratten zerfressen vorfinde. Es gibt auch gute Seiten an der Technologie – und das Schallgerät ist eine davon. Der Apparat gibt einen Hochfrequenzton von sich, die exakte Nachahmung eines Pfeifens, daß die Ratte nach dem Kopulieren ausstößt. Das Rattenweibchen versteht das.

Dieses Pfeifen bedeutet: »Laß mich in Ruhe.« Nachdem der Geschlechtstrieb befriedigt ist, will die Ratte sich eine Weile erholen und gibt diesen Greta-Garbo-Schrei von sich. Den Wissenschaftlern ist es gelungen, diesen Ton getreu nachzuahmen. Damit verhindern sie die Vermehrung der Tiere. Das ständige Pfeifen hält die Weibchen von den Männchen fern.

»Doppelt soviel wie im Laden?«

»Na, dann gehen Sie doch in den Laden.«

Die fliegenden Händler sind schlau. Sie wissen, daß wir

die Geschäfte nicht mögen. Wir sind per Erlaß dazu verpflichtet, sie am *Tag Des Verbrauchs* zu betreten. Außerhalb dieses Tages leben wir unter dem *Zeichen-Des-Sparens-Um-Rezession-Zu-Verhindern.* Wir können nichts kaufen, es sei denn, wir zahlen sehr hohe Steuern für den Mehrverbrauch.

Bevor ich mich entscheiden kann, kommt der Inspekteur. Ein Geschenk der Zeit, in der wir leben. Der Inspekteur kann der Mann vor dir oder neben dir sein. Überall. Sie halten sich in den Schlangen und an Orten auf, wo sich die Menschen drängen. Sie sind wie ein Chamäleon, sehen aus wie jeder andere. Aber wenn man sie erkannt hat, verwandeln sie sich. Dann sind es die Inspekteure.

Diese Angst vor ihnen. Sie können nachprüfen, ob wir uns im richtigen Distrikt bewegen. Sie sehen uns in die Augen und können uns für krank erklären. Ein leichtes Zittern wahrnehmen und uns in die *Isolation* schicken. Sie lassen die Straßenhändler mit einer subtilen Fingerbewegung verschwinden. Als seien sie Zauberer, allmächtige Zauberer.

Es ist eine komplexe Struktur. Denn es gibt auch für den Inspekteur noch einen Inspekteur. Und dadurch kann es zum Krieg zwischen ihnen kommen. Für uns, die gemeine Bevölkerung ohne jede Macht, fallen nur die Reste ab. Man möge mich nicht bitten, die Mechanik dieser Struktur zu erklären. Das ist unmöglich. Nur wenn man in ihr lebt, kann man das.

Adelaide erzählt, wie die abstossenden Kahlköpfe ohne jede Kontrolle das Viertel überfallen. Dann gurgelt sie mit Johannisbeeren und geht schlafen

Hubschrauber im Tiefflug berühren fast den Boden, sie folgen den großen Avenidas. Sie kontrollieren die Menge. Die Propeller dröhnen. Wenn ich diese metallenen Käfer sehe, überkommt mich ein paradoxes Gefühl von Tod und Freiheit. Sie haben Maschinengewehre und Bomben mit demoralisierender Wirkung bei sich.

Sie werfen Netze über Ansammlungen aus, versprühen farbige Betäubungsflüssigkeiten und produzieren giftigen Qualm. Sie sind in tausendfacher Weise zu verwenden. Und dennoch faszinieren sie mich. Diese Fähigkeit, über allem zu sein, allmächtig. Dieser linkische Flug, wie ein prähistorischer Vogel. Er hat die Macht, zu entweichen, wegzufliegen.

Die Hubschrauber werden bei der Überwachung der Menge von Gasschächten unterstützt. Die versteckten Ausgänge dieser Geräte können von Bord der Flugapparate elektronisch eingeschaltet werden. Sie brauchen nur den für die Region zuständigen Code einzugeben. Die Gasschächte sind furchtbar.

Diesmal habe ich kein Schallgerät erstanden, aber sicher kommt gleich wieder einer, der etwas verkaufen will. Aus Türwinkeln, aus Höhlen und Löchern, hinter Ecken, von überallher tauchen fliegende Händler auf. Sie werden wieder auf Inspekteure stoßen und verfolgt werden. Ich stelle mir das Ganze wie ein großes Spiel zwischen Katze und Maus vor, das die Eintönigkeit überdekken soll.

Es funktioniert alles wie ein Mobile. Ach ja, das Mobile meines Verwandten Sebanstian Bandeira. Wenn ich es mir recht überlege, hat es in meiner Familie interessante Leute gegeben. Es kann sein, daß ich einem von ihnen ähnlich bin mit meinem phantasievollen Kopf, der ein bißchen zu sehr fiebert, wie Adelaide mir einmal sagte.

Adelaide erwartete mich an der Tür des Gebäudes. Sie versteckte sich im Eingangsflur, denn man kann nicht vorsichtig genug sein bei so vielen unbekannten, fremden Menschen. Wo sie doch so mißtrauisch und ängstlich ist. Adelaide versteckte sich dort und wartete auf den Briefträger. Seit Jahren wartet sie auf einen Brief.

»Ist was gekommen?«

»Nein.«

»Wir kriegen bestimmt noch eine Nachricht.«

»Ich habe bald alle Hoffnung verloren.«

Meine Frage kommt automatisch, ebenso wie die Geste, wenn ich ihre linke Schulter streichle. Ihre Antworten auch. Seit Jahren sagen wir diese vier Sätze an der Tür, und sie scheinen mir ein Zeichen dafür zu sein, daß es auf dieser Welt Unveränderbares gibt. Wenn dieser unmögliche Brief eines Tages eintrifft, wird nur noch Leere sein.

Wir setzten uns vor den Fernseher und warteten auf den Beginn der Abendserie. Als der Vorspann kam, zeigte ich ihr das Loch. Sie sah mich beunruhigt an. Wartete auf eine Erklärung von mir, daß ich etwas sagte. Es ist nicht normal, daß der Mann mit einem Loch in der Hand nach Hause kommt, als sei nichts geschehen.

Adelaide begann zu weinen, als sie mich ruhig und ungerührt dasitzen sah. Und ich schien nichts erklären zu wollen. Was sollte ich auch erklären? Etwas, was ich selbst nicht begriff? Sie ist es nicht gewohnt, etwas zu akzeptieren, ohne das Warum zu erfahren. Es muß alles ganz klar sein. Die einzige Ausnahme gilt für die Religion.

»Schmerzt es sehr?«

»Nein, überhaupt nicht.«

»War es ein Unfall?«

»Nein. Es ist einfach aufgetaucht.«

»Nein, Souza. So etwas taucht nicht einfach auf. Irgend etwas ist geschehen. Was war es?«

»Nichts. Ich saß im Bus, und die Hand juckte. Als sie wieder juckte, sah ich, daß sich ein Loch bildete. Als ich in der Stadt ausstieg, war es ganz da.«

»Was verheimlichst du vor mir?«
»Nichts. Es ist die reine Wahrheit. Ich schwöre es.«
»Du hast mir immer alles erzählt, Souza.«
»Das tue ich auch jetzt.«
»Tut es denn überhaupt nicht weh?
»Nein.«
»Bist du beim Arzt gewesen?«
»Wozu?«
»Um das untersuchen zu lassen. Wer weiß, vielleicht hat der Arzt eine Erklärung dafür.«
»Ich will keine Erklärungen.«
»Und du hast da einfach dieses Loch?«
»Ja. Es stört mich nicht!«
»Ja, aber mich.«
»Dich?«
»Ja, mich! Soll ich etwa mit einem Mann herumlaufen, der ein Loch in der Hand hat? Was werden die Leute sagen?«
»Jetzt hör mal, Adelaide. Wer wird denn in dieser Stadt auf ein Loch achten? Hast du nicht gesehen, was für merkwürdige Leute auf der Straße herumlaufen?«
»Ach, da fällt mir ein, heute kamen zwei gräßliche Kahlköpfe und baten um Almosen.«
»Almosen? Hast du sie angezeigt?«
»Das ist zu umständlich.«
»Du weißt doch, wie wichtig so eine Anzeige ist, Adelaide. Es ist nur zu ihrem Besten. Das *System* kümmert sich um sie.«
»Ich habe die Nase voll von all diesen Leuten, Souza. Ich gehe nicht einmal mehr an die Tür, wenn es klingelt.«
»Heißt das, daß sie schon öfter gekommen sind? Warum hast du mir das nicht gesagt? Wie kommen sie ins Haus?«
»Irgend jemand läßt die Tür offen. Oder sie dringen ins Haus ein wie Einbrecher. Ich weiß nur, daß sie jeden Tag, zu jeder Zeit gekommen sind.«
»Das *System* kann das nicht verhindern, Adelaide. Jeden Tag neue, andere Leute. Wir wissen nicht einmal, woher sie kommen. Heute habe ich einen von diesen Kahlköpfen gesehen. Furchtbar. Als wäre er von einem anderen Plane-

ten. Ich hatte Angst vor ihm. Ich weiß nicht, was werden soll. Die Stadt kann keine Leute mehr aufnehmen. Man kann kaum noch laufen.«

»Was nun? Hör mal, mit dieser ganzen Erzählerei hast du vom Thema abgelenkt. Und das Loch?«

»Hab ich dir schon gesagt. Ich weiß genausoviel wie du.«

Sie ging ins Bad und putzte sich die Zähne. Jetzt gurgelte sie. Das grrgrrgrr in der Kehle war entmutigend. Adelaide ging nie schlafen, ohne vorher mit dem Präparat auf Johannisbeerbasis zu gurgeln. Ja, künstliche Johannisbeeren, aber mit einem köstlichen, frischen Duft.

Adelaide ging mit einem angenehmen Geschmack im Mund ins Bett. Für Augenblicke duftete das ganze Zimmer danach. Ich für meinen Teil glaube, daß wir deshalb in all den Jahren nie eingeschlafen sind, ohne uns einen richtigen Kuß zu geben. Der Johannisbeerduft beruhigte mich und gab mir die Adelaide zurück, die ich damals kennengelernt hatte.

Wir hatten uns geändert, waren älter und vielleicht zu sehr aneinander gewöhnt. Wir lebten komfortabel, ohne große Überraschungen, einige Gefühle waren verlorengegangen. Ich glaube, Adelaide kaufte den Johannisbeerduft immer mit einer heimlichen Absicht. Sie wußte, daß mein Bild von ihr zutiefst an diese Erfrischung gebunden war.

Wir hatten uns zum erstenmal an einem heißen Nachmittag in einer Eisdiele getroffen. Im Beisein anderer war ich immer etwas überdreht. Ich betrat den Laden, schlug ihr auf die Hand, und die rote Erfrischung ergoß sich über die Theke. Der Duft breitete sich aus und hüllte uns ein. Durch diese Wolke von Verwirrung hindurch sah ich das Lächeln.

Ja, ihr Lächeln schwebte auf dem Duft der Frucht. In meinem Kopf verschmolzen zwei Bilder, das Rot der Erfrischung und das Weiß ihrer Zähne. Dieser Augenblick ist nicht verlorengegangen. Er lebt jeden Abend wieder auf, wenn unsere Gesichter auf den Bettüchern ruhen und der Johannisbeerduft um uns herum in der Luft liegt.

Ich ging ins Bad und putzte mir die Zähne. Augentropfen für die geschwollenen Augen. Kein Licht im Zimmer. Adelaide erwartete mich an der Tür. Seit zweiunddreißig Jahren betritt sie zur Schlafenszeit das Zimmer nur gemeinsam mit mir. Ich gehe auf das Bett zu, meine Hand ruht auf ihrer Schulter. Diese Geste tut uns beiden gut. Wir haben unsere Tradition.

An der Tür zum Zimmer schaute ich die Truhe auf dem Kleiderschrank an. Ich könnte nicht einmal sagen, warum ich dorthin blickte. Es war automatisch. Die Korbtruhe war schon nachgedunkelt. Als sie zum letztenmal geöffnet wurde, war Adelaide schwanger. Jedenfalls dachten wir das. Der Bauch wuchs und wuchs, die Regel blieb aus, ihr war übel.

»Psychologische Schwangerschaft«, sagte der Arzt, und wir glaubten ihm nicht. Wir waren so zuversichtlich. Dieses Kind war nicht geplant, aber wir fanden es gut und gewöhnten uns an die Vorstellung. Bis ich eines Morgens vor Sonnenaufgang aufwachte, weil die *Pathétique* auf dem Klavier ertönte. Noch nie hatte ich Musik gehört, die solche Verzweiflung ausdrückte.

Selbst Beethoven hätte sich eine schmerzvollere *Pathétique* nicht vorstellen können. Ich schwöre, mir war zum Weinen, wie ich da im Bett lag und die Töne durch den Flur zu mir drangen. Möglich, daß ich intuitiv erfaßt hatte, was jene so qualvoll dem Klavier entrungene Musik bedeutete. Einen lebendigen, durchdringenden Schmerz.

Sie saß auf dem Klavierhocker, ohne Bauch. Ich konnte das nicht begreifen. In meinem Kopf sprang etwas in Stücke. Von einem Tag zum andern, im Verlauf einer Nacht, war der Bauch verschwunden. Es war keine wirkliche Schwangerschaft gewesen. Jahrelang noch mußte ich daran denken, es hatte mich sehr beeindruckt. Mein Kind nicht mehr als eine Luftblase.

Adelaide hob die Babyausstattung in dieser Truhe auf. Sie stammte von der Mutter meiner Schwiegermutter und wurde von Tochter zu Tochter weitergegeben. Adelaide hatte ihre Aussteuer darin mitgebracht. In der Woche nach unserer Hochzeit öffnete sie sie und verteilte alles auf die Schubladen. Wir stellten die leere Truhe auf den Kleiderschrank.

Aufgehoben, mit Lack überzogen und voller Mottenkugeln gegen Mäuse und Küchenschaben. Sie füllte sich mit Paketen. Von Adelaide gepackt. Alle im gleichen Format, auf die gleiche Weise verschnürt, in hellbraunes Packpapier eingeschlagen. Das gleiche Papier, das wir auch für die Kalender benutzten. Ich versuchte zu erraten, was darin war. Sie erzählte es mir nicht.

Abgesehen von solchen Zeiten war es so, als existierte die Truhe gar nicht. Wir ließen sie in Ruhe und sprachen nicht darüber. Ich vergaß sogar, daß sie mit all den Paketen da oben stand. Manchmal wurde ich neugierig, wollte wissen, was für Sachen meine Frau darin wohl aufbewahrte, fragen, warum sie mir nichts darüber sagte.

Es ist an der Zeit, sie auszufragen. Warum so ein Unsinn? Und wenn ich eifersüchtig wäre? Ich würde Krach schlagen. Von wegen! Was für Geheimnisse hat Adelaide? Und warum sollte sie nicht eins haben, ein Stück Welt für sich allein? Natürlich! Als ich meine Hand auf ihre Schulter legte, erbebte sie. Und nahm meine Hand weg, ohne mich anzusehen.

ERSCHROCKEN ÜBER DAS LOCH IN SOUZAS HAND, WILL SIE, DASS ER ZUR SOZIALVERSICHERUNG GEHT UND INVALIDITÄT BEANTRAGT. ES GIBT ÄRZTE, DIE GEGEN BESTECHUNG ALLES ARRANGIEREN

»Was suchst du?«

»Eine Wassermarke. Ich kann keine finden.«

»Eine ist noch da. In der blauen Tasse in der Vitrine.«

»In welcher?«

»Die du mir zum zweiten Hochzeitstag geschenkt hast.«

»Ach so, die mit dem Henkel oder die andere, die dir heruntergefallen ist?«

»Nun gib nicht mir die Schuld. Meine Hand war voller Seife.«

»Kaputt ist kaputt.«

»Du hast damit angefangen.«

»Na gut. In welcher also?«

»Weiß ich nicht, in einer von beiden. Weißt du, wen ich heute getroffen habe? Deinen Neffen. Er hat mir ein paar Extramarken versprochen.«

»Unser Neffe. Warum sagst du immer dein Neffe?«

»Er ist der Sohn deiner Schwester.«

»Bist du etwa nicht mehr mit mir verheiratet?«

»War ein Versprecher.«

»Wenn es um Dominguinhos geht, passieren dir immer diese Versprecher. Du magst ihn nicht.«

»Warum sollte ich ihn nicht mögen?«

»Wegen einer Lächerlichkeit. Seit er zwei Bücher aus deiner Krimisammlung verbummelt hat, kannst du ihn nicht ausstehen.«

»Ach, sieh mal einer an. Ich war wütend, denn es waren ganz seltene Exemplare. Ich habe bedauert, daß diese Bände *Das Graue Siegel* weg waren. Ich konnte sie nie wieder ersetzen. Aber es ist schon vergessen. So verrückt bin ich auch nicht danach. Und wenn ich mich recht erinnere, hat er mich auch um einige Nummern *Mystery Magazine* von Ellery Queen erleichtert. Ich hatte die Reihe komplett. Jetzt ist sie nichts mehr wert, keinen Heller mehr.«

»Am Ende ist die ganze Reihe wertlos gewesen. Als du die Stelle an der Universität verloren hast, hast du alles zu Geld gemacht. Liebe kann man nicht verkaufen. Ich habe nie verstanden, wieso ein Geschichtsprofessor so gern Kriminalromane lesen konnte. Wie vertrug sich das miteinander?«

»Übrigens will dein Neffe vorbeikommen und mit uns feiern.«

»Was will er denn feiern?«

»Habe ich dir das nicht erzählt? Da kannst du sehen, wie vergeßlich ich bin. Er ist befördert worden. Jetzt ist er Hauptmann.«

»Hauptmann? In diesem Alter? Ich war sicher, daß er immer ein guter Junge war, fleißig und strebsam. Er wird es noch weit bringen.«

Wenn sie die Marke findet, werden wir für zwei weitere Tage Wasser haben. Sind wir sparsam, für drei. Nicht mehr. Das heißt, es ist sehr wahrscheinlich, daß wir anschließend eine Woche lang kein Wasser haben. Bis ich eine neue Zuteilung bekomme. Man spricht schon von weiteren Rationierungen, einer Neueinteilung der Quoten. Und wenn dem so ist und die Zuteilung kleiner wird, ob wir das aushalten?

Im Wohnzimmer läuft der Fernseher. Auf dem Programm Unterricht im Überleben. Niemand sah sich das an, obwohl es anfangs Pflicht war. Jetzt ist es mehr als bekannt. Nachmittags ist es zum Beispiel ratsam, wegen der Sonne nicht auf die Straße zu gehen, weil die Steine glühen, oder man muß einen leichten Hut aufsetzen.

Die Kochkurse sehen sich die Frauen noch an. Denn es gibt eine Reihe neuer Produkte, mit denen nur wenige umgehen können. Wie die gräßlichen künstlichen Bohnen aus den Labors, die keine Konsistenz besitzen. Entweder werden sie im Mund zu Suppe oder hart wie Gummi, Kleber oder Gelantine.

Es vergeht keine Woche ohne ein neues Produkt. Dinge, die verschwunden waren, kommen wieder, sobald es gelungen ist, sie in den Labors des *Sozialen Wohlergehens* nachzumachen. Wie Erdnüsse, Oliven, Tomaten, Schalotten oder Auberginen. Oder Kürbiskerne, die man röstete und salzte. Neulich habe ich im Schaufenster doch wahrhaftig ein Gericht aus Kürbispflanzenkeimen gesehen.

Suppe aus Kürbiskeimen, mit Maismehl zubereitet. An kühlen Nachmittagen oder wenn es regnete, saßen wir alle zusammen warm angezogen zu Hause, die dampfende Suppenschüssel wurde hereingebracht. Nein, die künstlichen Kürbiskeimlinge haben nicht denselben Geschmack wie die frischen, die wir ernteten. Immer am späten Nachmittag, hinten im Garten, wo die Kürbisse schwer auf dem Boden lagen.

Mich beunruhigt, daß dieses Essen aus der Ministerienindustrie nach nichts riecht. Wer weiß, auf welchem Wege es hergestellt wird. Wenn aus Urin Wasser gemacht wird, kann man sich ja vorstellen, was wir da als Essen vorgesetzt bekommen. Diese Lebensmittel sind viel zu aseptisch. Am Gaumen bleibt ein Geschmack nach Plaste zurück, der nur langsam weggeht.

Mein Großvater pflegte jeden Donnerstag mit einem Korb voller Früchte zu kommen. Mandarinen, Ananas, Bananen, Erdbeeren. Je nach Jahreszeit. Er kannte auch einige Geschäfte mit Naturprodukten. Es waren kleine Früchte, anders als jene glänzenden, verführerisch bunten Exemplare, die wir in den Supermärkten sahen.

Schäl dir eine, sagte er dann. Probier mal. Die Mandarine hinterließ einen starken Duft auf der Hand, der erst allmählich schwand, wenn man die Hände mit viel Seife und einem Schwamm rieb. Ein öliges, süßliches Aroma. »Oh, die ist ja künstlich«, rief ich aus. Und er tat, als sei er böse: »Künstlich ist die da vom Supermarkt.«

Sie waren süß und saftig. In jedem Stück, in jeder kleinen Scheibe war Geschmack. Ich schälte die Mandarine, trennte die Stückchen voneinander und biß hinein, eins nach dem anderen, ganz langsam. Ich ließ jeden Tropfen Saft auf der Zunge zergehen. Wie ein Gas, das wohltuend in mich eindrang und mich erregte.

»Diese Leute machen alles falsch«, sagte Großvater. »Sie essen das Obst nach dem Mittag- oder Abendessen, dann trinken sie Kaffee. Der Geschmack im Mund ist dann fort.« In Wahrheit aber regte er sich gar nicht darüber auf. Er nahm die riesigen Früchte aus den Supermärkten. Er öffnete die Apfelsinen, die Erdbeeren, Mangos, Ananas und Wassermelonen.

Apfelsinen mit dicker Schale und wenig Fruchtfleisch. Ohne jeden Geschmack, als würde man auf Papier kauen. Der Saft der Ananas schmeckte wie Wasser. Die Erdbeeren waren außen rot und innen weiß. Wenn man sie in Milch tauchte und mixte, gab das eine geschmacklose Mischung. »Sieh mal, was sie mit dem Obst machen.«

Der Alte haßte alles, was mit Kunstdünger gezogen

worden war. »Früchte und Blumen werden aus der Erde geboren und ernähren sich aus der Erde.« Ich glaube nicht, daß sein Wahnsinn daher rührte. Einmal hatte mein Vater zu mir gesagt, Großvater sei wahrscheinlich bewußt geworden, was er jahrelang als Holzfäller getan hatte.

Ich halte das für übertrieben, aber der Kopf eines Menschen ist etwas sehr Kompliziertes. Ich weiß nur, daß mein Großvater, als er eingeliefert wurde, schrie, die Früchte auf der Welt seien gefälscht. Und eines Tages, er war achtzig, gelang ihm die Flucht. Man stelle sich das vor, er sprang über die Mauer und versicherte, er werde in den Sertão gehen, weil man die Lastwagen aufhalten müsse.

»Hast du ferngesehen?«

Sie nickte schweigend. Ich kenne Adelaides Schweigen. Normal ist es, wenn sie still durch die Wohnung läuft und ihre Hausarbeit verrichtet. Andere Male ist es drückend und verbreitet Unbehagen. Wenn sie bekümmert oder verstockt ist, kommen Falten, und ihr Gesicht wirkt verknittert. Dann sieht sie alt aus.

»Warum? Du siehst doch sonst vormittags nie fern?«

»Ich bin früh aufgewacht, ich konnte nicht mehr schlafen.«

»Besorgt wegen meiner Hand?«

»Ja, und da sind noch andere Dinge. In der letzten Nacht gab es viel Lärm auf der Terrasse oben. Hast du nichts gemerkt?«

»Ich habe wie ein Klotz geschlafen.«

»Als seien da eine Menge Leute. Es hörte sich so an, als hätten sie Holz gespalten, genagelt und gesägt. Ob irgend etwas gebaut wird?«

»Die Ziviltäre haben die Terrassen doch verschlossen, erinnerst du dich? Wer weiß, vielleicht ist es irgendein Tier? Ein Gambá?«

»Tiere, Souza? Beutelratten? Wo denn? Nur in deinem Kopf. Nicht einmal im Zoo gibt es welche. Nur die ausgestopften im Museum, die du dir so gern ansiehst.«

»Vielleicht ein Wunder?«

»Ein Wunder? Nein, solche Wunder gibt es nicht. Mitgefangen, mitgehangen. Gott ist nicht dazu da, Dummheiten auszubügeln. Er ist da, um zu richten. Er wartet nur auf alle diese Menschen für die letzte Abrechnung.«

»Wie kannst du nur gläubig sein, Adelaide?«

»Ich will das nicht mit dir diskutieren, Souza. Ich weiß, was du mir antworten wirst. Ich bin müde, habe letzte Nacht nicht geschlafen, und heute morgen gibt es kein Wasser. Du wirst ohne Kaffee weggehen müssen. Ich habe keine Geduld für Gespräche. Und laß uns diese Hand verbinden.«

»Verbinden? Wozu denn? Sie ist schon vernarbt.«

»Kann ja gar nicht. Du hast dich gestern verletzt. Du hast nicht einmal Zeit gehabt, zur Erste-Hilfe-Station zu gehen.«

»Ich brauchte keinen Arzt und kein Krankenhaus. Das Loch ist entstanden, und damit basta.«

»Und es tut wirklich nicht weh?«

»Überhaupt nicht.«

»Erzähl mir, wie es kam.«

»Hab ich schon. Es fing im Bus an. Ich spürte ein Jukken. Es juckte, und die Handfläche fing an zu brennen. Als ich später hinsah, war das Loch da.«

»Und wenn du dich bei der Gesellschaft beschwerst?«

»Was hat denn meine Firma damit zu tun?«

»Deine nicht, die Busgesellschaft.«

»Die hat auch nichts damit zu tun.«

»Du hättest Zeugen besorgen können. Einen Prozeß könntest du anstrengen und gewinnen und Schadenersatz beantragen. Die Busse wegen Ansteckungsgefahr anzeigen. Weißt du noch? Denk mal an Seu Germano, aus dem kleinen Eckgeschäft. Seit wie vielen Jahren ist der pensioniert wegen Arbeitsunfähigkeit? Seit mehr als zwanzig Jahren. Alles wegen eines Bienenstichs. In der Sozialversicherung gibt es Ärzte und Anwälte, alle Welt weiß das, die das regeln, Souza. Warum gehst du da nicht hin? Das *System* ist dazu da, dich zu bezahlen. Es wäre deine Rache gegen die Pensionierung von der Universität. Jetzt bist du dran, Souza. Geh jetzt hin. Laß uns zusammen gehen, ich werde reden. Du sagst nichts. Als wärst du stumm, stündest unter einem Trauma.«

In solchen Augenblicken gerate ich ganz schön durcheinander. Ich höre Adelaide reden, ich gebe ihr recht und doch wieder nicht. Ihr Kopf arbeitet schnell, wenn es um praktische Dinge geht. Und dies ist eine praktische Situation. Ihre Überlegungen sind nicht von der Hand zu weisen. Ich erlebe immer wieder Überraschungen mit Adelaide. Ihre Idee ist nicht schlecht: Ich könnte mich rächen.

Für die Jahre, die das *System* mir schuldig ist. Wie bin ich herumgelaufen auf der Suche nach einer Stellung, immer mit dem verfluchten Stempel: *Vorzeitig pensioniert aus Sicherheitsgründen.* Jetzt bin ich nicht einmal registriert. Mein Neffe hat mir diese Arbeit beschafft. Ich bin in die Enge getrieben. Etwas schuldig sein, nicht streiten können, dankbar sein müssen. Ich mag ihn nicht. Ich fühle mich nicht wohl.

Mit mir nicht wohl. Ich muß überleben, ich habe Adelaide, ich unterstütze meine Eltern. Ich trage ein Paket von Rechtfertigungen mit mir herum, damit ich so bleiben kann, wie ich bin. Deshalb mag ich dieses Loch. Es zeigt mir plötzlich, daß es ein Nein gibt. Die Möglichkeit, alles zu verändern. Von einem Tag auf den andern. Ich liebe und ich hasse Adelaide.

Was nützt es mir, nicht am *System* teilzuhaben? Ich müßte hingehen und noch eine vorzeitige Pensionierung erwirken, wegen Körperbehinderung. Ich würde nur das Minimum erhalten und hier und da Gelegenheitsarbeit verrichten. Oder würde überhaupt nichts tun, den ganzen Tag nur herumstreifen. Würde Wassermarken verkaufen. Zirkulationsmarken und Zulassungskarten für die Imbißstuben. Wie ein Straßenverkäufer oder ein Schmuggler.

Vierzig Prozent der Bevölkerung lebt davon. Wovon sollte ich sonst leben, wenn nicht davon? Plötzlich hasse ich meine Frau. Weil sie an diesem ganzen Spiel teilhaben will. Ich bin weder ein Engel, noch bin ich naiv. Auch bin ich kein Don Quijote. Aber ich weigere mich, mitzumachen und dazu beizutragen, daß alles vorangeht. Bisher geht gar nichts voran. Alles steht still.

Verzweiflung plagt die Welt. Bis jetzt konnte ich alle Härten umgehen. Aber heute muß ich ohne Frühstück fort. Wenn es kein Wasser für den Kaffee gibt, wird es auch keins für das Mittagessen geben. Auch nicht zum Abendbrot. Wir werden künstlichen Aufschnitt mit Mayonnaise aus Scheiße essen müssen. Ich muß eine Flasche Wasser stehlen.

»Was ist, gehen wir nun zur Sozialversicherung oder nicht?«

»Nein, ich gehe nicht. Das kann ich nicht tun.«

»Du bist dumm, Souza. Habe ich schon immer gefunden.«

»Warum hast du mich dann geheiratet?«

»Weil ich dich trotz allem liebe. Merkt man das nicht?«

»Manchmal schon.«

»Ich glaube, du mußt gehen. Denk darüber nach, laß den Gedanken in dir reifen. Du bist so langsam und grübelst da vor dich hin!«

Unglaublich, sie weiß Bescheid. Ich denke langsam. Ich könnte mich sogar für die Sozialversicherung entscheiden. Diesem *System* Geld wegnehmen. Ich sollte eine Runde durch das Viertel der Leute *Die-Sich-Den-Bauch-Vollgeschlagen-Haben* drehen. Ihre Häuser betrachten, das Wasser, das sie in ihren Gärten und Schwimmbädern verbrauchen. Dann würde ich wütend und traurig sein und mich auflehnen.

Ich weiß nicht, ob das etwas nützen würde. Seit den *Düsteren Monaten Der Suche Und Attentate* ist das Viertel isoliert. Ohne besondere Marke, die goldene, kann man den Distriktzugang nicht passieren. Wie man hört, verlassen *Die-Sich-Den-Bauch-Vollgeschlagen-Haben* nie ihre Häuser. Sie leben unter sich, sind sich selbst genug. Außerdem weiß ich nicht einmal, wo es liegt, ob es überhaupt existiert.

»Die Pakete liegen auf dem Tisch. Warten auf dich.«

»Ich werde gleich alles verwahren.«

»Gestern war ich traurig, Souza. Du hast etwas vergessen. In zweiunddreißig Jahren hast du zum erstenmal vergessen, am 5. Januar zu Hause Mittag zu essen.«

»Der Tag war anders als sonst, Adelaide. Ich war durcheinander. Mit diesem Loch in der Hand war ich nicht ganz bei mir.«

»Du bist immer gekommen. Ob bei Wind, Unwetter oder Krankheit. Und gestern, nichts. Ich habe mir das sehr wohl gemerkt, Souza. Es war Rücksichtslosigkeit.«

»Einmal in zweiunddreißig Jahren, und du redest von Rücksichtslosigkeit. Du solltest das verstehen.«

»Ja natürlich, daß du mir gegenüber nicht mehr derselbe bist.«

»Nicht dir gegenüber. Mir und der Welt gegenüber.«

»Also jetzt komm mir nicht damit, daß du durcheinander warst. Mein Vater tat genau das gleiche mit meiner Mutter. Und sie hat das viel zu lange ausgehalten. Denk nicht, daß ich das gleiche tue wie sie.«

»Was soll denn das, Adelaide?«

»Ich versuche herauszufinden, was mit dir los ist. Was du vorhast. Ich spüre einen merkwürdigen Geruch in der Luft.«

»Ich auch, aber das ist ein anderer Geruch.«

»Anders?«

»Ja. Ich brauche etwas mehr Klarheit. Um mich herum. Ich fühle, daß es um uns herum ist.«

»Wenn du von einem Thema ablenken willst, bist du grandios. Du vertust dich und sagst Dinge, die niemand versteht. Was ist um uns herum? Die Probleme sind hier in diesen vier Wänden.«

In den ersten Jahren versuchte ich mit ihr zu diskutieren. Dann gab ich immer nach. Ich hätte mich weiter mit ihr streiten sollen, es war sogar anregend. Aber ich kam so erschöpft von der Universität zurück. Die Auseinandersetzungen mit der Verwaltung reichten mir schon. Die Fragen, auf die ich den Studenten nicht antworten konnte. Die durch die Hitze bedingte physische Erschöpfung.

Entschuldigungen. Ich war umgeben von Entschuldigungen. Ich kann nicht mehr. Dieses Loch hat mir plötzlich eine Kraft gegeben, mit der ich nicht gerechnet habe. Das war mir nicht klar. Ich brauche sie. Seit ich heute morgen aufgewacht bin, komme ich mir wie ein Fremder in der Wohnung vor. Sie geht mich nichts mehr an. Ich will fort, raus, durch die Stadt streifen. Die Welt sehen.

»Ruf deinen Neffen an. Lad ihn jetzt irgendwann zum Abendessen ein.«

»Da wir gerade von ihm sprechen, ich habe etwas Trauriges an ihm bemerkt, als wir uns neulich trafen.«

»Etwas Trauriges?«

»Der Beutel. Jetzt trägt er auch so einen von diesen Beuteln, die zur Ausstattung gehören.«

»Und was ist daran Schlimmes? So viele Leute benutzen sie, darüber braucht man sich doch nicht zu entsetzen.«

»Es ist nicht zum Entsetzen, aber es ist traurig, es muß unangenehm sein, unter der Kleidung ein Stück Eingeweide in einem Plastebeutel mit sich herumzutragen.«

»Besser, als tot zu sein.«

»Es gibt Tage, da kann man sich mit dir einfach nicht unterhalten, Adelaide. Ruf ihn an und sag ihm, er soll zum Abendessen kommen.«

»Ohne Wasser?«

»Übermorgen bekomme ich meine Zuteilung an Marken. Er kann Samstag kommen.«

»Samstag? Da habe ich die Novene des Heiligen Herzens.«

»Dann also zum Mittagessen am Sonntag.«

»Unsere Mittagessen sonntags sind so langweilig. Du gehst raus und trinkst was an der Eckbude, kommst zum Essen nach Hause und schläfst den ganzen Nachmittag.«

»Jetzt fang nicht wieder damit an. Lad den Jungen am Sonntag zum Mittagessen ein. Seine Mutter kann auch kommen.«

»Ach ja?«

»Ja . . .«

»Und die Pakete?«

»Heute abend verstaue ich sie.«

»Im Dunkeln?«

»Unsinn!«

»Gut . . . laß mich ein Pflaster auf dieses Loch kleben.«

»Auf das Loch? Nur über meine Leiche.«

Adelaide sah mich flehend an. Verloren. Als säße sie auf

einem Eisblock und rutschte an einem heißen Tag eine steile Straße hinunter. Das Eis unter ihr schmilzt, und sie weiß, daß sie sich wundschürfen wird. So hat sie mich erst ein einziges Mal in meinem Leben angesehen. Als ich ihr sagte: Laß uns heiraten.

Die Bestrafung des Biologen,
der seit neunzehn Jahren dort arbeitete,
war eine Warnung des *Systems*.
Wenn sich an jenem Nachmittag alle
zusammengetan hätten,
wäre dann alles anders gekommen?

Als ich die Tür öffnete, blendete mich die Helligkeit unerbittlich. Ich mußte die Augen schließen. Ich würde mir noch eine Sonnenbrille kaufen, konnte das Licht nicht vertragen. Jetzt verstehe ich, warum es Tränenflüssigkeiten gibt. Man konnte fast einen leichten Dampf wahrnehmen, der von den Betonplatten aufstieg. Das kann nicht sein, seit geraumer Zeit gibt es keinen Tau mehr.

Im Flur vor dem Barbierladen eine Gruppe von drei Kahlköpfen, wie jene, die ich gestern gesehen hatte. Sie sahen gefährlich aus. Was machten sie hier? Ob sie Verkehrsmarken hatten? Und wenn ich sie einfach fragte? Oder einen Ziviltär zur Untersuchung herschickte? Und wenn sie keine Marken hatten, sollten sie lieber verschwinden.

Ich schämte mich. Ich schob der Sonne die Schuld an solchen Überlegungen zu. Laß die Kerle doch, wo sie sind. Sie tun sicher niemand etwas zuleide. Sie werden irgendwann angezeigt und dann jenseits der *Erlaubten Grenzen* gebracht und sterben. Es heißt, jenseits der *Abgrenzung* gibt es keine Überlebenschance.

Ich hätte jedenfalls nicht den Mut, sie einem Ziviltär auszuhändigen, wahrscheinlich die merkwürdigste und geheimnisvollste Miliz, die je von einer Regierung geschaffen wurde. Ich hoffe, die drei treiben sich hier nicht in der Nachbarschaft herum. Die Leute sind mißtrauisch, unruhig, werden bei dem geringsten verdächtigen Geräusch aufmerksam. Man kann nicht vorsichtig genug sein.

Ich hinke ein bißchen beim Laufen, wegen meiner Arthrose. Das blauweiße Schild mit dem Symbol für Busse zeigt nach links. Vor der Ecke ein Pfeil und einige kleine, bunte Figuren (winzige Busse). Das sind die Linien, die auf der Parallelstraße fahren, mit allen Anschlüssen.

Man braucht nicht lesen zu können. Alle Informationen in dieser Stadt werden durch Symbole vermittelt. Kein einziges Wort, aber ein besonderer Code, den das Volk gelernt hat. Ein Symbol für alles: Toilette, Bar, Restaurant, Zentrum, Zahnarzt, Apotheke, Viadukt, Brücke, Tunnel, Gefahr, Favela, Schule, Fleischer, Platz, Quelle, Industriegebiet, Handel, Kirche, Kino, Imbißstube, Krankenhaus, Kreuzung, Bäckerei, Entladungscamps.

Wir mußten dicke Lehrbücher auswendig lernen, bis die Praxis die Theorie ersetzte. Wenn ein Schild mit Buchstaben auftaucht, wette ich, daß niemand es verstehen wird.

An der Bushaltestelle, wo normalerweise an die zehn Personen warten, herrschte jetzt ziemliches Gedränge. Der Inspekteur für Zirkulationsmarken stieß alle hin und her. Er schien mir nicht eigentlich verärgert, als ich mich näherte, eher alarmiert, ja entsetzt.

»Die Marke, die Marke. Los, los, herzeigen, der S-7. 58 kommt jeden Augenblick.«

Zögernd zeigte ich meine Marke. Das war nicht normal. Zum erstenmal in so vielen Jahren nahm er sie und sah sie aufmerksam an. Er zögerte, fragte nach meinem Personalausweis, ich wunderte mich. Er verglich den Ausweis und die Nummer. Betrachtete mein Gesicht. Ich bemerkte, daß seine Hände leicht zitterten. Er gab mir den Ausweis zurück, nachdem er ihn noch einmal nervös überprüft hatte.

»Was ist denn? Stimmt irgend etwas nicht?«

»So furchtbar viele Leute. Die meisten haben keine Marken Schwierig. Es wird mit jedem Tag schwieriger. Diese Leute wollen alle ins Zentrum, und keiner hat die Erlaubnis dazu. Ich weiß nicht, was ich tun soll, sie sind alle aufgebracht.«

Ich stand noch mit erhobener Hand da und hielt den Ausweis. Da sah er das Loch. Ich war so unvorsichtig gewesen, nicht die andere Hand zu benutzen und die durchlöcherte in der Hosentasche zu lassen. Meine Dummheit, diese Leute stellen immer so gern Fragen. Es ärgert mich, wenn ich erklären soll, was nicht erklärbar ist und erst einmal akzeptiert werden muß.

»Was ist denn das?«

»Ein Loch.«

»Daß es ein Loch ist, sehe ich. War das ein Unfall, oder ist das eine Krankheit?«

»Weiß ich nicht genau.«

»Weiß nicht, weiß nicht. Erklären Sie sich.«

»Also, erst hat es gejuckt, dann kam das Loch.«

»Dann ist es also eine Krankheit. Geben Sie's schon zu.«

»Nein, keine Krankheit. Auch kein Unfall.«

»Wie bitte? Sie kommen besser mit zum *Posten.* Das kann ansteckend sein.«

»Nichts *Posten.* Sehen Sie doch, das Loch ist vernarbt, zu, weg! Von wegen Ansteckung.«

»Kommen Sie mit.«

»Ich werde den Bus verpassen.«

»In diesen da werden Sie nicht einsteigen. Geben Sie mir die Marke.«

»Ich denke nicht daran.«

»Soll ich Verstärkung holen?«

Ich beschloß nachzugeben. Es gibt alle fünfhundert Meter einen *Posten.* Für Untersuchungen. Wegen undefinierbarer Krankheiten, vor allem wegen des plötzlichen Hautkrebses. Wir erlebten die merkwürdigsten Fälle. Plötzlich verlor jemand auf der Straße die Haut, und es blieb nur noch ein blutiges Etwas übrig.

Das kommt häufig vor, sogar bei den Zugewanderten, die an die starke Sonne aus dem Norden und Nordosten gewöhnt sind. Die haufenweise kommen auf der Suche nach einem Unterschlupf und in der Hoffnung, der Sonne und der Hitze zu entfliehen. Sie kommen auch hierher, weil sie von ihrem Land vertrieben wurden. Ausländer in ihren *Reservaten.* Und das Volk kommt. Um hier im Süden zu sterben.

Hin und wieder dringt eine Meldung durch die offiziellen Korridore, und dann entdecken wir, daß es Breschen zwischen dem *Übergeordneten System* und dem *System* der Länder gibt. Letzteres hat seelenruhig den öffentlichen Notstand ausgerufen, es will keinerlei Verantwortung mehr übernehmen. Der reinste Krieg, hätte der Gouverneur gesagt, weil das *System* mißachtet wurde.

Nun hat aber der Gouverneur weder Macht noch Einfluß noch Autorität. Es gibt Leute, die versichern, er sei vor Jahrzehnten auf seinen Posten berufen und dann vergessen worden. Das sind Überbleibsel aus der *Ära Der Kasuistik,* als das *System* die Spielregeln während des Spielverlaufs änderte, ohne irgendwelche Einwände zuzulassen.

Ich will damit nur sagen, daß der Gouverneur eben nicht vergessen wurde. Keineswegs. Die Posten sind auf Lebensdauer besetzt. Zum Teil auch, weil niemand mit gesundem Menschenverstand einen solchen Posten anstrebt. Man könnte einwenden: Wer hat innerhalb des *Systems* überhaupt gesunden Menschenverstand? Und natürlich weiß ich keine Antwort darauf. Wirklich nicht.

Es sieht so aus, als könnte man nichts machen. Das Geld ist alle, die Staatskassen gähnend leer, was hereinkommt, ist bereits verplant. Und man kann zusehen, wie das Geld an Wert verliert. Das ist das Erbe, das OSI Nr. 1 und OSI Nr. 2 hinterlassen haben. Das erste war das *Organisationssystem Inkompetenz,* und das zweite war der *Organisationsservice Ineffizienz.*

Planung und Ausführung lagen bei den OSIs, und ich erinnere mich, daß es sogar ein Wortspiel gab. Wir sagten dazu, wir seien auch Teil der OSI, da wir doch dem *Organisationssystem Impotenz* angehörten. Unsere Proteste waren sinnlos, ebenso jeglicher Einspruch oder irgendwelche Nachforschungen.

Um zum OSI 1 zu gelangen, mußte man verschiedene Praktika im OSI 2 passieren. Wenn man größte Ineffizienz bei der Ausführung bewies, wurde man für die Karriere empfohlen. Dazu kam noch eine Art ergänzendes Aufbaustudium, wenn man Geschick in der Manipulation von Korruption zeigte.

Sich bestechen zu lassen, ohne daß man erwischt wurde, etwas beiseite zu schaffen und Bestechungen entgegenzunehmen, ohne Spuren zu hinterlassen, das waren die wichtigsten Situationen. Gewitztheit, Findigkeit, Tricks und Fallen. Der Kandidat mußte unangenehme Situationen durchstehen, bis er beweisen konnte, daß er die Auszeichnung, den OSI 1, verdiente.

»Warten Sie einen Augenblick. Können Sie es nicht so regeln, daß wir nicht zum *Posten* müssen?«

»Haben Sie Angst? Ihre Krankheit ist wirklich ansteckend.«

»Nein, das ist es nicht. Aber auf dem *Posten* verliert man viel Zeit.«

»Dann sagen Sie mir doch, wie ich das drehen soll.«

»Machen Sie einen Vorschlag.«

»Haben Sie Lebensmittelkarten?«

»Ich kann Ihnen ein Mittagessen abtreten.«

»Wo?«

»Im ›Aurora Boreal‹. Das liegt in meinem *Zirkulationsdistrikt.* Aber Vorsicht, nicht daß Sie mir morgen kommen und mich von neuem festnehmen wollen.«

Es dauerte lange, bis ich am *Distriktzugang* schließlich an der Reihe war. Die Schlange bewegte sich nicht vorwärts. Ein Zwerg vor mir berichtete, heute abend seien per Erlaß mehr Erlaubnisscheine ausgegeben worden. Und er selbst, ein Zwerg, habe Schwierigkeiten gehabt, sein Viertel zu verlassen. So waren sie. Sie beseitigten die einen, und es kamen andere. Wie in einem Spiel.

Ich ging am *Haus Der Wassergläser* vorbei, verspürte aber keine Lust hineinzugehen. Ich hatte Durst und ein bißchen Hunger. Im »Aurora Boreal« verbrauchte ich noch eine Marke, weil ich mir ein Glas künstliche Milch, Kaffee und zwei Kekse kaufte. Wenn ich so weitermachte, würde ich am Ende des Monats keine Marken mehr haben und ein, zwei Tage ohne Essen dastehen.

Monatsende ist Monatsende. Probleme bis dahin aufschieben. Jetzt investieren, abwarten, was danach geschieht. Wenn es soweit ist, werden die Probleme schon gelöst werden. Nach dem Essen hatte ich Lust, durch das *Haus Der Wassergläser* zu gehen. In der Imbißstube schwitzte ich, die Ventilatoren, die sich an der Decke drehten, brachten keinen Lufthauch.

Das *Haus* ist wenigstens angenehm kühl. Vielleicht ist das auf das Wasser in den Tausenden von Gläsern zurückzuführen, die auf den Regalen aufgereiht sind. Die trüben Platten an der Decke lassen verschwommenes Licht durch, es ist einer der wenigen angenehmen Aufenthaltsorte. Wenn das Volk das einmal entdeckt, ist es aus mit der Ruhe.

Ich kenne die Säle, Flure und Nischen auswendig. Die Aufstellung der Wassergläser, die Reihenfolge. Schöne Arbeit, noch aus der Zeit vor dem *Schlußstrich.* Ich werde demnächst einmal in den *Dargestellten Urwald* gehen. Um die Dokumentation über den *Schlußstrich* noch einmal zu sehen.

Ich sehe in den Rinnstein und die Mülleimer. Wer weiß, vielleicht finde ich eine gebrauchte Zeitung. Oder ein Stück Papier, ein zerrissenes Blatt. Ist nicht wichtig. Ich habe das Bedürfnis, Nachrichten zu lesen. Wirklich zu lesen. Ich bin es leid, sie durchs Fernsehen und den Generalsender zu hören. Ich finde immer eine weggeworfene Zeitung. Manchmal schmutzig und verschmiert.

Einige Jahre lang hatte ich als Professor das Recht, eine Wochenzeitung zu beziehen. Es gab wenig zu lesen. Wenig Interessantes. Die schlechten Nachrichten waren verboten, um das Volk nicht aufzuregen. Den Begriff schlechte Nachrichten hatten die Regierenden der *Epoche Der Großen Völlerei* ausgearbeitet.

Das wurde stufenweise vorbereitet. Filme im Fernsehen und in den Kinos, *outdoors* mit Propaganda. Stetige Wiederholung, bis alle davon überzeugt waren, daß schlechte Nachrichten die Ruhe beeinträchtigten, Unruhe stifteten, Streß hervorriefen, die Anspannung erhöhten, ja sogar den Tod verursachten.

Es ist an der Zeit, dass wir uns zusammentun, uns stärken.

Die *Epoche Der Großen Völlerei* kam gleich nach den *Offenen Achtzigern*, die eine groteske Diktatur ablösten. Die Presse hatte sich daran gewöhnt, über alles frei zu schreiben, anzugreifen und aufmerksam zu machen. Das war unbequem. Der *Zirkel Der Betrunkenen Minister* fühlte sich beleidigt und verlangte Wiedergutmachung.

Wir haben alles, um eine führende Nation zu sein.

Unsere Wirtschafts- und Militärmacht beweist das.

Es begann damit, daß ein Minister gegen eine Zeitung vorging, die ihn als bestechlich bezeichnet hatte. Die Zeitung brachte Beweise, das *System* gab nach, der Minister wurde abgesetzt. Da spürten die anderen die Bedrohung, taten sich zusammen und begannen eine Bürgerkampagne: »Welchen Nutzen bringen solche Tatsachen dem Land? Das *System* muß in Ruhe regieren können.«

Unsere Abwehr ist nicht zu schlagen.

Das System hat bemerkenswerte, strategische Werke entwickelt.

Die anderen Länder fürchten uns.

Das war der Terror. Eine Regierung, die ständig angegriffen wird, muß den Anschuldigungen unentwegt entgegentreten. Und kann nicht in Ruhe regieren. Das Volk sollte wählen. Würden die schlechten Nachrichten fortgesetzt, sähe sich das *System* außerstande zu regieren. Also wäre es nicht schuld, wenn das Land in eine Stagnation, ja Rezession geriete.

Denkt an unser Staudammsystem,
an die Wasserwerke,
an das Atomkraftwerk,
die Eisenerzbahnlinien,
die Energiepolitik,
an die Entdeckung von Alkohol als Brennstoff.

Das Volk wurde stolz. Es hörte auf, Zeitungen zu lesen, die schlechte Nachrichten hervorhoben. Auf diese Weise erstarb die große Kampagne gegen die Verwüstung und Aufteilung des Amazonasgebietes. Niemand wollte etwas vom Abholzen hören, von gefällten Bäumen, von Weiden, die den Wald ersetzten, oder von der Entstehung unfruchtbaren Landes.

FREUT EUCH AN DEM GOLD AUS UNSEREN GOLDGRUBEN,
AN DEM HOLZ, DAS WIR EXPORTIEREN KÖNNEN,
SEID STOLZ AUF DIE RIESIGEN ERNTEN DES FRUCHTBAREN LANDES,
WO WIR ALLES PFLANZEN UND ERNTEN WERDEN.
LASST UNS OPTIMISTISCH SEIN, VERTRAUENSVOLL.
NIEDER MIT DEN NEGATIVISTEN.

Zwei Dinge waren für die *Hohe Hierarchie Des Neuen Heeres* schlimmer als Krebs: die negativistischen Geister und die Kommunisten. Sie wurden verfolgt und isoliert. Zur Zeit des *Großen Kampfzyklus Gegen Die Öffnung Der Kirche,* die auch *Kollosseum* genannt wurde, waren die Kommunisten eine seltene, fast ausgestorbene Spezies geworden.

Zum Teil starben sie infolge der Repression, häufiger aber aus Enttäuschung. Wie die Vögel und Tiere der brasilianischen Fauna starben sie aus. Mit dem einen Unterschied, daß die Tiere sich den Luxus von Privatreservaten leisten konnten. Dort, in der Gefangenschaft, unterzog man sie Fortpflanzungsversuchen. Die Kommunisten hingegen gingen in der Gefangenschaft ein.

Die letzte Nachricht über die Vorkommnisse im Norden wurde von einem Minister überbracht, der für Immobiliengeschäfte zuständig war, ein Posten, den man aus der Notwendigkeit heraus geschaffen hatte, die Spekulation nicht nur in den großen Städten, sondern im ganzen Küstengebiet unter Kontrolle zu bringen. Dort schritt die Parzellierung auf rasante und zerstörerische Weise voran.

In Wahrheit sorgte der Minister umgehend und ausgiebig für die Protektion seiner Gruppe. Er steuerte den Zugang von Emporkömmlingen und schaltete Konkurrenten aus. An einem berühmt gewordenen Nachmittag erklärte er im Fernsehen: »Wir müssen stolz sein auf das, was wir bisher geleistet haben. Eine große Tat der Regierung, die an die Zukunft denkt.«

»Wir nämlich«, sagte er, »werden in die Geschichte eingehen als das *System,* das dem Land ein weiteres Weltwunder verschafft hat. Nicht nur Afrika kann stolz sein auf seine Sahara. Die Wüste, die in Filmen gezeigt wurde, ist zu einer touristischen Attraktion geworden, zu einem gefeierten und gerühmten Schauplatz für Abenteuer.«

»Ab heute« – er lächelte versonnen – »haben auch wir eine wundervolle Wüste, viele hundert Male größer und schöner als die Sahara. Großartig. Wir geben der Welt das neunte Weltwunder bekannt. In Kürze wird die Presse die gelben Ebenen zeigen, die Dünen und einzigartigen, ausgetrockneten Flußbetten.«

Die Filme des *Offiziellen Verleihs* zeigten in den raffiniertesten Bildern, die das Volk je gesehen hatte, die schrittweise Verwüstung. Werbefirmen starteten Kampagnen. Sie veranlaßten exklusive Zeitschriften, Karawanen zu organisieren. Die Reichen amüsierten sich als Araber verkleidet.

Die *First Lady* empfing in seidenen Zelten, die auf dem Sand standen und von Lagerfeuern und Fackeln erleuchtet waren. Ventilatoren bewegten künstliche Palmen. Die Dekorateure hatten Hunderte von Filmen aus Hollywood über *Tausendundeine Nacht* gesehen, um sich inspirieren zu lassen und die unvergleichlichen Kulissen zu bauen.

Zu jener Zeit passierte das mit der Bestrafung des Wissenschaftlers. Das heißt, es war die erste nach den *Offenen Achtzigern.* Ich glaube, diese Strafe bedeutete den Beginn einer neuen Zeit. In den vergangenen Jahren wechselten wir schnell von einem Zyklus zum anderen. Kaum hatten wir uns an einen gewöhnt, mußten wir uns umstellen. Unaufhörlich.

Wir waren naiv. Wie mich gab es viele. Wir hatten Positionen inne, die es uns erlaubt hätten, langsam etwas Klarheit, ein wenig Bewußtsein einsickern zu lassen. Unruhe zu säen. Alarm. Trotz aller Wachsamkeit. Schließlich bedeutet ein Professor, dem die Studenten vertrauen, mehr als ein Vater.

Ja, jener Wissenschaftler protestierte. Er hatte den Mut dazu. Wer erinnert sich heute noch an seinen Namen? An der Universität gab es ein Schwarzbuch. Ein ausführlicher Bericht über die Verfolgung von Professoren, Forschern, Ärzten und Wissenschaftlern. Bis zu dem Augenblick, als die Eintragungen nicht mehr fortgeführt wurden. Die Ausnahme war zur Regel geworden.

Wir leben mit ihr, wir haben uns daran gewöhnt. Der bestrafte Wissenschaftler will mir nicht aus dem Kopf. Ich stand in der Eingangshalle der Universität, als er vorbeiging. Ich hatte vorher in den Abendnachrichten davon erfahren. Er wartete, der Rektor brachte ihm den Bescheid ins Zimmer. Er verließ es, ohne eine Schublade zu öffnen, ohne ein einziges Papier mitzunehmen.

Als er in der Halle an uns vorbeiging, schien er derselbe zu sein wie immer. Er trug den Kopf weder gesenkt wie ein Geschlagener noch erhoben als Zeichen des Stolzes und der Gleichgültigkeit. Ganz normal. Er hatte gerade seine Rechte verloren. Das Recht, sich als Professor frei zu bewegen, einzukaufen und mit anderen zu sprechen. Kurz, das Recht zu leben.

Ich war schockiert. Ich hatte noch keine genaue Vorstellung, was über diesen Mann hereingebrochen war. Ein Biologe mit Veröffentlichungen in den USA und Europa. Er hatte neunzehn Jahre lang unterrichtet. Söhne und Enkel. Noch eine Weile, und er hätte ein ruhiges Leben geführt. Statt dessen lehnte er sich auf. Erhob seine empörte Stimme. Gegen die Wüste.

Wir konnten den Ausgang nicht abschätzen. Es gab eine heftige Reaktion. Sie verwirrte uns. Was für Wissenschaftler waren wir denn, wenn wir unfähig waren, eine Situation klar zu analysieren? Menschen mit unseren Informationen über die politische und soziale Realität sollten gewappnet sein.

Bereit sein, Berechnungen vorzunehmen, Daten zusammenzustellen und Beobachtungen durchzuführen. Die Wege zu erkennen, auf die wir geführt wurden. Es war nicht einmal eine Frage der Voraussicht. Es reichte, die Fakten zu betrachten und natürliche Folgerungen daraus zu ziehen. Wie man Wasser trinkt, wenn man Durst hat. Die Bestrafung jenes Mannes war ein Schlüssel, den sie uns gaben. Eine Warnung.

Wir nutzten sie nicht. Einige Monate lang war ich wie vor den Kopf gestoßen, bis ich mich schämte. Ich hätte die

Halle durchqueren und mich neben den Professor stellen sollen. Hätten wir das alle getan, wären Änderungen möglich gewesen. Entschiedene Gesten haben eben in wichtigen Augenblicken unserer Geschichte gefehlt.

Sich symbolisch die Hand reichen. Ich muß oft daran denken. Es sind schon so viele Jahre vergangen, und noch immer sehe ich die Szene vor mir. Wir gemeinsam vor der Universität. Entweder vernichteten sie alle, oder sie wichen zurück. Wir ließen es geschehen. Ich kann mich nicht damit abfinden. Eine Schuld, die ich trage. Sie nagt an mir. Nichts ist schlimmer als die Erinnerung an eine nicht ausgeführte Geste.

Von den siebziger Jahren an wurden wir im ungewissen gehalten. Umgeben von paradoxen Koordinaten. Harte Systeme in demokratischem Gewand. Repressionen voller Rechtfertigungen und Rechtfertigungen, die wir akzeptierten. Demokratien mit dem Klima einer Diktatur. Amorphe Regierungsformen, über die wir nicht nachdenken konnten.

Wir kamen nie darauf, daß wir es mit einer neuen Art von System zu tun hatten. Ohne klare Umrisse. Unser Fehler war, daß wir die Vorbilder dafür in der Geschichte suchten. Wir vergaßen, daß Zeiten und Menschen sich wesentlich geändert hatten. Wie hätten wir diese neue Formel nennen können? Dissimulierende Systeme?

Sie gleichen sich, sind aber nicht gleich. Sie sind gleich, gleichen sich aber nicht. Ein Versteckspiel. Als beträten wir ein Spiegellabyrinth und verlören das wahre Bild. Oder alle Bilder um uns herum werden als wirklich ausgegeben. Sollen wir alle Bilder akzeptieren, die Vielfalt zulassen oder in der Suche nach dem einen einzigen verharren?

Im Dunkel des Zimmers
die Abwesenheit des Tick-Tack.
Dann hörten sie es.
Jemand war auf der Terrasse.
Es waren keine Tiere,
denn Tiere gibt es nicht

Ein brauner, kompakter Block, der sich aus dem Grün heraushebt. Verschwommene Flecken tanzen vor meinen geschlossenen Augen. Ich muß wissen, was das ist. Ich nicke im Bus ein, und der Fleck kehrt wieder, mit dem gleichen Nachdruck wie all diese Jahre. Er taucht hin und wieder aus der Tiefe des Gedächtnisses auf.

Jedesmal, wenn er auftaucht, erstarre ich. Dann kann ich die Arme nicht bewegen, Hände und Beine sind eingeschlafen. Für kurze Zeit. Ein beängstigendes Gefühl, denn das einzige, was in meinen Gedanken bleibt, ist der Fleck, der sich langsam bewegt. Und ich gelähmt, halbtot. Jedoch bei Bewußtsein.

Ich kehrte nach Hause zurück. Beim Barbier war es voll, die Temperatur etwas gesunken. Die Menschen schwitzten und unterhielten sich. Sie sprachen langsam, niemand erregte sich, um keine Energie zu verschwenden. Einige von ihnen kannte ich, Nachbarn. Andere waren mir völlig unbekannt.

Kein Duschen. Mein Neffe wollte kommen. Adelaide beklagte sich, daß er nicht angerufen und auch keine Nachricht geschickt hatte. »Mama wird uns zwei Marken leihen.«

Ich schaltete den Fernseher ein und wieder aus. Ich beobachtete die durchlöcherte Hand, wollte gern hinausgehen. Aber wohin? Wenn es wenigstens noch den alten öffentlichen Park gäbe.

Adelaide schaltete das Gerät wieder ein. Die Fernsehserie begann. Es war eins der letzten Kapitel, Adelaide sprach kein Wort. Ich folgte der Geschichte ohne Interesse. Dann schaltete sie den Ton ab und sah mich fragend an. Unglaublich, über wie viele verschiedene Blicke sie verfügt, Schauspielerin müßte sie sein. Wenn sie nicht so beherrscht, so gehemmt wäre.

»Ich habe vor Nossa Senhora Aparecida etwas gelobt. Wenn sie dieses Loch heilt, werden wir zu ihrer Kirche gehen und zwei Messen hören. Und deine Hand werde ich der Heiligen in Wachs opfern.«

»Ich wette, daß die Nachbarinnen dich auf diese Idee gebracht haben.«

»Ich habe mit Mama gesprochen. Sie meinte, ich sollte das tun. Es kostet doch nichts!«

»Ich werde überhaupt kein Gelübde erfüllen. Laß mich doch mit der Hand in Ruhe.«

Sie begann zu weinen und ging in die Küche. Es ist mir egal, ob sie weint. Es geht mich nichts an. Nicht mehr. Ich schaue voller Überraschung die Möbel an, die ausgeblichenen Gardinen, den Stapel Zeitungen, die Schnittmuster, das Regal mit den Nippes, die Heiligenbildchen, Spitzendeckchen, den Porzellanaschenbecher.

Ich komme mir vor, als sei ich nicht in der eigenen Wohnung, sondern bei einem Freund oder Bekannten. Als hätte ich diese Dinge nie betrachtet. So häßlich, schön aufgereiht, unnütz. Nie habe ich diese Tasse mit den blauen Initialen benutzt. Auch die chinesischen Teller nicht, die der Putzfrau nur Arbeit machen. Und diese Blumen, die sie jede Woche kauft.

Immer dieselben künstlichen Blumen. Aus Plaste. Wunderbar nachgemacht, mit Blättern und zarten Blüten, die sich weich anfühlen. Eines Tages (wie viele Jahre ist das her?) verbrachte ich mehr als eine Stunde damit, die Blüte einer weißen Rose zu betrachten. Ich glaube, es war das letztemal, daß ich eine richtige, keine künstliche Blume sah.

Die Rose stand in der Ecke auf dem kleinen Altar Zum Heiligen Herzen. Jeden zweiten Tag stellte Adelaide eine neue aus dem kleinen Vorgarten hin. Die Rose wurde von einem Tag zum andern grau. Mit einer Rußschicht bedeckt, die sich auf die samtenen Blütenblätter legte und nicht mehr wich.

Als ich ein Blütenblatt zerrieb, blieb ein schwarzer Fleck

in meiner Hand zurück. Wie Schuhcreme. Und dieses Fett klebte an den Fingern, es ekelte mich. Ich mußte daran denken, als ich an einem Nagel zog, der ein Lacktablett hielt. Seit unserer Hochzeit hing es dort.

Zehn Tage nach unserer Hochzeit hatte Adelaide die Wohnung fertig eingerichtet. Und alles blieb unverändert. Stand still. Da war dieser wackelige Nagel, ich klopfte leicht auf den Rand des roten Tabletts mit chinesischen Mustern. Es fiel herunter, schlug mit der Kante auf den Boden und zerbrach. Die Stücke flogen umher. »Komm zum Abendessen«, rief Adelaide.

Sie wollte nicht an den Tisch kommen und setzte sich mit dem Teller auf dem Schoß in eine Ecke. Wie eine Katze. Katzen waren merkwürdige Tiere. Hunde haßte ich. Konnte ich nie leiden. Ich weiß nicht, warum diese Abneigung, sie haben mir nie etwas getan. Vielleicht mag ich Wesen nicht, die andere lecken und servil hinter ihnen herlaufen.

Seit vielen Jahren gehen wir um Viertel vor elf ins Bett, nach den Tagesnachrichten im Generalsender, bei denen Adelaide strickt, sie kümmert sich nicht weiter um die Meldungen. »Gehen wir schlafen?« schlug ich vor. Sie warf mir wieder einen Blick zu, diesmal leicht verwirrt. Wie? Vom Tisch ins Bett, ohne Radio zu hören?

Wir putzten die Zähne, sie rieb sich das Gesicht mit »Schwanenweiß« ein. Sie hat eine schöne Haut. Seit wir verheiratet sind, lasse ich sie auf dem Flur zwischen Bad und Schlafzimmer vorgehen. Ich lege meine Hand auf ihre Schulter, und so betreten wir das Zimmer. An diesem Abend machte sie zum zweitenmal eine heftige Bewegung voller Widerwillen.

Instinktiv und unbewußt. Als sie die Hand auf der Schulter fühlte (ich tue das unwillkürlich), kroch sie in sich zusammen. Ich hielt inne und zog die Hand schnell weg, während sie weiterging, ohne sich umzuschauen, in der Gewißheit, daß ich ihr nachsah. Vielleicht wollte sie meinen Blick sehen. War er überrascht, gleichgültig?

Ich hatte Mitleid mit Adelaide. Plötzlich sah sie sich allein auf der Welt. Aus einem Flugzeug springend, ohne

Fallschirm. Sie drang in einen Kreis voller Unsicherheit ein. Fand mich nicht. Oder besser gesagt, sie fand den Mann nicht, mit dem sie zusammenlebte, von dem sie abhängig war. Adelaide versteht meine Haltung nicht, und ich kann sie ihr nicht erklären.

Wir schalteten das Licht im Zimmer nicht ein. Wir zogen uns im Halbdunkel aus. Die Wäsche kommt auf denselben Platz. Der Schlafanzug, das Nachthemd, die Strümpfe (trotz der ständigen Schwüle sind ihre Füße immer sehr kalt.) Wenn wir eines Tages erblinden, werden wir uns weiter ungezwungen durch die Wohnung bewegen. Wir kennen jeden Millimeter.

Die gebügelte Wäsche auf der Kommode. Jeden Abend räumt sie alles ordentlich in die Schubladen, bevor wir uns hinlegen. Und für Augenblicke breitet sich der sanfte Geruch von Sonne, Seife und Naphthalin im Zimmer aus, während aus den alten Schubfächern noch immer der langanhaltende Zederngeruch aufsteigt.

Wir tun so, als schliefen wir. Wir schweigen, ich merke, daß sie etwas sagen möchte. Sie versucht es und sagt doch nichts. Wirft sich unruhig hin und her. Bis gestern wußte Adelaide alles von mir, konnte vorhersehen, was ich sagen würde, kannte meine Gesten und meine Zeiteinteilung. Jetzt beschämt es sie, daß wir im gleichen Bett liegen. Ich bin ein Unbekannter.

Ich fühle, wie mein Gesicht brennt, die Haut ist heiß, mein Herz pocht. Ich mag diese Frau, möchte ihr dies ersparen. Zu anderen Zeiten hätte sie mir Fragen gestellt oder einen Scherz gemacht und gelacht. Jetzt aber zeigt sie Angst, zieht sich auf ihre Seite zurück, fällt fast aus dem Bett.

Wir hörten es beide und setzten uns abrupt auf. Jemand lief über die Terrasse. Ja, natürlich, mit festen Schritten. Und versuchte nicht einmal, es zu verheimlichen, sondern lief, wer es auch sein mochte, normal hin und her. Das war kein Tier, Tiere haben einen leichten Gang. Und außerdem, was für eine Illusion mache ich mir da, an Tiere zu denken.

»Hast du das gehört?«

»Natürlich, bei so einem Lärm!«

»Was sollen wir tun?«

»Wir werden sehen.«

»Sehen? Bist du verrückt? Und wenn es ein bewaffneter Dieb ist?«

»Mach das Licht an, dann erschrickt er sich.«

»Lieber rufen wir den *Ziviltärposten* an.«

»Ach ja? Und wenn sie nichts finden, kriegen wir eine Strafe.«

»Wie spät ist es?«

»Wie soll ich das im Dunkeln sehen?«

»Wenn es nach zwei ist, können wir kein Licht anmachen.«

»Es ist ein Notfall.«

»Und wie sollen wir das nachher beweisen?«

Wir hatten geflüstert, unterdessen war das Geräusch schwächer geworden. Plötzlich sprang ich aus dem Bett. Was sollte das alles? So etwas Lächerliches, ich wurde zu Hause bedroht, konnte nicht einmal das Licht einschalten, geschweige denn jemanden rufen, um mich zu schützen. Ich schrie. Aus voller Kehle. So unverhofft, daß Adelaide erschrak.

Ich schaltete das Licht ein und sah auf die Uhr. Sie stand. Zum zweitenmal in wie vielen Jahren? Zwanzig etwa. Adelaide hatte ihre Stelle aufgegeben, als die Uhr zum erstenmal kaputt war. Wir aßen in einer Pizzeria und vergaßen die Reparatur. Damals war ich unruhig und ließ das Radio an, um die Uhrzeit zu erfahren.

Adelaide hängte sich den ausgeblichenen gelben Morgenrock um. Wie blödsinnig, wer wird denn bei dieser Hitze auf ihren kurzen Schlafanzug achten? Die Nachbarinnen laufen mit nackten Beinen in Shorts herum, und man kann nicht gerade behaupten, sie seien noch junge Mädchen. Hier gibt es keine. In diesem Gebäude sind die Frauen alle an die Fünfzig oder Sechzig.

Ich legte meine Hände auf ihre Schultern, sie lehnte sich an mich. Der Flur war voller Leute mit besorgten Gesichtern. Einige öffneten sogar vorsichtig die Tür, sahen nach, was vor sich ging, versammelten sich. Große Unruhe. Alle hatten es gehört. Das Geräusch auf der Terrasse war laut, das konnten nur Menschen sein. Was taten sie da?

»Sie haben einen gefaßt.«

»Ach was, der Kahlköpfige ist geflohen.«

»Wie viele waren es denn?«

»Was weiß ich. Ich glaube, so um die zehn.«

»Viel mehr. Ich habe das Geräusch oben vom siebten gehört.«

»Ist jemand hinaufgegangen?«

»Die Gebäudekommission.«

»Und was haben die dort gemacht?«

»Keine Ahnung. Laßt uns warten.«

»Haben sie den Posten gerufen?«

»Die sind mit anderen Fällen beschäftigt. Sie haben nicht genug Fahrzeuge.«

»Das gefällt mir gar nicht, es gibt zuviel Fremde in diesem Distrikt. Was ist denn mit der Kontrolle der Marken?«

»Was heißt hier Kontrolle, nichts da. Kann einer vielleicht was dazu sagen?«

»Schnell, die Kommission ist bei Dona Alcinda.«

»Haben sie einen gefaßt?«

»Schlimmer, viel schlimmer. Die haben entdeckt, was los war!«

Die Wohnung von Dona Alcinda lag zwei Stockwerke tiefer. Die Treppen waren überfüllt, auf den Fluren hörte man ein Gemurmel, als sei das ganze Gebäude aufgestanden. Aber alles undurchschaubar, denn widersprüchliche Informationen gingen von Mund zu Mund, man wußte nie, ob das, was bis zu einem gelangte, auch wirklich stimmte.

»Haben Sie gesehen, was sie gemacht haben?«

»Was die gemacht haben?«

»Wer hat was gemacht?«

»Wo haben sie denn was gemacht?«

Es gab Leute, die einfach nicht verstanden, was los war. Frage prallte auf Frage, niemand konnte sich etwas zusammenreimen, alle waren aufgeregt. Jeder gab ein Stück Tatsache weiter, alle Tatsachen zusammengenommen ergaben jedoch keine vollständige Situation. Daher wurden alle noch nervöser.

»Sie haben einen Schlauch gefunden.«

»Sie haben den Schlauch gefunden.«

»Hatten sie den Schlauch verloren?«

»Wem gehört der Schlauch?«

»Waren sie im Wassertank?«

»Haben sie den Schlauch im Wassertank verloren?«

»Was hat denn der Schlauch im Wassertank zu suchen?«

»Im Wassertank? Aber der Tank steht doch auf der Terrasse, und die ist versiegelt.«

»Sie haben das Siegel aufgebrochen.«

»Wie fürchterlich! Wie sollen wir das den Ziviltären erklären?«

»Wir werden Anzeige erstatten.«

»Und wer wird uns abnehmen, daß nicht wir es waren?«

»Die Gebäudekommission wird eine Aufstellung über Verluste und Schäden machen. Sie haben viel Wasser mitgenommen.«

»Wasser haben sie mitgenommen?«

»Wer hat Wasser mitgenommen?«

»An der Seite des Gebäudes liegt ein Schlauch.«

»Haben sie Wasser gestohlen?«

»Das fehlte gerade noch, daß sie uns Wasser stehlen.«

»Waren es die Kahlköpfigen? Sie strolchen soviel herum.«

»Jemand hat eine Uniform des *Neuen Heeres* gesehen.«

»Das kann ich nicht glauben.«

»Haben sie viel Wasser mitgenommen?«

»Mehr als einen halben Tank. Ein Glück, daß der Schlauch geplatzt ist, das hat ganz schön Krach gemacht, und sie sind weggerannt.«

»Sonntag haben sie im Gebäude an der Ecke Wasser gestohlen.«

»Da gibt es nur eine Lösung, Scharfschützen engagieren. Wasserdiebe zu töten ist kein Verbrechen. Es ist nur schwer zu beweisen, daß sie Wasser gestohlen haben.«

»In vielen Gebäuden schlagen sie nämlich selber zu. Sie

brechen die Tanks auf, nehmen das Wasser heraus und rufen die Ziviltäre.«

»Bevor sie jetzt den Diebstahl untersuchen, prüfen sie erst mal bei den Bewohnern selber nach. Nachdem unsere Unschuld bewiesen ist, gehen sie zur zweiten Etappe über. Aber bis dahin ist schon viel Zeit vergangen.«

»Es lohnt sich erst gar nicht, Anzeige zu erstatten, das bringt nur Ärger. Morgen muß dann das ganze Haus hinter einem Führungszeugnis herlaufen.«

»Niemand hat Zeit oder Geduld dazu. Laßt nur. Wir versammeln uns lieber und überlegen.«

»Morgen wird die Kommission den Reservetank ausmessen und die Quoten zuteilen.«

Der gerührte Neffe besucht die vortrefflichen Verwandten und bringt Extramarken für Wasser mit. Eröffnet wird der Dialog über die Wunder Brasiliens

»Onkel, du machst ja so ein Gesicht. Was ist denn los?«

»Das sind so die Sorgen in meinem Alter.«

»Bist du denn alt, Onkel? Siehst nicht so aus.«

»Sein Haar wird weiß, das ist es.«

»Hast du immer noch die alten Ideen, Onkel?«

»Hast du schon gesehen, was er sich da geholt hat? Ein Loch in der Hand!«

»Ein Loch in der Hand? Wie denn das?«

»Denkst du, er sagt, woher? Er will es mir einfach nicht sagen.«

»Sei vorsichtig, Onkel. Ist das nicht ansteckend? Bist du zum *Posten* gegangen?«

»Er sagt, ja. Ich glaube ihm nicht. Der *Posten* hätte ihm ein Rezept gegeben. Oder ihn isoliert.«

»Aha, er hat also Angst vor der *Isolation*?«

»Er gibt es nicht zu, aber sicher ist es das. Er hat mir einmal erzählt, die *Isolation* sei das Ende. Wer dahin kommt, kehrt nicht wieder zurück.«

»Was heißt, er kommt nicht wieder? Was denkt der Onkel denn?«

»Er schwört, daß die *Isolierten* von der Bildfläche verschwinden . . .«

»Wer weiß, Onkel, vielleicht gibt es dort ein Krematorium? Gas, einen Ofen und dann so ein Häufchen Asche auf der anderen Seite, die vom Wind verweht wird. Kann doch sein, daß dieser dunkle Staub, der jeden Tag in unsere Häuser dringt, Asche ist, was?«

»Mach keine Scherze, Junge! Dein Onkel macht sich schon genug Sorgen. Ich weiß nicht, wie das weitergehen soll. Er wird jeden Tag stiller. Jetzt will er zum Beispiel nicht mehr arbeiten. Er hat gesagt, es sei sinnlos, seine Arbeit sei unproduktiv.«

»Unproduktiv? Solche Sorgen machst du dir, Onkel? Weißt du eigentlich, wie viele auf deinen Arbeitsplatz warten? Weißt du das?«

»Er wird es schon wissen. Er sieht die vollen Straßen. Jeden Tag werden sie voller. Wird denn das *Neue Heer* gar nichts dagegen tun? Es wird langsam unerträglich. Allein heute kamen hier zehn Menschen vorbei, die um Essen und Wasser gebeten haben.«

»Das dürfen die doch gar nicht. Haben die denn Marken, um hier zu verkehren?«

»Woher soll ich das wissen?«

»Dann frag danach.«

»Sie sehen schlecht aus, die Ärmsten! Ich ekle mich vor den Hautlosen. Schrecklich. Warum isolieren sie die denn nicht?«

»Wir können uns nicht um alles kümmern, Tante. Wir tun unser Möglichstes. Nach meiner Beförderung werden sie mir jetzt die Überwachung der Regionen um das *Gigantische São Paulo* übertragen. Das wird eine Menge Arbeit sein.«

»Aber verdienst du dann mehr?«

»Ein wenig. Ich werde ein System aufbauen müssen,

um die Landflüchtigen außerhalb der Stadtgrenzen zu halten. Die Stadt ist einfach voll.«

»Schick sie dahin zurück, wo sie hergekommen sind.«

»Ausländische Territorien.«

»Schließe ein Abkommen.«

»Abkommen. Wer will denn so was? Ich werde den Onkel demnächst einmal mitnehmen, um die *Lager* zu besichtigen.«

»Du könntest doch eine Erlaubnis beschaffen, damit dein Onkel seinen Vater besuchen kann.«

»Den Vater? Ja, ist denn Großvater nicht tot?«

»Nein, er ist in die *Stille Anstalt* gebracht worden. Und dein Onkel hat ihn kein einziges Mal besuchen können.«

»Die *Anstalt* ist weit. Man muß vier Distrikte durchqueren. Eine höllische Bürokratie, um Zirkulationsmarken für diese Distrikte zu bekommen. Jeder Verwalter will Geld oder ein Privileg.«

»Du bist aber doch Hauptmann des *Neuen Heeres.*«

»Ja, sicher. Aber Macht hat man erst vom General an aufwärts.«

»Dieses Land war einmal gut. Jetzt ist alles so kompliziert. Es wird noch der Tag kommen, wo ich nicht einmal in meine Kirche gehen kann.«

»Du bleibst immer dieselbe, Tante. Glaubst du immer noch, daß Gott alle Probleme lösen wird?«

»Eine solche Unterhaltung lasse ich nicht zu, mit niemandem! Ich will, daß man mir meinen Glauben läßt.«

»Ganz die alte, Tante. Ich erinnere mich, als ich ein kleiner Junge war, kam ich zum Spielen in deinen Hintergarten. Jeden Tag beim Händewaschen kamst du: Werde Priester, mein Junge. Oder geh ins *Neue Heer.* Dann sprachst du nicht mehr von den Patres. Du hattest mir in den Kopf gesetzt, es sollte wirklich das *Neue Heer* sein. Meine Mutter wollte, daß ich bei der Bank von Brasilien arbeite. Oder in der Wohnungsbaubehörde.«

»Nein, das war dein Vater.«

»Ich erinnere mich kaum an ihn.«

»Er sagte, im Wohnungsbau würdest du Karriere machen, könntest der Familie ein Haus beschaffen. Und außerdem, wenn du aufsteigen würdest, könntest du eine Abteilung leiten. Das war sein Traum. Wie zum Beispiel die Abteilung Einkauf. Er war wie besessen davon. Die Einkaufsabteilung für dich. Ich weiß nicht, warum. ›Wer einkauft, hat die Karten in der Hand.‹ Warum sagte er das nur?«

»Ich kannte ihn nicht sehr gut, aber Vater war sicher schlau.«

»Aber Leiter der Einkaufsabteilung? Was für ein Unsinn.«

»Nun ja, Tante. Und fast wäre ich Chef vom Einkauf geworden. Zum Glück bestand ich die Ärztliche Untersuchung nicht. Sie entdeckten meinen angegriffenen Darm und wiesen mich ab.«

»Nur gut, daß das *Neue Heer* so großzügig war und dich akzeptiert hat.«

»In einem Sonderbataillon. Aber sie haben mich genommen.«

»Nicht allen liegt das Marschieren, Durchgreifen, Herumschießen. Sie haben dich richtig eingeschätzt.«

»Die meisten Militechner haben ein Problem. Magen, Lunge, Wirbelsäule, Darm. Wir wurden alle nach der Explosion des Reaktors geboren, das mußten sie in irgendeiner Weise berücksichtigen. Und so wurde ich Hauptmann.«

»Die Jungs sahen so hübsch aus, wenn sie durch die Stadt zogen und patrouillierten. Dein Onkel war einfach dumm. Ich habe ihm immer gesagt: Laß doch die Universität und geh ins *Neue Heer.* Weißt du was? Er haßt marschierende Soldaten.«

»Wirklich, Onkel?«

»Sieh ihn dir an. Er haßt es, wenn ich davon spreche.«

»Der Onkel mag mich wohl nicht.«

»Wieso sollte er dich nicht mögen? Du bist wie ein Sohn.«

»Auch Eltern können ihre Söhne hassen.«

»Ja, aber nicht dein Onkel. Er hat seine Eigenheiten, aber er ist ein guter Mensch.«

»Gut? Wirklich, Onkel? Warum antwortest du nicht? Würde ich gern wissen.«

»Er mag dich wirklich.«

»Na, ich weiß nicht. Ich habe Menschen wie ihn gesehen, gefährliche Leute. Onkel will sich mit der Situation nicht abfinden.«

»Er diskutiert seit geraumer Zeit nicht mehr über Politik.«

»Magst du das *System* oder nicht, Onkel?«

»Es ist jetzt nicht der Zeitpunkt, darüber zu diskutieren, mein Sohn. Du bist gekommen, um mit uns zu Mittag zu essen. Heute ist Sonntag, laß uns entspannen, fernsehen, spazierengehen.«

»Spazierengehen? Hör mal, Tante, wer geht denn bei dieser Hitze spazieren? Niemand. Was ist denn los? Bist du nicht mehr draußen gewesen?«

»Nein, schon seit einiger Zeit nicht mehr. Ich werde die Flasche aufmachen, die du gebracht hast.«

»Na Onkel, antwortest du jetzt?«

»Laß den Onkel in Ruhe, er ist noch entsetzt über das Loch in der Hand.«

»Nein, sieh ihn doch an. Da ist irgendwas.«

»Ach was, er war immer so, ein bißchen ironisch. Ernst.«

»Magst du das *System* oder nicht, Onkel?«

»Nein.«

»Siehst du, Tante? Siehst du, daß ich recht hatte? Er mag es nicht.«

»Er macht nur einen Scherz mit dir, nicht wahr, Souza? Sag's ihm doch.«

»Ich mag das *System* nicht, und ich mache auch keine Scherze.«

»Souza, bist du denn verrückt? Du sprichst mit deinem Neffen.«

»Ich mag das *System* nicht und kann es nicht mögen. Denn alles, was jetzt geschieht, ist seine Schuld.«

»Was jetzt geschieht?«

»Alles. Ein zerstückeltes Land, die Brasilianer werden von ihrem Boden vertrieben, keine Bäume mehr, die riesige Wüste im Norden.«

»Eine wunderschöne Wüste. Das neunte Weltwunder.«

»Weltwunder. Und die Flüsse? Wo sind denn die Flüsse, Junge?«

»Gibst du etwa dem *System* die Schuld, daß die Flüsse ausgetrocknet sind. Daß es so heiß ist? Sei doch vernünftig, Onkel. Die Welt hat sich geändert. Du weißt das doch, du bist doch Professor für Geschichte. Schuld haben die Regierungen, die Nuklearversuche gemacht und die Atmosphäre verändert haben.«

»Rede du nur die offizielle Propaganda nach, red nur.«

»Das sind Sachen, die ich im *Endlosen Kriegskurs* gelernt habe, Onkel. Schade, daß der Kurs nur für Offiziere war. Es wäre gut, wenn das ganze Volk davon wüßte.«

»Antwortest du mir? Wo ist das Land?«

»Hier um uns herum.«

»Wo um uns herum?«

»Hier, dort, überall.«

»So winzig? Denk mal ein bißchen nach, überleg doch mal. Als ich jung war, hatte das Land achteinhalb Millionen Quadratkilometer. Weißt du, wie groß es jetzt ist? Es ist etwas größer als meine Handfläche.«

»Ncin, aus dem Kopf nicht. Ich kann nachschlagen.«

»Schlag nach. Und wenn du die Antwort hast, sag sie mir. Es ist etwas größer als meine Handfläche.«

»Onkel, der Begriff von der Nation hat sich gewandelt. Was jetzt gilt, ist der Internationalismus. Die Multiplizität. Das hier ist ein kleines Stück. Addiere das zu den Stückchen, die wir dort draußen haben. Reservate in Uruguay, in Bolivien, ein großes Stück in Chile, in Venezuela. Und Savannen in Afrika. Ich möchte gern nach Afrika versetzt werden, dort gibt es das dreifache Gehalt, man hat Unterkunft und Verpflegung frei und kann sparen.«

»Ja eben. Wir haben unser Land aufgegeben und andere Gebiete kolonialisiert.«

»Das ist keine Kolonisation, Onkel, das ist etwas anderes. Es sind multiinternationale Reservate. Die Welt globalisiert sich.«

»Vielleicht bin ich zu alt und habe altmodische Vorstellungen im Kopf. Aber ich hätte mein Land gern als ein

Ganzes und nicht eine Welt von Ländern innerhalb meines eigenen, wie das jetzt der Fall ist. Ich habe dir von der Reise erzählt. Ich wollte nach Manaus und habe es nicht geschafft. Ich kam einfach nicht bis dort, ich fuhr und fuhr und mußte umkehren. Es war schwieriger, Rondônia zu durchqueren, als eine Erlaubnis für eine Fahrt durch Bolivien zu erhalten.«

»Dein Blickwinkel ist begrenzt, Onkel. Du denkst in individuellen Begriffen, du beschränkst dich auf einen überholten Regionalismus. Denke doch einmal in weiteren Kategorien. Unsere Wirtschaft war zum Beispiel noch nie so stark.«

»Stark? Niemand hat Geld. Das Land ist verschuldet. Kein Platz mehr für Ackerbau. Alles kostet ein Vermögen, und wir importieren alles.«

»Wir importieren wenig.«

»Sehr wenig. Salz, Zucker, Eisenerz, Schiefer, Bohnen, Strom, Papier, Plaste. Soll ich noch mehr aufzählen?«

»Das sind keine Importe, das sind Abkommen aus der Zeit der Verhandlungen über die Ländereien.«

»Warum willst du das nicht sehen? Wir importieren von uns selbst. Wir lassen es dort oben holen, wo früher der Norden von Mato Grosso, Maranhão und Pará war.«

»Vergiß nicht, daß die Konzessionen nicht ewig gelten, sondern nur für einen bestimmten Zeitraum.«

»Das habe ich gesehen. Im letzten Jahr lief die Zeit für die Konzession Belgiens ab. Haben sie etwa die Teile, die sie in Goiás hielten, zurückgegeben? Nein, das *System* hat sie zurückgekauft. Es hat etwas gekauft, was ihm eigentlich dieses Jahr umsonst zugestanden hätte.«

»Das war anders. Es gab Verbesserungen, Industrieprojekte, Gebäude, Pflanzungen, Labors.«

»Ruinen, alles Ruinen.«

»Woher weißt du denn das?«

»Es ist durchgesickert. Die Information ist durchgesikkert, mein Lieber. Schließlich erfährt man so was doch. Wer hat Gewinne gemacht mit der Rückgabe der belgischen Konzession? Man sagt, hör gut zu, man sagt, es war der *Kreis Der Betrunkenen Minister.* Wenn du das wiederholst, dementiere ich es. Aber das wird jedenfalls gesagt.«

»Der *Kreis*? Wie könnt ihr denn dem *Kreis* eine solche Bedeutung beimessen? Alles ist unter Kontrolle. In Wahrheit stehen sie unter Hausarrest und werden scharf bewacht. Sie haben keine Macht mehr.«

»Wer sagt denn, daß sie dort sind? Nie wieder hat irgendwer auch nur einen einzigen Minister gesehen. Sie lassen sich nicht mehr blicken. Wahrscheinlich sind sie ins *System* eingeschleust worden.«

»Vorsicht, Onkel, es ist gefährlich, was du da sagst! Das jetzige *System* hat die *Epoche Der Großen Völlerei* vollständig ausgelöscht. Sie wurden alle verhaftet, ihrer Ehrenrechte beraubt, verbannt, eliminiert, getötet.«

»Der *Kreis* ist da und lebt.«

»Der *Kreis* ist ein Mythos.«

»Das *System* gestattet die Existenz des *Kreises.* Er kann sich jederzeit organisieren und wieder an die Macht kommen. Das *System* beherrscht die Situation einfach nicht.«

»O doch, und zwar mit Leichtigkeit. Alles ist geplant.«

»Geplant? Dic Zuwanderung ist außer Kontrolle geraten. Die öffentliche Gesundheit ist hin. Ich sehe auf der Straße dauernd Menschen, die zusammenbrechen. Es gibt kein Wasser mehr. Wenn du nicht die Marken brächtest, würden deine Tante und ich vor Durst sterben. Weißt du, daß sie in dieser Woche die Ausgabe der Marken hinausgezögert haben? Und das haben sie absichtlich getan, um Wasser zu sparen.«

»Wie beschränkt. Onkel. Ich kann gar nicht glauben, daß du einmal Universitätsdozent gewesen sein sollst, mit einem so engen Geist. Ihr habt immer für die Verstaatlichung gekämpft. Nun, jetzt haben wir sie. Die Regierung beherrscht alles auf allen Gebieten. Na und? Was wollt ihr noch mehr?«

»Ach so, soll das heißen, daß wir einen sozialistischen Staat haben?«

»Ja, etwa nicht?«

»Ach wirklich?«

»Sieht so aus.«

»Du vergißt dabei, daß nicht die Regierung die Wirtschaft in der Hand hat, sondern ein paar Leute, denen die Regierung gnädig gesinnt ist. Und das Volk, dem geht es immer gleich oder noch schlechter als sonst.«

»Jetzt komm mir nicht mit dem Volk. Du hast dich nie darum gekümmert. Du kennst es nicht einmal, du und alle diese Leute, die immer schreien, sie verteidigten das Volk.«

»Ich glaube, daß heutzutage nur eines zählt. Mehr als das Volk, mehr als alles andere: zu verteidigen, was von uns als Land noch übrig ist. Das Land wiederaufzubauen und dann, falls möglich, an das Volk in diesem Land zu denken.«

»Wenn es darum geht, Extramarken zu besorgen, ist das *System* gut genug, was, Onkel?«

»Warum streitet ihr euch denn? Jedesmal, wenn er uns besuchen kommt, gibt es hier so eine Diskussion, Souza. Warum? Können wir es nicht so halten wie alle Familien? Fröhlich sein und uns gut unterhalten? Es gibt so viele angenehme Themen.«

»Laß uns über etwas Schönes reden, Onkel. Ich finde das auch besser.«

»Du bist intelligent, mein Junge. Ich verstehe nicht, wie du es auf diesem Posten aushalten kannst, wie du so blind vor der Realität sein kannst.«

»Ich lebe in der Realität, Onkel. Ich träume nicht. Dies war immer meine Realität, ich habe nie in einer anderen gelebt. Als ich geboren wurde, waren die *Offenen Achtziger* schon zu Ende. Es gibt sie nicht einmal mehr in den Geschichtsbüchern. Stimmt es, oder stimmt es nicht? Nur kleine Hinweise darauf, ohne große Erklärungen. Wie kann ich also blind sein?«

»In einer Realität zu leben ist eine Tatsache. Sie zu akzeptieren, zu glauben, daß diese Realität gut ist, ist eine andere Geschichte. Hast du dir nie überlegt, daß das Leben anders sein kann als jetzt? Kannst du dir nicht vorstellen, daß die Dinge anders sein können?«

»Wenn wir nicht organisiert leben, werden wir alle sterben. Wir sind auf dem richtigen Weg, stehen unter strenger Überwachung. Es gibt keine andere Wahl.«

»Es gäbe sie aber, wenn sie nicht das getan hätten, was sie getan haben.«

»Sie haben es aber getan, unwiderlegbar.«

»Wirklich? Vielleicht doch noch nicht!«

»Und jetzt, Onkel?«

ADELAIDE HAT EINEN KÖSTLICHEN KUCHEN
AUS KÜNSTLICHEM MANIOK ZUBEREITET,
UM IHN IHRER MUTTER ZU BRINGEN. MUTIG
WEIGERT SOUZA SICH, SIE ZU BEGLEITEN,
ER LÄSST SIE ALLEIN GEHEN
UND TRÄGT IHR GRÜSSE AUF

Eines Samstags fand sie unter der Tür einen Zettel: »Warum zieht Ihr nicht um?« Am Sonntag waren es zwei. Gelbliche Zettel (wo sie die wohl her hatten?): »Bleibt uns vom Halse. Tragt dieses Loch in der Hand woanders hin.« »Wir werden die Ziviltäre rufen, wenn ihr nicht geht.«

»Verschwindet.«

Adelaide brachte mir die Zettel ans Bett. Viertel vor sieben, ich war nicht aufgestanden. Sie wunderte sich. Seit wir uns kannten, blieb ich nie länger im Bett. Hatte die Decken über meinen Kopf gezogen. Der Morgen war kalt. Ich fühlte, daß sie unschlüssig stehengeblieben war. Dann berührte sie mich . . .

»Um wieviel Uhr gehen wir zu Mutter?«

»Ich gehe nicht.«

»Heute ist aber doch Sonntag, sie warten auf uns.«

»Ich gehe nicht.«

»Und was soll ich sagen? Du könntest wenigstens mitkommen und so tun als ob, damit sie sich keine Sorgen machen.«

»Geh du doch.«

»Mutter wird traurig sein.«

»Soll sie doch.«

Ich blieb so lange im Bett, daß sie genügend Zeit hatte, einen Maniokkuchen für Mutter zu backen. Jeden Sonntag macht sie einen. Künstliches Maniok ist ein gelbliches Pulver, das in Plastebeuteln verpackt ist. Es scheint den gleichen Geschmack zu haben, aber die Erinnerung kann täuschen. Adelaide beschwert sich nur über die Konsistenz. Reinster Gummi.

Sie kam ins Zimmer, um mir zu sagen, der Kaffee sei fertig, und ging schluchzend hinaus. Für einen Augenblick verspürte ich Lust, hinter ihr herzulaufen. Sie nicht allein zu lassen. Aber dann rührte ich mich nicht. Das Zimmer war angenehm im Dämmerlicht. In die Sonne hinauszugehen bedeutete schwitzen. Den ganzen Tag draußen in der schwülen Hitze zu verbringen entmutigte mich.

Als sie abends zurückkehrte, beobachtete ich gerade das Loch in der Hand. Der Fußboden war voller Zigarettenstummel und Essensreste. Schweigend machte sie sauber. Nichts verwirrt mich mehr als eine nicht ausgesprochene, verschleierte Anklage. Das Unbehagen in der Luft.

Adelaide nutzte den Sonntagabend zum Saubermachen. Dann war die Wohnung frischer. Danach badete sie und legte sich ins Bett. Die groben Arbeiten überließ sie der Putzfrau. Türen, Fenster, Kacheln, Bäder. Sie ging durchs Zimmer und schien sich vor etwas zu ekeln. Sie sah mich nicht an; merkwürdig, daß sie mich nicht ansah, was hatte sie vor?

»Mutter läßt dich grüßen. Sie sagt, es sei schade, daß du nicht da warst. Ich habe gesagt, wir kämen nächste Woche wieder. Daß du zu tun hattest. Ich bin fast gestorben vor Scham. Ich glaube, Vater hat es gemerkt.«

Sie bohnerte mit der Maschine und rieb mit einem weichen Lappen nach, bis der Boden glänzte. Seit Jahren sagte ich: »Laß uns den synthetischen Lack auftragen, damit ersparst du dir all diese Arbeit.« Aber sie meinte, Wachs gäbe einen Glanz, den man mit dem synthetischen nicht erreiche. Und der Geruch nach Wachs breitete sich im Haus aus und brachte mir die Samstagvormittage zurück.

Samstag vormittag, meine Kindheit, Seifenwasser

schwappte über Fliesen und Böden, Bettdecken hingen im Fenster und auf der Wäscheleine. Matratzen in der Sonne. Die Besen auf dem Bürgersteig, das Wasser benetzte den heißen Stein, der feuchte Geruch stieg in der ganzen Straße auf, laute Fröhlichkeit, überall das gleiche Ritual.

Frauen hingen in den Fenstern, um die Scheiben zu putzen. Staubwedel fuhren über die Möbel. Waschräume, Veranden und gute Stuben wurden kräftig geschrubbt. Lange Stiele mit einem Lappen am Ende, mit dem die Spinnweben in den Zimmerecken weggewischt wurden. Bettücher, die nach Sonne und Zedern und Mottenkugeln rochen, wurden aus Fächern hervorgekramt.

Nur ein Haus blieb geschlossen, still, gewährte keinen Einlaß. Abseits. An der Ecke unseres Blocks eine Familie von Sabbatisten. Inmitten der katholischen Häuser wie ein Splitter unter dem Fingernagel eingegraben. Früh morgens schlossen sie das Haus auf und gingen fort, vielleicht, um nicht Zeuge jener sündhaften Geschäftigkeit zu werden.

Sie waren so fremd für uns wie Seu Moses, ein Jude, der Eier verkaufte. Wie neugierig wir waren. Meine Mutter erlaubte uns nicht, mit ihnen zu reden. Dic Protestanten waren Ketzer, sie hatten sich geweigert, dem Heiligen Papst zu gehorchen. Und die Juden hatten Jesus getötet. Ich stellte mir vor, wie Seu Moses verfaulte Eier auf das Kreuz warf.

Alle zwei Wochen kamen die Männer von der Präfektur mit ihren Sensen vorbei. Hackten das Unkraut weg, das zwischen den Pflastersteinen wuchs. Tagsüber hörte man den rhythmischen Schlag des Eisens, wobei Funken aus den Steinen sprangen. Das geschnittene Gras verbreitete seinen Duft über den ganzen Block.

Jeder Tag hatte seine Besonderheit, seine Atmosphäre. Montag der weiße Tag, volle Wäscheleinen, die Frauen über die Waschzuber gebeugt. Sie sangen. Vormittags konnte man alle möglichen Lieder hören, eine seltsame Mischung von Volksliedern, die einen einzigen Klang bildeten; fast immer denselben.

Dienstags machten sich die jungen Mädchen für das

Kino schön. Romantische Filme. Mittwochs gingen die Frauen am späten Nachmittag zur Kirche. Donnerstags Kino für alle; freitags blieb man zu Hause. Samstag morgen war Putztag, nachmittags holte man die Kleidung von der Reinigung, abends Kino oder Tanz.

Jetzt weiß man nicht mehr, ob Dienstag oder Samstag ist, den einzigen Unterschied bildet der Sonntag, weil man da nicht arbeitet, aber man spricht schon von einem Gesetz, das den freien Sonntag aufheben soll. Was nützt es, an diese Dinge zu denken? Als sei ich ein seniler, träumerischer Alter. Schlimmer noch, einer, der von dem phantastischen Leben auf einem verlorengegangenen Planeten träumt.

Alt. Wie kann man mit fünfzig Jahren alt sein? Bin ich aber. Manchmal sehe ich, wie sie mich überrascht anblikken, weil ich noch aufrecht gehe, lebe, herumlaufe. Die Menschen sterben mit fünfunddreißig oder vierzig Jahren. Im letzten Jahrzehnt, hieß es im Generalsender, stieg die durchschnittliche Lebenserwartung auf dreiundvierzig Jahre.

»Guter Durchschnitt«, hatte mein Neffe dazu bemerkt. »Es gibt zu viele Menschen. Denk nur nicht, das *System* will noch mehr haben. Im Gegenteil. Wo kämen wir da hin? Wohin mit soviel Leuten?« Und wenn man bedenkt, daß wir in den *Offenen Achtzigern* schon bei einem Durchschnitt von vierundsiebzig angelangt waren. »Wir sind ein junges Land«, gab der Neffe stolz von sich.

»Hast du im Schlafzimmer geraucht?«

»Ein bißchen.«

»Ein bißchen? Sieh mal all die Asche, die Kippen. Was ist mit dir los, Souza? Sag doch. Fühlst du dich nicht gut? Sollen wir zum *Posten* gehen?«

»Zum *Posten* gehen, nur weil ich im Schlafzimmer geraucht habe?«

»Das hast du in deinem ganzen Leben noch nicht getan. Du weißt, daß ich Zigarettengeruch im Schlafzimmer hasse.«

Ich rauchte weiter, während sie sich beschwerte. Man muß wissen, daß sich eines Tages einmal etwas ändert.

Wie kann Adelaide nur so unempfindlich sein? Die ganze Welt dort draußen wandelt sich, und sie lebt so weiter. Nun gut, ich habe auch einfach weitergemacht, ich habe Jahre damit verbracht, einfach zuzusehen, ohne zu handeln, ohne zu reagieren. Trauma meiner vorzeitigen Pensionierung.

Eine Schwäche, zugegeben. Ich bin aber nicht stark. Bin ein einfacher Mensch, der seinen Alltag zu leben versucht, glücklich sein will, etwas im Leben vollbringen möchte. Plötzlich aber hat dieses Verwirklichen keinen Sinn. Weil man nicht weiß, wozu. Ich kann mich aber auch nicht hinsetzen und auf den Tod warten.

Warten, bis sie mich in eine Anstalt bringen, in ein Altersheim. Einen Ort, wo ich mit niemandem sprechen kann. Adelaide lief weg, sie schlug die Badezimmertür zu. Ich hörte, wie sich übergab. Dann kam sie heraus, zögerte und ging ins Wohnzimmer. Wie kann man mit einer so ängstlichen Frau leben, die ziellos hin und her läuft?

»Souza, ich habe mich entschieden.«

Ich erschrak. Ich war ein bißchen eingenickt. Sie stand vor dem Bett und hielt den Erste-Hilfe-Kasten in der Hand. Und sah mich an. Endlich ein neuer Ausdruck in Adelaides Gesicht. Fest, entschlossen. Ein Blick voller Haß und Bestimmtheit. Sie setzte sich auf das Bett und nahm meine Hand. Ich zog sie weg, sie ergriff sie energisch wieder. Sieh mal einer an!

»Entweder klebe ich ein Pflaster drauf, oder ich gehe. Und zwar sofort.«

»Du wirst nichts drauftun. Laß das Loch in Frieden.«

Ich dachte, damit sei der Fall erledigt.

Montag ist der Tag des Pflichteinkaufs. Das Volk soll verbrauchen, damit die Fabriken produzieren können und es keine schleichende Inflation gibt

Adelaide blieb die ganze Nacht im Sessel sitzen. Sie hielt Wache oder wartete, daß ich einschlief, um meine Hand zu verbinden. Tapfer ertrug sie die Zigaretten. Ich rauchte alle. Und steckte die Kippen noch einmal an. So verbrauchte ich meine Ration komplett. Die ganze Nacht hindurch hörte ich ein Flüstern, ich weiß nicht, ob im Wohnzimmer oder im Hausflur.

Ich nickte ein, wachte wieder auf, sie war nicht da. Da hörte ich das Flüstern, unterdrückte Geräusche. Ich glaubte, die Stimme ihrer Mutter zu erkennen. Oder der Nachbarin, die mit Staubwedel und Besen in der Hand ihr Leben im Kampf gegen den ewigen Staub verbringt. Ich nickte wieder ein, wachte auf, sie saß da wie zuvor. Ich wußte nicht, ob ich geträumt hatte.

Adelaide hat Kummer. Ich sollte kein Mitleid haben, aber ich habe Mitleid. Ich heiratete sie, als ich sie nicht mehr liebte. Es gab keine Möglichkeit zum Rückzug, ich war gekettet an alte Vorstellungen, wie zum Beispiel Würde, ein verpflichtendes Wort. Wir waren schon so lange befreundet, seit unserer Jugend. Damals glaubte ich, sie würde mir zur Seite stehen, wir würden gemeinsam altern.

Eine Entscheidung in einem bestimmten Augenblick, die ich nicht traf. Die Angst vor dem Nein. Die Faszination, es auf mich ausübte. Da lief ein merkwürdiger innerer Mechanismus in mir ab, ganz langsam, als sei er auf einen anderen Zeitbegriff eingestellt. Adelaide war eine gute Freundin, aber ich hätte sie nicht zu heiraten brauchen. Was will ich jetzt eigentlich beweisen?

Ich habe diese Heirat immer als eine Selbstverständlichkeit hingenommen, bin nie dagegen angegangen. Nicht immer macht man das, was man gern täte, aber schließlich gibt man nach. Vorausgesetzt, man ist damit einverstanden. Das schlimmste ist das Einverständnis. Das passive Akzeptieren des Prinzips: »Nicht alles im Leben ist so, wie man es gern hätte.« Muß aber so sein.

Ich mochte sie, aber sie war nur eine Leere in der Einsamkeit. Nie hatte sie etwas ausgefüllt, war nicht wesentlich. Ich habe oft darüber nachgedacht. Wenn sie weggeht, wird sie mir nicht fehlen, alles wird weiterlaufen wie bisher. Sie war nicht unersetzlich. Es ist kein Trost, darüber nachzudenken, es beunruhigt mich. Ihretwegen und meinetwegen.

Meine Gleichgültigkeit hat dazu geführt, daß sie allmählich verbittert und mutlos wurde. Ohne Horizonte, keinerlei Aussichten für die Zukunft. Und jetzt ohne jeden Rückhalt. Sie hat versucht, dieses Haus zu einem Heim zu machen. Ich habe nie daran teilgehabt, ich sonderte mich ab, wollte mich wohl nicht verpflichten, auf nichts eingehen.

Um immer verfügbar zu sein, jederzeit alles hinwerfen und fliehen zu können. Seit meiner Jugend habe ich dieses Bedürfnis. Bereit zur Abfahrt zu sein. Nie an denselben Ort zu wollen, sich unaufhörlich erneuern. Allem entfliehen, sich loslösen, davonstürzen. Weit weg. Einen Ort aufsuchen, wo niemand mich finden würde.

Ich überlege nicht mehr. Ich weiß. Es gibt keine Nähe und Weite mehr. Es gibt weder Flucht noch Zuflucht, alles ist zerstört. In mir fühle ich eine seltsame Sehnsucht. Alt ist sie, sehr alt. Nicht aus der Zeit, als meine Urgroßeltern in den Sertão von Mato Grosso oder Paraná vordrangen. Noch weiter zurück. Viel weiter. Aus einer Zeit, in der ich noch gar nicht existierte.

Das Bedürfnis, wie die Seefahrer zu sein. Den Horizont zu überschreiten: danach einen neuen Horizont zu überqueren. Ständig unterwegs zu sein, bis man, wer weiß, an den Ausgangspunkt zurückkehrt. Und das ist nicht der Punkt, an dem ich jetzt stehe, sondern wo ich geboren wurde, wo ich Wurzeln geschlagen habe, an denen ich jetzt zerre, ohne sie doch herausreißen zu können. Mir meine Hände dabei wundreibe.

Was tue ich mit der Verfügbarkeit? Ich weiß nur, daß ich niemals fliehen würde, wenn ich dieses Loch in der Hand nicht hätte und in einer anderen Situation wäre. Dann würde ich dort drüben sitzen und fernsehen. Adelaide zusehen, wie sie einen Teppich knüpft, den Staub von den Möbeln wischt, die Kalender des letzten Jahres wegpackt und sich über die Kahlköpfigen beschwert, die anklopfen und um Wasser und Essen bitten.

Adelaide erhob sich. Sie verließ das Zimmer, ohne die Tür zu schließen. Nie hatte einer von uns beiden in all den Ehejahren beim Hinaus- oder Hineingehen die Tür offengelassen. Kein Mensch, ob Verwandter oder nicht, ist je in unser Zimmer gegangen, eine Art geheimer Ort, eine Zuflucht. Unser Heiligtum, nicht betreten, unberührt.

»Nun laß uns schon gehen. Oder wir kaufen heute überhaupt nichts ein«, sagte sie, als sie zurückkam.

»Geh du doch. Ich habe keine Lust.«

»Geh du doch, geh du doch. Ist das alles, was du sagen kannst?«

»Ich habe nie gerne eingekauft, Adelaide. Ich will nicht gehen, ich will nicht mehr.«

»Du mußt aber. Eine Frau darf nicht allein einkaufen gehen. Seit sechzehn Jahren gehen wir montags gemeinsam zum Einkaufen.«

»Und wenn wir nicht gehen? Brauchen wir denn etwas?«

»Wie bitte? Ich will jetzt nicht darüber nachdenken. Wir leben schon dermaßen beengt. Ich würde es nicht aushalten, in der *Markierung* zu leben. Du hast doch gesehen, wie es der Cousine von Dona Alcinda ergangen ist? Und sie hat nur zwei Wochen hintereinander nicht eingekauft, weil sie krank war. Nein, Souza, laß uns gehen, sie akzeptieren keine Entschuldigungen. Und wenn wir nur einen kleinen Beutel Salz mitnehmen.«

Eine Hölle, montags hinauszugehen. Der Nebel hängt tief, die Menschen laufen langsam. Und die Sonne. Nirgendwo Schatten, um mich zu schützen, der Kopf brennt, als hätte mich ein Ziegelstein getroffen. Vor einigen Häusern die Bäume, auf große, mit Plaste überzogene, bunte Platten gemalt. Das sind die *Dargestellten Gärten.*

Jeder kann sie kaufen. Man zahlt pro Quadratmeter. Meistens stellen sie sie vor die Fenster, damit man den Eindruck hat, man sähe ins Grüne. Andere, die angeben wollen, richten die Platten zur Straße hin. Als Zeichen des Status, sie sind sehr teuer, vor allem die dreidimensionalen. Oder die mit den Naturdüften.

Adelaide geht ein Stück vor mir her. Sie schämt sich wegen meiner Hand. Natürlich schämt sie sich. Heute verabscheut sie mich, weil ich mich heftig gegen Verbände und Pflaster gewehrt habe. Um sie nicht zu sehr zu quälen, um der Neugier aus dem Weg zu gehen, behalte ich meine Hand in der Tasche. Und trotzdem ist sie bekümmert. Sie fühlt sich dafür verantwortlich und geht mir aus dem Weg.

Der *Distrikt Einkäufe* ist bei dieser Hitze schwindelerregend. Die Busse im Einkaufs-Pendelverkehr entladen massenweise Menschen. Die *Vom Einkauf Ausgeschlossenen* drängen sich hinter der Umzäunung, strecken denen, die hineingehen, Geld entgegen und bitten sie, ihnen Waren zu besorgen. Viele leben davon. Den *Ausgeschlossenen* illegale Einkäufe zu verschaffen.

Die *Ausgeschlossenen* sind eine Kategorie, der es gelungen ist, vom *Tag Des Pflichtverbrauchs* befreit zu werden. Mit der Freistellung verbunden ist allerdings das Problem, daß sie auf die kleinen Läden in ihren Wohnbereichen beschränkt sind. Sie können das große Angebot des *Distrikts Einkäufe,* wo es alles gibt, nicht in Anspruch nehmen.

Um als *Ausgeschlossener* zu gelten, braucht man nur ein Mindesteinkommen von dreizehn Gehältern nachzuweisen. Es kommt vor, daß die *Ausgeschlossenen* sparen und zu den Zäunen laufen, wo sie versuchen, seltene Produkte zu bekommen. Wie die künstlichen, orientalischen Früchte: trockene Feigen, Datteln, Rosinen. Oder irgend etwas anderes, was mir gerade nicht einfällt.

Da stehen sie, schreien, betteln und zeigen Geld und Gutscheine vor, während die Vermittler sie abfertigen und sich Notizen machen. Alles auf Vertrauensbasis. Der Vermittler tätigt den Einkauf und bringt ihnen später alles nach Hause. Und er liefert die Sachen wirklich. Er handelt nach dem Ehrenkodex, der in der früher verbotenen Volkslotterie üblich war, bevor sie legalisiert wurde.

Man weiß nicht, was geschieht, wenn der Aufseher jemanden erwischt, der gerade Waren über den Zaun reicht. Denn diesen Menschen wird man nicht wiedersehen. Manchmal kommt es mir so vor, als lebte ich in einem Traum, in einer surrealistischen Situation, in einem Gasballon, der jeden Augenblick explodieren kann.

Unter den Leuten am Zaun erblicke ich auch die Kahlköpfigen, die Hautlosen, und dann noch Leute, die ich vorher nie gesehen habe. Ihre Augen sind fast geschlossen und verklebt, als seien die Augäpfel entzündet. Das verursacht mir Unbehagen. Sie drängen sich alle schreiend aneinander. Ich komme mir vor wie ein Privilegierter, aber es berührt mich nicht.

Für mich ist der Distrikt eine Qual. Den Leuten scheint es hier zu gefallen. Sie lachen, amüsieren sich, treffen sich, trinken, sprechen laut, gehen in die Geschäfte und drängen sich zusammen. Kein Zweifel, dieser Distrikt übt eine gewisse Anziehungskraft aus. Die Galerien sind kühl, klimatisiert, durch die Glasdächer wird natürliches Licht gefiltert.

Das Gebäude, das uns zugewiesen ist, hat die Belegquote noch nicht erreicht. Die Schlange steht kaum still, ununterbrochen strömen Leute hinein. Wer kein Anrecht hat, kommt nicht mehr. Am Anfang versuchten die Leute noch hineinzugelangen, die Schlangen zu durchbrechen, verursachten dabei Verstopfungen und Tumulte. Jetzt haben sie aufgegeben. Gleich sind wir drin.

Die Geschäfte, von natürlichem Licht beleuchtet, haben keine Dächer, das spart Strom. Die Zeit der großen Beleuchtungen, der Neonröhrenorgien, ist vorbei. Als das letzte Wasserkraftwerk aus Mangel an Wasser stillstand, übernahm der *Nuklearreaktor Der Steppe* die Funktion, das ganze Land mit Energie zu versorgen.

Es gab Probleme mit den Verteilerlinien über die multiinternationalen Reservate hinweg. Das *System* hatte keine

Erlaubnis erhalten, so mußten sie unterirdische Linien bauen, ganz tief in der Erde, um die Fruchtbarkeit des ausländischen Bodens nicht zu beeinträchtigen. Die Kosten waren ungeheuer; neue Steuern notwendig.

»Ich dachte, wir könnten ein paar Gerüche kaufen«, sagte Adelaide.

»Das ist gar keine schlechte Idee.«

»Siehst du, man findet immer etwas, was man braucht.«

»Laß uns den *Geruch Ausgehender Nachmittag* kaufen.«

»Und einen *Wasser Auf Trockener Erde.* Er roch so gut. An einem heißen Tag lag alles voller Staub, ein paar Tropfen fielen, schlugen hart auf, der Staub stieg auf, dann dieser Geruch.«

»Die gibt's im Augenblick nicht«, sagte der Kassierer.

»Welche gibt es denn?«

»*Trockenes Blatt, Verfaultes Feuchtes Blatt, Eukalyptus-Am-Ausgehenden-Nachmittag, Kokospalme, Blumen, Gemüse, Gerösteter Kaffee, Neues Papier, Baumwolltuch, Mate-Tee, Kuhfladen, Angebrannte Milch, Brot-Im-Backofen, Sägewerk-Nach-Fällen-Eines-Zedernstammes, Lavendel, Jasmin, Kirche-Beim-Erteilen-Des-Segens, Sauberes-WC-Im-Kino, Mädchen-Gebadet-Mit-Seife, Gebügelte Wäsche, Offener Jatobá-Baum, Huhn-Am-Grill, Jaca-Frucht, Atem-Eines-Kindes-Nach-Dem-Zähneputzen.* Und noch zweihundert mehr.«

»Inländische?«

»Nur *Kuhfladen, Gebügelte Wäsche, Auspuffgas* und *Zimmer-Seit-Langem-Geschlossen.*«

Wir kauften drei Sprays. *Angebrannte Milch, Sägewerk-Nach-Fällen-Eines-Zedernstammes* und *In-Der-Lokomotive-Verheizte-Kohle.* Mein Großvater belieferte die Eisenbahnstrecke mit viel Feuerholz, und wann immer ich will, kann ich den Dampfgeruch wieder hervorrufen. Ich stand oft neben der Eisenbahnlinie, wenn sie den Tender füllten.

»Hast du das gesehen? Wie furchtbar.«

»Was denn?«

»Die Verstümmelten!«

»Nein, wo denn?«

»Sie sind dort an der Galerie abgebogen. Sie hatten keine Arme, anstelle der Nase nur ein Loch und riesige Ohren. Sie sahen aus wie Tiere. Das Komische ist, daß sie beide genau gleich aussahen. Wie können sie die nur hereinlassen?«

Am *Distriktzugang* stempelte der Aufseher »Einkauf Erfüllt«. Wieder für eine Woche gerettet. Während wir auf den Bus warteten, hielt ich die Hand zum Schutz vor die Augen. Die Sonne schien durch das Loch und warf einen Lichtkreis auf den Boden, mehr einen Fleck als einen Kreis, so daß das Licht verschwamm.

Ich bewegte die Hand auf und ab. Der Kreis wurde größer und kleiner. In der Hocke spielte ich mit dem Licht. Es schien durch meine Hand. Dieses Bild gefiel mir. Licht, das durch meine Hand hindurchscheint und ein Zeichen wirft. Ja sicher, jener kleine Kreis konnte ein Mittel sein, ein Signal. Konnte einen Sinn haben. Ein Hinweis sein.

In den Kathedralen verbrachte ich oft Stunden damit, den langsamen Weg des Lichtes, das durch die Öffnungen in den Gewölben fiel, zu beobachten. Bis der Augenblick kam, wo die Sonne direkt auf den Altar schien und den Tabernakel beleuchtete. Das mußte mehr als ein Zufall sein. Es lag eine bestimmte Absicht darin.

Das Licht zu Füßen des Göttlichen konnte eine Ehrerbietung sein. Die Bestätigung dafür, daß Gott Licht ist. Es konnte aber auch eine andere Botschaft sein, für Eingeweihte. Eine Botschaft, die über Jahrtausende immer wieder aufgefangen würde, ganz gleich in welcher Epoche oder Zeit. Das mit den Eingeweihten empört mich.

Es würde immer Menschen geben, die etwas aus diesem Lichtkreis entziffern können. Ein Gefühl von Zuversicht und Frieden. Das empfand ich in jenen Kathedralen Europas, wenn ich auf einer Bank saß und Stunde um Stunde jene zarte, kaum wahrnehmbare Bewegung des Lichtes zum Tabernakel hin verfolgte.

Harmonie auf der Suche nach einem Ziel. Das immer erreicht wird. Jeden Tag, seit Jahrhunderten, ging das Licht seinen Weg. Erst traf es auf den Boden des Kirchenschiffes. Dann erreichte es den Altar zu einer bestimmten

Stunde. Komisch, jetzt wo ich daran denke, empfinde ich es als unangenehm: wie unveränderlich es sich darstellte.

Es war zugleich die Gewißheit des Unveränderlichen in den großen Dingen des Universums. In seinem Lauf, seiner Struktur. Ob jenes Licht auch heute noch zur gleichen Stunde den gleichen Weg mit der gleichen Intensität geht? Ist dieses Unveränderliche nicht schon verändert worden? Ich gäbe alles darum, wieder in den Kathedralen zu sitzen.

Es gibt jedoch verschiedene Begriffe des Unveränderlichen. Der erste, weit gefaßte, allgemeine und zwingende ist der des Universums selbst, ist unantastbar. Der zweite ist der der kleinen Systeme, die wir selbst aufbauen, die Veränderungen brauchen und hin und wieder korrigiert werden müssen, damit sie sich einer höheren, eigenmächtigen Ordnung angleichen.

Oder bringe ich alles durcheinander? Ich weiß es nicht. Ich durchschaue die Situation nicht. Wo bleibt der Mensch bei alldem? Welche Funktion hat er innerhalb der Natur, des Universums? Regiert er, oder wird er regiert? Und die ungeheure, jahrhundertelange Anstrengung der Menschen, die Welt zu beherrschen und Macht auszuüben?

Hat der Mensch vielleicht die Grenzen überschritten, als er es wagte, die innere Struktur des Universums zu verändern? Hat er sie verändert, ohne überhaupt je die kleinen Strukturen, die zusammengenommen unsere Welt ausmachen, verstanden oder beherrscht zu haben? Das heißt: Er war noch nicht auf die umwälzende Veränderung vorbereitet und hat einen großen Fehler begangen. An irgendeinem Punkt.

Als er an seinen Arbeitsplatz zurückkehrt, findet Souza eine unangenehme Nachricht vor. Der Chef gibt natürlich keine Erklärungen ab. Chefs sind Chefs

Ich habe beschlossen, arbeiten zu gehen. Ich habe mich weder geduscht noch rasiert. Ich schwitze. Auf dem Herd ein Rest Suppe. Ich habe sie aufgewärmt. Noch nie habe ich morgens Suppe gegessen, nun, jede Gewohnheit nimmt ihren Anfang. Fleischbrühe, Tomate, Sternchennudeln. Künstliche. Jahrelang war Suppe unser erster Gang beim Abendessen.

Nur die Sternchennudeln sind anders. Die ehemalige Fabrik in unserem Viertel hat vor langer Zeit zugemacht. Der Alte arbeitete gern mit Weizen, die Kinder waren zufrieden mit einem Gemisch, die Enkel akzeptierten das chemische Mehl aus den Labors der Regierung. Nur hielten sie dem Druck der Multi-Industrien nicht stand.

Sie kamen mit gefälligen Plastepaketen, mit angeblich höheren Vitaminen und Proteinen. In den siebziger Jahren gab es in der Tat eine gewaltige Vergiftung. Die Eingeweide des Volkes funktionierten nicht. Es bildeten sich feste, schwer verdauliche Klumpen aus Nahrungsmitteln, die furchtbare Krämpfe hervorriefen.

Ein Resultat der übermäßigen Verwendung nicht getesteter, chemischer Produkte. Die Technologie kam aus dem Ausland, unsere Techniker bewegten sich im Versuchsstadium. Es dauerte Monate, bis sich alles wieder normalisierte. Der Presse wurde verboten, darüber zu berichten, denn die Minister hatten ein Interesse an den Nahrungsmittel-Multi-Industrien.

Ich kann mich an diese große Vergiftung gut erinnern. Sie fiel mit der beginnenden Verseuchung unserer Strände zusammen. Wir mußten schnellstens fortgehen, als Menschen zu sterben begannen. Sie liefen fröhlich zum Strand, sonnten sich und gingen schwimmen. Sie kamen aus dem Wasser und legten sich in den Sand. Wenn der Tag zu Ende war, starben sie wie Küchenschaben an einem Insektenvertilgungsmittel.

Heute geht man nicht mehr zum Strand. Es ist traurig, wenn man an die Küste kommt und die Zäune aus Beton und Stacheldraht sieht, die den Bereich abtrennen. Das stillstehende, schwarze Meer. Strand? Wenn man jenen schwarzen, dicken, öligen Strand überhaupt noch so nennen kann. Nicht einmal Wasser kann man dem Meer entnehmen, um das Volk damit zu behandeln oder um es zu verteilen.

Um es trinkbar zu machen, wurden alle möglichen Arten von Filtern konstruiert. Unbrauchbar. Das Wasser verläßt die Kläranlage mit einem grauen Schimmer und riecht ekelerregend nach faulen Eiern. Als sei es eine Rache des Meeres. Dann bauten sie gigantische Abflußrohre. Tag und Nacht geht nun der Abfluß in den Ozean.

Zwei Löffel Suppe. Mehr nicht. Mir ist übel geworden. Am liebsten hätte ich sie auf den Teppich geschüttet. Dieser Flickenteppich, den Adelaide in ihrer Neurose nachmittags, wenn sie allein zu Hause war, angefertigt hatte. Mehr als zehntausend geruhsame Nachmittage, sie auf dem Stuhl. Da schnitt sie Stoffstücke zurecht, heftete sie aneinander und nähte Teppiche für die ganze Familie zusammen.

Sie schläft auf dem Sofa im Wohnzimmer. Oder tut nur so. Ich habe alle möglichen Geräusche gemacht, sie hat sich nicht gerührt. So fest schläft sie sonst gar nicht. Der Fahrstuhl steht still, diese Energiesparerei ist höllisch. Ich gehe die Stockwerke langsam hinunter. Und wenn ich den Bus verpasse, ist es mir auch egal. Ist mir egal, hat man dafür Töne?

Dennoch war ich an der Haltestelle, bevor der S-7. 58 ankam. Was für ein S das wohl war? Es gibt so viele Namen, Kürzel, Nummern, kleine Buchstaben, Zeichnungen, Symbole, unverständliche Zeichen, jedes steht für eine Abteilung, ein Departement, eine Organisation. Ich glaube, man brauchte mehr als ein Jahr, um sie alle zu kennen und zu verstehen.

»Nehmen Sie bitte einen anderen Bus.«

»Warum einen anderen?«

»Befehl der Gesellschaft.«

»Das kann nicht sein. Kennt die Gesellschaft mich etwa? Ich fahre hier mit.«

Ich stieg ein. Alle Insassen sahen mich schlecht gelaunt an. Ich erkannte niemanden vom gewohnten Fahrplan. Einige Kahlköpfige, noch roter als sonst. Es war zum Ersticken. Jetzt gaben sie den Kahlköpfigen wohl schon Zirkulationsmarken? Die Fahrgäste begannen auszusteigen. Der Schaffner ging schnell hinaus, der Fahrer kam.

»Warum gehen Sie denn nicht freiwillig?«

»Ich bezahle meine Fahrt, ich besitze eine Zirkulationsmarke, also habe ich auch das Recht, den Bus zu benutzen, den man mir zugewiesen hat.«

Der Schaffner kam in Begleitung eines Ziviltärs zurück. Mit der üblichen Grobheit fragte der Ziviltär erst mal gar nichts. Sie sind berüchtigt dafür, daß sie erst schießen und auch hinterher nicht fragen. Er packte mich. Wer kann es schon mit einem Ziviltär aufnehmen? Er warf mich auf den Bürgersteig wie jemand, der ein Stück zerknülltes Papier fortwirft. Geh zum Teufel mit deiner Kraft!

Meine Aktenmappe öffnete sich, die Papiere verstreuten sich über den Bürgersteig. Noch im Sitzen – mein Hinterteil brannte – begann ich sie zusammenzusuchen. Plötzlich hielt ich inne. Wozu denn? Die Papiere interessierten mich nicht. Rechnungen, Lieferscheine, Quittungen, Zeitungsausschnitte, Visitenkarten, Schecks, Zettel vom Chef, Memos, bedrucktes Papier. Das scheint meiner Frau zu gehören.

All das zusammensuchen? Wozu denn? Noch einmal sah ich auf die grauen Papiere (in Brasilien gibt es nur eine Art Papier von minderwertiger Qualität, das streng rationiert wird). Seit wie vielen Jahren lebe ich damit? Wozu trage ich dieses Zeug mit mir herum? Komisch, gestern im Bett hatte ich versucht, mich daran zu erinnern, wo ich arbeitete, was ich machte. Ich ließ den Aktenkoffer und die Papiere auf dem Boden liegen.

Die Fahrgäste kehrten schnell in den Bus zurück. Ich erhob mich und lehnte mich an den Pfosten der Haltestelle. Fünfzehn Minuten später wieder ein Bus. Nur die Vordertür ging auf, einige Fahrgäste stiegen aus. Es war eine Verschwörung. Ich schlug auf die Eingangstür ein, trat mit den Füßen dagegen. Der Schaffner steckte irritiert den Kopf durchs Fenster.

Als ich das Büro betrat, ging ich schnell, ohne zu grüßen, am Chef vorbei. Ich sah nicht einmal zu meinen Kollegen hinüber. Sie reagierten auch nicht. Sie hatten mich immer für einen ruhigen Menschen gehalten, der seine Schubladen und seinen Tisch pingelig sauber hielt, die Papiere ordnete und den Schreibtisch aufräumte.

Auf dem Stuhl hing ein fremdes Jackett. Ich öffnete die Schublade, fand meine Ordnung nicht wieder, die Bleistifte, die nach Farbe und Größe dalagen, die Klammern, Radiergummis, der Hefter, die Stempel. Alles durcheinander. Ich hörte ein »Gestatten Sie« und sah auf. Da stand ein dicker, glatzköpfiger Mann vor mir, etwa dreißig Jahre alt. Er schwitzte mehr als ich.

»Entschuldigen Sie, das ist mein Tisch.«

»Ihrer?«

»Den hat man mir heute morgen zugeteilt.«

»Dann lassen Sie uns zum Chef gehen!«

»Wie Sie wünschen.«

»Was ist denn los?«

»Sie sind entlassen.«

»Wegen einmal oder zweimal Fehlen?«

»Gehen Sie zur Kasse.«

»Erklären Sie mir das gefälligst!«

»Wenn Sie entlassen worden sind, gibt es einen Grund dafür.«

»Dann will ich ihn wissen.«

»Wozu denn, wo Sie doch schon entlassen sind und es sowieso nichts nützt? Manchmal ist es schlimmer, wenn man den Grund erfährt.«

»Ich schlage alles hier zusammen. Wirklich. Ich will eine Erklärung, und zwar sofort!«

»Nur zu, zerschlagen Sie alles. Sie waren immer rebellisch, Herr Souza. Das ist nicht gut. Und so kommt man nicht weiter.«

»Ich gehe nicht ohne eine Erklärung.«

»Dann bleiben Sie eben. Solange Sie wollen. Nur beeinträchtigen Sie bitte die Arbeit der Kollegen nicht, sonst sehe ich mich gezwungen, einen Ziviltär zu rufen.«

Nachmittag. Ziellos. Klebe am ganzen Körper. Die Kleidung pappt auf der Haut. Zum Ersticken. Ein Bad. Ein kaltes Bad. Eine kräftige Dusche, die auf den Körper prasselt, die Muskeln entspannt. Nun, ich lebe wirklich auf dem Mond. Zwei Uhr nachmittags, es ist halb dunkel. Das sind keine Wolken. Es sieht eher so aus, als seien es Platten aus grauem Metall, die sich über der Stadt geschlossen haben.

Geballte Schwüle in den Häusern, träge schlängelt sich der Verkehr vorwärts. Wie komisch war doch die Zeit, als alle Welt in São Paulo sich mit Hieben und Püffen eilig fortbewegte. Die Gereiztheit auf den Gesichtern und im Innern der Menschen ist dennoch die gleiche. Wegen dieser ständigen, drückenden Hitze.

Und keine Hoffnung. Die Lichter leuchten schwach. Gelb, kränklich. »Das schmerzhafte Licht der großen elektrischen Lampen in der Fabrik, ich habe Fieber und schreibe.« Das war mein Lieblingssatz, ich schrieb ihn auf und lernte ihn, kenne auch die meisten Verse des Dichters auswendig. Fernando Pessoa. Ich habe Fieber und denke in endlosen Kreisen.

Das schmerzhafte Licht der großen elektrischen Laternen. Das Volk bewegt sich in Zeitlupe, als lebte es in einer Trickaufnahme. Mit gesenktem Kopf, mühsam atmend, folgt es den Schlangen, betritt die Häuser und kommt wieder heraus. Spart Energie, um noch ein wenig mehr zu ertragen und bis zum Tagesende durchzuhalten.

Laufen, weil sie mich nicht in den Bus einsteigen lassen. Was für eine verrückte Stadt. Ich will in dieser Schwüle nicht laufen. Es sind kaum Menschen auf der Straße. Das Zentrum verwaist nach sieben Uhr. Dann wird es gefährlich. Ich könnte es aber nicht ertragen, im Gebäude anzukommen, die Müllsäcke im Eingang, die aufgeräumte Küche und das Geschirr im Abtropfkorb zu sehen.

Zu Hause gab es zwei Mülleimer in der Küche. Einen für leicht verwesende Dinge wie Essensreste, Kaffeepulver, Papier oder Eierschalen. Einen anderen für Glas, Büchsen, Plaste. Eines Tages achtete ich darauf: morgens der leere Mülleimer, im Tagesverlauf füllte er sich, abends war er bis zum Rand voll.

Dann wurde der Mülleimer nach draußen gestellt, der Müllmann nahm ihn im Morgengrauen mit. Am folgenden Tag kam er wieder auf seinen Platz. Morgens leer, und während des Tages füllte er sich wieder. Als ich diese Wiederholung entdeckte, begriff ich auch den Mechanismus. Wiederholung. Aufstehen, frühstücken, fortgehen, arbeiten, zurückkommen, essen, fernsehen, ins Bett gehen.

Ein Rad, das sich dreht, ohne sich von der Stelle zu bewegen. Und was bewirkt das? Leere. Ein Mobile. Es würde ein Leben lang ohne Unterbrechung funktionieren. Es sei denn, jemand unterbräche es. Wenn niemand es verhindert, fahren die Dinge bis in die Ewigkeit fort. Immer ist ein Eingreifen nötig, daß jemand sich einschaltet, sich in ein Hindernis gegen die Wiederholung verwandelt.

Morgens zog ich den Schuh ohne Socken an. In der mir zugewiesenen Imbißstube bestellte ich Brot, ein gekochtes Ei (Plastegeschmack) und Salz. Die graue Wolke hing noch immer tief über der Stadt, die Uhren zeigten Viertel vor neun. Die Menschen schwitzten. In Kürze wird es eine Wasserentzugserscheinung geben. Wir haben nicht soviel Wasser im Körper.

Laufe durch das Zentrum. Merkwürdig, fühle mich wohl, betrachte Schaufenster, von deren Existenz ich vorher nichts wußte, die Gesichter der Menschen. Vor vielen Jahren habe ich aufgehört, das Zentrum zu beachten. Ich sehe Männer mit schwarzen Briefkoffern. Aktenkoffer?

Jener Koffer war ein Teil von mir. Er gab mir Sicherheit Ohne ihn hängen meine Arme hilflos herab. An den Körper gepreßt, voller Furcht, sie könnten sich lösen. Ich vermisse das Büro. Nicht wegen der Arbeit oder etwa wegen der Kollegen. Wir haben uns kaum unterhalten. Ich hatte noch nie vormittags frei, so wie heute.

»Achter Stock.«

»Macht erst um 9 Uhr 15 auf«, sagte der Fahrstuhlführer. »Bist du nicht Souza?«

»Ja.«

»Erkennst du mich nicht?«

»Nein.«

»Tadeu.«

»Tadeu Pereira?«

»Ja.«

»Was machst du denn hier?«

»Ich bin Fahrstuhlführer. Siehst du das nicht?«

»Und seit wann?«

»Ich habe immer in diesem Gebäude gearbeitet.«

»Ich auch . . .«

Da merkte ich, daß ich mich geirrt hatte. Es war eine Eingangshalle, die genauso aussah, aber es war nicht das Haus, in dem ich wohnte. Außerdem sehen sie sowieso alle gleich aus. Eintönig. Alle nach dem gleichen Grundriß gebaut. Wirtschaftliche Architektur der *Offenen Achtziger.* Dank diesem Irrtum habe ich meinen alten Freund Tadeu Pereira entdeckt. Kann doch nicht wahr sein. Und er ist so alt geworden und verbraucht.

»Tadeu Pereira. Wer hätte das gedacht?«

»Und du? Was machst du so?«

»Nichts. Ich bin entlassen worden.«

»Warum?«

»Weiß ich genausowenig wie du.«

»Viele Leute werden auf Grund der geheimen Dekrete entlassen.«

»Davon habe ich noch nie gehört.«

»Sie sind geheim. Produkte des Planungsministeriums. Massenentlassungen. Das *System* kann keine künstlich geschaffenen Arbeitsplätze mehr verkraften. Es liegt jenseits seiner Kapazität. Man zieht die allgemeine Arbeitslosigkeit und soziale Probleme einer unerträglichen Verschuldung vor. Sie haben Furcht vor der Auslandsverschuldung, und gleichzeitig benutzen sie die Verschuldung als Rechtfertigung für alles.«

»Tadeu Pereira. Wer hätte das gedacht!«

Er wird nie erfahren, wie sehr ich mich freue. Ich hätte nie gedacht, daß ich eines Tages Tadeu wieder gegenüberstehen würde. So viele Jahre war er verschwunden, wir dachten, er sei gestorben. Verbraucht und mürrisch und gebeugt, scheint er nicht mehr derselbe Mann zu sein, der soviel Schwung besaß. Soviel Zivilcourage, mit allem fertig zu werden.

ZWEI VORZEITIG PENSIONIERTE UNTERHALTEN SICH.
WER HÄTTE GEDACHT, DASS ALLES SO IN EINEM KLIMA LÄCHERLICHER, UNTERENTWICKELTER SCIENCE-FICTION ENDEN WÜRDE?

»Willst du damit sagen, daß du auch vorzeitig pensioniert worden bist?«

»Schon vor einiger Zeit.«

»Und was machst du so?«

»Nichts. Sagte ich doch schon.«

»Und was hast du gemacht?«

»Ich habe in einem Büro Zahlen abgestimmt. Zahlen, den ganzen Tag. Kolonnen und nochmals Kolonnen.«

»Wer hätte gedacht, daß es so weit mit uns kommen würde? Sah alles so vielversprechend aus in den *Offenen Achtzigern.*«

»Sie sind schnell vorübergegangen. Manche haben es nicht einmal gemerkt.«

»Wir haben darüber diskutiert, Souza. Wir sind zu dem Schluß gekommen, daß wir uns haben betrügen lassen. Im Grunde war vorauszusehen, was kommen würde. Wie viele Menschen der früheren Diktatur sind denn noch auf ihren Posten? Alle schon altersschwach.«

»Du sagtest: haben darüber diskutiert? Diskutiert mit wem?«

»Eine kleine Gruppe. Kann sein, daß du einige von ihnen kennst. Mal bei dem einen, mal bei dem anderen. Das ist unsere Art, einen wachen Kopf zu behalten, nicht den Boden unter den Füßen zu verlieren. Es ist schwer, die Menschen sind verängstigt. Niemand will sich auf etwas einlassen. Nur das Heute zählt. Man denkt nur noch ans Überleben.«

»Glaubst du, wenn ich dir sage, daß ich seit etwa fünf Jahren keine einzige ernsthafte Unterhaltung mehr geführt habe?«

»Natürlich, mir ging es ebenso. Nicht so lange und lähmend wie bei dir. Eines schönen Tages bin ich explodiert.«

»Manchmal rede ich mit meinem Neffen. Er ist dreiundzwanzig Jahre alt und Hauptmann im *Neuen Heer.* Aber wir verstehen uns einfach nicht. Er irritiert mich. Und ich komme mir mies vor. Bestechlich. Ob das stimmt? Ich fühle mich korrupt, weil ich manchmal Extramarken für Wasser annehme.«

»Also hör mal, Souza, als ob ein paar Wassermarken einen korrumpieren könnten. Das reicht nicht einmal, um die Ehrlichkeit anzukratzen. Du warst immer viel zu gewissenhaft. Du hattest strenge, überholte Vorstellungen, was richtig und falsch war. Du bewegtest dich nur langsam vorwärts.«

»Ich bin entsetzt über alles, was sie getan haben, ohne daß es eine Revolution gegeben hätte.«

»Ich nicht. Mich beeindruckt eher, daß diese Leute nie das Urteil der Geschichte gefürchtet haben . . .«

»Urteil der Geschichte? Ich glaube eher, daß diese Leute mit allen Mitteln versucht haben, die Geschichte auszuschalten, indem sie sich Mühe gaben, die Zukunft auszulöschen. Damit die Zerstörer nicht als neuer Attila in Erinnerung bleiben. Sie hielten sich für so mächtig, daß sie meinten, sie könnten das Gedächtnis des Volkes abschaffen.«

»Nicht einmal die Barbaren bewirkten eine solche Zerstörung.«

»Die Barbaren rührten die Tempel nicht an. Und die Bibliotheken, die Manuskripte, lagerten in den Tempeln. Sie hatten Angst vor den Göttern und schändeten die Heiligtümer nicht. Die Priesterschulen gab es weiterhin. Aber jetzt. Alles begann während der großen Diktatur mit den Bildungsreformen, den Schwierigkeiten, einen Arbeitsplatz zu finden, dem grassierenden Analphabetentum. In den *Offenen Achtzigern* versuchte man diesen Fehler zu korrigieren. Man hatte nicht einmal Zeit, Luft zu holen. Als wir kamen, waren sie zu Ende. Die *Epoche Der Großen Völlerei* hatte begonnen.«

»Ein Zufall. Wir ließen uns täuschen und achteten nicht auf das, was um uns herum vor sich ging.«

»Vergiß nicht, daß alles heimlich geschah. Das *System* traf seine Entscheidungen hinter verschlossenen Türen. Plötzlich kam eine Vorbereitungskampagne. Einige Wochen Erstarrung, und wir waren betäubt für den Schock. Acht Jahre lang belieferten wir die Welt mit Holz. In der Überzeugung, daß es keine Probleme geben würde, ließen wir zu, daß Teile des Amazonasgebietes verkauft wurden. Kleine Teile, hieß es. Gebiete, die von Wissenschaftlern ausgewählt wurden, damit das ökologische Gleichgewicht nicht gestört werde. Bis eines Tages Satellitenaufnahmen die Verwüstung offenbarten. Der ganze Kern des Urwalds war unwiederbringlich geschrumpft. Der Rest hielt sich nur noch kurze Zeit, und nach wenigen Jahren überall Wüste.«

»Das *System* war intelligent. Es sagte nein und wieder nein, stritt immer alles ab und handelte heimlich. Als man es merkte, waren zweihundertfünfzig Millionen Hektar Wald gerodet. Nie wieder wird es einen solchen Wald geben. Alles gerodet.«

»Und wir blieben weiterhin verschuldet.«

»Aber wir besitzen das neunte Weltwunder.«

»Ja, und auch Sandstürme, die sich mit denen in den entwickelten Ländern messen können. Wir brauchen nicht mehr auf die nordamerikanischen Hurrikane neidisch zu sein. Die Stürme zerstörten Maranhão und Piauí. Die Wüste erreichte das Meer.«

»Sergipe erlitt zwei Unwetter, alles Schlamm. Aracaju

wurde zugedeckt. Die Meereswellen sind dort dreißig bis vierzig Meter hoch.«

»Wütend. So wütend wie das *System*, als die Gruppen zur Verteidigung der Umwelt international Anzeige erstatteten. Das *System* war entlarvt.«

»Ob sie noch leben, Souza?«

»Oh, ein großer Teil ist schon weg. Es waren Männer von fünfundsechzig, siebzig Jahren. An die Macht geklammert, geblendet von Befehlsgewalt, berauscht vom Gewinn.«

»Ich bin ganz durcheinander. Verloren.«

»Ich halte meine Theorie für wahrscheinlich, weißt du? Wenn sie alles kaputtmachen, wären sie sicher. Natürlich war es engstirnig von ihnen. Sie glaubten, es bliebe keine Vorstellung von ihnen zurück. Sie wollten die Zukunft auslöschen. Sie vergessen aber die mündliche Überlieferung. Sie verboten Bücher, verbannten Wissenschaftler, stießen Professoren aus, nahmen Denker fest. Es sieht fast wie ein weltweites Komplott aus. Eine Teilung der Erde zwischen den großen Nationen und den zahmen unterentwickelten Ländern wurde vereinbart.«

»Mir kommt es eher wie Science-ficition vor. São Paulo zugesperrt, in *Distrikte* eingeteilt, mit Erlaubnisscheinen für den Verkehr, magnetisierten Marken für Wasser, einer Superpolizei wie die Ziviltäre, mit in Labors produzierten Lebensmitteln, einem durchorganisierten, rationalisierten Tagesablauf.«

»Du hast recht. Wir leben in einer Welt der Science-fiktion, weil zu einer Zeit, die das immer zu Scherzen aufgelegte Volk *Die Epoche Der Großen Völlerei* nannte, einige wenige beschlossen, die Macht zu mißbrauchen, um Gewinn herauszuschlagen. Dennoch kommt es mir wie lächerliche Science-fiktion vor.«

»Wieso lächerlich?«

»Erinnerst du dich noch, wie wir Bücher von Clark, Asimov, Bradbury, Vogt, Vonnegut, Wul, Miller, Wyndham, Heinlein gelesen haben? Superzivilisationen, Technokratie, computergesteuerte Systeme und ein relativer, wenn auch eintöniger Wohlstand. Und hier, was ist das hier? Ein unterentwickeltes Land, das in einem Science-fiction-

Klima lebt. Wir sind schon immer ein inkohärentes Volk gewesen, ein Land der Widersprüche. Ich hätte aber nicht gedacht, daß es so weit mit uns kommen würde. Was gibt es um São Paulo herum? Eine Ansammlung von Lagern. Slumbewohner, Zugewanderte, ausgehungerte Wesen, Kranke, zerlumpte Gestalten, die eines Tages in die Stadt einfallen werden. Sie halten es nicht aus, zu weit weg von der Umzäunung. Es gibt doch nichts zu essen!«

»Wollen wir einen Kaffee trinken? Ich stelle den Fahrstuhl auf Automatik. Hast du eine Marke?«

»Ich nehme die von morgen . . .«

»Wenn ich diese kleinen Markenhefte sehe, muß ich an Pillenpackungen denken. Ein bestimmter Tag für jeden Kaffee. Wo sind wir nur hingekommen, hm? Und Leute wie wir sind schuld, Souza!«

»Moment. Wenn sie uns pensioniert haben, dann hatte das einen Grund.«

»Wir sind erschrocken über die Pensionierung. Zurückgewichen. Ich habe eine ganze Weile gebraucht, um wieder ins normale Leben zurückzufinden. Ich bekam nirgends eine Stelle. Ein Glück, daß die Jungs schon groß waren und arbeiten gingen. Ich verkaufte das Haus und zog in eine winzige Wohnung.«

Die Kaffeetassen wurden hingestellt. Ein bißchen Kaffeepulver, ein halber Löffel Zucker für jeden. Wenigstens haben alle aufgehört, Zucker zu essen, der ist nicht nötig. Eine ganze Reihe von Kellnerinnen standen herum. Eine stellte die Untertasse hin, die andere die Tasse, die dritte verteilte die genaue Menge Zucker, die nächste den Kaffee, und die letzte goß das Wasser ein.

Sie standen dicht aneinandergedrängt, denn sie waren sich hinter der Theke im Weg. Das ist die Überspezialisierung. Die Formel, die das System erfunden hat, um die Arbeitslosigkeit zu bekämpfen, lautete Aufteilung der Arbeitsplätze. Tadeu sagt, das wird jetzt ein Ende haben. »Nächsten Monat gibt es nur zwei Tassen wöchentlich pro Person«, ließ uns eine kleine, zahnlose Blondine wissen.

»Weißt du, was los war? Die Leute machten sich Sorgen. Überall Vereinigungen. Gruppen zur Verteidigung der

Flüsse, Organisationen gegen weitere unsinnige Wasserwerke, die heroischen Kämpfer gegen den Reaktor von Angra . . .«

»Ich habe gehört, daß sie alle gestorben sind.«

»Und am Ende auch der Reaktor. Er steht noch da, halb versenkt. Ich habe ihn mir angesehen. Eine Touristenattraktion. Sieht aus wie ein riesiges, umgekipptes Schiff, halb im Wasser, halb draußen. Sehr merkwürdig, Souza. Ein Monument. Ein riesiger Haufen aus Beton, der in der Erde versenkt ist.«

»Manchmal habe ich Zweifel, ob es überhaupt Menschen hinter dem *System* gibt. *System, System* hören wir. Der alte Caldeira ist schon seit langem gebrechlich und immer noch Präsident.«

»Wir müssen uns mal verabreden. Ich möchte dir etwas zeigen. Unser kleines Heft, weißt du noch? Seit über fünfundzwanzig Jahren habe ich es aufgehoben. Dir werden die Tränen kommen!«

»Mein Gott, das hatte ich ganz vergessen. Unsere kleinen Hefte. Laß uns jetzt gehen.«

»Ich zeige es dir ein andermal.«

Wir überquerten langsam die Straße. Die Menschen um uns herum hatten es auch nicht eilig. Sie schienen sich mechanisch zu bewegen, ohne Reflexe. Es schien nicht nur so, sondern war auch so. Plötzlich wollte ich es Tadeu zeigen. Vielleicht konnte er mir helfen, eine Bedeutung zu finden. Mein Loch in der Hand. Er wird meinen Stolz verstehen. Er ist intelligent.

»Schau mal auf den Boden, Tadeu. Was siehst du da?«

»Den Schatten von deiner Hand.«

»Schau richtig hin.«

»In der Mitte ist ein Lichtkreis. Komisch!«

»Wie findest du das?«

»Das ist ja ein Loch in deiner Hand! Na so was!«

»Ja, genau!«

»Schon lange?«

»Ungefähr eine Woche.«

»Es ist nicht das erste, das ich sehe.«

»Nein?«

»Es gibt auch andere. Tut es weh? Ist es lästig? Irgendeine Reaktion?«

»Gar keine.«

»Das muß eins von diesen Anzeichen sein, die es häufig gibt. Schwer zu sagen, wie das kommt. Du solltest zum Arzt gehen.«

»Wozu? Als ob du die Ärzte nicht kennen würdest. Ich lasse mein Geld dort, dann geben sie mir ein Radikalrezept, ich gebe in der Apotheke eine Menge Geld aus. Ich werde Wasser trinken, das ist besser.«

»Richtig schön rund. Als sei es eine Schönheitsoperation. Nur mit dem einen Unterschied. Was so auftaucht, ist unangenehm. Die Kahlköpfigen, die Leute, denen die Haut abfällt, die mit den entzündeten Augen, die Tauben. Ich hab Leute vom Land gesehen, die kein einziges Haar am Körper hatten, ihre Nase war zerfressen von Insektenvertilgungsmitteln, sie hatten eitrige Ohren. Leute, die keine motorische Kontrolle mehr haben. Und andere spazieren mit der künstlichen Lunge auf dem Rücken herum. Dein Loch ist anders. Sogar ganz hübsch.«

»Ich habe es dir wegen des Schattens gezeigt. Glaubst du, daß dieser Lichtkreis etwas bedeutet?«

»Nun übertreib nicht, Souza.«

»Ich bin sicher, daß er etwas bedeutet. Es ist eine Botschaft.«

»Botschaft? Heißt das, du bist prädestiniert?«

»Jetzt übertreibst du aber.«

»Ach was. Zu unserer Zeit damals hattest du eine mystische Phase. Vielleicht ist die wiedergekommen. Also, es war schön, mit dir zu reden, aber ich muß zurück. Der Fahrstuhl ist ohne Aufsicht.«

»Sehen wir uns wieder?«

Das *Vergessene Zentrum Von São Paulo*, das um den Zentralbusbahnhof und den Eisenbahnhof herum liegt, gibt mir ein Gefühl, als säße ich auf einem Traumkarussell. Die Figuren rasen vorüber, ich kann sie nicht erkennen. Ich sehe nur verschwommene Flecken, die sich mit der Musik, mit Schreien, Stimmen und Schritten vermischen.

Das ist der freie Handel. Dort werden gebrauchte Sachen verkauft, getragene Kleidung, Reste von Medikamenten, Bücher und alte Zeitschriften (zu horrenden Preisen), aufgearbeitete Haushaltsgeräte, Ersatzteile aus Autos, die nicht mehr fahren, lauter Krimskrams. Hier kann kaufen, wer will, man braucht keine besonderen Marken dazu.

Diese Ruhe und Trägheit wirken auf mich wie eine Krankheit. Die Augen, die ich erkennen kann, sind ohne Glanz, die Münder gespannt. Die Bewegungen verzögert, mechanisch. Die Nasen zittern, irritiert durch den Gestank um uns her. Man kann dem nicht ausweichen. Jegliche Kontrolle über diese Stadt ist verlorengegangen.

Dreimal gehe ich an einem Theater in der Zone für Vergnügungen vorbei. Sehen, sich interessieren, vortäuschen, weitergehen, zurückkommen. Vor der Tür blicken mich zwei Männer an, ich gehe weg. Sie könnten etwas sagen. Unsinn, absurde Schüchternheit. Vor einiger Zeit sah ich einen merkwürdigen Film. Er hieß *Der Mann, der nie existierte.* Ein gewöhnlicher Film, der nicht weiter beachtet wurde.

Von mir aber. Ich war fasziniert von diesem Mann, der nie existiert hatte. Ich versuchte, das zu verstehen, und nun begreife ich es langsam. Ich sehe eine Wendeltreppe im Theater und überlege, daß ich eigentlich nicht hinaufsteigen sollte. Ich habe immer dieses Gefühl mit mir herumgetragen, daß ich eigentlich nicht vorhanden bin.

Wohin die Treppe wohl führt? Ob die versprochenen Striptease-Shows echt sind? Eine Museumsvorführung, ich weiß nicht, wieso es das überhaupt in diesem vergessenen, chaotischen Zentrum noch gibt. Was hat sich wohl noch in dem alten Zentrum erhalten? Ich bin immer neugierig auf das Unbekannte gewesen. Habe mich ihm voller Furcht genähert. Aber ich bin darauf zugegangen.

Ich hatte sogar eine Theorie für meine Studenten ausgearbeitet, derzufolge das Ewig Bekannte dem Schrecklichen Risiko entspricht. Eine Kopie dieser Arbeit wurde den Akten des Prozesses, in dem meine vorzeitige Pensionierung entschieden wurde, beigefügt. Wie sollte ich alles erklären. Jene Männer waren auf der Suche nach Subversion, und die braune Aktentasche voller Blätter lieferte ihnen genau das, was sie wünschten.

Plötzlich verschwindet die Sonne wie jeden Nachmittag. Jene Sonnenuntergänge, wie man sie auf den Kalenderblättern sieht, hinter den Hütten auf dem Land, gibt es nicht mehr. Auch die Leute auf dem Land nicht mehr, die letzte große Flucht fand vor fünf Jahren statt. In den ländlichen Gebieten lebt niemand mehr. Wozu auch? Wir sind ein urbanes Land. Die rissige Erde gibt nichts mehr her.

Merkwürdig. Es ist heiß, die Sonne brennt. Wenn es etwa acht Uhr ist, bricht die Dunkelheit herein. Wenn man es am wenigsten erwartet, gibt es kein Licht. Die Schwüle hält noch einige Stunden an, dann fällt die Temperatur abrupt. In manchen Nächten kann man ohne eine oder zwei Decken nicht schlafen. Wer versteht etwas von Physik?

Seit drei Tagen bin ich außer Haus. Vielleicht noch länger. Was weiß ich. Es ist egal. Weiter herumzulaufen hat keinen Sinn mehr, ich vermisse mein Wohnzimmer, das Schlafzimmer. Und Adelaide? Wenn es mir gelingt, den Kontrolleur im Bus zu täuschen, brauche ich nicht zu Fuß zurückzugehen. Ich bin müde, habe keine Lust, soviel zu laufen. An der Haltestelle ist niemand, der S-7. 58 kommt.

»Kann ich mit diesem Bus fahren?«

»Warum nicht?«

»Ich dachte, es sei verboten.«

»Nur wenn Sie keine Zirkulationsmarke haben.«

»Sind Sie sicher, daß ich mit kann?«

»Es ist noch niemandem verboten worden, Bus zu fahren.«

Als ich den Schlüssel ins Schloß steckte, überkam mich ein merkwürdiges Schaudern. Der Geruch einer verschlossenen Wohnung schlug mir entgegen. Die Stille. Zu dieser Zeit sieht Adelaide immer ihre Fernsehserie oder Kochrezepte. Alles dunkel. Noch nie hatte ich meine Wohnung mit diesem stickigen Geruch betreten. Ich lief durch alle Zimmer. Niemand.

Alles war aufgeräumt, die Pantoffeln auf dem Flickenteppich. Der Nachttopf unter dem Bett. Das Alltägliche. Ein Zettel auf dem Kopfkissen. Adelaides Schrift. Ich warf ihn in den Nachttopf und legte mich hin. Vollständig angezogen. Das Licht war an, ich rauchte und schnippte die Asche auf den Fußboden. Dann ließ ich den brennenden Stummel fallen und wartete, daß sich ein Loch im Teppich bildete.

Als ich aufwachte, hörte ich Straßenlärm. Ich öffnete den Kühlschrank. Es stand nur Butter darin. Künstlich, sie schmeckt nach Talg und Plaste. Die Küche war aufgeräumt, der Boden ganz sauber, das Bad roch nach Putzmitteln. Mein ganzes Leben hat nach Putzmitteln gerochen. Ich pinkelte neben das WC, spuckte auf den Boden.

Ich machte mir einen schwachen Kaffee, verstreute das Pulver, ließ Tassen fallen, zerbrach zwei Teller. Ich zog eine Jacke an, die nicht zur Hose paßte.

»So kannst du nicht gehen, mein Lieber. Was werden sie denn im Büro sagen? Daß deine Frau sich nicht um dich kümmert?« Ich habe mich all die Jahre von ihr umsorgen lassen. In Wahrheit ist sie durch mich so geworden.

Jackett? Bin ich verrückt? Ich verbrannte das Jackett in der Müllverbrennungsanlage. Die Asche rutschte nicht hinunter, das Sieb war verstopft. Ein bedeckter Tag. Wenn es wenigstens regnete. Mein Mund wird ganz trocken, wenn ich nur daran denke, es könnte regnen. Ein feiner Nieselregen, der alles naß machen, die Erde befeuchten, mich durchweichen würde.

Die endgültige Dürre kam bald nach der großen Wüste im Amazonasbecken. Ein Jahr ohne einen Tropfen Wasser, und die Stauseen von São Paulo waren leer. Entsetzt legte das Volk Gelübde ab, füllte die Kirchen. Es wurden Prozessionen, Novenen, Pilgerfahrten organisiert. Umsonst. Eiligst bohrte man Hunderte von artesischen Brunnen.

Wo ist meine Frau nur hingegangen? Sicher zu ihrer Mutter. Ich werde demnächst einmal vorbeischauen. Aber Ferien vom Ehepartner tun gut. Und die Putzfrau? Sie müßte heute kommen. Oder war gestern ihr Tag? Es war alles so aufgeräumt.

Nachdem ich aus dem Bus gestiegen war, ging ich zum

Büro. Mechanisch, ich merkte es nicht einmal. Ich wartete auf den Fahrstuhl.

Der Fahrstuhlführer sah mich verängstigt an. Sein Gesicht spiegelte sich in den verräucherten Spiegeln des Fahrstuhls, ein endlos sich wiederholendes Bild. Nicht deutlich, sondern ganz düster, nur die Andeutung eines Gesichtes. Und ich sah Tausende von verängstigten Gesichtern, die mich betrachteten. Der Fahrstuhlführer wußte nicht, wie er sich verhalten sollte.

»Voll.«

»Voll? Wie denn das? Er ist doch leer, Herr Potiguara.«

»Leer schon, aber reserviert.«

»Seit wann wird denn ein Fahrstuhl reserviert?«

»Und außerdem hat man mir gesagt, daß Sie nicht mehr hier arbeiten. Ich habe Anweisung, Sie nicht hinaufgehen zu lassen.«

»Sie kennen mich doch, Potiguara, ich habe nichts Schlechtes getan.«

»Ich weiß nicht. In meinen Augen waren Sie sogar ein netter Mensch. Sie ... Sie sind es nicht mehr ...«

»Bin ich nicht mehr?«

Er schloß hastig das innere Gitter, stand abwartend da, bereit hinaufzufahren, falls ich einen Anlauf nchmen würde. Ich warf mich gegen das Gitter, lachte, sah, wie sich Entsetzen über Potiguaras Gesicht ausbreitete. Ich tat das nur, um zu sehen, was sie dann dort oben reden würden, die Tisch-Menschen, die Schubladen-Menschen, schön brav und gehorsam.

Es war schon immer klar,
dass der Neffe nicht nur
Marken beschaffte wegen
der schönen Augen des Onkels,
der ihn grossgezogen hatte.
Es kam die Stunde der Gegenleistung

»Auf dem Mond, Herr Souza?«

Im leeren Laden lehnte der Barbier an der Tür. Zu dieser Stunde nachmittags sind nie Kunden da. Der kleine Plattenspieler in der Ecke spielte Tangos. Seit ich hierhergezogen bin, hört der Barbier Tangos und Boleros, ohne Unterlaß. Stapel von alten, verkratzten Langspielplatten, archaische Singles, verstaubt auf einem Haufen.

Ich fahre mir mit der Hand über das Gesicht, mein Gott, seit wie vielen Tagen habe ich mich schon nicht mehr rasiert? Wenn Adelaide mich sähe, würde sie einen Schreck bekommen. Wo ist sie nur? Ich habe nicht bei ihren Eltern angerufen. Ist sie verreist, oder hat sie mich verlassen? Schon möglich. Warum habe ich den Zettel nicht gelesen? Es kommt mir selbst merkwürdig vor, ich war doch sonst nicht so. Schließlich hat sie keine Schuld.

»Benutzen Sie Wasser? Oder aufgearbeiteten Urin?«

»Glauben Sie etwa, ich rasiere Sie mit aufgearbeitetem Urin? Sie kennen mich doch!«

»Nein, ich kenne niemanden.«

Große Ventilatoren, wie sie in den amerikanischen Filmen, die in der Karibik spielen, vorkamen, drehen sich sinnlos. Keine Luft, die bewegt werden könnte. Es ist stikkig beim Barbier. Der Korridor ist noch erträglich, obwohl der Boden schwarz ist. Niemand kann gegen den ewigen grauen Staub an. Heute brach der Tag ohne Nebel an, klarer Himmel, höllische Sonne.

»Ich werde Ihnen ein frisches Handtuch umlegen.«

»He, was wird mich das kosten?«

»Ich dachte, Herr Souza, Sie haben doch einen Neffen, der Hauptmann ist, nicht wahr?«

»Ja.«

»Also, ich habe hier im Haus gehört, daß er gewisse Dinge erleichtert.«

»Was denn?«

»Hier hat jemand, ich sage nicht, wer, schon Wassermarken gekauft. Wer weiß?«

»Davon weiß ich nichts. Ich möchte nicht gern mit ihm darüber sprechen.«

»Brauchen Sie auch nicht. Sagen Sie nur, daß der Barbier gern mal mit ihm reden möchte. Dann kommt er.«

»Sicher?«

»Ganz sicher. Mein Geschäft wird Ihren Neffen interessieren. Sprechen Sie mit ihm.«

»Gut, ich weiß nur nicht, wann ich ihn sehen werde. Er taucht nur ab und zu auf.«

»Er ist oben. Er ist vor einer halben Stunde hier vorbeigekommen.«

»Rasieren Sie mich schnell zu Ende. Wieviel macht das?«

Dort steht er. Lächelnd, schmierig, listige Augen, schwarzer Schnurrbart, wie ein Bolero-Sänger. Er trinkt gerade ein Bier aus der Dose. Er umarmt mich gleich, als ich hereinkomme. Es gibt Menschen, die man einfach nicht mag. Man sieht sie und mag sie nicht. Sie haben einem nie etwas getan. Aber es ist eine spontane Antipathie.

»Setz dich, Onkel. Ich bin gekommen, um dir ein Geschäft vorzuschlagen. Ich weiß, daß du sofort nein sagen wirst! Aber hör erst mal zu. Wir müssen eine gute Tat tun.«

»Eine gute Tat? Du? Wie denn das?«

»Aber Onkel! Ich bin nicht so schlecht. Nur weil du das *Neue Heer* haßt, brauchst du mich nicht einzubeziehen.«

»Ich habe nicht einmal etwas am *Neuen Heer* auszusetzen. Aber diese Organisation, die ihr da unterhaltet, die Ziviltäre, die kann ich nicht ausstehen.«

»Hör auf, Onkel. Wir haben nichts mit den Ziviltären zu tun. Das ist ungerecht.«

»Willst du mir etwas vormachen?«

»Onkel, die Ziviltäre kommen vom harten Flügel, der nicht mit den Neuerungen im *Heer* einverstanden war.

Dieser Flügel hat sich mit den radikalen Zivilen zusammengetan, die nicht mit der Öffnung des *Systems* einverstanden waren. Also haben sie ihre eigene Organisation gebildet.«

»Die das *System* duldet.«

»Nun hör mal her, Onkel. Ich bin nicht gekommen, um über Politik zu diskutieren. Ich habe es eilig. Du mußt mir einen Gefallen tun.«

»Mal sehen.«

»Ich wollte es nicht sagen, Onkel. Wirklich nicht. Aber wenn du Marken brauchst, bringe ich sie dir. Ich bringe sie immer, ich habe nie etwas gesagt. Und ich habe sie gern gebracht.«

»Um jetzt eine Gegenleistung zu verlangen.«

»Spuck nur in das Glas Wasser, das ich dir verschafft habe. Na los doch.«

Wir gehen in die Küche. Dort sitzen drei Leute und trinken Bier. Der Tisch ist voller Dosen, Pakete, Supermarkttüten. Männer um die Dreißig. Ich kann nicht sagen, ob sie brünett sind, denn sie haben Glatzen. Kein einziges Haar. Keine Augenbrauen. Wie die Menschen, die von Tag zu Tag häufiger auf der Straße zu sehen sind.

»Ich muß sie hierlassen, Onkel. Glaubst du, daß die Tante etwas dagegen hat?«

»Sie ist nicht da. Sie wird einige Zeit wegbleiben.«

»Nur für ein paar Tage. Wir haben Essen mitgebracht, später kommt mehr. Sie haben Wassermarken. Du brauchst nichts auszugeben, gar nichts.«

»Wir kommen schon zurecht, keine Sorge. Ach übrigens, der Barbier unten will mit dir sprechen. Er will dir etwas vorschlagen. Ich glaube, du wirst darauf eingehen.«

Die Fenster sind geschlossen, Insekten surren herum. Ich sehe an die Decke. Braune Flecken. Die Tierchen leben in Gruppen zusammen. Ich hole die Dose, sprühe. Sie bleiben an ihrem Platz, ich habe den Eindruck, daß sie sich über das kühle Bad, das ich ihnen gegönnt habe, freuen. Ich sprühe noch einmal – nichts. Sie rühren sich nicht.

Zwischen stillgelegten Autos unterhalten sich zwei Professoren verbissen über die Lage. Warum haben die Intellektuellen einen solchen Schuldkomplex?

»Duck dich, duck dich. Immer geduckt bleiben.«

Ich kroch, warf mich zu Boden (kenne die Technik), kroch weiter. Wie lange? Seit Stunden bewegten wir uns langsam auf dem noch heißen Beton vorwärts. Mit der Nase im Staub. Ich nieste. Niesen ist gut, es reinigt. Was für eine Gymnastik, Mensch. Ob es noch weit ist?

»Willst du mich umbringen, Tadeu? Seit meiner Militärzeit bin ich nicht mehr so gekrochen.«

»Wir werden hinter dem Pfeiler da vorn ausruhen.«

Wir krochen mitten auf der Straße entlang, so daß man uns nicht sehen konnte. Die Schnellstraße lief fünfzehn Meter über der Erde entlang, mit sechzehn Fahrbahnen, ein breites leeres Band. Bedeckt mit einer grauen Staubschicht. Das heißt, im Dunkeln konnte man die Farbe nicht erkennen, aber es ist derselbe Staub, der von den verkohlten Feldern kommt.

Meine Ellbogen brannten, sie waren zerschunden. Tadeu hatte mir noch geraten: Verbinde deine Ellbogen, wir haben einen langen, unbequemen Weg vor uns. Die ersten zweihundert Meter waren schwierig, wegen meiner Arthrose, dann kam ich in Bewegung. Aber ich schnappte nach Luft, das ist natürlich, denn ich treibe keinen Sport und ernähre mich schlecht.

»Können wir jetzt nicht eine Pause machen?«

»Hinter dem Pfeiler, hinter dem Pfeiler. Wir dürfen nicht leichtsinnig sein.«

Es war nicht einfach, auf die Schnellstraße zu gelangen. Die Zufahrten waren blockiert und bewacht, an den Seiten Mauern. Und dann lief die Straße erhöht weiter. Tadeu führte mich durch die Ruinen des ehemaligen Viertels Vila Anastácio. Die einfachen Häuser, die eine Immobilienfirma errichtet hatte, waren eingestürzt.

Wir kletterten auf einem Träger entlang. Einige Haken ragten aus dem Beton heraus und dienten jetzt als Leiter. Ich hatte fürchterliche Angst zu fallen. Das ist nichts für jemand in meinem Alter. Ich staunte über Tadeu. Er zog sich behend wie eine Katze hinauf, in zwei Minuten war er oben auf der Straße.

Er brauchte einige Zeit, um mir zu zeigen, wie ich am besten kriechen könnte, ohne mich zu verletzen. »Am Anfang wirst du dich aufschürfen. Aber später gewöhnst du dich daran.« Wir krochen vorwärts und mußten etwa zwei Kilometer zurückgelegt haben, als grünes Licht auf mich fiel. Neben der Brücke sah ich Berge von Bierdosen.

Grüne Dünen. Riesig, höher als die Schnellstraße. Da lagen sie und glänzten im Mondschein. Es wurde kalt. Wir krochen weiter, ich glaubte einen merkwürdigen Ton zu hören. Als sei es ein Wimmern, das aus den blechernen Dünen drang. Nein, eine Täuschung! Da war es wieder.

Ein Schrei. Ein Schrei und noch einer und noch einer; sie bildeten einen einzigen Ton. Voller Schmerz. Fast wie ein künstlicher Ton. Sicher der Wind in den Dünen, dachte ich. Weint Wind? Ich hielt an, betrachtete die grünen, oxydierten, aufeinandergetürmten Dosen, praktisch eine an die andere geschweißt.

Nun, es weht kein Wind, nur sehr selten. Wenn Wind wehte, würde der Staub von der Straße aufwirbeln. Die dicke Staubschicht bleibt jedoch unverändert, glatt. Ich sehe hinter mich und erkenne die Spur, die mein Körper beim Kriechen hinterlassen hat. Wir rücken weiter vor, jetzt höre ich den Ton ganz deutlich. Ein Seufzen, ich täusche mich nicht.

»Wohnen hier Menschen?«

»Da drin sind Höhlen. Tausende von Menschen sind dort untergeschlüpft.«

»Die Sonne muß doch alles barbarisch aufheizen. Sie sterben geröstet.«

»Sie sterben nicht. Das ist das brasilianische Wunder.«

»Nicht möglich.«

»Es ist ein Vorgang, den bisher niemand verstanden hat. Man vermutet, daß die Dosen nachts dermaßen abkühlen, daß sie am Tage lange brauchen, um sich wieder aufzuheizen. Wenn sie glühen, geht die Sonne schon wieder unter. Deshalb ist es da drin kühl. Eine Hypothese, reine Hypothese. Heutzutage versteht niemand mehr etwas, alles ist anders.«

»Woher weißt du von diesen Leuten?«

»Es gibt Leute aus unserer Gruppe, die hier helfen. Ich selbst bin nie hergekommen. Ich lese die Berichte, die sie schreiben. Die meisten hier sind verrückt.«

»Verrückt? Richtig verrückt?«

»Sozusagen. Halbschwachsinnig. Außer Gefecht. Sie leben im Liegen. Sie schreien, weil der Körper unaufhaltsam schmerzt. Sie schlafen nie, also sind sie immer nervös, reizbar und angespannt.«

»Aber wer sind denn diese Leute?«

»Niemand Besonderes. Zusammengewürfelte Migranten. Die meisten kamen aus Pernambuco, Slumbewohner, die im Sumpf gelebt und sich von Krebsen ernährt haben.«

»Aber Krebse schaden doch niemandem.«

»Nur waren es Krebse, die mit DDT vergiftet waren. Um die Sümpfe zu sanieren, verwendete das Gesundheitsministerium DDT. Man kann nichts mehr tun. Sie sind verloren.«

»Das *System* müßte Hilfe leisten.«

»Hilfe? Die wollen, daß sie sterben! Sie stellen keine Gefahr dar, sie sind ganz passiv, können nicht aufstehen. Jeden Tag werden Dutzende von Toten herausgeholt und weggeschafft. Das ist das einzige, was das *System* tut. Überleg doch mal, welches Interesse man an diesen Leuten haben kann. Sie haben nicht die geringste Kaufkraft, verbrauchen nichts, sind lediglich ein soziales Problem.«

»Und was macht deine Gruppe?«

»Sie bringt Essen, wenn sie welches beschaffen kann. Ein bißchen Wasser. Es reicht nur für das Nötigste. Wir stellen Experimente mit ihnen an, geben ihnen Gemüse zu essen, um sie zu entgiften. Bislang ohne Resultate.«

»Gemüse?«

»Ja, Gemüse. Kopfsalat, Tomaten, Zucchini. Hast du davon nie gehört?«

»Frisch? Oder künstlich?«

»Na hör mal, Souza, künstliches Essen ist nur zum Vergiften gut.«

»Ja, aber wenn es das nicht gäbe, wären wir tot.«

»Hast du eine Ahnung, welches Spielchen hinter dem künstlichen Essen steckt?«

»Wirtschaftliche Macht?«

»Auch das. Aber in diesem Fall ist das nicht das Wichtigste.«

»Was denn dann?«

»Die Chemie, die sie beimischen. Die Beruhigungszutaten. Winzige Dosen, die den Organismus langsam unterwandern. Den Willen angreifen und beschwichtigen. Woher kommt diese Ruhe überall? Wie machen sie das wohl? Mit Drohungen, mit dem ostensiven Auftreten der Ziviltäre? Mit dem Überwachungs- und Kontrollapparat? Weit gefehlt! Das *System* kann ganz beruhigt sein, weil es ein unfehlbares Mittel gefunden hat. Die Ruhe wird direkt ins Blut gespritzt.«

Wir blieben stehen und sahen hinunter. Ich wäre gern hinabgestiegen, aber wie? Rechts erstreckte sich das trokkene Tal des ehemaligen Tietê. Der Fluß war flacher, als ich dachte. Wie er stank, vollgestopft mit Abfällen. Nur gut, daß er ausgetrocknet ist, es war ohnehin nur ein steriler Strom aus Dreck, das arme Eingeweide der Stadt.

»Ist es noch weit?«

»Ziemlich, ziemlich weit. Willst du umkehren?«

»Wo wir schon so weit sind, laß uns weitergehen. Aber langsam.«

»Ich habe es nicht eilig. Du noch weniger. Du arbeitest ja nicht mehr. Wovon willst du jetzt leben.«

»Das habe ich mir noch nicht überlegt. Ich werde die Entlassungsentschädigung beantragen und sehen, wieviel ich kriege, um zu überleben.«

»Und wenn die deine Entlassungsentschädigung nie eingezahlt haben?«

»Werde ich stehlen.«

Enttäuschung auf Tadeus Gesicht. Aber ich bin ehrlich. Ich will leben. Will versuchen, mich bescheiden durchzuschlagen. Ich würde es gern bis zum Ende schaffen. Wenn möglich, der letzte sein, wenn alles zusammenstürzt. Der letzte. Welch ein Pessimismus. Wenn sie mich hören. Da merkte ich es. Es kam von tief innen, eine schneidende Erinnerung. Wie einem Menschen fehlen!

Ein bißchen Freude. Etwas, was mich richtig zum Lachen bringt. Wenn ich in Gelächter ausbräche, würde ich wahrscheinlich Krämpfe kriegen. Oder eine Verzerrung der Mundmuskulatur. Weil es so lange her ist. Nein, es ist nicht nur meine spröde, verschlossene Art. Adelaide hat sich immer beklagt: »Du entspannst dich nie. Du amüsierst dich nicht.«

Es muß nicht leicht für sie gewesen sein, an meiner Seite zu leben. Ich als stiller Beobachter. Ohne zu lachen. Gefangen. Worin, mein Gott? Und warum? Wie haben wir getanzt und uns an den Wochenenden amüsiert. Mit reichlich Essen und Bier im Bauch gingen wir von den Pizzerias zu den Tanzschuppen. Sie war leicht, voller Rhythmus und Musik.

Stundenlang, ohne die Tanzfläche zu verlassen. Manchmal in einem Tangolokal. Oder in einem großen Ballsaal. Sie wendig, ich schwerfällig. Linkisch, wie ich war, machte ich fürchterliche Verrenkungen, um mit ihr mitzuhalten. Ein Elefant im Porzellanladen. Und sie, glücklich, lachte über mich. Ich gab mir Mühe, weil ich sie mochte. Ich weiß das, auch wenn ich es bestreite.

Ich versuche es abzustreiten, Entschuldigungen zu finden. Adelaide fehlt mir. Ich weiß nicht, was wir aus unserem Leben gemacht, warum wir uns so auseinandergelebt haben. Eines schönen Tages hörte sie auf, sich über meine Schweigsamkeit zu beklagen, meine Qual. »Ich weiß, daß es nichts nützt. Vielleicht wird er eines Tages merken, daß man nicht ewig so weiterleben kann.«

Sie verkroch sich in einer Ecke, lebte nur noch für die Mutter und den Vater, mit denen sie sich in Wahrheit nie gut verstanden hatte, entdeckte die Kirche, ich weiß nicht, wie. Wenn ich sie jetzt träfe, würde ich sie fragen. Ich brauchte nur bei ihrer Mutter anzurufen, um sie aufzuspüren. Müßte es nur wollen. Und warum rufe ich nicht an?

Wir kriechen weiter, entfernen uns von den Bergen aus grünen Dosen. Die Seufzer verstummen, wir lassen unsere Spur im Staub zurück. Wortlos dringen wir in eine Zone des Schweigens ein, die mich beeindruckt. Ich höre Tadeu atmen. Trotz seiner fünfundfünfzig Jahre bewegt er sich schnell vorwärts.

Ich komme in Fahrt, die Arme schmerzen nicht mehr so. Wenn ich früher Fußball spielte, gab es immer einen beängstigenden Augenblick der Erschöpfung. Machte ich aber weiter, konnte ich diesen Punkt überwinden und bis zum Ende durchhalten. Das heißt, es gibt einen Grenzpunkt, an dem man entweder aufgibt oder weitermacht. Der kritische Punkt.

Heute habe ich diesen Punkt offenbar überschritten, ich begleite Tadeu. Es gefällt mir. Ich hatte mich an den Weg Wohnung – Büro gewöhnt, ohne weiter darauf zu achten. Etwas verängstigt durch das, was um mich herum geschah, war ich in diese Routine verfallen. Wohnung – Bus – *Haus Der Wassergläser* – Tisch – Fenster. Jeder Tag ein Reflex des vorigen.

Ich entdecke São Paulo wieder. Nicht mein São Paulo. Meins. Lächerlich. Als besäße ich eins. Wenn ich meins sage, klammere ich mich an die Vergangenheit, flüchte in das nicht Existierende. Ich falle ins Leere, daher die Unsicherheit. Ich treffe auf eine neue, fremde Stadt, die jeden Augenblick neue Lebensweisen bietet. Sie ist weitergegangen, ich nicht.

Entweder geben oder nehmen. Alle Konzepte neu formulieren. Das Jammern beiseite lassen. Mich in das neue Konzept einfügen. Die Begegnung mit Tadeu hat mir gezeigt, wie weit ich von den Dingen entfernt war, tot. Und selbst Tadeu ist ein Geheimnis für mich, ich weiß nicht, was er denkt, wie er das Leben sieht. Aber das kümmert mich nicht.

Der *free-way* war vollgestopft mit Autos. Von einem Wall zum anderen, nicht der geringste Platz. Im Mondschein sah ich die geschwärzten Radiatoren, verrostete Karosserien, zerbrochene oder verstaubte Scheiben, ausgehöhlte Scheinwerfer. Plötzlich tauchten sie auf, als wir über die Kuppe krochen. In ihrer Unbeweglichkeit erweckten sie den Eindruck rasender Geschwindigkeit.

Phantasmagorisch, wie Dinosaurierskelette in einem Museum. Wie eine Horde von Ungeheuern, im Angriff umgebracht. Als Kind hatte ich einmal einen alten Zeichentrickfilm gesehen. Er hieß *Phantasia.* Die Szene, die mich am meisten beeindruckte, war die Verzweiflung der prähistorischen Tiere auf der Flucht.

In ihrem Lebensraum waren Essen und Wasser ausgegangen. Sie zogen in Scharen fort, merkwürdige, riesenhafte Tiere, von Hunger und Sonne gepeinigt. Sie fielen zu Boden, und die Zeit sorgte für ihre Beerdigung, verwandelte sie in fleischlose Skelette, eine untergegangene Spezies, inzwischen zum Fossil geworden.

Das kam mir in den Sinn, als ich diese alten Autos sah, vielleicht die letzten des großen brasilianischen Traumes.

Kurz nach der *Bemerkenswerten Verstopfung* wurden die Fabriken geschlossen, und Tausende von Menschen standen auf der Straße. Die, die in der Fabrikation arbeiteten, und die, die von der *Zulieferindustrie* lebten. Eine sehr schmerzvolle Zeit.

»Nun ja, Überbleibsel aus der *Bemerkenswerten Verstopfung.*«

»Ich weiß, es entsetzt mich nur so, weil sie die Autos schon fast überall fortgeschafft haben.«

»Hier war es leichter, die Straße zu schließen. Die Autoschlange ist zweihundert Kilometer lang.«

»Die Woche damals war dermaßen verrückt, ich dachte, das Land würde explodieren. Zum erstenmal regten sich die Brasilianer wirklich auf. Ich habe gesehen, wie die Leute sich bewaffneten, auf die Straße gingen und versuchten, Gruppen zu bilden.«

»Und da erwiesen die Ziviltäre der Regierung den ersten großen Dienst. Sie waren vorbereitet. Sie waren wirklich organisiert – und wir nicht.«

»Ein bißchen schon.«

»Wo denn? Wir waren nur eine kleine Zahl linker Gruppen gegen eine rechte. Untereinander hatten alle Linken andere Auffassungen, wie sie vorgehen sollten. Sie akzeptierten einander nicht und schlossen sich nicht zusammen. Was geschah, war vorhersehbar.«

»So einfach nun auch nicht. Es ist zu simpel, bloß von links und rechts zu sprechen. Viele Faktoren kamen zusammen, das weißt du, Tadeu. Ich habe oft darüber nachgedacht. Analysiert. Weißt du, warum ich zu keiner Schlußfolgerung gekommen bin? Weil es keine gibt. Oder vielleicht gibt es eine, und ich weigere mich nur noch, sie zu akzeptieren; sie erscheint mir zu leicht. Oder zu offenkundig. Dennoch sehe ich keine andere. Weißt du, was es gab? Und meiner Meinung nach immer noch gibt? Verwirrung.«

»Natürlich herrscht Verwirrung.«

»Nicht diese Verwirrung, die man überall sieht. Eine andere, paß mal auf, ob du mir folgen kannst. Sie war schon in den *Offenen Achtzigern* vorhanden und breitete sich immer weiter aus. Nicht nur in Brasilien, nein, überall. Ideologische Verwirrung, Meinungsverschiedenheiten. Die Regierung dachte das eine, die Opposition das andere, aber Opposition und Regierung dachten das gleiche zur gleichen Zeit. Die Rechte verhielt sich wie die Linke und die Linke wie die Rechte. Keine Position war bequem oder brachte Sicherheit. Es gab und gibt noch immer keine Gewißheit, keine Festigkeit, keine Entscheidung. Ich hatte einen Freund, konservativ bis dort hinaus. Eines Tages kam er mit einer Theorie an, die ich für verrückt und reaktionär hielt, aber jetzt fange ich an, darüber nachzudenken. Weißt du, was er prophezeite? Die *Offenen Achtziger* würden eine Macht in den Sattel heben, die so rechts, aber wirklich so rechts wäre, daß sie, sozialistisch oder nicht, schließlich auf der Linken enden würde.«

»Was? Im Ernst?«

»Nicht im Ernst und nicht im Scherz. So denke ich. Sieh mal, Tadeu, alle Strukturen, an die wir geglaubt, denen wir vertraut haben, sind zusammengebrochen. Stehen wir denn in einer Übergangsphase, in einer Phase der Ablösung? Oder was sonst? Wir segeln in einem großen Vakuum, vage durch die Sterne geleitet, ohne feste Anhaltspunkte. Die Kompaßnadeln sind verrückt geworden, drehen sich rasend, werden von Tausenden von magnetischen Polen angezogen. Sie sind sinnlos geworden, nicht mehr zu gebrauchen, wir können sie ins Meer werfen. Wir sollten zu den Mitteln der alten Segler zurückkehren, während wir auf neue Erfindungen für eine stabile Navigation warten. Ich habe nur Angst, daß die Sterne bis dahin ihren Ort wechseln und nicht mehr als Anhaltspunkt dienen. Aber während wir dahintreiben, wird schon irgendeine Idee auftauchen, irgendein intelligenter Seemann in der Mannschaft sein.«

»Weißt du, was du brauchst, Souza?«

»Was denn?«

»Einen anständigen Hut. Um dieses Gehirn da zu bedekken. Die Sonne erhitzt deinen Kopf zu sehr.«

Er kroch vor mir her, ich sollte ihm folgen. Mitten auf der Fahrbahn befand sich unter den Autos ein schmales Loch. Ich kam an geplatzten Reifen vorbei, ein scharfer Geruch nach rostigem Metall lag in der Luft. Abgeplatzte Chromteile, die Sonne schien auf das stumpfe Blech, das keinerlei Widerschein gab. Atemlos und schweißüberströmt krochen wir weiter.

Zwischen einem VW-Passat und einem Ford-Corcel hielten wir an. Aus welchem Jahr stammen diese Autos? Ich konnte mir Automarken nie gut merken, konnte nicht mal Auto fahren. Ich hielt mich für viel zu zerstreut und bequem. Adelaide fuhr gern, sie nahm das Auto ihres Vaters, sonntags fuhren wir spazieren, an den Strand oder zu einem Picknick am Straßenrand.

Am Lenkrad zu sitzen machte mich schwindlig. All die Autos um mich herum, auf alles achten, ausweichen, in Sekundenschnelle reagieren. Es war so einfach, ein Taxi zu nehmen, die Adresse anzugeben, sich in eine Zeitung zu vertiefen. In einen Bus einzusteigen, die Schnur zu ziehen, auszusteigen. Nicht Auto zu fahren bedeutete für mich Freiheit.

An nichts gebunden zu sein. In der Verwandtschaft, vor allem in Adelaides Familie, betrachteten sie mich wie ein seltsames Tier. Wie oft hatte mein Neffe, der Hauptmann, gesagt: »Kauf ein Auto, Onkel. Das Auto schenkt dir Freiheit. Zu tun, was du willst und wann du willst. Gibt es etwas Besseres?«

In unserem Gebäude wunderten sich alle. Komisch, sie verbargen es nicht einmal, rissen die Augen auf, die Unterkiefer fielen ihnen herunter: »Aber Herr Souza, Sie haben kein Auto? Und wie kommen Sie zurecht? Nein! Nun, das kann ich nicht glauben. Machen Sie sich etwa über uns lustig?« Ja, das tat ich, auf meine Art. Ich ließ meinen Garagenplatz unbesetzt und vermietete ihn nicht.

»Wer hätte gedacht, daß wir uns eines Tages in aller Ruhe auf dieser Straße zwischen die Autos setzen würden?«

»Da liegen sie, alle kaputt. Wieviel Schrott.«

»Zwei Jahre lang standen die Autos vor meinem Haus.«

»Du hast fast im Zentrum gewohnt. Mein Viertel war nicht so davon betroffen.«

»In jener Nacht damals bin ich fast durchgedreht, Souza. Ich wollte töten, jemanden festnehmen. Wie sie hupten und aufs Gas traten. Ich konnte den schwarzen Qualm sehen. Die meisten verbrauchten das Benzin und den Alkoholtreibstoff in ihren Tanks. Niemand stellte den Motor ab. Morgens saßen die Leute immer noch in den Autos. Als gehörten sie dazu. Gänge, Lenkrad, Bremse, Fahrer. Sie warteten auf ich weiß nicht was.«

»In unserer Straße gab es Leute, die den Nachrichten nicht glaubten. Sie holten das Auto morgens aus der Garage und fuhren los. Sie kamen zu Fuß zurück.«

»Manche Fahrer verließen das Auto eine oder zwei Wochen lang nicht. Manchmal klopften sie an und baten, auf die Toilette gehen zu dürfen. Ich lehnte immer ab. Was dachten die sich denn? Sollten sie doch nach Hause gehen. Die Familien brachten Wäsche zum Wechseln, Kaffee und etwas zu essen. Und die Verzweiflung, als die Leute erfuhren, daß sie nicht mehr weiterfahren könnten. Sie weinten vor ihrem Auto; waren untröstlich und jammerten, als handle es sich um einen toten Verwandten. Frauen wurden ohnmächtig oder hysterisch.«

»Ich habe Fotos von jenen Wochen. Vor allem von den Gesichtern. Sie interessierten mich mehr als die blockierten Autos. So ein dramatischer Gesichtsausdruck, voller Verblüffung. Als seien sie ganz plötzlich in die Welt gesetzt worden. Kein Haß oder Wut oder Gereiztheit. Es war einfach die Niederlage, Traurigkeit und Fragen standen auf ihren Gesichtern. Ich habe viele verdutzte Blicke fotografiert!«

»Zuerst kam mir die Ruhe merkwürdig vor. Dann erst nahm ich ein unaufhörliches Summen im Ohr wahr. Bis dahin hatte ich es noch nicht bemerkt. Der Arzt sagte, das sei unheilbar. Bis heute hält es an. Ich habe mich daran gewöhnt.«

»Ist es noch weit, Tadeu? Ich schmeiße mich gleich hin!«

»Hinschmeißen? Was für ein alter Ausdruck. Wie lange ich den schon nicht mehr gehört habe.«

»Was denn nun, ist es noch weit oder nicht?«

»Weiter vorn können wir aufrecht weitergehen. Wenn wir die *Ebene Der Staubvögel* durchqueren. Das ist ein verlassenes Stück, da gibt es keine Kontrollen.«

»Na gut, aber ist es noch weit?«

NACH DER EBENE
DER STAUBVÖGEL ERREICHEN SIE
DIE REGION DES GROSSEN
PLASTEMÜLLS. GELÄHMT,
ENTSETZT, KÖNNEN SIE NICHT
FASSEN, WAS SIE SEHEN

Wir krochen weiter durch den schmalen Korridor, dicht an den Rädern der Autos vorbei. VWs, Corcels, Opalas, Galaxies, Kombis, Golfs, kleine Laster, Lkws, Limousinen, Wohnwagen, Minibusse, VW-Busse, Passats, Alfas. Riesige Fahrzeuge, andere ganz winzig, alle verrostet und verrottet.

Das Innere war demontiert. Als sie sie stehenließen, nahmen die Besitzer oder später die Plünderer alles mit. Sitze, Uhren, Kassettenrecorder, Minifernseher, Telefone,

Kilometerzähler, Lenkräder, Klimaanlagen, Verstärker, Scheibenbelüftung, die elektronische Antenne, das Alarmsystem. Lenkradschloß, Ablage, Minibar, Rauchglasscheiben, Heizung und anderes Zeug, mit dem Status ausgedrückt wurde. Die Plünderer waren organisiert und gefürchtet, sie wurden auf die gleiche Weise gejagt wie im alten Ägypten die Räuber der Königsgräber.

Leere, sinnlose Hüllen. Schaustücke der Nutzlosigkeit, Beweise der illusorischen Symbole, die sie dargestellt hatten. Hier zerfielen sie allmählich, zerfressen, hohl, die Demonstration eines vergänglichen Traumes, der sich lange vor dem Erwachen zerschlagen hatte. Und jetzt ist die Erinnerung schwach und verblaßt mit jedem Tag mehr.

»Nach der Säule da können wir aufrecht gehen.«

»Es wurde aber auch Zeit.«

»Laß uns zusammen zu dem Wall gehen, dort kann man besser laufen.«

»Ich habe das Zeitgefühl verloren. Hast du eine Ahnung, wie spät es ist?«

»Wie spät es ist? Warum willst du denn das wissen, Souza?«

»Gewohnheit.«

»Eine Manie. Ich kann es nicht aushalten. Den ganzen Tag im Fahrstuhl, und die Leute fragen mich: ›Wie spät ist es bitte? Wieviel Uhr ist es bitte? Wieviel Uhr ist es?‹ Und die, die nicht fragen, sehen auf die Uhr, sobald ich die Fahrstuhltür geschlossen habe. Und jetzt auch noch du!«

»Du bist ganz schön gereizt, Tadeu!«

»Und du ganz wohlerzogen. Was ist denn los, Souza? Du bist so anders, so förmlich!«

»Ich weiß nicht, ist mir nicht aufgefallen.«

Auf der Säule stand ein halb verwischter, mit roter Farbe gesprühter Satz: *Merkurium ist kein Vitamin.* Vor zehn Jahren, während der letzten Kampagne für den Umweltschutz, war die ganze Stadt mit solchen Inschriften übersät. Die Ziviltäre verfolgten die Graffiti-Schmierer, bis sie sie vernichtet hatten. Das *System* ging vors Fernsehen.

»Es ist nicht nötig, daß man uns an unsere Pflichten erinnert«, sagte der Präsident. »Wir haben die Probleme unter Kontrolle, Forschungsgruppen und Kommissionen sind an der Arbeit. Wir brauchen Ruhe, um die Fragen, die das Volk betreffen, zu lösen. Die Agitatoren werden innerhalb von Gesetz und Ordnung bekämpft werden. Unerbittlich.«

»So, jetzt können wir aufrecht gehen.«

»Vielleicht kannst du mir auch sagen, wohin wir eigentlich gehen?«

»Wir gehen zu unserem kleinen Reservat.«

»Was für ein kleines Reservat?«

»Wir arbeiten seit Jahren an dem Projekt. Es läuft ganz gut, obwohl wir unter schwierigen Bedingungen arbeiten. Wir haben eine beträchtliche Anzahl Tiere.«

»Tiere? Richtige?«

»Souza, eins der wenigen Dinge, die die Labors noch nicht haben herstellen können, sind künstliche Tiere. Das geht einfach nicht! Seit wie vielen Jahren produzieren sie Eier? Nur sind es Eier, die nicht ausgebrütet werden können, also auch keinen Nachwuchs ergeben. Es fehlt das Wesentliche.«

»Tadeu, Tadeu! Paß auf, was du da sagst. Was du da eingestehst!«

»Ich gebe das Wesentliche zu, ich kann mich dem nicht entziehen.«

»Ja und diese Tiere hier? Erzähl.«

»Es begann vor dreißig oder mehr Jahren. Ich bin nicht gut in Zeitangaben. Es gab ein Reservat in Sorocaba. Damals war die Stadt noch unabhängig von São Paulo. Den dortigen Wissenschaftlern war es gelungen, in der Gefangenschaft Tiere zu züchten, die vom Aussterben bedroht waren. Sie arbeiteten hart und erhielten Exemplare wie den Schwan mit dem schwarzen Hals, den Tapir, die Reiher, die Tschaiena-Ente am Leben. He, ich werde dir nicht alles sagen, du wirst es gleich sehen. Als die Industrie Orte wie Sorocaba, Votorantim, Brigadeiro Tobias, São Roque und Cotia vollständig mit Beschlag belegt hatte, enteigneten die Präfekturen alles, schickten Traktoren aus und zerstörten das Reservat. Tiere und Vögel blieben zwei oder drei Wochen lang in ihre Käfige eingesperrt. Viele starben, während die Wissenschaftler versuchten, Kontakt aufzunehmen. Wir kämpften gegen den bleiverseuchten Boden und hatten damals schon mit Versuchen begonnen, Gemüse und Obst anzupflanzen. Wir einigten uns, und so kamen die Tiere in das Reservat hier. Früher war das die Kaserne von Barueri.«

»Das ist doch das Müllgebiet! Was als *Ort Der Hölle* bekannt ist?«

»Ebendeshalb. Wo wir sind, belästigt uns niemand. Du wirst schon sehen.«

Die Schnellstraße führte über ein weiß-gelbes Feld. Als sei es eine glatte, ebene Miniwüste. Das trockene Flußbett des Tietê durchschnitt das Gebiet in der Mitte. Hunderte von kleinen, dunklen Figuren bevölkerten die Einöde. Sie schienen aus Gips zu sein, aus altem Porzellan, gebranntem Ton, Steingut, was weiß ich.

Es sah aus, als sei dort ein großer Garten gewesen, in dem die Vegetation ausgetrocknet und die Statuetten einsam und schutzlos übriggeblieben waren. Merkwürdig, da lebt man seit Jahren in einer Stadt und kennt sie nicht. Ich hatte noch nie davon gehört, daß in dieser Gegend ein Park oder ein Gemüse- und Obstgarten war. Privatbesitz?

»Und hier, Tadeu?«

»Das ist die *Ebene Der Staubvögel.*«

»Ich habe noch nie davon gehört.«

»Das war früher überschwemmt. Der Tietê stieg an und trat über die Ufer. Zu einer bestimmten Zeit war es ein Gebiet für Obst- und Gemüseanbau. Teil des Grüngürtels. Prähistorisch, mein Lieber! Sieh mal die Statuen an. Was stellen sie dar?«

»Vögel.«

»Gibt es noch andere Tiere?«

»Nein, nur Vögel.«

»Nun ja. Sie kamen von der Küste, überflogen den Gebirgszug am Meer, ließen sich hier nieder. Und blieben. Sie flogen nie wieder fort.«

»Und warum hierher?«

»Instinkt der Tiere. Niemand kann das erklären. Es heißt, daß es in dem überschwemmten Gebiet Nahrung gab. Kleine Viecher, Krebse, so was alles. Also kamen die Vögel.«

»Von der Küste?«

»Sie ernähren sich von Fischen und anderen Dingen aus dem Wasser. Als sie im Meer nichts mehr zu essen fanden, kamen sie herauf. Sie versuchten, einen anderen Lebensraum zu finden.«

»Und warum konnten sie nicht mehr fliegen?«

»Wenn sie ins Meer tauchten, kamen sie ölbedeckt wieder heraus. Das Fliegen fiel immer schwerer. Die Vögel, die hierherflogen, sind heldenhaft. Der letzte Flug. Sie kamen, ließen sich nieder und wurden zu Tieren mit Flügeln, die sie nie wieder benutzen würden. Man nimmt an, daß das Öl sich verhärtete und die Poren verklebte. Dann starben sie und wurden von Staub zugedeckt. So wie du sie hier siehst.«

»Es ist sogar ganz hübsch.«

»Hübsch! Das ist ja das Schlimme, daß es hübsch ist.«

»Weißt du was, Tadeu? Ich weiß nicht, ob ich es noch weiter schaffe. Nicht nur wegen der Erschöpfung, sondern auch wegen des Hungers. Ich bin furchtbar hungrig.«

»Sieh zu, daß du durchhältst. Wir sind gleich da. Schau diesen Plasteberg. Dahinter liegt es. In fünf Minuten sind wir von dieser Schnellstraße herunter.«

Der Mond schien blaß, es dämmerte. Wie lange schon hatte ich keine Nacht mehr durchwacht, ich hatte gedacht, das könnte ich nicht mehr. Hinter den Bergen zeichnete sich ein Lichtstreifen ab. Wir kletterten über eine Strickleiter hinunter, meine Füße tauchten in eine weiche Staubschicht ein, die mir bis zu den Knöcheln reichte.

Durch die Berge zogen sich Gänge. Ein Labyrinth. Ich sah Spielsachen, Küchengeräte, Behälter, Bälle, Schilder, Tausende von Plasteartikeln. Plaste hatte alles verdrängt, Aluminium, Holz und Textilien. Dort war es aufgehäuft. In allen Farben, zerquetscht und unzerstörbar.

»Mach dich auf etwas gefaßt. Das hier ist fast heilig. Wenn du weißt, was ich meine.«

Wir verharrten in Schweigen. Ich glaube, ich war bewegt. Fühlte eine Kälte im Bauch. Tadeu drehte sich um und ging einige Schritte. Wir betraten das kleine Reservat. Ich spürte den Geruch von Tierexkrementen. Es ging mir durch und durch. Mich fror. Aber es ließ mich nicht so zu Eis erstarren wie der Schmerzensschrei, den Tadeu dann ausstieß.

Ich hielt inne. Der Schrei schien nicht enden zu wollen. Ich weiß nicht, ob es das Echo war oder ob Tadeu solche Kraft in den Lungen hatte. Hinter ihm konnte ich nichts sehen, der Gang war schmal. Der Schrei lähmte und erschreckte mich. Ich sah, wie Tadeu zitterte. Ob er einen Anfall erlitten hatte? Er drehte sich sprachlos zu mir um, mit Tränen in den Augen.

»Sieh nur. Sieeeeeh doch nur.«

Er biß sich auf die Lippen, bis sie bluteten. Es war mehr als Schmerz, was er empfand. Er zitterte. Ein krampfartiges Zittern. In seinem Alter würde er das nicht aushalten. Ich hielt seine Hände fest. Er drückte mich wie jemand, der Hilfe braucht. Und er brauchte sie wirklich. Er trat zur Seite. Nun sah auch ich und konnte es nicht fassen. Einfach unglaublich.

In einem gewissen Alter
erinnern die Menschen sich gewöhnlich
an Tatsachen aus ihrem Leben
Souza erinnert sich an den Grossvater,
zufällig ein Holzfäller,
der Wälder verwüstete

Das kleine Reservat, oder was davon noch übrig war, lag vor mir. Riesige Berge aus Plastegegenständen, die Mauern bildeten und einen Landstrich eingrenzten, der sich bis zum Horizont erstreckte. Nach den Ruinen zu urteilen, die man dort sah, mußte es ein schöner Ort gewesen sein. Tadeu bückte sich und nahm ein Skelett auf.

Von einem kleinen Tier. Ein Hund, eine Katze, ein Hase, ein kleiner Fuchs oder ein Nasenbär. Zerfetzte

Fleischreste an den Knochen. Also gerade getötet. Schwer zu schätzen, wann. Das Feuer knisterte noch in den umliegenden Häusern. Dächer, Türen und Fenster waren verbogen. Alles aus Plaste. Ich zog Tadeu mit mir, er folgte wie ein Automat.

Leere Häuser. Zerstörtes Mobiliar. Zu unserer Erleichterung kein Hinweis auf Tote. Tadeu suchte nach Überresten von Tieren. Wir sahen Knochen auf der kleinen Straße, auf den Höfen und den Veranden. Zertretene, zerwühlte Gärten. Welche Pflanze sollte noch auf diesem steinharten Boden gedeihen? Eine Frage, die ganze Zeit stelle ich Fragen.

Die Sonne wärmte meinen Kopf, weichte die Gehirnmasse auf. Ich schwöre, daß ich zertretene Pflanzen sah. Richtige Blätter, nicht aus Nylon oder aus Plaste. Richtig grün. Es sei denn, die Experimente in dem kleinen Reservat waren so weit fortgeschritten, daß man künstlich erzeugen konnte, was wirklicher als die Wirklichkeit war.

»Tadeu, war das eine Pflanze?«

»Ach, ich will nichts davon wissen. Laß uns die Tiere suchen.«

»Gut, aber es wird nichts nützen. Du siehst, sie haben alles vernichtet.«

»Etwas ist übriggeblieben. Tiere fliehen gewöhnlich, wenn der Wald Feuer fängt.«

»Das weiß ich nur zu gut.«

Wir suchten eine Stunde lang. Wir durchwühlten Hütten, Käfige, Löcher, verkohltes Gebüsch, Teile von Ställen. Es war nichts übrig. Die Eindringlinge hatten alles zerstört. Alles Eßbare verzehrt. Ich beobachtete Tadeu, er kam mir vor wie eine Ruine, größer als das Reservat. In seiner Verzweiflung war er wie versteinert.

»Glaubst du, es waren die Ziviltäre?«

»Warum sollten sie das getan haben?«

»Gibt es je eine Erklärung für das, was sie tun?«

»Was weiß ich, wer das getan hat. Es ist nichts übriggeblieben, wirklich nichts. Dreißig Jahre Forschung, und nicht ein Halm übrig. Nicht einer. Nicht ein Stöckchen. Sogar die Pflanzen haben sie vernichtet.«

»Dann waren es richtige Pflanzen?«

»Hast du nicht gesehen, daß es welche waren? Bist du denn im Alter verblödet?«

»Also hör mal, Tadeu, was soll denn das? Ich habe keine Schuld, daß das passiert ist.«

»Ja, ja, ich weiß. Du brauchst mir deshalb nicht auf die Nerven zu gehen.«

»Laß uns weiterlaufen. Alles durchsuchen. Wenn wir schon hier sind.«

»Es wird nur schlimmer, wenn ich das alles sehe. Der Vogel da, halb angebissen, halb gegessen, ich weiß nicht, das hat mich umgehauen.«

»Du bist auch noch überrascht, Tadeu. Unglaublich!«

Wir machten weiter, durchwühlten die Kohle (Kohle? Gab es hier denn Holz?), durchstöberten die Häuser. Wie in einem mittelalterlichen Krieg, ein Überfall auf ein Dorf, alles in Brand gesteckt, die Bevölkerung ausgelöscht. Tadeus Zustand war beeindruckend. Die gebeugten Schultern sprachen von der Niederlage. Das Schlimmste war, daß wir nicht wußten, was geschehen war.

»Ein Stöhnen. Ich habe ein Stöhnen gehört, Souza.«

»Das war mein Magen, der vor Hunger und Durst grummelt.«

»Nein, das war kein Geräusch aus dem Magen, das war ein Stöhnen.«

»Was fällt dir eigentlich ein, mich anzuschreien?«

»Halt den Mund! Laß uns suchen. Jemand hat gestöhnt.«

»Das ist der Wind.«

»Der Wind? Spinnst du?«

»Vielleicht. Wie du.«

»Das ist die beste Lösung. Den Kopf einfach explodieren lassen.«

»Nun ist es geschehen, jetzt geht es darum, wieder von vorn anzufangen, wenn möglich. Wenn etwas übriggeblieben ist.«

»Fang du doch wieder von vorn an.«

Wir fanden den Mann auf dem Bauch, unter einem Käfig. Er stöhnte nur noch schwach. Die Eisenstäbe des Käfigs hatten sich in seinen Rücken eingegraben. Ein Mulatte, die Lippen waren vom Durst aufgesprungen. Geronnenes Blut auf dem Boden, erloschene Augen. Vorsichtig trugen wir ihn unter ein Dach. Die Sonne stach, wir schwitzten. »Wir müssen Wasser finden.«

»Ganz in der Nähe der Plasteberge gab es einen versteckten Tank. Geh mal nachsehen. Steig durch diesen Gang. Möglicherweise findest du ihn.«

Eine unpräzise Angabe. Ich ging. Ging, um zu gehen. Ich sah die Trümmer, fühlte eine Unruhe in mir. Irgend etwas stieg mir im Magen auf, drückte auf meine Brust. Der Fleck. Der Fleck kehrte zurück, braun auf dem Grün, während mein Körper erstarrte. Ich wollte laufen und kam nicht von der Stelle. Braun-grün. Etwas Vertrautes.

Es hielt nicht lange an. Wie der leichte Schwindel, den man empfindet, wenn man gelegen hat, plötzlich aufsteht und es einem vor den Augen flimmert. Ich hielt meinen Kopf mit den Händen fest. Ich sah das Loch. Ich hatte es vergessen. Ich hatte gelernt, damit zu leben. Es tut mir nichts. Aber es beunruhigt mich. Wie ist es gekommen und warum? Ist das jetzt der Augenblick, darüber nachzudenken?

Ich lief weiter, auf der Suche nach dem Reservoir, und gelangte an den Rand der Mauer aus Plastegegenständen. Es war wirklich gut verdeckt, enthielt noch etwas schmutziges Wasser. Ich nahm ein Schälchen, das wie eine Schüssel aussah, und schöpfte damit, soviel ich konnte. Es war wenig. Als ich zurückging, hatte ich eine klare Vorstellung von der Zerstörung gewonnen. Die graue Erde nahm kein Ende.

Knochen, rauchende Hölzer, Stämme, Abfall. Das heißt, hier hatte es wirklich Bäume gegeben. Ich sah zwei oder drei riesige Stämme, von einem Meter Durchmesser. Ich konnte es nicht glauben. Wie jene, die früher so gut rochen, in den Tischlereien aufgestapelt waren und darauf warteten, zu Brettern und Balken verarbeitet zu werden.

Wie in einem Museum. Ich kratzte mit dem Fingernagel ein wenig an dem verfaulten Material, das den Stamm umschloß. Ich roch daran, um den Duft einzuatmen. Feucht. Merkwürdig. Ich kratzte noch etwas mehr, denn ich wollte die Farbe des Stammes sehen. Was für ein

Baum das wohl war? Unbekannt. Und dabei verstand ich als Junge so viel von Bäumen.

Und da sah ich vor dem Stamm und der ausgeglühten Erde meinen Großvater. Ja, meinen Großvater, der mit seinem kurzen, schnellen Schritt daherkam. Er hielt seinen Kaffeebecher in der Hand. Einen Becher, den er sich aus einer Kakaodose gefertigt hatte. Nesquik. Er kam an mein Bett, die Sonne war noch nicht aufgegangen. Er rüttelte mich kräftig.

Ein Mann von sechzig Jahren, muskulös, aber hager. Durchgerüttelt, sagte meine Großmutter. Ich erhob mich, machte Katzenwäsche, trocknete mich erst gar nicht ab. Ich mochte es, wenn das Gesicht naß war, das half mir, schneller wach zu werden. Ich stürzte den dünnen, aufgewärmten Kaffee hinunter, den meine Großmutter am Vorabend gekocht hatte.

Meinem Großvater und mir machte das nichts aus. Wir tranken auch kalten Kaffee, er schmeckte uns immer. Ich mag sogar diese künstlichen Kaffeesorten, die sie jetzt herstellen, ich kann gar nicht genug davon kriegen und verbrauche alle meine Marken dafür. Ich bin sogar fähig, Kaffeemarken zu stehlen, jawohl. Dann fuhren wir los. Der Lastwagen mit den Arbeitern wartete schon.

Mein Großvater nahm eine Säge mit. Sie war größer als ich. Das Blatt gab einen summenden Ton von sich, wenn man damit auf den Schleifstein schlug. Man mußte es in einer bestimmten Richtung halten, sonst gab es einen dumpfen Klang ohne Echo von sich. Ich schwöre, ich konnte die Tonwellen in der Luft tänzeln sehen.

Diese Säge ist mir im Gedächtnis geblieben. Jahre später machte meine Bewunderung einem schleichenden Schuldgefühl Platz. Tadeu hatte gesagt, das seit typisch für einen Intellektuellen. Die Figur meines Großvaters verblaßte, nur die Säge blieb haften. Wie ein Symbol. Ich kam mir vor wie . . . wie ein Komplize.

Unbewußt verdammte ich meinen Großvater. Und ich warf mir vor, daß ich ihn so oft begleitet hatte. Ich hielt mir vor, daß ich seine Arbeit bewundert und stundenlang vor seiner Tischlerbank zugebracht und beobachtet hatte, wie er mit seiner geschickten, knochigen Hand alles mögliche machte, Spielsachen, Möbel, Türen und Fenster.

Dieses Gefühl hatte ich sehr lange. Als die *Große Wüste* sich über Amazonien ausbreitete, als die *Große Furche* das Land teilte, als die Regenfälle schließlich über Steppengebiete hereinbrachen, die jahrelang kein Wasser gesehen hatten, trieb mich meine Verwirrung an den Rand des Wahnsinns. Ich war außer mir.

Aufgebracht. Ratlos. Natürlich besserte sich das eines Tages. Welch ein Größenwahn, zu glauben, man könne eine solche Last allein tragen. Ich hatte meinen Anteil, aber jeder von uns den seinen. Wir alle ließen zu, daß es so weit kam. Rührten keinen Finger.

Aber ich darf die vernichtende Offizielle Propaganda nicht vergessen. Die überzeugende OIP. Sie schwebt überall herum und ist in der Luft enthalten, die wir einatmen. Das ist heute unsere Wahrheit. Mehr als ein Vorhang. Eine undurchdringliche Mauer. Wie der Spiegel in einem Vergnügungspark, der unser Spiegelbild verzerrt, umkehrt, dick-dünn, hübsch-häßlich.

Diese Unruhe schleppte ich mit mir herum. Ich ließ mich davon zerfressen, fast als Sühne. Welch eine Dummheit. Jetzt erkenne ich, wie sinnlos dieses feindliche Gefühl war. Ich brauchte eine Weile, um den Unterschied zu erkennen. Ganz bestimmt war mein Großvater nicht einfach ein Zerstörer. Ich schwöre, er war keiner.

In meinem Kopf entstand eine Leere. Was ich sah und was mein Vater erzählte, verwirrte mich. Denn mein Vater, ein kleiner Eisenbahnangestellter, begleitete uns manchmal. Wenn sein Urlaub in die Zeit des großen Kahlschlags fiel.

Die Fazenda-Besitzer kamen jedes Jahr zur gleichen Zeit. Um Leute zu rekrutieren. Die Lastwagen fuhren sehr früh los. Die Fahrten dauerten erst einen, dann zwei Tage. Jedes Jahr lag der Kahlschlag weiter weg. Die Eisenbahnstrecken drangen ins Hinterland vor. Die Fazendas folgten.

Ich weiß nicht, wie alt ich damals war. Ist auch unwichtig. Wir schliefen in offenen Hütten, es war warm und trocken. Jeden Tag erhielten wir Reis, Bohnen und Fleisch. Die Tiere wurden getötet, gewaschen, ausgenommen und in Salz und Gewürze eingelegt. Tiere, die die Männer in den Wäldern gejagt hatten, die sie nun abholzten.

Einmal war ich mit im Wald und sah, wie die Äxte den Bäumen weiße und rote Splitter ausschlugen. Ein riesiges V entstand am Fuß des Stammes, bis der Baum fiel. Mein Vater hatte mich auf einen gerade gefällten Stamm mit vielen Ringen gesetzt. Mein Großvater zählte die Ringe einen nach dem andern und sagte: »Der war dreihundert Jahre alt. Achtzig Meter. Nicht leicht zu fällen.«

Stolz und Herausforderung sprachen aus ihm. Der Stamm war fast wie eine Plattform. Ein phantastischer Baum. Und mein Großvater hatte ihn gefällt. Er. Mit seinen schwieligen Händen und seinen muskulösen Armen. Ich saß auf den Ringen und betrachtete den Alten. Froh. Zufrieden, der Enkel eines Mannes zu sein, der sich nicht einschüchtern ließ.

Als ich den ersten Baum fallen sah, stand mein Vater neben mir. Der Krach war so fürchterlich, daß auch die Anwesenheit meines Vaters mir den Schreck nicht ersparen konnte. Ich weinte. Jetzt denke ich: Ob es Mitleid war? Nein, das würde heißen, die Gefühle eines Kindes nachträglich mit dem Verstand zu erklären. Bis heute erinnere ich mich noch, wie entsetzlich es war, als der Baum fiel.

Dieser schutzlose Riese mit abgehackten Füßen stürzte, herausgelöst, mit ungeheurem Krach zu Boden. Ich weinte und klagte aus Haß, Verzweiflung und Verlassenheit. Als er fiel, hatte ich den Eindruck, als wollte er sich an den anderen festhalten, sich auf die ohnmächtigen Büsche ringsum stützen. Sie waren viel zu schwach, um ihn zu halten. Aber solidarisch. Sie starben gemeinsam, wurden fortgezerrt und vernichtet. Während dieses riesige Etwas sich zu stützen versuchte, schien es sich zu schämen, daß es so hinfällig wirkte. Daß es ohne jeden Widerstand gefällt werden konnte. Es brüllte vor Haß. Hätte es sich wehren können? Nein, wie denn?

In dieser Verwirrung stürzte der Baum, schleifte alles mit sich, zerfetzte die kleineren Bäume. Das Geräusch seines Krachens erinnerte mich an einen Wasserfall oder an den Bruch eines Staudamms. In Vera Cruz hatte ich einmal einen Damm brechen sehen. Ein leichter Riß, das Wasser drang in ein Loch ein, vergrößerte es, und die Wände barsten.

Die Männer verdienten sich damit ihren Lebensunterhalt. Es war nicht einfach Vernichtung. Der Kampf zwischen meinem Großvater und dem Baum war wie ein heftiges Ringen von Angesicht zu Angesicht. Der Mensch gegen den Baum war etwas anderes als die Maschine gegen den Baum. Die Maschine ist entfesselte Gewalt, pure Schlächterei, Vernichtung.

Mein Großvater hatte seinen Stolz und glaubte, er müsse den Beruf weitergeben. Sicher kam es ihm nie in den Sinn, daß einmal ein Augenblick wie dieser kommen werde, ohne Wald, ohne die Verbindung Himmel-Erde, Hoch-Tief, Finsternis-Licht. Der Mensch gegen den Baum, das war ein langsamer Prozeß, der Wald konnte sich immer regenerieren.

Unter der Erde die Finsternis, das tiefe Dunkel. Wie vor der Erschaffung der Welt, sagte mein Vater. Über der Erde das Licht. Der Baum ist die Vereinigung dieser beiden Welten. Er bringt die Luft in die dunkle Tiefe der Erde, damit sie Leben spendet.

Daher ist der Baum, so wie das Wasser, ein Symbol der Schöpfung. Die Wurzeln atmen den Humus ein. Der Stamm ist die Achse. Die Zweige herrschen in ihrer Ausbreitung über die irdische Sphäre. Blätter und Blumen gemeinsam mit dem Licht sind unwägbare Kräfte.

Ich hörte zu. Mein Vater hatte immer ein dickes Heft bei sich und schrieb viel. Seine krakelige, rückwärts geneigte Schrift war schwer zu lesen. Später nahm ich die Hefte an mich. Ich konnte sie nicht entziffern und versuchte Hilfe von ihm zu bekommen. In diesen Schriften stand etwas sehr Wichtiges über meinen Großvater, was mich betraf.

Mein Vater war jedoch schon taub, in der *Isolation.* Wir konnten uns nicht mehr verständigen, nicht einmal mit Hilfe von Zetteln. Ich verstand seine Schrift nicht. Ich nahm mehrere Anläufe. Es wurde mit jedem Mal schwieriger, ihn zu besuchen. Die *Isolation* war überbelegt, es war schier unmöglich, Besucherscheine zu bekommen. Oder redete ich mir das nur ein?

Ich entdeckte einen Buchstaben, zwei Silben, drei, vier Wörter, ein Symbol, eine Zeichnung. Nicht immer ergaben die Dinge einen Sinn. Es schienen mir Notizen für eine spätere Ausarbeitung zu sein. Nächtelang schrieb ich ab, suchte nach Schlüsseln, stellte Vergleiche an. Ich zeigte anderen die Zeichnungen, fand schließlich nicht viel heraus.

Auf einer Seite war eine Zeichnung von Leonardo da Vinci abgebildet: ein Schiff mit einem Bären, in der Mitte ein Baum. Mein Vater schrieb dazu:

Der Baum ist das Segel → das Leben → die bewegende, Anstoß gebende Kraft → die Wirbelsäule. Die Pfeile in roter Tinte.

Die Frucht menschlicher Weisheit ist der Lebensbaum. Diese Notiz war in Grün geschrieben. Dann kam ein lateinischer Satz. *Produxit Dominus Deus lignum etiam vitae in medio paradisi.* Einzelne Notizen: *Libanonzedern verschwunden und assyrische Rollsiegel → 3 tausend Jahre vor Christus → Arare. Der Olivenhain.* Diese Notiz in Rot. Ich weiß nicht, was die Farbe der Tinte dabei bedeutete. In Schwarz: ARBORE AEO.

A → Flüssigkeit → Leben

AA (deutsch) → Wasser

R (geräuschnachahmend) → AR → Wasser, das strömt, Strömung, reißender Strom.

Berg Ararat in Rot. *Arche Noah* in Grün.

ARBORE RE/RA die Sonne, Ägypten

ARBORE - ARTERIEN (Aqua in arbore)

A = Aquavit, Lebenswasser der Erde

R = resorbiert von der Wurzel

B = Baumstamm saugt auf

O =

R
E = über die Zweige verteilen. Wiederherstellung der Luft durch

$$\text{Absorption von } \frac{\text{Kohlenstoff}}{\text{Feuer}} \text{ in der Atmosphäre}$$

Ich wußte nicht, worauf er hinauswollte. In welche Richtung seine Überlegungen gehen würden. Es waren nur Schlüssel. Aber für wen? Manchmal ganze Abschnitte unentzifferbar. Verschlüsselt. Wenn ich die Bücher aus der alten Bibliothek meines Vaters fände, könnte ich vielleicht einen Anhaltspunkt finden, der mir weiterhelfen würde.

ARARE, in Großbuchstaben und in Rot. *Pflügen, das Kreuz umdrehen, Ara = Altar, die Erde beackern = Mutter.* Sie für den Baum zubereiten. *Verdoppelung von AR= Leben. Strom des Lebens. Umdrehen.* Dann kam eine bestimmte Überlegung. *Umstellen AR - RA = die Sonne.* Also Arare – *Der Sonne aussetzen.*

Jetzt wurde der Text verständlicher. Aus der Erde hervorholen und ans Licht bringen = Schöpfung. Arare = Leben erschaffen. In Grün kam eine endlos lange Liste mit Wörtern. Ich lernte sie alle auswendig. In meiner Begierde las ich sie wieder und wieder, wie eine Litanei. Es waren wohlklingende, weiche, bauchige Wörter. Wie Araparí.

Vielleicht war ich noch zu sehr Kind, um zu erfassen, was die Erwachsenen sagten. Aber dann dachte ich nicht weiter darüber nach. Als Erwachsener erinnerte ich mich manchmal daran. Jetzt aber kam all das wieder, vor allem dieses Unwägbare. So wohlklingend, sanft, aufreizend, völlig undurchdringlich.

Ich steckte meinen Fuß gern in die weiche Asche. Es war eine dicke Schicht, weich wie Baumwolle. Schön warm, und mein Fuß richtete sich dort wohlig ein. Wir liefen, bis wir in die Mitte des Geländes kamen. Alles abgeholzt, aber genau in der Mitte hatten sie viele große Bäume stehenlassen. Eine Insel. Dort herrschte Schweigen.

Ich war nie dabei, mein Großvater erzählte mir davon. Auch mein Vater nicht. Verbotenes Ritual. »Das ist nichts für Kinder.« Je mehr Urwald fiel, desto weiter entfernten sich die Tiere von den Menschen und dem Lärm. Sie fanden sich in einer Gegend ein und blieben dort, als warteten sie auf etwas. Alle zusammen. Als wüßten sie.

Die Holzfäller ließen diesen Wald zum Schluß stehen.

Da gab es alles. Beutelratten, Kapuzineraffen, Satansaffen, Gürteltiere, Ratten, Tapire, Pakas, Jaguare, Schlangen, Fischotter, Rehe, Hasen, Fledermäuse, Igel, Wasserschweine, Meerschweinchen, Wildhunde, Frettchen, Coatis, Wildschweine, Agutis, Wolfshunde und sogar einige Faultiere.

Alle zusammen, ohne Streit, ohne Rivalitäten. Sie warteten. Zusammengedrängt. Warteten. Und eines Tages dann große Aufregung. Die Männer polierten und ölten ihre Flinten und stellten sich um den Wald herum auf. Übergroße Stille senkte sich herab. Jemand gab Feuer, Rauch stieg auf.

Sobald die Tiere auf das gerodete Land hinausliefen, wurden sie getötet. Ganz einfach. Viel Fleisch wurde gleich am Ort verzehrt. Anderes eingepökelt, in der Sonne getrocknet und mit nach Hause genommen. Manche Männer interessierten sich nur für Jaguarfelle oder die Haut des Tapirs. Am Ende des Tages blieben nur die Knochen für die Geier übrig.

Und später zermalmten die Pflüge die Knochen und mischten sie als Dünger unter die Erde. Und genau das sehe ich auch hier. Verbrannte Erde, übersät mit Knochen, von Asche bedeckt. Wiederholung. Nichts Neues. Ich trage dieses bißchen schmutzige Wasser zu dem Verwundeten. Ob es nützt? Er braucht einen Arzt.

Der hagere Mulatte trinkt gierig. Ihm ist es gleich, ob das Wasser schmutzig ist oder nicht. Er will Flüssigkeit. Tadeu blickt noch immer hilflos um sich. Ich muß allein durchhalten. Beide mit zurücknehmen. Aber wie? Wie soll ich über die Schnellstraße kriechen und dabei noch einen Mann mitziehen? Oder ihn hierlassen?

»Wie fühlen Sie sich?«

»Hm, hm, hm.«

»Besser?«

Er stöhnt, öffnet die weißen, glasigen Augen. Plötzlich springt Tadeu auf ihn zu, ergreift ihn am Hemd und rüttelt ihn. Ich sehe, wie aus den Löchern in seinem Rücken, wo die Stäbe eingedrungen waren, Blut fließt. Ohne Schwierigkeiten ziehe ich die Stäbe heraus. Tadeu scheint zu phantasieren. Komisch, der Verwundete wirkt durch diesen Angriff wie belebt.

»Bist du verrückt geworden, Tadeu?«

»Er muß mir alles erzählen.«

»Wir sollten ihn in die Stadt bringen.«

»Erst will ich alles wissen.«

Der Mann verblutet langsam. Die Augen erhalten wieder ihre normale Farbe. Gelblich. Er scheint Tadeu zu erkennen. Oder vielleicht flößt ihm unsere Gegenwart, unsere Sorge um ihn Vertrauen ein. Ich lehne seinen Kopf an mein Bein und gebe ihm den Rest Wasser. Er spuckt. Er scheint zu merken, daß das Wasser schmutzig ist.

»Können Sie sprechen?«

»Hm.«

»Sprechen Sie wenig. Wir fragen, Sie bewegen den Kopf ob ja oder nein. Haben Sie verstanden?«

»Hm.«

»Wer war hier? Die Ziviltäre?«

»Nein.«

»Das *Neue Heer*?«

»Nein.«

»Leute vom *System*?«

»Nein.«

»Wer denn dann?«

»Leute ... *Lager* ...«

»Die Leute aus den *Lagern*?«

»Mein Gott, das Volk aus den *Lagern* hat angefangen.«

»Womit haben sie angefangen, Tadeu?«

»Sie weichen der Kontrolle aus. Das mußte ja kommen.«

»Also sind sie gekommen, haben getötet und gegessen.«

»Es war ihr gutes Recht. Man kann ihnen das nicht vorwerfen. Kennst du die *Lager*?«

»Nein, aber das rechtfertigt nicht, was sie hier getan haben.«

»Auch nicht, wenn sie sterbenshungrig waren? Das hier war ein elitäres Reservat.«

»Was soll denn das, Tadeu? Und die wissenschaftliche Arbeit? Die Erhaltung der Arten?«

»Hatte das denn einen Sinn, Souza? Das frage ich mich ja gerade, und es verwirrt mich: Wo liegt der Sinn?«

»Natürlich hatte das einen Sinn. Bist du denn verrückt geworden?«

»Was ist denn wichtiger – die Erhaltung der Tiere oder die ausgehungerten Menschen?«

»Niemand kann darauf antworten. Denn es ist keine Alternative. Es ist eine völlig anormale Situation.«

»Sie sollte anormal sein, das ist sie aber gerade nicht. Das ist unser Alltag, Souza, die Realität. Menschen, die neben uns vor Hunger sterben, ohne daß wir etwas tun können.«

»Können wir wirklich nichts tun?«

Souza sieht seine Wohnung
in ein Tohuwabohu verwandelt.
Warum wird dort Essen gehortet?
Mit welch merkwürdigen Geschäften
hat dieser Neffe zu tun?

Die Nachbarn müssen denken, ich sei betrunken. Ich schwanke. Mein Magen zieht sich zusammen. Vor lauter Hunger oder Erschöpfung habe ich Kopfschmerzen. Mir ist übel. Ich gehe lieber aus der Sonne, die Hitze hat zu früh begonnen. Ich schwitze, stinke, meine Kleidung ist dreckig. Ich möchte gern in einem Wasserfall baden, ein Bett haben, den ganzen Tag schlafen.

Man sieht niemanden. Die Gebäude sind geschlossen, die Fenster auch. Der dunkle Eingangsflur ist fast völlig mit Müll übersät. Fliegen. Rote Insekten. Im Barbiersalon drehen sich träge die Flügel der Ventilatoren. Ich trete ein, betrachte mich im Spiegel. Bedauernswert. Wie ein Vagabund.

Wenn Adelaide mich so sähe, würde sie davonlaufen. Ich lasse mich im Stuhl nieder, der Barbier kommt mit einem heißen Handtuch. Man stelle sich das vor, bei dieser Hitze. Das Handtuch riecht unangenehm, ich lehne ab. Dieser Salon wird auch mit jedem Tag dreckiger. Heruntergekommen, die Spiegel haben Risse, das Kristall verschwindet, die Stühle sind durchlöchert.

»Lieber mit Handtuch, Herr Souza. Der Bart ist lang und hart. Wo sind Sie denn gewesen?«

»Ach, nur so.«

Er sieht mich fragend an. Er kann diese schmutzige Kleidung nicht begreifen, er hat mich immer gepflegt erlebt, die Hemden waren von Adelaide gebügelt, der Knoten der Krawatte saß richtig, die Schuhe blank geputzt, die Haare geschnitten und gekämmt. Schließlich hat er den Salon schon seit dreißig Jahren und kennt mich, seit wir eingezogen sind.

»Die Haut ist ausgetrocknet und verbrannt. Sind Sie in der Sonne gewesen?«

»Ein bißchen.«

»Sie müssen aufpassen. Hier, sehen Sie, ein paar merkwürdige Flecken. Sie sollten die Stellen einreiben.«

»Werde ich tun.«

»Ich bin bisher blendend mit Ihrem Neffen ausgekommen. Sehr gut für uns beide. Das verdanke ich Ihnen.«

»Ist er denn vorbeigekommen?«

»Jeden Tag. Er bringt Leute und nimmt Leute mit. Viele.«

»Viele?«

»So viele, daß die Nachbarn sich über das Hin und Her beschwert haben. Nun, Sie wissen, wie das ist. In diesem Gebäude leben viele ruhige Leute. Viel Trubel regt sie auf.«

»Gut, ich bin wieder da, ich werde all dem ein Ende setzen.«

»Ach, und Sie müssen wissen, daß nach 19 Uhr 50 die Tür des Gebäudes nicht mehr geöffnet wird. Anweisung vom Hausmeister.«

»Warum das?«

»Durch das neue Gesetz über Energiesparen bleibt nur eine Lampe pro Block an. Daher wird die Tür aus Sicherheitsgründen verschlossen. Und wie verschlossen! Was da aber auch an Leuten vorbeikommt und um Essen, Wasser, Almosen, Unterkunft bittet. Gestern eine Schießerei. Ein altes Paar wurde in seiner Wohnung getötet. Ohne Scherz. Wie kommen die nur in den *Distrikt*?«

»Fragen Sie meinen Neffen. Das *Neue Heer* kontrolliert die *Zugänge*.«

Ich ging zu Fuß hinauf. Der alte Fahrstuhl fuhr nicht. Ich weiß nicht, ob er für immer stillstand oder ob er nur kaputt war. Ich stieg Stufe um Stufe hinauf. Das Treppenhaus war wie ein Ofen. Der Schlüssel drehte sich nicht im Schloß. Ich stieß gegen die Tür. Sie war offen. Ich mußte mir meinen Neffen einmal vornehmen. Ausgerechnet jetzt die Tür offenzulassen! Was dachte er sich denn? Hohlkopf!

Im Eßzimmer sah ich die vollen Aschenbecher und ein rotes Jackett auf einer Stuhllehne. Ich besitze kein rotes Jackett. Aus der Küche kamen gedämpfte Stimmen. Wie Menschen, die bei einer Totenwache flüsternd Geschichten erzählen. Als ich eintrat, starrten mich drei Männer an. Und ich sie. Wie die Blöden!

So verharrten wir eine Weile und musterten uns. Überrascht, aber nicht entsetzt. Als hätte ich sie dort erwartet und als hätten auch sie gewußt, daß ich jeden Augenblick eintreten würde. Sie waren zwar kahlköpfig, einer hatte schuppige Haut, aber es waren nicht jene Männer, die mein Neffe hergebracht hatte, als er mich um die Wohnung gebeten hatte.

»Ist das Ihre Wohnung, Genosse?«

Die Frage war sinnlos, und die Förmlichkeit schwebte trocken und unterkühlt im Raum. Merkwürdige Stimmung. Wir kannten uns nicht und schienen doch Komplizen zu sein. Aus langem Zusammenleben. Wie war das zu erklären? Wie die Scham verstehen, die ich empfand, als ich mich als Herr des Hauses zu erkennen gab? Verrückte Welt.

»Machen Sie es sich bequem.«

»Wir haben den Herd und den Kühlschrank benutzt. Machen Sie sich keine Sorgen wegen des Wassers. Ihr Neffe hat zusätzliche Wassermarken dagelassen.«

Der Mann, der am Kopfende des Tisches saß, ich weiß nicht, ob er der Anführer war, es schien aber so, stellte mir die anderen vor. Jeder streckte die Hand aus und nannte seinen Namen. Sie sprachen mit einem Akzent, aber korrekt. Der dritte Mann, der gerade Konfekt aß, bemerkte meine Hand. Er bat, sie ansehen zu können.

»Das ist ein kleines Loch ohne Bedeutung.«

»Tut es weh?«

»Nein, es hat nie weh getan. Ich habe mich schon daran gewöhnt.«

»Haben Sie schon andere mit so was gesehen?«

»Nein, ich glaube, ich bin der einzige.«

»Ich glaube nicht. In einer Gruppe von Landflüchtigen, die etwa zwanzig Kilometer vor der *Großen Furche* gehalten hatten, habe ich Männer mit so einem Loch in der Hand gesehen. Es fiel mir auf, weil es so viele waren.«

»Was könnte das sein?«

»Keine Ahnung.«

»Irgendein Zeichen?«

»Oder eine Krankheit.«

Ich möchte mich gern unterhalten, erzählen, wie das Loch auftauchte, wie ich meine Stellung verlor. Mir Luft machen. Aber es sieht so aus, als würden sie das alles schon kennen. Kann nicht sein. Dennoch habe ich diesen Eindruck. Sie hatten das Loch unbefangen angesehen, als hätte alle Welt eins. Wer sie wohl sind? Der Mann, der Konfekt gegessen hatte, ging zuvorkommend auf mich zu.

»Wollen Sie etwas essen? Wir wärmen etwas auf.«

Mein Hunger, das Bad, ich hatte alles vergessen, sogar die Müdigkeit. Jetzt, wo der Mann gesprochen hatte, meldete sich mein Magen heftig. Ich bat um ein Stück Fleisch, es sah gut aus. Dazu Mohrrüben und Bohnen. Ich weiß, daß sie künstlich sind, der Geschmack bleibt immer gleich, Ei, Fleisch oder Gemüse. Was mich interessiert, ist die Suggestion.

Das Badezimmer war nicht sauber. Nicht wie zu Adelaides Zeiten. Man konnte sehen, daß hier nur Männer hausten. Urin auf dem Boden, Asche, hingeworfenes

Toilettenpapier. Ein langes Bad, ich scherte mich nicht um den Wasserverbrauch, Marken gab es zur Genüge. Heißes Wasser tut gut, entspannt, reguliert die Körpertemperatur.

»Jetzt sehen Sie schon besser aus.«

Keinerlei Feindseligkeit, sie lächelten. Wie ungerecht von mir, sie für Eindringlinge zu halten. Ich konnte mich nicht beklagen, hatte meine Wohnung ja zur Verfügung gestellt. Diese Leute haben nichts mit meiner Vereinbarung zu tun. Daß es mich stört, nun ja. Ich habe den Eindruck, in einer Pension zu leben, in einem Hotel, und das mag ich nicht. Ich würde mich gern wohl fühlen, es ist immerhin meine Wohnung. Ist doch wahr.

Sie machten eine Ecke des Tisches sauber. Ich aß schweigend, alle drei beobachteten mich. Ich bemühte mich nicht um eine Unterhaltung und sie auch nicht. In der Spüle standen ein Haufen Teller, Gläser, Töpfe, Besteck, Plastetüten, Tassen. Drumherum Abfälle, Obstschalen, Bierflaschendeckel, Kaffeepulver, Zigaretten.

»Ich gehe schlafen, ich habe die ganze Nacht nicht geschlafen.«

»Herr, Ihr Zimmer . . .«

»Was ist mit meinem Zimmer?«

»Nur daß Sie sich nicht wundern . . .«

»Schläft dort jemand?«

»Wir haben dort ein paar Kleinigkeiten untergestellt, weiter nichts.«

Ein paar! Hunderte von Konserven, und er sagte: »ein paar Kleinigkeiten«. Das Bett war verrückt und in eine Ecke geschoben. Ob ich auch so werde schlafen können? Alle möglichen Dosen, Hackfleisch, Würstchen, Schinken, Corned beef, Pasteten, Sülzen, Erbsen, Soßen, Suppen, Milchpulver, Nescafé.

Einfach aufeinandergestapelt. Da die Dosen in regierungseigenen Firmen hergestellt werden, sehen alle gleich aus, man kann die Produkte nur unterscheiden durch das Etikett und eine Zeichnung, die auf den Inhalt verweist. Die rechte Seite des Zimmers war bis unter die Decke vollgestapelt. Eine unerwartete, gut sortierte Speisekammer.

Ich hatte Mühe einzuschlafen. Nicht nur, weil das Bett nicht auf dem gewohnten Platz stand. Auch, weil es im Zimmer stickig war. Meine Kopfschmerzen kamen wieder. Ganz leicht, ich führte sie auf meine Müdigkeit zurück und versuchte, mich zu entspannen. Ich konnte aber nur an diese drei Männer und den riesigen Nahrungsmittelvorrat denken. Warum hatte ich nicht gefragt?

Warum soviel Essen? Wie hatten sie es beschafft? Kaufen, stehlen oder hamstern sie es? Da muß mein Neffe die Hand mit im Spiel haben. Hat er denn so viel Macht, oder gibt es noch mehr Leute, die in dieses Spielchen verwikkelt sind? Und was für ein Spiel ist das? Zu welchem Zweck werden diese Leute in meiner Wohnung versteckt? Schließlich schlief ich ein mit lauter Fragen, die in meinem Kopf herumgeisterten.

Ich wachte auf, als es mehrmals im Flur klingelte. Ich wollte aus dem Bett springen, hörte Stimmen und merkte, daß die Männer schon aufgemacht hatten. Die Stimmen brachen ab, und ich beschloß aufzustehen. Jetzt saßen die Männer im Wohnzimmer vor dem Fernseher. Als wechselten sie immer gemeinsam den Ort. Wo einer hinging, gingen alle hin.

»Die Frau ist schon dreimal gekommen.«

»Wie ist sie? Die Nachbarn besuchen uns nie.«

»Blond, stark geschminkt. Ein Putzteufel. Sie fährt fünfzigmal mit Besen und Lappen über den Flur.«

Es war die Nachbarin mit den gefärbten Haaren, einem übertrieben roten Mund und einem faltigen Gesicht. Adelaide hatte sich immer über den grellen Lippenstift aufgeregt. Ins Gesicht geklatscht wie eine Neonröhre, die Attraktionen erster Klasse ankündigt, die sich aber als falsch herausstellen, sobald man die durch Zeit, Wind und Wetter angegriffene Fassade betrachtete. Ein Wrack.

Die bezahlt für ihre Sünden, sagte meine Frau immer unerbittlich. Adelaide war schon so streng und verständnislos geworden in ihrer Intoleranz, die von ihrem überzogenen Katholizismus herrührte. Eine Intoleranz, die sie ständig zum Ausdruck brachte, ob in der Wohnung oder sonst im Gebäude. Deshalb lebten wir uns auch allmählich auseinander. Glaube ich. Jedesmal, wenn sie die Frau mit den gefärbten Haaren mit ihrem Sohn durch die Flure spazierengehen oder auf dem leeren Spielplatz spielen sah, blickte Adelaide mich an. Halb spöttisch, halb vorwurfsvoll. Als könnte der behinderte Junge ein Beweis für angebliche Verirrungen, Sünden und Ausschweifungen einer Frau sein.

Natürlich hatte sich das alles vor der *Zeit Der Großen Sterilität* zugetragen. Da hatte es eine Bewegung gegeben, die zur *Zeit Der Ausgerotteten Kinder* führte, in der wir heute noch leben. Meine Gedanken überschlugen sich. Wenn ich jemandem diese Geschichte erzählen würde, könnte ich sie nicht in die chronologische Reihenfolge bringen.

Manchmal weiß ich nicht einmal mehr, wie viele Jahre ich auf dem Buckel habe. Jetzt wird die Zeit durch eine andere Dauer bestimmt, nicht mehr an Hand von Tagen, Wochen, Monaten und Jahren, sondern an Hand der Abschnitte, die hinter einem liegen. Die Abschnitte haben für jeden einzelnen eine andere Bedeutung und Zeitlichkeit.

Was lange zurückliegt, sehe ich als kürzlich an. Fakten von heute scheinen so irreal für mich, daß sie noch nicht geschehen sind. Menschen lösen sich in Nichts auf oder nehmen Gestalt an. Wie mit einem Zauberstab berührt, sprühen Sterne aus meinen Fingerspitzen hervor. Jeder ist Herr seiner Zeit, er verfügt darüber nach Gutdünken.

Aber dennoch weiß ich etwa, wann meine Probleme mit Adelaide begannen. Die schlimmste Phase unserer Ehe machten wir nach ihrer Konversion durch. Vom Spiritismus bekehrte sie sich zum Katholizismus. Bewegt hatte sie dazu eine fieberhafte, missionarische Kampagne der Kirche aus Anlaß einer speziell an Brasilien gerichteten päpstlichen Bulle.

Das war zwischen der *Epoche Der Großen Völlerei* und der höchst kurzen *Phase Der Niedergeschlagenen Finanzskandale.* Angesichts des »Chaos im größten katholischen Land Lateinamerikas« schrieb der Vatikan zur Warnung eine Bulle. Konservative nannten sie ökologisch, die Liberalen eine Niederlage. Es ging darin um mehr als Ökologie.

Mit der Zeit machte Adelaide sich frei von reformatorischem Terror. Ihre heftigen Ausbrüche wurden schwächer. Aber zwischen uns hatte sich eine Barriere aufgebaut. Ich kann ihr nicht alle Schuld geben. Die Menschen lebten in einer furchtbaren Haltlosigkeit. Und dazu verharrte ich in Schweigen, wo ich besser versucht hätte, ihr die Augen zu öffnen.

Die Distanz wurde unüberbrückbar. Ich wollte mich trennen. Abgesehen von dem Mann alter Schule, der in mir existierte, mochte ich sie jedoch sehr gern. Ich wußte nicht, was tun. Ich war nie gut in Beziehungen zu anderen. Ich gestehe, es fehlt mir die Fähigkeit, die Menschen kennenzulernen, Krisen zu überwinden, Situationen zu durchschauen.

Ich brauche lange, um jemanden kennenzulernen, bin zerstreut, achte nicht auf Gesten, Wörter, kleine Handlungen, die manchmal höchst aufschlußreich sind. Das kann übertriebenes Zutrauen oder Naivität sein. Oder schlimmer, eine Trägheit, nachzudenken, Fakten miteinander in Verbindung zu bringen, Augenblicke in Beziehung zu setzen, zu beobachten. Oder habe ich mich in mir verschlossen?

In der letzten Zeit konnte Adelaide es nicht ertragen, der Nachbarin mit den gefärbten Haaren zu begegnen. Es gelang mir nie, den Grund dieser Abneigung ausfindig zu machen. Die Frau tat niemandem etwas zuleide. Sie war wie alle, sie beschränkte sich auf das übliche, harmlose Geschwätz an der Tür.

In unserem Gebäude hatten immer nur wenige Kinder gelebt. Wenn die Ehepaare hierherzogen, standen sie schon in mittlerem Alter, die erwachsenen Kinder führten ihr eigenes Leben. Die Jüngeren, die hier aufgewachsen waren, wohnten nicht mehr hier, sie studierten an den Universitäten und tauchten nur während der Ferien oder an Feiertagen kurz auf.

Auf dem Spielplatz gab es einmal eine Schule. Sie wurde wegen Kindermangels geschlossen. Jedes Haus hatte seine eigene Schule, das war Vorschrift, damit die

Kinder geschützt waren und nicht hinausgehen und sich mit den Unbekannten vermischen mußten, die sich auf den Straßen drängten. Das war, bevor die Bewegungsfreiheit organisiert und eingeschränkt wurde. Vor der Sterilisation.

Die düsteren Korridore, der Schmutz, das in Appartements eingegrenzte Leben, die Angst vor der Straße, die erstickende Hitze, die Nachbarin, die ein Kind bekam, während sie selbst nie eins gehabt hatte. All das wirkte auf meine Frau ein, nötigte sie zu Verhaltensweisen, die sie früher nicht gekannt hatte. Grobheit und Rauheit. Das lernte sie hier. Schon vor Jahren.

Sie konzentrierte sich ganz auf ihren trockenen, quälenden Haß auf die Nachbarin mit den gefärbten Haaren. Die das natürlich merkte. Sie fuhren nicht zusammen im Fahrstuhl hinauf, sie betraten den Markt nicht zur gleichen Zeit, auch den Friseursalon nicht. Die Frau erzählte überall, daß Adelaide ihren Sohn nicht mochte, weil er anormal sei.

Alle wandten sich nun gegen Adelaide. Sie nannten sie ein gefühlloses Monster. Ich benutzte den Barbier, um gegen dieses Gerede anzugehen. Frauen gehen jedoch nicht zum Barbier. Daher war es nur eine halbe, fast nutzlose Waffe. Alles wegen dieses geistig zurückgebliebenen Jungen. Und der geheimnisvollen Verstrickung Adeleides mit ihm.

Der Junge machte sie unruhig, ließ sie ihre Fassung verlieren. Sie erschauderte, wenn sie den zwergwüchsigen, stotternden Jungen mit der Coca-Cola-farbigen Haut, den triefenden Augen, dem weißen Zahnfleisch mit den aufgesetzten schwarzen Punkten sah. Früher war er immer von Tür zu Tür gegangen und hatte auf der Suche nach anderen Kindern angeklopft.

Zu jener Zeit begann sie von dem erleuchteten Schiff zu träumen, das in einer ruhigen Nacht versunken war. Ich traf sie schließlich jeden Nachmittag am Tor, wo sie auf den Briefträger wartete. Hin und wieder kam dieser vor mir an, dann blieb sie unbeweglich dort stehen und übergab mir haßerfüllt die Post.

Nichts Wichtiges, Reklamesendungen, Bankrechnungen, Sparbuchauszüge, Rundbriefe, Geld, der eine oder andere Brief eines Schülers.

»Ich weiß gar nicht, warum so viel Papier, Briefmarken und Zeit mit Sinnlosigkeiten verschwendet werden. Ich will nichts davon in Schubladen und Schränken aufbewahrt sehen, wirf alles weg, was nichts taugt.«

Die Familien zogen sich mehr und mehr zurück. Der Behinderte rief Unbehagen hervor, er war unerwünscht. Er drückte auf Klingeln, klopfte an die Türen, warf Sachen durchs Fenster, hielt den Fahrstuhl fest, zerschlug Scheiben, pinkelte in die Flure, kackte vor die Türen, zerschlug Lampen, verstreute den Müll im Eingang.

Er heulte die ganze Nacht über wie ein Wolf, und sein Gejammer stieg durch den Zentralschacht auf. Er öffnete die Türrahmen oben und warf Abfälle und Exkremente in die Wohnungen. Die Bewohner kamen mit einem Gesuch: Man möge den Jungen in ein Heim bringen. Mit der Zeit entdeckte man, daß es noch mehr solcher Kinder im Viertel gab. Viele.

Die Eltern der Behinderten versammelten sich. Das war ungewöhnlich, da die Menschen kaum miteinander verkehrten und die Häuser nicht verließen. Jedes Gebäude hatte sein Eigenleben, als seien wir überfüllte Transatlantikdampfer, die in einem aufgewühlten Meer schwammen, einer vom anderen isoliert, ohne daß einer dem anderen helfen konnte. Aber man bemühte sich.

Auf dieser Versammlung stellte man fest, daß . . . zig Kinder zu derselben Zeit geboren worden waren. Alle mit Problemen. Wasserkopf, Taubheit, fehlende Arme oder Beine, sie waren blind, stumm, hatten seltsame Verfärbungen auf der Haut, Pigmentflecken, Probleme mit der Leber, den Eingeweiden, Nieren, verstümmelte Genitalien, Hasenscharten und Arthrosen.

Sie leiteten eine Untersuchung ein und fanden Tausende solcher Fälle. Man gründete zur Untersuchung eine Elternvereinigung. Und man entdeckte: *Anomalien, hervorgerufen durch Aufnahme von mit Merkurium verseuchten Nahrungsmitteln.* Man lief zu den öffentlichen Ärzten.

Einige zeigten Interesse. Man versuchte, eine Bewegung in Gang zu setzen.

Ich habe den Eindruck, daß dies die ersten Symptome waren, die zur *Großen Sterilität* führten. Niemand spricht darüber, niemand ist so verrückt, sich aus irgendeinem Grunde einen Streit einzuhandeln. Die *Zeit Der Ausgerotteten Kinder* zu kommentieren ist so schlimm, wie über die *Ärmstenlager* zu sprechen. Reinste Subversion.

Die *Sterilität,* die *Ausrottung,* der schwachsinnige Junge, das erleuchtete Schiff, der Brief, auf den Adelaide wartete (ob sie, wo sie jetzt ist, noch immer darauf wartet?), ich spüre, daß das alles zusammenhängt. Sonst würde ich nicht so besessen daran denken. Ich weiß, daß es eine Verbindung gibt. Stehe kurz davor, sie herauszufinden.

Aber alle schweigen, wie das Gesetz der Mafia. Als die Eltern die Nachforschungen vorangetrieben hatten, folgte das Schweigen. Ärzte wurden versetzt. Einige Eltern versuchten weiterzumachen. Man riet ihnen schließlich ab. Wenn sie nicht aufgaben, tauchte ein Lastwagen auf und nahm sie mit. Dann hörte man nichts mehr von ihnen.

»He, hörst du mich?«

»Ja, ja, sicher.«

»Nun, sieht nicht so aus. Sie hatte einen gläsernen, schweifenden Blick. Ich habe dir von der Nachbarin erzählt. Weißt du, wer das ist?«

»O ja. Was will sie denn?«

»Sie sagte, sie würde später wiederkommen. Sie sah uns ganz mißtrauisch an.«

Ich suche die Nagelschere, meine Nägel sind schmutzig und viel zu lang. Das stört mich, ich konnte das nie leiden. Aber ich finde sie nicht. Früher brauchte ich nur zu bitten, Adelaide brachte alles. Sie wußte immer, wo alles lag. Die Wohnung war ihr Bereich. Ich weiß nicht einmal, wo meine Hemden und Socken liegen.

Ich lerne allmählich meine Wohnung kennen, entdecke sie. Die duftenden Schubladen aus Zedernholz. Die in den Schreibtischen angesammelten Papiere, trotz Adelaides Rat, alles gleich wegzuwerfen. Seit wie vielen Jahren habe ich schon nichts mehr aus den Schubladen genommen? Ich lege immer nur etwas hinein, immer nur hinein. Das Gedächtnis meines Lebens.

Welches Leben? Dieses nie befragte Gedächtnis wird in den Abfall wandern, sobald ich sterbe. Ich bin nichts in der Ordnung der Dinge. Papiere, Fotos, Rechnungen, Notizen. Welche Bedeutung haben sie? Was dokumentieren sie? Ein normales Menschenleben. Hat sich die Geschichte je für den gemeinen Mann interessiert? Warum sollte sie auch?

Erinnerungen. Nicht einmal Erinnerungen lassen diese Papiere wieder aufleben, ich kann mich in ihnen nicht wiederfinden. Was bedeutet die Quittung für einen Schnuller? Ach so, ja, das heißt, da existierte einmal ein Kind. Die Frage ist: Gab es in diesem Haus ein Kind, oder haben wir nur ein Geschenk gekauft? Einen Schnuller als Geschenk? Lächerlich.

Also gab es ein Kind, aber in meinem Kopf ist der Eintrag gelöscht. Ich denke lieber nicht darüber nach. Deshalb meide ich Schubladen und Schränke. Diese Wohnung. Das Büro. Sie schlossen für lange Zeit meine Welt ein. Nichts existierte jenseits dieser Wände. Und ich mit geschlossenen Augen. Unerklärlicherweise haben sie sich durch das Loch in der Hand geöffnet.

Ich träumte nicht mehr von der Wiederauferstehung am dritten Tag, von der Wiedergeburt der Toten. Ich war an den bequemen Sarg gewöhnt. Es gab Zeiten, da sah ich mich auf Strahlen und Wolken geschwind auf einen intensiven, leuchtenden Punkt zureiten. Die Intensität ist vorüber, geblieben ist nur eine kleine, schmerzende, gelbe elektrische Birne.

Und dieses schmerzende, blendende Licht würde eines Tages durch mich gehen, über den Boden gleiten und sich wie ein Fächer öffnen, der mich mit allem verbindet. Ich hatte gewartet, daß das Licht zu mir käme, aber es ist erloschen, ich weiß nicht einmal, wo es sich befindet. Als ich Tadeu traf, erkannte ich, daß alles wieder einen Sinn haben konnte.

Es klingelte schon wieder. Wütend. Was will diese

drängelnde Nachbarin eigentlich? Ich öffnete die Tür. Zwei Männer schoben mich zur Seite, ohne mich anzusehen. Sie stürmten herein. Sie sahen abstoßend und unheimlich aus. Ohne Haare, ein Loch anstelle der Nase, gelblicher Speichel tropfte aus ihrem Mund.

Perversität oder praktischer Verstand? Souza ist verwirrt, als er gehindert wird, zwei Männern, die vor Durst umkommen, Wasser zu geben

Sie liefen ins Wohnzimmer und hielten vor meinen Zwangseinmietern. Die drei standen aufrecht, als warteten sie auf etwas. Es sah aus, als seien sie darauf vorbereitet worden, mit elektronischer Präzision auf das geringste Anzeichen einer Gefahr zu reagieren. Gespannte Gesichter. Der Mann, der immer Konfekt aß, hielt den Revolver auf sie gerichtet.

»Wohin?«

»Essen, wir wollen essen.«

»Wir haben kein Essen.«

»Essen, Wasser, essen, essen.«

Sie drangen weiter vor, der Mann, der immer Konfekt aß, entsicherte ruhig sein Waffe. Uns brach der Schweiß aus, wir keuchten. In meinem Kopf hämmerte es. Die Eindringlinge wichen zurück. Sie zitterten, der Speichel triefte, die Köpfe hingen herab. Sie waren nicht in der Lage, sich auf einen Streit oder ähnliches einzulassen.

»Wir wollen Essen!«

»Es gibt nichts.«

»Die Nachbarin hat gesagt, es gibt welches, ganz viel.«

»Nein, nichts.«

»Sie hat gesagt, daß hier jeden Tag eine Menge Essen ankommt.«

»Bei ihr in der Wohnung gibt es was. Geht dorthin.«

»Nein, hier. Ein Mann auf dem Korridor hat das bestätigt.«

»Raus mit euch!«

Diese Unterhaltung konnte noch den ganzen Nachmittag so weitergehen. Der Mann, der sich immer an die Stirnseite des Tisches setzte, ging auf den Korridor. Ich folgte ihm. Ich dachte, er überlege etwas. »Ich weiß nicht, wie sie hereingekommen sind. Es ist schwer. Aber wir können ihnen nichts geben. Sonst haben wir hier morgen eine Invasion.«

Er war entschlossen, nicht nachzugeben. Der Mann, der Konfekt aß, hatte noch immer den Revolver auf sie gerichtet. Unentschieden zitterten und sabberten die Eindringlinge. Wer bin ich denn, daß ich diesen Unglücklichen nicht einmal ein Glas Wasser reiche? Ich werde eins holen. Egal, ob es morgen eine Invasion gibt. Wir wissen nicht mal, ob es ein Morgen geben wird. Was für ein schöner Satz!

Ich ging in die Küche, der Mann, der sich immer an die Stirnseite des Tisches setzte, merkte das und folgte mir. »Ich weiß, wie Ihnen zumute ist. Aber es hilft nichts. Ein Glas Wasser nützt nichts. Die brauchen viel mehr als das. Wasser, Essen, Krankenhaus. Außerdem sind wir nicht hier, um die Probleme Brasiliens zu lösen.«

»Nur ein Glas, nichts weiter.«

»Sie brauchen einen Tank voll Wasser. Sie sind tot. Ich kenne die Symptome, das Zittern, die gelbliche Spucke. Es wäre ein verschwendetes Glas Wasser.«

»Was kostet es denn, ein Glas Wasser zu verschwenden?«

»Ach, mein Freund. Sie müssen die Lage richtig sehen. Dieses Glas Wasser muß für den bestimmt sein, der die Möglichkeit hat, länger zu überleben.«

»So ist die Lage auch wieder nicht.«

Trotz seiner schlechten Hautfarbe blickten seine Augen ruhig, überhaupt nicht gewalttätig. Nicht wie die eines Wahnsinnigen, der außer sich und nur auf das eigene Überleben bedacht ist. Etwas an ihm weckte mein Vertrauen. Besonnenheit. Ein Anflug von Entschlossenheit, die ich auch bei Tadeu Pereira angetroffen hatte. Aufrichtigkeit, glaube ich.

Ob aufrichtig oder nicht, ist ein anderes Problem. Ich schlage mich weiter damit herum: Wer bin ich, daß ich ein lumpiges Glas Wasser verweigere? Was interessiert es mich, ob sie sterben werden? Der gute Wille zählt. Dann sterben sie eben mit dem Bauch voll Wasser. Der dritte Mann wartete jedoch mitten im Korridor auf mich und hielt mich an.

»Tun Sie das nicht, Freund. Es ist dumm, es wird nur schlimmer für uns.«

»Dies ist meine Wohnung. Haben Sie das vergessen?«

»Unsere Wohnung. Meine Wohnung – das gibt's nicht.«

»Wieso? Wenn Sie wollen, werfe ich Sie alle im nächsten Augenblick hinaus.«

»Weder jetzt noch später. Wenn Sie wollen, beschweren Sie sich. Wissen Sie, bei wem?«

»Das werde ich herausfinden.«

»Wenn Sie sich um die beiden Halbtoten sorgen, ist das ein Zeichen, daß Sie ein Herz haben. Sie müssen sich aber auch um uns sorgen. Halten Sie es denn für gerecht, daß Sie allein in so einer tollen Wohnung sitzen, während so viele vor den Barrieren der Stadtumgrenzung an Krankheiten und Sonneneinwirkung sterben?«

»Einigen wir uns. Ich gebe denen das Wasser, und dann schicken wir sie weg. Wenn sie sich nicht fügen, werfen wir sie hinaus.«

»Wir werfen sie hinaus, und dann erzählen sie überall, daß wir Wasser und Essen haben. Nein, weder geben wir ihnen Wasser, noch lassen wir sie hinaus.«

»Was soll das heißen?«

»Wir werden sie in dem kleinen Hinterzimmer einschließen, dem früheren Dienstmädchenzimmer. Ich habe mich umgesehen, Sie benutzen es als Abstellkammer. Lauter Pakete. Wir nehmen alles heraus und halten die beiden gefangen.«

»Und da bleiben sie, bis sie sterben?«

»Morgen werden sie fortgehen. Der kleine Lastwagen nimmt die beiden mit.«

»Welcher Lastwagen?«

»Der Lieferwagen.«

»Kommt noch mehr?«

»Viel mehr. Dies hier wird ein Verteilungszentrum. Von hier aus verschicken wir an andere Zwischenposten.«

»Zwischenposten?«

»Unterhalten Sie sich eigentlich nur mit Fragen?«

»Lassen Sie mich den Leuten wenigstens ein Glas Wasser geben. Nur dieses eine.«

Was fiel dem eigentlich ein, mir in meiner eigenen Wohnung Befehle zu erteilen? Das Blut stieg mir zu Kopf. Was selten vorkommt. Nicht mal, als es angebracht gewesen wäre. Und so weit ist es nun mit mir gekommen. Eine Sekunde der Entscheidung. Ich nahm das Glas in die linke Hand und schob den Mann entschlossen mit der rechten beiseite. Ganz unvermittelt.

Der Mann wich zurück, erschrocken über meine plötzliche Kühnheit. Ich ging ins Wohnzimmer, hatte aber nicht einmal Zeit, den Leuten das Glas anzubieten. Kann man so etwas überhaupt anbieten? Als die beiden Eindringlinge das Glas Wasser in meiner Hand sahen, stürzten sie sich wie wild auf mich. Verschütteten alles. Der Mann, der immer an der Stirnseite des Tisches saß, brach in Gelächter aus.

»Zufrieden?«

»Wie die Bestien.«

»Nicht Bestien! Verzweifelt sind sie. Sehen Sie nur!«

Sie leckten den Boden ab wie Hunde. Sie pufften und knufften sich um die kleinen Pfützen, die sich auf dem unebenen Parkett gebildet hatten. Vor lauter Angst, das Wasser könnte zwischen den Ritzen des Holzes versickern. Einer stieß den anderen leicht weg. Dann fielen sie entkräftet von der Anstrengung zu Boden.

»Bringt die beiden nach hinten«, sagte der, den ich für den Anführer hielt.

»Wir haben noch nicht alles Gerümpel herausgeholt.«

Sie räumten das kleine Zimmer aus und stapelten in der Küche die Pakete mit den Kalendern aufeinander. So viele Jahre, eingeschlossen in die an jedem 5. Januar geschnürten Pakete. Sie bedeuteten nichts mehr. Altpapier, zum Kilopreis zu verkaufen. Nur noch für das *Museum Der Darstellung Der Zeit* nützlich, ein verlassener Sektor, ein totes Archiv.

Es klingelte. Ich öffnete die Tür und schloß sie gleich wieder. Das war zuviel. Jemand mußte hinuntergehen, um zu erfahren, was los war. Es klingelte wieder, ich rührte mich nicht. Nahm die Sicherung heraus. Sie hämmerten und traten gegen die Tür. Die Männer kamen aus dem Hinterzimmer, sie hatten die Kahlköpfigen dort eingesperrt. Sie schienen überrascht.

Sie gaben mir ein Zeichen: Überlassen Sie das uns. Der Mann, der immer Konfekt aß, schoß auf die Tür. Zwei Schüsse. Gerenne und dann Stille. Gleich danach ein Stöhnen. Ich nahm einen Stuhl und stellte ihn an die Tür. Das Gebäude, in dem ich wohne, ist schon älter und hat Kassettentüren mit einem blauen Glasfensterchen. Ich hatte es nie geöffnet.

»Mensch, mußte das sein, so was Dummes«, sagte ich.

Es hat angefangen, jetzt kann es niemand mehr aufhalten.«

»Jemand hat diese Leute hereingelassen. Es gibt ein elektronisch gesteuertes Gitter, ein automatisches Schloß und die Fernsehkameras.«

»Aber wer?«

Nach einem heftigen Stoß gab das Fenster in der Tür nach. Da lag der Mann, er blutete. Das Hemd war verklebt. Man konnte das Loch nicht sehen. Ich sah den Korridor hinab, niemand. Sie konnten sich jedoch versteckt haben, darauf warten, daß wir die Tür öffneten. Oder sie waren dabei, die Ziviltäre zu rufen. Man kann nie wissen.

Wir zogen den Mann herein. Wir brachten ihn zu den anderen ins Dienstmädchenzimmer. Mir war übel. Alles Wahnsinn. Ich aß, schlief mit Druck auf dem Magen ein und hatte eine Alptraum. Ich mußte aufwachen, mich von dieser Obsession befreien. All das war gar nicht wahr. Ich mußte es nur mit ganzer Kraft verneinen. Schwören, daß es nicht so war.

Niemand ist mehr in der Wohnung, ich sehe keine Kahlköpfigen, ich habe kein Loch in der Hand, es ist nicht heiß, ich habe keine Kopfschmerzen und meine Stellung nicht verloren. Adelaide ist nicht fortgegangen, es gibt keine Barrieren, die Stadt ist nicht überfüllt, es ist nicht heiß, meine Wohnung ist leer und ruhig. Friedlich.

Nur ein Traum. Wir schießen nicht auf Menschen, die Nachbarn spielen uns nicht übel mit, niemand öffnet den Bettelnden und Kranken die Tür. Gleich werde ich unbeirrt die tägliche Routine aufnehmen. Ich stehe auf, dusche, frühstücke, Adelaide begleitet mich zur Tür, ich gehe zur Haltestelle, nehme den S-7. 58.

Ich schämte mich, als ich daran dachte, was Tadeu Pereira sagen würde, wenn er mich in einer solchen Situation sähe. Gut, und er? Was täte er? Oder was könnte er tun? Er würde mich anschreien: »Du hast tatenlos zugesehen, was an der Universität vorging, hast einfach aufgegeben, hast dein Leben laufen lassen. Und jetzt beschwerst du dich, worüber denn?«

Ich schäme mich nicht angesichts der Verurteilung durch Tadeu, sondern vor mir selbst. Wenn ich einlenke, werde ich zu einem der Ihren. Ich muß mir selbst gegenübertreten. In mich versunken, habe ich nicht einmal die Bilder im Fernsehen wahrgenommen. Und sie waren vertraut. Sie zeigten einen bekannten Ort. Unmöglich! Diese schrecklichen Ereignisse gibt es nicht.

Ein Tag voller schockierender Entdeckungen: Das Haus der Wassergläser, die Installation der Solargeneratoren und das Vorgehen der Multiinternationalen

Ich sehe zerstörte Regale, der Boden liegt voller Scherben. Männer sammeln Metallschildchen auf. Ziviltäre überwachen alles, Verhaftete steigen in die grüne Minna. *Das Haus Der Wassergläser* in Trümmern. Die Räume, die ich in- und auswendig kenne, Glas für Glas, jeden Gegenstand. Räume, die meine Zuflucht waren.

Die Gefangenen: zahnlose Mulatten mit aggressivem Blick, kränkliche, hagere Menschen aus dem Nordosten, kurzbeinige Asiaten, Leute ohne Nase, ohne Ohren, ohne Haare, mit hängenden Augen, schuppiger Haut, mit Armstümpfen oder mit einem Loch in der Hand. Schade, der Mann ist schon eingestiegen. Ich bin sicher, er hatte genauso ein Loch wie ich.

»Der Redner spricht mit getragener, feierlicher Stimme, wie die, die die offiziellen Nachrichten im Genralsender sprechen. Ein Ziviltär hält ein Wasserglas hoch. Das einzige, das noch unversehrt ist. Wasser aus dem Tucumã. Wo zum Teufel war noch mal dieser Tucumã? Bilder des Bürgermeisters, des Ministerpräsidenten, des Museumsdirektors. Und die monotone Stimme.

Heute um 14 Uhr fand das Museum Der Brasilianischen Flüsse, im Volksmund bekannt als das Haus Der Wassergläser, gelegen auf dem ehemaligen Platz Largo do Arouche, ungewöhnlichen Zulauf. Zum Entsetzen der Wächter drangen plötzlich Hunderte von Menschen ein und verteilten sich. Offenbar wollten sie nur die Tausende von Gläsern betrachten, die das Wasser der Ströme, Flüsse, Bäche, Quellen, Seen, Lagunen, Brunnen und Wasserlöcher aus ganz Brasilien enthielten. Das Haus Der Wassergläser war das vollständigste und meistbewunderte hydrographische Museum der Erde, geschätzt von Spezialisten aus aller

Welt, die dort ständig ihre Wasserforschungen betrieben. In den achtziger Jahren von Wissenschaftlern der Universität São Paulo, aus Rio Grande do Sul, Espírito Santo und Paraíba eingerichtet, konnte es auf die Mitarbeit von Forschern aus dem ganzen Land zählen. Die Beteiligung des Volkes war groß. Es dauerte zwölf Jahre, bis man den derzeitigen Stand der Perfektion erreicht hatte. In unzähligen Sälen, jeder einer Region gewidmet, konnte man Gläser mit verschiedenen Farbschattierungen sehen, dazu Stiche, Fotos, Landkarten, graphische Darstellungen und Erläuterungen.

Eine Bibliothek und die Filmothek ergänzten das Museum. Die Diskothek bewahrte Reliquien auf, wie das Geräusch der Wasserfälle, besonders von Iguaçú, das Geräusch ausgestorbenen Wasserbrausens und das Gemurmel der Bäche. Als die Aufmerksamkeit der Wächter nachließ, geschah es. Eine Sache von Minuten. Keine Möglichkeit, etwas zu verhindern. Die Leute begannen die Gläser zu öffnen und das Wasser zu trinken. Sie tranken und begossen sich damit. Sie gingen mit durchnäßter Kleidung fort. Als Minuten später die Ziviltäre kamen, war nur noch ein verschlossenes Glas übrig. Die meisten Plünderer flüchteten durch aufgebrochene Türen und Fenster. Einige wurden verhaftet. Es besteht der Verdacht, daß sie im Auftrag einer Organisation handelten. Man weiß, daß zu Beginn des Nachmittags das Gerücht umging, das Haus Der Wassergläser sei unbewacht. Und daß dort viel Wasser aufbewahrt werde.

Einer der Verhafteten sagte während der Untersuchung: »Wer wollte schon das Wasser eines Flusses sehen? Wir hatten Durst, jawohl. Also haben wir das Wasser getrunken, das uns rechtmäßig zustand. Ich habe das Wasser eines Baches, der an unserer Stadt vorbeifloß, gesucht. Ein Fluß, in dem ich als Kind geschwommen bin. Aus dem habe ich getrunken. Das Wasser ist hier in meinem Bauch. Ihr könnt es rausholen, wenn ihr wollt.«

Die befragten Personen sagten, niemand habe die Hitze heute ertragen können. Der heißeste Tag des Jahres, der in den offiziellen Instituten registriert wurde. Die Sonne muß das Verhalten aller Menschen verändert haben. Die Meteo-

rologen betonen, daß die Temperatur steigend ist, vor allem, da wir uns den Monaten nähern, die früher dem Sommer entsprachen. Das System ist alarmbereit, um zwei Vorsichtsmaßnahmen zu ergreifen. Erstens zu verhindern, daß die Migration in die Stadt anhält, zumal sie die Ursache schwerwiegender Probleme ist, und zweitens eine Gigantische Markise zu konstruieren, die das Volk vor der Sonne und der starken Hitzewelle schützen soll, die über das Land hereingebrochen ist.

Werbung des *Systems.* Bilder von artesischen Brunnen, eingeblendet werden Bilder von ausgetrockneten Flußbetten. Die Flüsse verschwinden, das Wasser läuft kristallklar aus den artesischen Brunnen. Tausende von Plastegläsern auf Fließbändern, auf den Maschinen, die sie füllen und verschließen. Kinder lachen glücklich, im Hintergrund klassische, Optimismus heischende Musik.

Die offizielle Stimme kündigt an: *In zwei Minuten und zweiunddreißig Sekunden neue Nachrichten über den Anschlag auf das Museum Der Brasilianischen Flüsse. Informationen direkt aus Regierungskreisen. Und eine Besonderheit. Die Wiederholung eines alten Dokumentarfilms, heute ein Klassiker des historischen Kurzfilms: »Der letzte Hieb«. Warten Sie.*

Ein anderer Werbespot zeigt die Errichtung von Solarenergiegeneratoren. Städte, in denen die Techniker des *Systems* festlich empfangen werden. Das Volk sieht man nicht. Nur die Willkommenstransparente, die gemalten Slogans. Zu hören sind Applaus und Schreie: Bravo, bravo, es lebe das *System.* Glocken und Hupen.

»Schrott. Noch mehr Schweinerei über uns«, sagte der dritte Mann, der immer schweigt.

»Altes Eisen. Alles, was sie zeigen, ist altes Eisen. Ist das aus Deutschland? Ach was. Das haben sie in der Multiinterdeutsch verwendet, dort, wo früher Pernambuco und Rio Grande do Norte waren. Sie lieferte zehn Jahre lang Energie, jetzt haben sie es wohl durch modernes Material ersetzt. Oder durch Maschinen, die dieser Sonne standhalten. Das alte Eisen verkaufen sie an Brasilien.«

»Woher wissen Sie denn das? Woher wißt ihr das? Bei

allem, was geschieht, hat einer von euch eine Erklärung und kommt mit einer Geschichte.«

»Ich weiß es, weil ich es gesehen habe.«

»Gesehen? Gibt's doch gar nicht! Sie und der andere da an der Stirnseite vom Tisch, ihr habt alles gesehen. Und was ist das eigentlich für eine Manie, immer an der Stirnseite vom Tisch zu sitzen? Wollen Sie mir das erklären?«

»Was ist denn nun los, mein Lieber? So viel Sorgen, und Sie kommen mir mit der Frage, warum ich mich an die Stirnseite vom Tisch setze? Ich wette, Sie haben sich Ihr Leben lang nicht um solche Kinkerlitzchen gekümmert. Wer sich an die Stirnseite des Tisches setzt, wer die Zigarette bis zum Filter raucht, wer ein grünes Taschentuch zum Schneuzen benutzt. Ach, lassen Sie uns doch in Ruhe, kümmern Sie sich um Ihr eigenes Leben.«

»Also gut, ich werde mein Leben leben, Sie kümmern sich um Ihres. Raus hier. Raus. Und zwar sofort. Woandershin. Das ist meine Wohnung!«

»Unsere. Wir werden einige Zeit zusammen leben. Ob Sie wollen oder nicht!«

»Das ist meine Wohnung, Sie können Ihre Sachen packen!«

»Warum versuchen Sie denn nicht, uns hinauszuwerfen?«

»Gut, ich werde es versuchen. Ich werde es schaffen. Es gibt noch Gesetze in diesem Land. Was Sie da machen, ist nicht richtig!«

»Kann sein. Aber nach welchen Maßstäben ist es nicht richtig? Gibt es welche? Oder hat jeder seine eigenen? Vielleicht hat jede Gruppe für sich einen Maßstab aufgestellt, der zu ihrem Überleben wichtig ist? Das *System* hält sich da raus. Das *System* ist eine Sache, eine andere das Land, eine dritte das Volk. Das *System* existiert als Sicherheit. Oder, besser, als der Versuch einer Sicherheit. Es verknotet die Spitzen, damit sich nicht alle umbringen. Und passen Sie nur auf, die Knoten sind schwach, sehr schwach. Solange das *System* einigermaßen die Bäuche füllen kann, hält sich die Struktur aufrecht. Und wie lange wird das so gehen?«

»Weiß ich auch nicht.«

Ich mache ihm ein Zeichen, er soll warten. Vertraute Musik im Fernsehen. Die Kamera streift durch die Leere, ich schließe die Augen. Die Violinen im Hintergrund, Bläser, epische Töne. Beschleunigtes Tempo, Ruhe. Neues Crescendo. Teller klappern. Mussorgsky, *Eine Nacht auf dem Kahlen Berge.*

Wälder beherrschen die Leinwand. Die Musik verebbt, die Bilder gewinnen an Umriß. Die offizielle Stimme:

»Die Vandalen, die heute nachmittag in das Haus Der Wassergläser eingedrungen sind, haben nicht einmal die wertvollen Archive verschont. Fotos, Filme, Kassetten, Tonbandaufzeichnungen und Dokumente wurden verbrannt, zerrissen, zerfetzt, zerstört. Das ist unverständlich, zumal die Eindringlinge erklärten, sie hätten lediglich Wasser trinken wollen. Nichts weiter. Was die Menschen dazu veranlaßt hat, den Bestand zu zerstören, ist für die besorgten Ziviltäre ein Geheimnis, das es unbedingt zu lüften gilt. Die Verhafteten werden der üblichen Behandlung unterzogen. Diese persuasive, wissenschaftliche, schmerzlose Behandlung dient dazu, die Betreffenden aus freiem Willen erzählen zu lassen, wie sich alles zugetragen hat. Ziel ist es, herauszufinden, ob sich der Verdacht bestätigt, es habe einen Provokateur gegeben. Da liegt die Gefahr. Wie bekannt ist, bemüht das System sich um die Erhaltung der Geschichte. Es wurde nur sehr wenig unversehrtes Material gefunden. ›Der letzte Hieb‹ wurde gerettet. Er ist eine Rarität. Ein Bericht ohne größere künstlerische Ansprüche. Es handelt sich um eine Reportage, die in ›super 8‹ von einem Amateur gefilmt wurde. Wir alle kennen jedoch die historische Bedeutung dieses Kurzfilms. Als er zum erstenmal gezeigt wurde, rief er Polemik, Diskussionen, Demonstrationen, Aufmärsche, eine Spaltung im Lager der Militärs und internationale Proteste hervor. Intensive Agitation im Land. Die Regierung war zu jener Zeit nicht in der Lage, diese Bewegung zu kontrollieren. Es herrschten Anarchie, Korruption, absolutes Chaos. ›Der letzte Hieb‹ war ein kleiner, unprätentiöser, schlecht gemachter Film, der jedoch den Sturz der Elite förderte, die in der Epoche Der Großen Völlerei an der

Macht war. So ermöglichte der Film die Errichtung des zur Zeit herrschenden Systems, das, wie alle wissen, die schweren innere und äußeren Probleme dieses unseres Landes gelöst hat. Sehen Sie jetzt die Feier beim Fällen des letzten Baumes von Brasilien, in der kleinen Ortschaft Santa Ursula.«

Die Musik schwillt an, die Bilder bewegen sich. Bewaldete Ebenen. Sümpfe, Seen, Flüsse, Wasserfälle, Bäche, riesige Baumstämme, der Sprecher zählt die Arten auf. Wären die Aufnahmen der schon so lange ausgestorbenen Bäume nicht so wunderschön, wäre dies ein höchst langweiliger Film ohne jede Phantasie. Wie oft habe ich diesen Streifen wohl schon gesehen?

»Santa Ursula? Ach, die Stadt hat es nie gegeben«, sagt der Mann, der immer Konfekt ißt.

»Wieso nicht? Sind Sie auch so ein Alleswisser? Werden Sie mir jetzt eine weitere Geschichte erzählen? Ich bin voll davon. Alle Welt weiß, daß Santa Ursula überschwemmt wurde, als der Staudamm des E-Werks von Manguinhos gebaut wurde.«

»So sagt man. Wer beweist das? Manguinhos ist mit dem Erdbeben verschwunden.«

»Woher wissen Sie das?«

»Ich habe im Geographischen und Statistischen Institut in Paraíba gearbeitet. Als der ganze Zirkus um diesen kleinen Film gemacht wurde, ging ich dem nach. Ich konnte keinen Eintrag einer Stadt mit dem Namen Santa Ursula finden.«

»Dann müssen Sie falsche Nachforschungen angestellt haben. Der Film zeigt doch den Ort, die Feier hat stattgefunden. Im Tal vom São Francisco.«

»Im Tal vom São Francisco gab es ein Santa Ursula. Ich habe Fotos verglichen und dorthin geschrieben. Aber etwas stimmte nicht. Der Ort im Film hatte überhaupt nichts gemein mit den Fotos, die ich bekommen hatte. Er war ganz anders.«

»Ja und?«

»Der Film, die Feier, alles war gefälscht.«

»Gefälscht? Mit welcher Absicht denn?«

»Das ist mehr oder weniger klar. Und doch wieder nicht.«

»Wie geheimnisvoll.«

Plötzlich habe ich keine Lust mehr, mir den Dokumentarfilm anzusehen. Nicht, weil der Mann mir das erzählt hat. Ich glaube kein einziges Wort von ihren Geschichten. Wenn man so eigenbrötlerisch ist, kommt das dabei heraus. Um sich zu unterhalten, erfinden sie Geschichten. Sie wissen alles. Das geht zu weit! Ich stelle das Fernsehen ab und erinnere mich an die abgebrochene Unterhaltung.

»Sie hatten mir gerade etwas erzählt«, sage ich zu dem Mann, der immer an der Stirnseite des Tisches saß.

»Ja, ich habe angefangen, aber Sie gingen fernsehen. Ich sagte ... ich sprach von Vertrauen ... oder so was.«

»Ach ja, Sie sagten, man müsse vertrauen. Worauf?«

»Das weiß ich nicht genau. Ich glaube, auf die Menschen. Auf das Ethos jedes einzelnen, auf sein Verhalten. Ich bekomme Zweifel, wenn ich das Wort Ethos benutze. In einer Situation wie der unseren ergibt das keinen Sinn mehr. Aber ich glaube noch an jeden einzelnen Menschen. Das Problem liegt darin, daß wir uns alle Sorgen um das Überleben machen. Viele so sehr, daß sie sogar bereit wären zu töten.«

»Ihre Theorie ist möglicherweise logisch. Das gibt Ihnen aber nicht das Recht, in meiner Wohnung zu bleiben. Ich habe dafür bezahlt, ich habe mein ganzes Leben lang hier gelebt. Diese Wohnung, das bin ich.«

»Als Satz ganz hübsch. Ansonsten ziemlich traurig. Wenn Ihr Leben nur diese Wohnung bedeutet, was für ein Leben haben Sie dann geführt? Nein, Sie brauchen nicht zu antworten. Was Sie nicht wissen, daß auch ich, auch diese Männer hier, daß wir einmal unser eigenes Dach über dem Kopf gehabt haben. Wir haben dafür gekämpft, bezahlt, geschwitzt. Und verloren. Wenn sie mein Haus noch nicht abgerissen haben, dann wohnt wahrscheinlich ein Belgier dort. In dem Haus von dem da, der immer Konfekt ißt, lebt ein Südafrikaner. Im Haus von dem anderen ein richtiger Chinese. Aber es war nicht nur das Haus, o nein. Wir mußten unser Stück Land, unsere

Städte verlassen. Schlichtweg verjagt, ohne bei irgend jemand Hilfe zu finden. Ausgebürgert. Wissen Sie, wie das ist? In Ihrem eigenen Land ausgebürgert zu sein? Wir wurden aus unseren Regionen vertrieben. Eines schönen Tages steckten sie uns in Omnibusse und fuhren uns weg. Und dann setzten sie uns zweihundert Kilometer von Maceió entfernt aus.«

»Wann war das?«

»Vor etwa zwei Jahren. Die Leute kamen aus allen Richtungen. Ganze Familien wurden von den Multinter vertrieben. Die Ausländer brachten ihr eigenes Personal mit. Wenn sie Brasilianer anstellten, dann nur für grobe, niedere Arbeiten. Sie haben das gleiche mit uns getan, was wir mit den Negern und Indianern vor fünfhundert Jahren gemacht haben.«

»Und die Regierung?«

»Die Reservate wurden bedingungslos übergeben. Sie waren ausländisches Territorium mit eigenen Gesetzen und einer Struktur, die fix und fertig aus den Herkunftsländern mitgebracht wurde. Nicht-Intervention war Teil der Vereinbarungen.«

»Das kann ich nicht glauben.«

»Auch nicht, wenn Sie sehen, was um Sie herum vorgeht? Was glauben Sie denn, woher diese Leute kommen? Und warum sie kommen?«

»Ich habe einen Freund, ehemaliger Professor wie ich, Tadeu Pereira. Er hat mir von den Migrationen erzählt. Dinge, die Sie jetzt wiederholen. Ich frage mich, wo uns das hinführen wird.«

»Sie waren Professor? Welches Fach?«

»Geschichte.«

»Sie arbeiten nicht mehr? Sie scheinen noch sehr jung zu sein für den Ruhestand.«

»Vorzeitig pensioniert.«

»Ahh . . .«

»Ah? Nur ah? Sie fragen mich nicht, warum?«

»Ist das nötig? Wissen Sie, was ich bin? Agronom. Ich habe etwa zehn vorzeitig in den Ruhestand versetzte Freunde. Das war wohl zu einer gewissen Zeit eine Epidemie in diesem Land. Jede Familie hatte ihren Fall. So eine Art private Scham oder versteckte Sünde.«

»Ich empfinde keine Scham. Für mich ist das eine Auszeichnung.«

»Aber sie verhalten sich nicht so. Sie sind ein merkwürdiger Mensch, Herr . . .«

»Souza.«

»Wirklich sehr merkwürdig. Sie bleiben apathisch, während die Welt um Sie herum in Trümmer geht. Sie reagieren nicht, Sie sind allem gegenüber indifferent. Ich beobachte das seit gestern. Heute habe ich Sie provoziert. Als ich sagte, ich würde Ihre Wohnung nicht verlassen, wollte ich Sie auf die Probe stellen. Nach einem schwachen Protest haben Sie sich damit abgefunden. Sie haben nur einen Anflug von Verärgerung gezeigt. Jeder andere hätte uns schon längst mit Fußtritten hinausbefördert. Sie aber nicht. Sie haben es akzeptiert. Es fällt schwer, zu glauben, daß Sie Professor für Geschichte sind. Gewesen sein sollen. Sie stehen still, ungerührt, man kann sich gar nicht vorstellen, daß Sie einmal zum vorzeitigen Ruhestand gezwungen worden sein sollen. Für mich sind Sie nicht gerade einer, der dem *System* mißfallen und es zu einer heftigen Reaktion veranlassen könnte. Was ist geschehen? Was hat Sie dazu gebracht, daß Sie sich so verändert haben?«

Vielleicht weiß ich es. Es gibt so viele unverbundene Koordinaten, man muß sie nur aufeinander beziehen. Das ist nicht schwer. Kein bißchen. Dieser Mann wird lachen, wenn ich ihm erzähle, daß mein Kopf klarer denkt seit diesem Loch in der Hand. Manchmal sehe ich ihn an und denke, er existiere gar nicht. Ist nicht da, nur ein Produkt meiner Halluzination. Weil die Sonne so brennt.

Das war so meine Art, daß Bewußtsein wiederzuerlangen. Jahrelang kam mir mein Gehirn wie verschlossen vor. Wenn man geistig noch so wach ist, gibt es doch immer einen Punkt ohne Rückkehr. Ist dieser Punkt erreicht, taucht das Bewußtsein in einen kataleptischen Zustand ein. Das Unbewußte arbeitet und verteidigt sich jedoch. Es reagiert.

Als ich zurückkehrte, fand ich eine Welt vor, die ich

nicht kannte. Tag für Tag versuche ich sie zu ergründen. Ich stelle fest, daß ich mich zuallererst neu erkennen und identifizieren muß. Ich gestehe, ich bin verzweifelt. Jeden Augenblick frage ich mich, ob es die Mühe lohnt, zu überleben oder wiedergeboren zu werden. Und die Antwort kommt nur zögernd.

»Auf dem Toilettentisch im Schlafzimmer habe ich das Foto einer Frau gesehen. Sind Sie Witwer?«

»Nein, ich bin verheiratet.«

»Und wo ist Ihre Frau?«

NACHBARN SIND GUT
UND NOTWENDIG,
SIE GARANTIEREN SOLIDARITÄT.
ABER WENN SIE DROHEN,
SICH IN ANDERER LEUTE LEBEN
EINZUMISCHEN, SIND SIE EIN ÄRGERNIS

»Verreist.«

»Wann wird sie wiederkommen?«

»Meinen Sie nicht, Sie mischen sich zuviel ein?«

Diesmal ist er zu weit gegangen. Eine Frechheit, sich in mein Privatleben zu drängeln. Obwohl es uninteressant für ihn ist. Er sieht das Leben ganz anders. Ich merke, daß ich diesen Mann nicht verachte, weil er sich meiner Meinung nach unverschämt verhält, sondern weil er mir einiges vor Augen führt.

Eine schwache, fast unmerkliche Bewegung. Dieses Braun, das sich bewegt, gehört nicht zu dem Grün, das es umgibt, ist irgendwie unabhängig. Der Eindruck, daß es davor flieht, obwohl es eine Verbindung dazwischen gibt, denn es scheint aus der Tiefe aufzutauchen. Die Unruhe ist jetzt erdrückend, man hat mir die Luft aus der Brust gepreßt.

Mitten am Nachmittag das verstimmte Klavier. Ich beherrsche die Lähmung, kann sie schon dirigieren, ich hänge nicht mehr von irgendeinem entfernten, unbekannten Vorgang im Innern meines Kopfes ab. Die *Pathétique.* Als ich Adelaide kennenlernte, lernte sie Klavier spielen, sie übte stundenlang und träumte davon, Konzertpianistin zu werden, Spezialistin für Beethoven. Wie vieles in ihr verblaßte mit der Zeit. Und ich habe es nicht bemerkt, habe zugelassen, daß es sich verflüchtigte. Adelaides Hände auf dem Klavier waren schön. Weiße, schmale Finger, rauhe Nägel. Kein Wunder.

Sie verbrachte den Tag in der Küche, tauchte die Hände in Spülmittel oder bediente die Waschmaschine. Wir mochten unsere saubere, gemütliche, stille Wohnung. Adelaide hatte eine perfekte Zufluchtsstätte für mich errichtet. Mit jedem Stück, das sie aufbaute, gab sie einen Teil ihres Traumes preis.

Wenn ich nachmittags manchmal wegen irgendeiner Unpäßlichkeit (mein Darm hat nie gut funktioniert, das war dieses synthetische Essen) von einem Streik oder wegen eines Staatsstreiches (die waren so häufig) nach Hause kam, überraschte ich sie. Ich hörte das Klavier schon im Korridor, wenn ich ins Gebäude kam.

Immer wieder die *Pathétique.* Ihre Obsession. Zuerst, muß ich gestehen, litt ich. Ihretwegen. Ganz offensichtlich würde Adelaide es nie schaffen, wirklich gut zu spielen. Nicht wie die Großen und vielleicht auch nicht wie die Durchschnittlichen. Nicht einmal einigermaßen. Man brauchte ihr Spiel nur mit einer jener Platten zu vergleichen.

Ich habe oft darüber nachgedacht: Ob die Menschen eine Vorstellung von ihren eigenen Grenzen haben? Ob diese Grenzen einen erkennen lassen, daß man nicht über einen gewissen Punkt hinausgelangen wird? Wenn dem nicht so wäre, würde sicher eine allgemeine Verzweiflung herrschen. Es war seltsam, und die Antwort lag nicht weit von mir.

Ich lebte mit dem Problem, ohne darüber zu diskutieren. Das Adelaide zu erklären hätte bedeutet, sie zu verurteilen, sie auf ein bloßes Hausfrauendasein einzugrenzen. Eine Frau, die in der Lage war, in dem weitverbreiteten Chaos dieser Stadt eine solche Zufluchtsstätte zu errichten, angetrieben von der stillstehenden Zeit, fern von allem, wie eine im Weltraum verlorene Kapsel.

Wenn ich nach Hause kam, versuchte ich vorsichtig einzutreten. Sie hörte mich dennoch, sie war empfindlich und nahm die leisesten Geräusche wahr. Sie schloß den Klavierdeckel, stellte den Plattenspieler an und tat so, als wischte sie den Staub von den Platten. Es waren Hunderte von klassischen Konzerten. Adelaide gab nicht zu, daß sie gerade Klavier gespielt hatte.

Oft machte ich nach dem Abendessen das Klavier auf, nahm den Filz weg, der zum Schutz auf den Tasten lag, und bat sie: »Spiel ein bißchen für uns.« Erst überflog ein Ausdruck des Entsetzens ihr Gesicht, bis ihre Augen strahlten. Ich wollte wirklich, daß sie spielte. Und es stimmt, daß diese Augenblicke selten waren.

»Ich bin müde, mir ist nicht danach.«

»Such irgendeine Partitur heraus. Du weißt, daß ich den *Kahlen Berg* mag.«

»Meine Finger sind steif, sieh mal, ich werde nie wieder spielen können.«

»Versuch's doch, ich brauche es. Es war ein so voller Tag. Diese Leute verbringen die ganze Zeit damit, in den Geschichtsstunden über Politik zu diskutieren, mein Kopf zerspringt gleich.«

»Souza, meine Finger gehorchen mir nicht.«

Ich ließ das Klavier geöffnet und fand es am nächsten Morgen geschlossen. Ich wußte, daß sie nachts aufstand und Stunden auf dem Klavierhocker zubrachte. Die Hände strichen über die Tasten, ohne sie zu berühren. Es war eine lautlose Übung, ein Praktizieren ohne Ton, vielleicht, um mich nicht zu wecken. Jetzt denke ich das schuldbewußt! Habe ich mich getäuscht?

Wie weit habe ich sie wohl belastet, weil ich mich immer in einer gewissen Entfernung hielt? Ohne ihr zu helfen, die Barrieren zu überwinden. Warum konnte eine Hausfrau nicht auch Pianistin sein? Ich dachte nicht weiter darüber nach und sah im Klavierspiel lediglich eine Zerstreuung. Wie Hunderte Mädchen ihrer Generation hatte sie Klavier spielen gelernt. Im Laufe der Jahre gab sie es allmählich auf, je reifer sie wurde. In jener Nacht hatte sie sich jedoch hingesetzt und zu spielen begonnen. Ich wachte schweißgebadet auf, die Bettücher waren naß, das Kopfkissen klebte. Ich ging ins Wohnzimmer. Adelaide hämmerte wütend auf die Tasten ein. Sie sah mich und spielte weiter.

Die Musik verbreitete eine ungeheuerliche Spannung. Töne, die auf mich einschlugen. Auch Adelaide schwitzte, ihr Nachthemd war naß. Es war zuviel für meinen Kopf. Ich stand noch unter der Wirkung des Loches in meiner Hand. Adelaide noch stärker als ich. Vielleicht brachen nun die vergangenen Tage voller Gereiztheit und Unverständnis in ihr auf.

Mein letztes Bild von Adelaide, wie ein alter Film in bräunlichen Farben mit komischen, eckigen Bewegungen. Am nächsten Morgen schlief sie auf dem Sofa im Wohnzimmer. Ich machte alle möglichen Geräusche, aber Adelaide rührte sich nicht. Vielleicht tat sie nur so. Als ich drei Tage später zurückkehrte, war sie fort.

Das Klavierspiel jetzt weckt keine Erinnerung. Es kommt von zwei Stockwerken über uns, ein Alter, der allein lebt. Er spielt schlecht, sogar ich – und ich habe kein gutes Gehör – höre, wie die Melodie stolpert. Was muß er auch ein so altmodisches Instrument spielen. Das kann nur jemand aus einer anderen Zeit sein, ein Anachronist, der mit der Wiederauferstehung rechnet.

Dieser Alte verläßt seine Wohnung nicht. Man hat mehrmals versucht, ihn herauszuholen, in die *Isolation* zu bringen, seine Wohnung wegzugeben. Er muß Protektion genießen, Fürsprecher im *System* haben. Er empfängt niemand. Er spielt Klavier, ganz gleich zu welcher Zeit. Mitten in der Nacht macht er laut Musik, die Nachbarn beschweren sich.

Dieser Mann hat wenigstens einen Glauben, in den er tief eingedrungen ist. Und ich, der ich im Moor stecke? Begierig, einzusinken, zugleich besorgt, jemand möge mir den rettenden Strick zuwerfen. Wo soll ich meine Werte wiederfinden, etwas, um meinen Standort zu bestimmen? Werte, na und.

Ich fürchte, ich schlage mich naiv mit Begriffen wie gut und böse, richtig und falsch herum, ohne wahrzunehmen, daß sie sich geändert haben. Wie sollen wir in der Entfremdung voneinander, ohne Presse, ohne Zugang zu den Bibliotheken, unseren Standort finden? Ich habe Bedenken, daß ich mich, ohne es zu merken, zum Außenseiter gemacht habe.

Es muß in diesen Jahren, als ich so abseits lebte, eine Revolution im menschlichen Denken stattgefunden haben. Oder ich wurde abseits gehalten. Ich = alle. Es wäre wichtig, zu wissen, ob jemand Interesse daran gezeigt hat, das Universum neu zu überdenken, ob der Stellenwert des Menschen ein anderer geworden ist. Diese neue Vorstellung zu suchen muß mein Ziel sein.

Erst dann werde ich mich selbst definieren können. Ich = alle. Mich auf konkrete Ideen stützen, nicht auf Verschwommenes. Ich schwebe in einer Atmosphäre voller Perplexität, möchte gern an bestimmte Konzepte glauben. Auch wenn sie noch so alt sind, bleiben sie gültig. Denn sie haben den Menschen bejaht, haben seine Existenz bestimmt.

Zusammenhanglose Abschweifungen, ich ersticke fast unter der Hitze. Seit einigen Tagen herrscht jetzt auch Mangel an Luft. Vor kurzem habe ich aus dem Fenster geblickt und konnte nicht klar sehen, alles flimmerte. Ein sehr merkwürdiges Flimmern, ganz unnatürlich. Als glühte alles, die Steine, die Scheiben, die Ziegel.

Ein alter Professor deliriert angesichts der Drohung, er könne seine Wohnung verlieren. Alt. So alt auch wieder nicht. Nur wenn er unnachgiebig wäre, nichts mehr akzeptieren wollte, wäre er alt. Und dennoch richte ich mich hier ein, offen, bin bereit aufzunehmen. Aber was? Weiß ich nicht. Diese Hitze weicht einem die Gehirnmasse auf, wie mein Freund Tadeu Pereira sehr richtig zu bemerken pflegt.

Es klopft an die Tür, es klingelt. »Da kommen noch mehr«, schreit der Mann, der immer Konfekt ißt, und holt mich aus meinen Gedanken zurück in mein Wohnzimmer zum sentimentalen Klang des Klaviers. »Wir sind gewappnet.« Der Mann, der sich immer ans Stirnende des Tisches setzt, bittet: »Gehen Sie den Revolver holen.«

Ausgerechnet ich, der ich nicht einmal weiß, wo der Abzug ist!

»Gehen Sie an die Tür, Sie sind der Herr des Hauses.«

»Und wenn es wieder ein Bettler ist, der Essen will?«

»Treten Sie beiseite und überlassen Sie das uns.«

»Sie werden doch nicht noch mehr Leute umbringen!«

»Nanu, wir haben doch niemanden umgebracht.«

»Aber fast.«

»Nun hören Sie mal gut zu, mein Lieber. Wenn es notwendig ist, wird uns nichts andres übrigbleiben. Entweder die oder wir.«

»Ich weiß, ich weiß, aber warum?«

»Machen Sie endlich auf, sonst zertrümmern die alles.«

Es war die Nachbarin mit den gefärbten Haaren in Begleitung einiger Hausbewohner. Vier oder fünf. Leute in mittlerem Alter, mit blassen Gesichtern, tiefliegenden Augen, schwerem Atem: einen von ihnen kannte ich, er lief immer mit einer Maske herum und fiel in den Korridoren hin. Er litt an Sauerstoffmangel oder so etwas.

Die Frau reckte den Hals und verhehlte ihre Neugier nicht. Ich öffnete die Tür ganz weit, trat zur Seite und ließ sie hineinsehen. Erst wunderte sie sich über mein Verhalten, aber dann nutzte sie die Gelegenheit. Sie sah auf die Männer, die jetzt herausfordernd in Verteidigungshaltung im Wohnzimmer standen, auf dem Sprung.

»Wenn Ihre Frau das sähe, wie trostlos.«

»Wieso trostlos?«

»Diese Unordnung, diese Vagabunden, die hier ein und aus gehen. Sehen aus wie Banditen, fehlt nur noch, daß das Haus sich mit Schwarzen füllt.«

»Die Wohnung ist in Ordnung, keine Sorge.«

»Schöne Ordnung. Ein Durcheinander, sehe ich doch. Soll ich aufräumen? Ihre Frau war doch so für Ordnung und Sauberkeit.«

»Was hat Sie veranlaßt, sich einzumischen?«

»Ihre Frau war eine gute Freundin von mir.«

»Von wegen Freundin, sie konnte Sie nicht ausstehen.«

»Wie bitte?«

»Meine Frau konnte Sie nicht ausstehen, und erst recht nicht so angemalt.«

»Seien Sie doch nicht so dumm, Sie haben ja keine Ahnung. Wir waren ein Herz und eine Seele.«

»Gehen Sie bitte.«

»Werfen Sie mich etwa hinaus, Herr Souza? Ausgerechnet Sie, einer der besten Nachbarn im Haus? Alle achten Sie, einen großen Professor. Das kommt davon, wenn man Asoziale beherbergt. Wenn alle Welt die Türen öffnet, dann werden die Leute von draußen vor der Stadt bald alles in der Hand haben.«

»Diese Leute brauchen auch eine Unterkunft.«

»Herr Souza, Sie sagen da gefährliche Dinge. Haben Sie sich schon einmal überlegt, wie das wäre, wenn dies Gesindel aus den Lagern über die Einzäunung vordringen würde? Was würde aus uns? Und das Essen?«

»Was wird aus uns, selbst wenn sie nicht vordringen?«

»Wir leben einigermaßen, die Regierung hat die Situation unter Kontrolle. Wir können nur keine Löcher im *System* zulassen.«

»Gehen Sie schon, meine Dame. Ich möchte die Tür schließen, meine Ruhe haben.«

»Wir von der Hauskommission, wir kümmern uns um das Wohlergehen. Diese Leute müssen das Appartement verlassen.«

»Hier bestimme ich.«

»Das stimmt nur zu einem Teil, Herr Souza! Denn innerhalb jedes Gebäudes ist die Kommission für alles verantwortlich, nur so ist die Sicherheit gewährleistet.«

»Wir können Ihnen helfen, die Männer da hinauszuwerfen. Wir haben Informationen, daß Sie unter Druck gesetzt werden.«

»Ach was, Druck. Sie sind hier, weil ich zugestimmt habe, es sind Freunde von mir, sie bleiben.«

»Sie haben keine solchen Freunde, Herr Souza.«

Der Mann mit der Maske, der in den Korridoren immer hinfiel, war der Wortführer. Ein lächerliches Männchen. Er ging mir auf die Nerven. Ruhig sagte ich: »Ich komme gleich zurück, warten Sie hier ein paar Minuten.« Ich ging in die Küche, stellte einen Topf mit Wasser auf und brachte es zum Kochen. Ich ging mit dem Topf in der Hand zurück, die Kommission war schon fast im Wohnzimmer.

»Gehen Sie bitte.«

»Lassen Sie uns miteinander reden.«

»Es gibt nichts zu reden, gehen Sie.«

Die Blonde trat vor, ich schüttete das Wasser über sie. Sie stieß einen Schrei aus, der bis zur nächsten Straßenecke zu hören war. In dieser Stille wird alles gleich unheimlich. Ich schob sie vor mir her, ihre ganze Brust war naß. Die anderen sahen mich entsetzt an. Einer von ihnen, der Hinkende: »Das wird Sie teuer zu stehen kommen, wird sind verpflichtet, zu den Ziviltären zu gehen.«

»Wir werden Ihnen einen Prozeß machen.«

»Bringen Sie mir die Rechnung von der Erste-Hilfe-Station. Ich werde Sie wegen Hausfriedensbruchs verklagen.«

»Wir können die Appartements betreten. Sie wissen, daß wir das dürfen. Und wir werden hineinkommen.«

»Nun gut, kommen Sie, ich werde mehr Wasser kochen.«

Sie gingen fort. Die Frau weinte, die Hände auf der Brust. Hoffentlich ist die abblätternde Haut dieser weißen Küchenschabe verbrannt. Und dann so was, Freundin meiner Frau! Innige Freundin, ein Herz und eine Seele. Und wenn es wirklich so war? Ich verbrachte meine Tage außerhalb des Hauses, Adelaide konnte mir das eine sagen und das andere tun. Das war sogar ihr Recht.

Wie weit ist es mit mir gekommen! Ich habe mehr als dreißig Jahre mit dieser Frau zusammengelebt, und plötzlich solche Gedanken. Ich habe mich beschwert, daß es keine Geheimnisse gab, überhaupt keine Überraschung zwischen uns, und jetzt zweifle ich und bin hellhörig geworden. Was ist aus der Solidarität zwischen den Menschen geworden?

Ich hatte Angst vor einem Prozeß. Wenn die Blonde mit den gefärbten Haaren sich entschloß, mich zu verklagen, bekäme ich Schwierigkeiten. Nicht sofort. So etwas ging langsam, Anwälte waren teuer und der Weg durch die Behörden aufwendig. Die Entbürokratisierung, die Ende der siebziger Jahre begonnen hatte, stockte schon wenige Jahre danach.

Ging in einem Sturmwind von Dekreten unter. Aus diesem Grunde wußte ich, daß ich so schnell nicht belästigt würde. Ich konnte ihrem Mann vielleicht im Korridor begegnen. Das war vorgekommen, und niemand unternahm dann etwas. Das *System* nennt das *Persönliche-Belange-Unmittelbar-Unter-Den-Beteiligten-Gelöst.*

Solchermaßen passend benannt. Für die Sicherheitsorgane ist das höchst bequem. Wir sind unsere eigene Polizei. Jeder entscheidet über seine Angelegenheiten mit Bedacht, weil übermäßige Gewalt eine *Breite Intervention* geben kann. Und dann kommt man nicht los.

Wir warteten. Stille im Korridor, über der Stadt. Merkwürdige Stille, denn wir wußten, daß sie erzwungen war. Drohend. Manchmal knirschte der Fahrstuhl, beförderte brummelnde Alte. Ab einer bestimmten Uhrzeit hörte man nichts mehr. Als gäbe es eine Ausgangssperre.

»Ist doch klar, was diese Nachbarn mit dem Manöver beabsichtigen«, sagte der Mann, der sich an die Stirnseite des Tisches zu setzen pflegte.

»Sie mischen sich ein. Ich habe ihnen nie vertraut, sie sterben vor Neugier.«

»Nichts dergleichen. Sie wollen Sie hier rauswerfen und das Appartement für sich behalten.«

»Unsinn, die Wohnung gehört mir, ich wohne hier seit zwanzig Jahren. Was heißt hier rauswerfen?«

»Heilige Unschuld, würde meine Mutter sagen. Ich habe den Eindruck, Sie gibt es gar nicht. Es überrascht mich, wie Sie sich haben am Leben halten können. Wahrscheinlich tiefgefroren, wie denn sonst. Die haben ein Auge auf das Appartement, weiter nichts. Glauben Sie, das kommt nur von der alten Klatschtante? Nein, weit gefehlt. Sie suchen einen Weg, sich dieses herrlichen Appartements zu bemächtigen.«

»Ich habe Garantien.«

»Von wegen Garantien. Niemand gibt zu irgendwas eine Garantie. Nicht mal für Ihr Leben. Kümmert sich etwa jemand darum, daß Menschen sterben oder verschwinden und woran sie sterben oder warum sie verschwinden?«

»Haben Sie meinen Neffen vergessen?«

»Ich weiß Bescheid über Ihren Neffen, aber die nicht. Sonst gibt es plötzlich Leute, die über Ihrem Neffen stehen, und dann geht nichts mehr.«

»Sie sind viel zu mißtrauisch.«

»Und Sie zu gutgläubig. Ich habe zuviel gesehen, das stimmt. Wissen Sie, wieviel so ein Appartement wie dieses hier kostet? Sie wissen gar nicht, wie viele bereit wären, Geld, Essen, Marken, was auch immer, dafür herzugeben. Nur für die Untermiete eines Zimmers würden Sie dreißig oder vierzig Marken im Monat bekommen.«

»Und Sie haben sich hier gratis eingerichtet, nicht wahr? Eingedrungen sind Sie. Ihnen ist mein Eigentum egal. Sie haben bloß Angst, hinausgeworfen zu werden.«

»Genau das. Wir wollen hier nicht raus, also verteidigen wir uns.«

»Ah, Sie geben das zu . . .«

»Ja, das tue ich. Na und? Glauben Sie, mir macht es Spaß, mich in den *Ärmstenlagern* zu drängeln?«

»Diese Invasion ist nicht gerecht.«

»Alles wird wiederkommen. Sie haben dabei einen Vorteil. Wollen wir wieder Theorien über Eigentum diskutieren? Besitz ist heutzutage Gas, eine Flüssigkeit, etwas, was sich auflöst oder ausläuft. Und jetzt passen Sie auf. Diese Leute werden uns einkreisen. Sie werden das Appartement belagern. Das habe ich schon dort oben gesehen, wir bereiten uns besser darauf vor. Ist der Barbier Ihr Freund?«

»Scheint so. Man kann nie wissen.«

»Versuchen Sie, Informationen von ihm zu bekommen. Bieten Sie ihm dafür Marken an, Konservenbüchsen.«

»Er will irgendeinen Gefallen von meinem Neffen.«

»Benutze das. Er soll dich über die Pläne auf dem laufenden halten.«

»Das kommt mir alles reichlich überspannt vor.«

»Ist es auch. Was sind wir denn alle? Jeder soll auf sich

selbst aufpassen. Morgen werden wir wegfahren, um neuen Nachschub zu holen.«

»Aber hier ist doch kein Platz mehr.«

»Wir machen den Flur hinten frei.«

»Wie bitte?«

»Nimm doch diese Möbel raus. Wer braucht die denn noch?«

»Ich. Das sind meine Möbel. Was denken Sie sich denn?«

»Ich denke, sie stören.«

»Ich habe mein Leben lang damit gelebt. Ich brauche sie.«

»Na eben, als das Leben noch etwas anderes war. Jetzt geht das nicht mehr. Diese Art von Leben ist vorbei. Laß uns die Möbel raustun.«

»Und euch gleich mit.«

»Nun spiel nicht den Tapferen. Wir können uns doch nicht dauernd streiten. Die Situation ist zur Genüge geklärt, wir müssen nur in Frieden zusammen leben, jeder macht eine Konzession, wenn notwendig.«

»Bisher habe nur ich nachgegeben. Ich habe euch die Wohnung und das Essen überlassen, jetzt wollt ihr auch noch meine Möbel.«

»Nanu, was hast du denn? Was bedeuten dir denn diese Möbel? Wir lassen die Betten hier und ein paar Stühle. Wozu den Rest?«

»Die Möbel sind meine Erinnerungen. Die Gewißheit, daß ich gelebt habe.«

»Die einzige Gewißheit, die wir brauchen, ist die, daß wir am Leben sind. Und da kommst du mit Erinnerungen!«

»Leben heißt nicht nur jetzt, sondern auch all das, was hinter uns geblieben ist.«

»Erinnerungen. Du bist der letzte Mensch in diesem Land, der von Erinnerungen spricht. Was können sie geben?«

»Ein Verständnis von mir selbst. Was ich war und was ich sein werde.«

»Wenn die Welt noch einem normalen Rhythmus folgen würde. Du bist doch ehemaliger Professor der Geschichte, du müßtest das wissen. Jahrhundertelang haben die historischen und sozialen Koordinaten funktioniert. Seit etwa dreißig Jahren aber ist alles, was wir haben, unkoordiniert. Die historische Beschleunigung hat alles beeinträchtigt, die Dynamik hat sich in ihrer totalen Konzeption verwirklicht, das heißt in einer ständigen Verwandlung, jeden Augenblick, jede Stunde, jeden Tag.«

»Diese neue Ordnung hat einen Namen. Chaos.«

»Nein. Chaos ist zu stark. Das beinhaltet die vollkommene Desorganisation, die Anarchie. Es gibt Verwirrung, aber das ist kein Chaos. Ich glaube, das rechte Wort wäre Unordnung. Eine Ortsveränderung der Situationen. Zusammenhanglosigkeit der Fakten. Wie jemand, der einen Motor auseinandergenommen und die Teile offenbar ohne jede Ordnung auf dem Boden ausgebreitet hat.«

»Nur kehren im Motor die Teile an die richtige, passende Stelle zurück.«

»Es sei denn, der Mechaniker erfindet einen neuen Motor, was durchaus möglich ist. Wenn er auf die eine Weise nicht funktioniert, dann auf die andere. Der Unterschied zwischen der Welt und dem Motor ist vielleicht der, daß die Welt nicht statisch ist.«

»Alles Geschwätz. Sie werden meine Möbel nicht mitnehmen.«

Es war stickig im Wohnzimmer. Ich fühlte mich angespannt. Ich betrachtete die Staubschicht auf dem Klavier. Adelaides Bild. Ich wollte weinen. War ein Ungeheuer. Was habe ich getan, um meine Frau zu finden? Nichts, keinen Schritt. Dennoch fühle ich jeden Tag, daß ich sie in mir finde. Ich will nicht, daß sie zu einer Erinnerung verblaßt.

Zärtlichkeit steigt auf beim Betrachten eines handkolorierten Fotos. Und es gibt keine Hähne mehr, aber sie krähen noch

Wenn ich dies Bild betrachte, fühle ich mich einsam. Ich wette, meine Freunde würden sich ausschütten vor Lachen, wenn ich ihnen das sagte. Und der, der wie der Chef aussieht, würde Argumente finden, um mir zu beweisen, daß Einsamkeit unangebracht ist. Es ist jetzt nicht die Zeit dafür. Er würde sagen: Wir sind alle allein, niemand beklagt sich. Nur du.

Schon möglich, aber ich habe nichts mit den anderen zu tun. Meine Einsamkeit wiegt schwer. Denk an etwas anderes, sieh die Situation ringsum, es ist nicht mehr möglich, subjektive Gefühle zu haben. Ich glaube, das würde er mir sagen, er scheint ein praktischer Mensch zu sein, der konkrete Vorschläge macht. Gut, reine Überlegung.

Ich verstehe, warum er die Erinnerungen tilgen will. Etwas ist verlorengegangen, unwiederbringlich, und dieser Verlust schmerzt im Innern. Um den Schmerz zu vernichten, löscht man das Gedächtnis aus. Eine offenbar simple Operation, die einzige Lösung. Nur kann ich das nicht, in mir ist alles lebendig. In Aufruhr.

Adelaide ist irgendwo, in ihre eigene Angst verkrochen. Mit jedem Tag fürchtete sie sich mehr. Einmal kam sie und bat mich, nicht arbeiten zu gehen, sie nicht allein zu lassen. Sie konnte nicht erklären, warum, aber sobald ich morgens die Tür hinter mir schloß, geriet sie in Panik.

Sie brauchte lange, bis sie sich wieder gefangen hatte. Schloß Türen und Fenster und verriegelte alles. Nicht nur wegen der Hitze. Die Menschen um sie herum waren ihr vollkommen fremd. »Ich gehe zum Supermarkt und sehe nicht ein einziges vertrautes Gesicht, wo sind unsere Nachbarn, Freunde und Verwandten?«

Während einer bestimmten Zeit sprachen wir über die

Menschenmenge in der Stadt, die mit jedem Tag wuchs. Wir redeten ruhig und ohne Angst darüber, ohne zu merken, was vor sich ging. Es war ein Registrieren der verstreichenden Tage. Ich machte mir keine Gedanken darüber, woher diese Menschen kamen oder warum sie kamen. Oder wer sie waren.

Die Straßen füllten sich, man konnte sie immer schlechter passieren. Die ersten nachhaltigen Verkehrsstockungen traten auf. Und plötzlich verschwanden meine Gesichter, jene, die ich tagtäglich, fast immer zur gleichen Zeit und in identischen Situationen, gesehen hatte. Als hätten sie sich in Nebel aufgelöst.

Nebel, Halbdunkel, Zwielicht, das waren Eindrücke, die mich überkamen, wenn ich die dichte, immer fester geschlossene Menge betrachtete. Wir gingen Schulter an Schulter, Gesicht an Gesicht, und niemand blickte sich an. Man sah zur Seite oder auf den Boden. Und dann tauchten die Verstümmelten und die Kahlköpfigen auf. Und die Schwachsinnigen mit den hängenden Augen.

Zuerst wenige. Dann wurden die Schlangen länger. Die Polizei griff einige heraus, führte sie ab. Sie schienen sich zu multiplizieren. Als Kind hatte ich eine Geschichte gelesen, in der es Tiere gab, die *Shmoos*, die die Menschen sehr mochten. Sie vermehrten sich Sekunde um Sekunde. Aber starben, wenn sie gestreichelt wurden.

Jetzt weiß ich es. Die langen, schweigsamen Nächte bedrückten uns. Wir lagen im Bett, hielten uns an den Händen, betrachteten die Decke, hörten die Geräusche von der Straße. Es gab Zeiten, da schleppten die Menschen sich stöhnend, schreiend, fluchend oder bittend voran. Dann kamen die Ziviltäre und schlugen, verhafteten, fesselten sie.

Wir wagten nicht einmal, aus dem Fenster zu sehen. Wir hatten kein Mitleid. Einfach Furcht. Genau wie die Nachbarn aus dem Haus, von unserem Straßenblock. Am nächsten Tag fanden wir Blut- und Eiterflecken auf der Erde. Oder diese hellen Krümel, die wie trockenes Mehl aussahen und, das wußten wir, von der ausgedörrten Haut der Kranken herrührten.

Wir waren angeekelt. Viele übergaben sich auf offener Straße. Adelaide gestand, daß sie nicht hinsehen konnte. Niemand sagte etwas. Kein Getratsche oder Kommentar dazu. Nur das komplizenhafte Schweigen, das uns mit Schuld belud. Denn wir waren hinter unseren Türen und Fenstern verschanzt. Kamen uns sicher vor.

Diese Angst nicht mit jemand teilen zu können, macht mich noch einsamer. Das ist egoistisch, ich weiß. Ich kann nicht anders, mir ist eben so. Früher, und ich weiß nicht einmal mehr, welche Zeit dieses Früher umfaßt, konnte man Schmerz und Freude teilen, weil wir uns in einer Gemeinschaft befanden.

Wir lebten zusammen, konnten einer auf den anderen zählen und das machte alles viel leichter, erträglicher. Man brauchte nur die Tür zu öffnen, zu klingeln, anzurufen, und die Menschen kamen zusammen und sprachen miteinander. Adelaide nahm den Verlust dieser Gemeinsamkeit viel früher wahr als ich.

Das Gefühl der Einsamkeit war geringer, wir waren nicht hinter vier Wänden, verschlossenen Türen und leeren Korridoren verschanzt. Die Geräusche draußen waren normal, verursachten keine Furcht. Die Menschen konnten sich in die Augen sehen, sich ohne Hemmungen gegenübertreten, voller Aufregung und mit klopfendem Herzen.

Durch meine Hände gehen die Statistiken über die Toten. Jeden Tag sehe ich mit nekrophilem Vergnügen die Todesursachen an. Die Statistiken erfassen natürlich nur die Personen, die innerhalb der *Erlaubten Offiziellen Kreise* wohnen. Jenseits der Barrieren liegt das Unbekannte, das bewußt Ignorierte.

Man stirbt am Herzen. Infarkte, Gehirnschlag, jede Art von kardiologischen Problemen taucht als Todesursache auf. Oder war das gelogen? Wurde etwas vertuscht? Und warum haben Leute unter zwanzig oder noch jüngere ein kaputtes Herz? Man kann das gar nicht glauben. Und was hilft es, nicht zu glauben?

Eines schönen Nachmittags, wir waren noch nicht verheiratet, hatten aber das Haus schon gekauft, gingen Adelaide und ich aus. Ein Schaufensterbummel am Samstag, die Läden waren geschlossen, niemand auf der Straße.

Wir trafen auf einen Standfotografen. Er machte ein so trauriges Gesicht, daß wir uns entschlossen, ihn um ein Foto zu bitten. Wie wir uns umarmten, uns küßten, und noch eine Großaufnahme von Adelaide. Der Mann war begeistert, rückte mehrmals ihr Gesicht zurecht und bog ihr Kinn nach oben zu einer dieser Posen, wie man sie an Zirkuseingängen oder im Schaufenster eines Fotostudios sehen konnte.

Das Bild war sofort fertig. Der Fotograf bat noch um zwanzig Minuten für das Kolorieren. Er traf den kastanienbraunen Ton der Haare und der Augen, aber den Mund malte er zu rot. Es wurde unser Lieblingsfoto, vielleicht, weil wir an jenem Nachmittag besonders glücklich miteinander waren. Unter einem günstigen Stern.

Viele Jahre gingen wir an jenem Platz vorbei und trafen den Fotografen dort, er wirkte immer traurig. Das war seine Art, vielleicht wollte er damit seine Kunden rühren, oder es war seine Haltung dem Leben gegenüber. Wir ließen nie wieder ein Foto machen. Mit dem ersten gaben wir uns zufrieden, es war gut getroffen. Wie wir immer sein wollten.

Ich sehe dieses Foto jetzt, und mir wird klar, wie sicher die Hand des Fotografen und wie scharf seine Beobachtungsgabe war. Adelaides sanfter, heiterer Blick ist nie wieder so festgehalten worden. Das war sie, zart und freundlich, aber nicht passiv. Jedenfalls nicht in den ersten Jahren.

Habe ich sie denn dermaßen verändert? Oder waren es die Geschehnisse um uns herum? Adelaide sah die Welt anders als ich, sie mochte Ruhe und Stabilität und war um ihre Sicherheit besorgt. Die Welt besaß noch feste, unverrückbare Werte. Man konnte sie in der Gewißheit akzeptieren, daß sie mindestens ein Leben lang halten würden.

Und wenn sie sich änderten, geschah das von langer Hand, die Menschen stellten sich darauf ein, nichts explodierte plötzlich und erschreckte einen. Manchmal waren es einfache Dinge. Wie etwa die Volksfeste, zu denen

Männer und Frauen etwas Neues aus Leder oder blauem Tuch zu tragen pflegten. Oder der Brauch, geweihtes Stroh zu verbrennen, damit der Regen aufhörte.

Einfache Kostüme, Zeremonien, Rituale, Gewohnheiten, Dinge, die Jahrhunderte überdauert hatten, von Großvater zu Vater zu Sohn, Enkel und Urenkel weitergegeben worden waren. Vertraute, spontane Gesten, Sprechweisen, die Mahlzeiten. Sie blieben. Sie vermittelten Festigkeit, ließen Heiterkeit aufkommen und bedeuteten Gewißheit und Fortdauer.

An ebenjenem Nachmittag kauften wir einen ganz einfachen Bilderrahmen aus hellem, unbearbeitetem Holz, der Platz für ein größeres Foto bot, aber Adelaide legte ein weißes, jetzt vergilbtes Passepartout unter. Die Farben der Fotografie hingegen wirken immer noch gut in ihrem ruhigen Pastellton.

Es fehlt die Hand auf meiner Schulter. Es fehlt der leichte Vorwurf beim Abendessen, denn ich schlürfe meine Suppe immer etwas. Statt der *Pathêtique* und der Platten mit klassischer Musik jetzt das Transistorradio mit Musik aus dem Sertão, von diesem Mann, der in die Wohnung eingedrungen ist. Sie wollen mir alles wegnehmen, ich muß das Foto von Adelaide retten.

Ich bin über mich selbst erstaunt, ich will das Foto behalten, die Vorstellung, sie könnten es wegnehmen, empört mich. Adelaide ist noch immer verschwunden, und ich sitze und wälze philosophische Gedanken. Die Aussicht, meine Wohnung und die Möbel zu verlieren, irritiert mich, während der größere Verlust, nämlich sie, mich lange Zeit ungerührt gelassen hat.

Oder war es nur kurze Zeit? Ich habe keinen Begriff von Stunden, Tagen, Wochen. Wieviel Zeit liegt zwischen der Entdeckung des Loches in meiner Hand und Adelaides Fortgehen? Ich weiß es nicht. Ist auch nicht wichtig. Tadeu Pereira (ich muß ihn suchen) hat recht. Was jetzt zählt, sind nicht Tage und Monate, sondern Situationen und Ereignisse.

Die Sonne geht auf. Ich habe die Nacht auf diesem Sofa verbracht. Ich weiß nicht, ob ich eingenickt bin, ob ich geschnarcht habe. Ich nehme das Bild von Adelaide und stecke es in die Schublade der Kommode zwischen gebügelte Hemden, Unterhosen und Socken. Die Stadt liegt noch schweigsam, man hört nichts aus dem Korridor. Ob sie aufgegeben haben?

»Heute abend kommt ein kleiner Lastwagen. Du hast den ganzen Nachmittag Zeit, die Sachen zusammenzuräumen«, sagt der Mann, der mir der Chef zu sein scheint.

»Einfach so, so plötzlich? Ich dachte, ich hätte noch ein paar Tage.«

»Eine Kriegsoperation, mein Freund. Wir müssen Zeit gewinnen.«

In der Küche herrschte ein heilloses Durcheinander, Adelaide würde sterben, wenn sie hier wäre. Ich mache mir Sorgen, wenn ich an diesen Umzug denke, welche Möbel ich aussuchen soll. Ich mag alles in dieser Wohnung, ich fühle mich an die Tische, Stühle, das Klavier, den Schnickschnack, die Bilder, Kommoden, Schränke, Ständer, Couchtische, Regale oder Blumensockel gebunden.

Nun, an all diesen Kram, mit dem jedes Zimmer vollgestopft ist. Die leeren Vasen auf den Sockeln. Adelaide mochte keine Plastepflanzen, sie fand sie scheußlich, auch wenn sie noch so perfekt waren. Man stellte sie zuletzt mit Naturduft her, was sie schaurig schön machte.

Nur die ganz Reichen bekommen Naturpflanzen. Sie werden zu unerschwinglichen Preisen in Kunstgalerien verkauft. Eine Pflanze kostet mehr als vor Jahren Bilder. Auf den Versteigerungen werden Picassos gegen Farne eingetauscht, Portinaris gegen Steinraute. Duke Lee gegen Geranien.

Es gibt Sammler und Marchands und Treibhäuser. Die Besitzer verfügen über Extramengen Wasser. Sie sind privilegiert. Denn wenn man herausfindet, daß jemand Wasser vergeudet, ade. Er kann sich auf die *Isolation* gefaßt machen, und die ist tödlich. Es ist klar, daß das Gesetz auf einige wenige nicht angewendet wird.

Obwohl er künstlich ist, riecht der Kaffee gut. Es gibt

auf dieser Welt nichts höher Entwickeltes als die Industrie künstlicher Aromas. Schade, daß sie den Gestank in der Stadt nicht beseitigen können. Und dennoch schmeckt der Kaffee nach nichts, es ist nur der Duft.

Es klingelt, der Mann, der sich immer an die Stirnseite des Tisches setzt, geht an die Tür. Er bleibt einen Augenblick dort. Stimmengemurmel. Er kehrt mit einem Papier in der Hand zurück und lächelt ironisch. Ohne daß er etwas sagt, weiß ich, daß es wieder die Nachbarn waren. Was haben sie jetzt vor? Der Mann streckt mir das Papier entgegen.

»Eine Vorladung.«

»Wohin?«

»Wir sollen uns beim Distrikt melden.«

»Wozu?«

»Wir sollen aussagen. Da steht, wir sollen unsere Arbeitsbücher mitnehmen und beweisen, daß wir angestellt sind.«

»Und wenn wir das nicht beweisen?«

»Was weiß ich. Wir gehen nicht hin. Wir brauchen bloß wegzugehen, dann schlagen die Nachbarn die Tür ein und lassen sich hier nieder.«

»Und die Vorladung?«

»Davon gibt es sicher Tausende. Jeder denunziert jeden. Sie verschicken sie zwar, aber sie dürften kaum Zeit haben, allem nachzugehen. Wir müssen es darauf ankommen lassen. Das Gute am Chaos ist eben die fehlende Kontrolle. Der Mann, der die Vorladungen ausfertigt, wird für das Tippen und Abschicken bezahlt.«

»Ja gut, aber du vergißt, daß die Denunzianten hinter ihm stehen und kontrollieren. Das tun sie umsonst, also braucht die Regierung keine Inspekteure zu unterhalten.«

»Das nützt nichts. Wenn du kein Inspekteur bist, hast du auch keine Erlaubnis, zu kontrollieren. Jedes Departement handelt innerhalb seiner Zuständigkeit.«

»Aber man kann die Inspekteure kaufen.«

»Das ja. Nur so geht es übrigens. Sie kaufen, und wir kaufen wieder. Wer zuerst kommt, mahlt zuerst.«

»Ich habe Angst. Wenn es etwas Offizielles ist, kann man nie wissen.«

»Du hast immer Angst. Entspann dich, Alter. Immer mit der Ruhe.«

»Ich weiß nicht. Alles lief gut und normal. Plötzlich habe ich nichts mehr, woran ich mich festhalten kann, ich bin nervös und verschreckt.«

»Naja, das verstehe ich gut. Allen in deiner Schicht geht es so. Als die großen Kalamitäten passierten, ist niemand unruhig geworden, niemand hat auch nur den kleinen Finger gerührt. Jetzt seid ihr alle aufgescheucht.«

»Du predigst immer nur. Als stelltest du das Gute dar. Geh mir nicht auf die Nerven, verstanden?«

Wenn er sich ärgert, dieser Besserwisser, spuckt er Regeln aus, deshalb kann ich diesen Kerl nicht leiden. Und nicht, weil er sich meiner Wohnung bemächtigt hat. Für jede Situation hat er einen Kommentar, formuliert er eine Hypothese, weiß er die Antwort, gibt er einen Spruch von sich. Und der Dumme bin ich, der ich zweifle und akzeptiere, was er mir sagt.

Wo soll ich nur anfangen? Ich gehe durch die Wohnung, alles durcheinander, die Möbel an die Seite gerückt, die Dosen aufgestapelt. Plastetüten, Kartons, Kisten.

Die Truhe. Ich hatte sie völlig vergessen. Wie viele Jahre unseres Lebens liegen in dieser Truhe aufbewahrt. Ich horte leidenschaftlich gern. Das brachte mich Adelaide näher, wir vertrugen uns gut. Die Truhe muß im kleinen Zimmer stehen, vergraben unter den Stapeln von Kalendern. Und die Männer, die dort eingesperrt sind?

Ich gehe zum Zimmer und versuche, durch den Türschlitz zu horchen. Kein Ton. Tot? Einer war ziemlich verwundet, als sie ihn hineinstießen. Diese Dienstmädchenzimmer sind winzig wie eine Einzelzelle im Gefängnis. Stickig. Und dunkel. Und niemand hat ihnen Essen gebracht. Der Schlüssel hängt halb aus dem Schloß heraus. Sie müssen versucht haben zu fliehen. Ich warte einen Augenblick, will die Tür nicht öffnen. Ich habe Angst, daß sie nur darauf warten. Wenn ich öffne, werden sie mich überrollen wie eine Dampfwalze. Ach was, arme, zerlumpte Teufel sind sie, konnten sich nicht auf den Beinen halten.

Sicher schlafen sie, noch ist es früh. Oder sie sind bewußtlos. Leise und vorsichtig stecke ich den Schlüssel wieder zurück. Ich drehe ihn behutsam und hoffe, daß das Schloß kein Geräusch von sich gibt. Nur ein trockenes Klick, das die Wirbelsäule erstarren läßt. Ich warte ein wenig, die Hand auf der Klinke. Reglos.

Eine Weile, die sich mir lang genug hinzuschleppen scheint. Ein Hahn kräht. Für einen Augenblick lenkt mich das Krähen ab. Ich sinke in mir zusammen. Kann nicht sein, hier gibt es keine Gärten. Wie viele Jahre schon habe ich keinen Hahn mehr gehört. Vielleicht eine Schallplatte, es werden so viele mit Tönen, Stimmen oder Gesang verkauft.

Ein Nostalgiker, der in der Morgenfrühe seine Stereoanlage eingeschaltet hat. Ob echt oder nicht, ich wiege mich im Rhythmus des wohlklingenden Hahnenschreis. Wenn ich meinen Gedanken freien Lauf lasse, überschlagen sich die Erinnerungen, und das affektive Gedächtnis gerät außer Kontrolle. Zusammenhanglose Bilder tauchen auf und zerfallen.

Ich öffne die Tür, als sei dies das Entscheidendste in meinem Leben. Wichtiger als die Prüfer während der Verteidigung meiner Dissertation oder der Tag, an dem ich zur Direktion gerufen wurde und man mir mitteilte, ich sei vorzeitig pensioniert worden, oder damals, als ich zur *Politischen Polizei* ging, um eine Karteikarte als Rebell zu unterschreiben, oder der Augenblick, als das Schiff auslief.

Nicht einmal, als ich entdeckte, daß Adelaide fortgegangen war. In keiner dieser Situationen habe ich die Angst gefühlt, die ich in diesem Augenblick empfinde. Als hinge mein Leben von dieser Geste ab. Leben im physischen Sinne. Die Tür zu öffnen kann den Tod bedeuten. Na, na, das kann auch nur ich mit meiner blühenden Phantasie denken.

So, jetzt ist sie offen. Nichts passiert. Die Männer liegen übereinander auf dem Boden. Die Wände voller Blut. Ach, da ist ja noch einer. Ein Alter mit weißem Haar, mit dem Gesicht auf dem Boden. Der war nicht unter denen, die versucht haben, hier einzudringen. Ich drehe die Leiche mit einem gewissen Ekel um. Der Barbier ist tot. Erstochen.

Souza geht in die Küche und ist hypnotisiert von dem faszinierenden Geheimnis eines kochenden Eies

Ich kann es nicht verstehen. Überhaupt nicht. Ich bin wie gelähmt, der braune Fleck flimmert vor meinen Augen, und es kribbelt im ganzen Körper. Ich kann einfach nicht glauben, was ich sehe. Warum haben sie den Barbier getötet? Und wann? Wie haben sie ihn hergebracht?

Ein Mann, der niemand etwas zuleide getan, von seinem Beruf gelebt und sich nie in das Leben der anderen eingemischt hat. Wenn er über Vorgänge in unserem Gebäude Bescheid wußte, so deshalb, weil die Alten ihm alles erzählt haben. Sie gingen immer auf einen Plausch zu ihm hinunter, alte Menschen hängen an solchen Gewohnheiten. Von den Alten kann es keiner gewesen sein, sie hätten gar nicht die Kraft.

Ich habe keine Erfahrung, aber ich kann sehen, daß der Barbier Widerstand geleistet hat. Das Hemd ist über der Brust zerrissen, die Schnittwunden von einem Dolch oder Messer sind blutverklebt. Wenn es ein Schuß wäre, sähe man wahrscheinlich ein rundes, kleines Loch. Jemand muß fest entschlossen und kaltblütig gehandelt haben. Ein Profi.

Nicht das Werk eines Alten, die Alten sind zu gefühlvoll, vielleicht könnten sie eine solche Szene gar nicht überstehen. Wer weiß? Was mir alles in den Sinn kommt. Seltsam, es beschäftigt mich viel mehr, daß der Barbier in meinem Zimmer ist, als die Art seines Todes. Es beunruhigt mich, ihn hier versteckt zu finden.

Ich Dummkopf, natürlich war es einer von den drei Eindringlingen. Wie sind sie hereingekommen? Wann haben sie das getan? Als ich eingenickt war? Aber ich habe einen leichten Schlaf, wäre doch bei dem geringsten Geräusch aufgewacht. Und ich lag auf dem Sofa im Wohnzimmer, also mitten im Weg. Sie können mich auch betäubt haben.

Nachdenken hilft nichts. Besser fragen. Jemanden rufen, wir müssen die Leiche wegschaffen, sie ist steif, wird bald stinken. Ich will meine Wohnung nicht verpesten. Und die Vorstellung, einen Toten in meiner Nähe zu haben, finde ich auch nicht angenehm. Mir langt es. Das ist einfach zuviel.

Die Lähmung weicht, der braune Fleck bleibt noch für ein paar Augenblicke. Ich bin sicher, daß der Fleck nicht mehr reglos ist, in seinem Innern bewegt sich etwas. Mit jedem Tag nimmt es mehr Form an, wenn ich Geduld habe, wird er noch ganz deutlich, und ich werde herausfinden können, was es ist.

Was es nicht alles in der Welt zu entdecken gibt. Ich versuche, die Verwirrung um mich herum zu verstehen, und schlage mich dabei noch mit meinen eigenen Problemen herum. Wenn ich den Mut hätte, würde ich zu einem Arzt gehen. Mut und Geld, niemand kann das aufbringen, was die verlangen. Außerdem würde ich endlos viele Tests machen müssen.

Einmal in die Mühle geraten, gibt es kein Entkommen. Bestimmt wird der erste nicht gleich entdecken, was ich habe. Ich werde von einem Spezialisten zum anderen geschickt, lasse all mein Blut, meinen Stuhl und meinen Urin in den Labors, werde ausgesaugt und benutzt werden. Und danach der berüchtigte Apothekenzyklus.

Deshalb vermeiden wir es, zum Arzt zu gehen. Wenn sie keine bestimmte Krankheit entdecken, schicken sie einen zu den *Psys.* Na, und dann ade, o Welt. Denn die *Psys* haben vor allem die Funktion, dich davon zu überzeugen, daß du unfähig bist, dein Leben selbst in die Hand zu nehmen, also bist du verrückt. Ohne weitere Beobachtung attestieren sie dir Wahnsinn.

Und Verrückte kommen in die *Isolation Für Geisteskranke.* Mit dem Augenblick der Aufnahme des Patienten werden dessen Einkünfte automatisch an die Kasse der Isolation umgeleitet, damit die Behandlung bezahlt werden kann.

Wenn du einen Schwachsinnigen findest und ein Zeichen gibst, lassen die *Psys* ihn holen. Und es gibt eine Belohnung in Form von Wassermarken oder irgendein anderes Privileg. Versteht ihr jetzt, warum die Menschen auf der Straße sich vorsichtig bewegen und es vermeiden, mit anderen zu sprechen, keine abrupten Bewegungen machen und nicht schreien?

Jede verdächtige Bewegung, jede Haltung außerhalb des Normalen kann das Anzeichen für eine vorhandene Verwirrung sein. Und die *Psys* stürzen sich darauf, sie lechzen danach wie wildgewordene Hunde. Auch aus diesem Grunde wollen viele ihre Häuser nicht verlassen. Man kann nie wissen. Auf einmal niest man in einem anderen Ton, und ade.

Jetzt möchte ich am liebsten aufspringen und schreiend weglaufen. Aus Entsetzen vor diesem erstochenen Mann, der da in meiner Wohnung liegt. Ach Adelaide, du hast gut daran getan, zu verschwinden, du würdest solche Szenen nicht aushalten. Sie sind auch nicht zum Aushalten, aber wir müssen sie ertragen, damit fertig werden, sie sind so alltäglich wie Reis und Bohnen.

Seit wie vielen Jahren denke ich das schon: mein Alltag, ich muß ihn leben, so gut wie irgend möglich. Alle Welt denkt so, und deshalb läuft es, wie es läuft. Vor langer Zeit hatte ich die Vorstellung, eine allgemeine Revolution müßte möglich sein, wenn es mir gelänge, Reformen in einer Gruppe zu erreichen.

Jeder würde innerhalb seiner Gruppe handeln. Dann würden wir diese Reformen zusammenfassen und erzielten eine Veränderung. Es gäbe natürlich eine allgemeine Tendenz, eine Linie, der man folgen und die solche Veränderungen bündeln würde. Ich dachte darüber nach, tat aber nichts. Ich sorgte mich ums Überleben, um meine Familie und um das Haus.

Ich arbeitete, um das Haus abzuzahlen. Akzeptierte den Tausch gegen die Wohnung. Kämpfte, um eine Arbeit zu finden. Akzeptierte, was man mir gab, aus Angst vor einer Nicht-Zukunft. Und so kam ich geradewegs in der Nicht-Gegenwart an. Wenn ich zurückblicke, sehe ich, daß ich in einer Nicht-Vergangenheit gelebt habe. Und die Schlußfolgerung ist fürchterlich.

Ja, denn ein Mensch, der eine Nicht-Vergangenheit durchgemacht hat und sich jetzt in einer Nicht-Gegenwart befindet, dieser Mensch existiert nicht. Was für eine komische, verrückte Idee. Ich existiere nicht. Aber hier bin ich und kann mich anfassen. Ich denke, überlege und ziehe Schlüsse. Ich sehe mich, spiegle mich aber nicht, es gibt kein Bild.

Also sieh mal einer an, was da Verrücktes vor sich geht: Weil ich denken kann, existiere ich nicht, bin ich nicht. Ich war nicht und werde nicht sein. Und dennoch bin ich hier. Ich möchte mal das Gesicht von dem Neunmalklugen sehen, der sich immer an die Stirnseite des Tisches setzt, wenn ich ihm diesen Gedankengang vortrage. Was wird er dazu sagen?

In der Küche treffe ich die drei. Sie trinken Kaffee und kauen trockene Kekse, ein einförmiges, gleichmäßiges Geräusch. Sonst hört man nur noch das kochende Wasser auf dem Herd. Ein Ei liegt im Topf, ich wundere mich. Ein Ei. Faszinierender als die Entdeckung der Leiche.

Ein Ei in kochendem Wasser. Diese Männer müssen mächtig sein. Oder mein Neffe hat mehr Macht, als ich mir vorstelle, und ich nutze das nicht aus. Ein herrliches Ei mit weißer Schale rollt im Topf herum. Ich kann mich nicht beherrschen, das Schauspiel hypnotisiert mich. Nichts einfacher als ein Ei. Und nichts unmöglicher. Dennoch liegt es vor mir, ich kann es berühren, kann seine Wärme fühlen. Welch ein Trost, was für ein Gefühl der Sicherheit. Das Ei gibt mir die Gewißheit, daß etwas bestehenbleibt. Das Ei ist eine Wahrheit. Ich fühle, wie ich wieder zu mir finde. Gleichzeitig ist das Ei ein Geheimnis, es bereitet mir Vergnügen.

»Was habt ihr getan? Dort hinten im kleinen Zimmer liegt eine Leiche«, sage ich dem Mann, der sich immer an die Stirnseite des Tisches zu setzen pflegt.

»Ist einer von den Ärmsten gestorben?«

»Nein, einer von euch hat den Barbier getötet.«

»Wie kannst du so etwas sagen?«

»Es kann nur einer von euch gewesen sein. Wer sonst soll mit einer Leiche hereingekommen sein?«

»Weiß ich nicht.«

»Sei nicht so zynisch.«

»Bin ich gar nicht. Ich wußte es wirklich nicht. Was du mir da erzählst, ist mir neu. Wir werden dem nachgehen.«

»Das wird nicht schwer sein.«

»Ein Mord ist etwas Schwerwiegendes. Kann sein, daß keiner von uns den Mann umgebracht hat. Wer sagt denn, daß er nicht einfach an der Tür gelegen hat und wir ihn nur reingeholt haben? Übrigens ist es auch so gewesen. Er hat heute früh an die Tür geklopft und um Hilfe gebeten. Er war blutüberströmt. Wir haben ihn hereingeholt, er ist in der Küche gestorben, ohne zu sagen, was passiert war.«

»Du hast eine blühende Phantasie. Warum habt ihr mich nicht geweckt?«

»Wozu? Hättest du den Mann gerettet? Bist du Arzt?«

»Dies ist meine Wohnung, muß ich das dauernd wiederholen? Ein Mann ist unter meinem Dach gestorben, und ich erfahre das rein zufällig. Und wenn ich nicht in das kleine Zimmer gegangen wäre? Die Leiche würde dort verfaulen und das ganze Haus verpesten.«

»Laß mal gut sein, niemand stirbt an Gestank. Sonst gäbe es keine lebende Seele mehr in der Stadt, oder?«

»Diese Unterhaltung ist Wahnsinn. Im kleinen Zimmer liegt ein Toter. Wir müssen uns um ihn kümmern.«

»Man wird sich kümmern. Ist alles hübsch geplant. Nur nicht aufregen.«

»Geplant? Heißt das, es gibt eine Operation, von der ich nichts weiß, und dieser Mord gehört dazu? Hübsch, sehr hübsch. Einfach zu schön, ich kann nicht einmal in meiner eigenen Wohnung bestimmen. Wohin soll das führen?«

»Ruhe, reg dich ab. Wir hätten dir Bescheid gesagt. Wir wollten dir etwas Zeit geben. Heute abend wird alles geregelt.«

»Was heißt hier geregelt?«

»Das überlaß nur uns.«

»Jedesmal, wenn ich mich auf jemanden verlasse, falle ich rein.«

Das Ei brodelt, der Mann, der immer Konfekt ißt, blickt auf die Uhr. Es scheint sein Ei zu sein, jedenfalls beobachtet er das Kochen. Er begegnet meinem faszinierten Blick und bleibt ungerührt. Weder ein Lächeln oder Anbieten noch der Wille zu teilen.

Nun gut, sein Ei. Soll er damit machen, was er will. Ich habe schon so viel gesehen, was ich nicht haben kann, ich werde wegen so einer Kleinigkeit jetzt nicht verbittert sein. Pech. Die Leiche des Barbiers geht mir nicht aus dem Kopf. Erst jetzt wird mir klar, warum. Der Tod ist sehr nah, wir versuchen ihm nur zu entkommen.

Daher meine Wut auf den Barbier und diese Leute. Sie sprechen etwas in mir an, was ich ablehne, bekämpfe, zu vergessen suche. Ich glaube, auf einem Schlachtfeld sollten wir die Aussicht auf den Tod von uns weisen, auch wenn alle Welt um uns herum zugrunde geht. Es ist die einzige Möglichkeit zu überleben.

Angesichts der Leiche muß ich zugeben: Ich stehe auf der Liste. Ich kann der nächste sein. Ich will mich von dem Toten befreien, und zwar rasch. Einer Situation aus dem Wege gehen, die mein Bewußtsein schärft. In meine warme, bequeme Abgeschiedenheit zurückkehren. Das Problem ist nur, ich kann nicht mehr allein sein, die Eindringlinge sind da. Ich kann mich nicht von ihnen frei machen.

Das Entsetzen vor dem Toten, der im Dienstmädchenzimmer liegt, zwischen den bewußtlosen Verwundeten, alles dreht sich in meinem Kopf. Schreien, mich gegen die Wand werfen, aufgeben. Sollen diese Leute doch alles übernehmen. Diese Wohnung, warum mache ich mir noch etwas vor. Warum verteidige ich sie eigentlich?

Immer an etwas gebunden sein, an Menschen, Gegenstände, Gedanken. Da stehe ich nun, genau wie alle anderen. Ich werde Tadeu suchen, sein Kopf funktioniert noch richtig, er hat mir von einer Gruppe erzählt oder so was ähnliches. Ich will weg, fort von diesen Leuten. Ich weiß nicht einmal, wer sie sind, sie haben mir nichts gesagt. Nun, ich habe auch nicht gefragt.

»Gibt es da oben eine gute Terrasse?« fragt der Mann, der sich immer an die Stirnseite des Tisches setzt.

»Ja.«

»Willst du mit mir hinaufgehen?«

Wir warten nicht auf die Fahrstühle, sondern gehen zu Fuß. Er ist agil, nimmt immer zwei Stufen auf einmal, ich bitte ihn, auf mich zu warten. Mir ist nicht danach, mein Herz bis zum Zerspringen anzustrengen. Die Treppen sind dreckig, schwarze, ölige Schichten verschmieren jede Stufe. Wir rutschen aus, die klebrige Masse bleibt an den Schuhen hängen.

Mein Begleiter scheint das nicht zu spüren, ihm machen Dreck und Gestank nichts aus. Die Wände brennen wie Glut, die Morgensonne strahlt direkt darauf. Es wird noch stickiger als gestern, schlimmer als vorgestern werden. Viel besser als morgen.

Schwitzend halten wir im 29. an, wir hören vertraute Geräusche von Tellern und Töpfen, das Pfeifen aus der Gasleitung. Wenigstens an Gas fehlt es nicht, ein aus Müll gewonnenes Produkt. Rohstoff gibt es in dieser Stadt reichlich. In der Ferne Donner, als seien es Kanonenschüsse oder explodierendes Dynamit.

Und weiter die Treppe hinauf. Wir kommen oben an. Die Tür zur Terrasse ist verschlossen, Vorhängeschloß und Türschloß sind verrostet. Seit Jahren muß hier niemand gewesen sein. Als wir herzogen, kam Adelaide manchmal herauf und traf junge Mädchen, die sich sonnten. Die Mädchen sind weggezogen oder alt geworden.

Der Mann, der sich an die Stirnseite des Tisches zu setzen pflegt, zieht einen Revolver heraus. Ich hätte nie gedacht, daß er bewaffnet herumläuft. Zwei Schüsse, und das Vorhängeschloß springt auf. Komisch, wie sehr wir an jede Art von Lärm gewöhnt sind. Die Schüsse klingen natürlich, die Tür war nur verklemmt, ein Fußtritt, und sie öffnet sich wie in einem Film.

Eine riesige Terrasse, sie sieht wie eine Wüste aus, so viel Staub und Sand hat der Wind vor langer Zeit oder allmählich im Verlauf von Monaten und Jahren dort hingeweht. Zerbrochene Stühle, eine Tischplatte, ein Stapel Flaschen. Alles aus Plaste. Ein Haufen undefinierbares Zeug, von Erde bedeckt.

Unsere Füße sinken tief ein, der Staub reicht bis an die Knöchel, wir hinterlassen tiefe Spuren. Für einen Augenblick, einen dieser seltenen Augenblicke, herrscht vollkommenes Schweigen über der Stadt. Nur für Sekunden. Die jedoch wie eine Ewigkeit erscheinen, so sehr haben wir uns an den ohrenbetäubenden Krach gewöhnt.

Für mich sind diese Perioden des Schweigens wie ein Geheimnis. Als seien sie abgemacht, lange geübt, nach einem millimetrisch genauen Plan abgesteckt. Alles verstummt. Stimmen, Schritte, Lustschreie, Hundegebell, Schläge, Explosionen, Husten, Räuspern, Musik, Kratzen, Schocks, Pfeifen, Murmeln, Gelächter.

Als hätte das menschliche Leben aufgehört zu existieren. Einfach aufgehört. Und wir schwebten losgelöst dahin. Wie die ersten Astronauten, jene Männer, die in den sechziger Jahren sinnlos den Weltraum durchquerten. Ähnlich den beiden, die auf dem Mond Staub betraten, der sich in Jahrtausenden abgelagert hatte.

Auf dieser Terrasse empfinde ich den Mond als kreisenden Planeten, und ich, von der Erde losgelöst, bin zu einem Neuanfang bereit. Vor mir die Wüste, und in Kürze werden aus dieser trockenen, verbrannten Erde, die über dem Gebäude liegt, Larven hervorkriechen, Puppen, Amöben, neue Arten, die an Sonne, Hitze und Trockenheit angepaßt sind.

Sicher phantasiere ich. Mein Blick trübt sich, die Sonne brennt mir auf den Kopf, mein Hemd klebt. Ich laufe, um mich unter einem kleinen Dachvorsprung unterzustellen.

Der Mann, der der Führer zu sein scheint, läuft über die Terrasse, stampft mit den Füßen auf, prüft die Ränder. Was hat er vor?

»He, laß uns hinuntergehen, es ist zu heiß«, rufe ich.

»Gleich, gleich. Ich habe gesehen, was ich wollte. Ich glaube, es wird gehen.«

»Was denn?«

»Wart's ab. Eine schnelle Operation.«

»Warum hast du mich mitgenommen?«

»Zur Begleitung.«

»Nur deshalb?«

»Was denn sonst? Du wirst ja hysterisch in der Wohnung. Du mußt raus, Luft schöpfen. Warum gehst du nicht in die Stadt? Du hast eine Zirkulationsmarke und eine Sondererlaubnis für den Bus.«

»In der Stadt bin ich noch niedergeschlagener als zu Hause.«

»Das Zuhause ist kein Zuhause mehr, es ist ein Gefängnis.«

»Ich mag meine Wohnung, dort fühle ich mich wohl.«

»Jemand hat Wäsche auf der Leine vergessen.«

Da sind wirklich Hosen, Hemden, ein Nachthemd, ein Schlafanzug, Strümpfe, an Nylonschnüren aufgehängt. Die Wäsche ist zerfetzt und hart, sie hängt herab wie Stalaktiten. Jemand, der sie hat trocknen lassen und schnell fortgegangen ist. Ob er verhaftet wurde? Oder rasch flüchten mußte? Wer kann solche Geheimnisse erklären? Oder war es nur Vergeßlichkeit?

Ich berühre das Nachthemd. Man kann nicht einmal sehen, ob es aus Seide, Nylon oder Baumwolle besteht. Wie fossilisierte Wäsche, denke ich. Seit wie vielen Jahren hängt sie wohl schon hier, dem Wetter ausgesetzt? Der Stoff ist brüchig, er sackt zusammen wie ein Sandhaufen und hinterläßt Flecken auf den Fingern. Die Vergangenheit hat uns fossilisierte Fische, Vögel und andere Tiere vermacht.

Auch versteinerte Bäume. So kann man Geschichte studieren und Zeitalter rekonstruieren. Wir vermachen der Zukunft fossilisierte Konsumgüter. Kleidung, Autos, elektronische Geräte und Tausende von anderen Produkten, nützliche und unnütze, die diese Zivilisation geprägt haben.

Unsere Geschichte ist auf dieser Wäscheleine aufgereiht. Der Wahnsinn dieser Epoche kann an Hand dessen erforscht werden, was auf den Balkons, auf den Grundstükken, in den Metro-Tunneln und Kellern, in verlassenen Appartements, an Supermarktruinen und leeren Tempeln übrig ist. Ach, wenn die Wäscherinnen von früher mich hier phantasieren sähen.

Sie würden unzählige Wäschestücke auf die Leinen hängen, verfaulen lassen und sagen: Wir werden den Jungen helfen, sie brauchen uns, sonst geht die Geschichte zu Ende. Was wäre die Geschichte ohne die Wäscherinnen der Vergangenheit? O ja, das ist wirklich Vergangenheit, denn die Wäscherinnen am Zuber sind mit meiner Großmutter ausgestorben.

Mein Begleiter läßt den Blick über diese Privatwüste schweifen. Um uns herum entdecken wir auf niedrigeren Gebäuden andere, ähnliche Wüsten. Irgendwann einmal haben die Ziviltäre die Dächer aller Gebäude wegen der Scharfschützen versiegelt.

Noch immer sind die Hausdächer Sicherheitszonen. Es ist nicht ratsam, daß jemand uns hier sieht. Wohin man auch blickt, lauter verstaubte, leere Dachterrassen. Wenn es einmal regnete, würde sich schwerer Schlamm bilden, vielleicht hielten die Decken das Gewicht nicht aus. Kann man sich sowas vorstellen? Sumpfgebiete auf Dächern?

»Sieht alles so gleich aus. Deshalb bin ich verwirrt.«

»Was ist gleich?«

»Wie das Land, aus dem ich gekommen bin, und die Regionen, die ich durchquert habe.«

»War es dort genauso?«

»Schlimmer. Viel schlimmer. Ich habe versucht, es zu vergessen. Ich mag nicht darüber sprechen. Aber es sitzt in meinem Kopf, das kann man nicht einfach vergessen. Verstehst du jetzt, warum du nicht viel von mir weißt, nicht, woher ich komme? Ich habe versucht, die Erinnerung auszulöschen, dumm, wie ich bin. Auszulöschen –

und wir sollten doch genau das Gegenteil tun, uns erinnern, das Entsetzen wachhalten, um dagegen ankämpfen zu können.«

Schon wieder dieser Quatschkopf mit seinen Theorien. Weiß ich doch alles, der braucht mich nicht zu belehren. Ich bin etwas verärgert über diesen Mann, würde gern herausfinden, warum. Was an ihm macht mich so allergisch? Die beiden anderen fallen kaum auf, sie bewegen sich, als seien sie unsichtbar.

Dieser hier nicht. Vielleicht ist es seine Sicherheit, wie er der Situation ins Gesicht sieht. Vielleicht glaube ich, von ihm stamme die Idee, in meine Wohnung einzudringen? Dieser Mann besetzt meine Privatsphäre und will mir beweisen, daß Privatsphäre heute anders beurteilt wird. Anders? Von wegen, er braucht nur eine Rechtfertigung. Er wickelt einen ein.

»Wieso schlimmer?«

»Dort oben im Nordosten, in den Gebieten, die nicht von den Reservaten der Multinter vereinnahmt worden sind, wo wir uns noch bewegen konnten, sah man nur ausgedorrte Erde, keine Vegetation. Der Boden war übersät von verstaubten Tierskeletten, die in der Sonne zerfielen. Auch wir lösten uns fast in Nichts auf, man brauchte nur eine Weile in der Sonne zu stehen.«

REZESSION IM NORDOSTEN.
WER ARBEITET, DROHT
NACHTS ZU STERBEN.
UND DIE HITZEBALLONS
NEHMEN ZU, NUR DER REGENSCHIRM
AUS SCHWARZER SEIDE HÄLT STAND

(Erzählung des Mannes, der immer an der Stirnseite des Tisches zu sitzen pflegte. Souza, Geschichtsprofessor, hörte zu und erinnerte sich an den ersten Kreuzzug gegen Jerusalem, als die Stadt 1099 zerstört wurde, beschrieben von

D'Agiles in seiner HISTORIA FRANCORUM QUI CEPERUNT HIERUSALEM: »Von den Sarazenen wurden einige geköpft, was noch das mildere Schicksal für sie bedeutete; andere, von Pfeilen durchbohrt, mußten von den Turmspitzen springen; wieder andere wurden nach langem Leiden den Flammen übergeben und von ihnen verzehrt. Auf den Straßen und Plätzen der Stadt sah man Teile von Köpfen, Händen und Füßen. Infanterie und Kavallerie bahnten sich ihren Weg durch Leichen hindurch. Aber all das war gar nichts. Gehen wir zum Tempel Salomons, wo die Sarazenen ihre Kultfeiern abzuhalten pflegten! Was geschah an diesem Ort? Wenn wir die Wahrheit berichten, werden wir die Grenzen des Unglaublichen überschreiten.«)

Der Mann, der immer an der Stirnseite des Tisches sitzt, begann seine Erzählung: »Ich habe in einer Weberei gearbeitet, bis sie geschlossen wurde. Als im Nordosten alles zu Ende war, bin ich fort. Ungefähr am *Ende Der Großen Epoche Der E-Is. Die E-Is*, wie das Volk dort oben sie nannte, waren die *Entschieden Inkompetenten*. Du wirst dich noch erinnern, sie haben das Land sechs Jahre lang beherrscht. Die Staatsstreiche lösten sich mit schöner Regelmäßigkeit ab. Alle 730 Tage ersetzte ein neuer *E-I* den vorigen und bewies eine noch größere Inkompetenz als sein Vorgänger. Nur wenn es darum ging, die eigenen Taschen zu füllen, waren die *E-Is* nicht inkompetent. Hätten sie es gewollt, hätten sie auch regieren können. Das System wurde jedoch derart manipuliert, daß alle Posten unter ihnen verteilt wurden und für jeden anderen Bürger unerreichbar blieben. Also, ich trage Eulen nach Athen, ein Professor der Geschichte weiß das besser als ich. Ich bin schließlich nur ein *Aufgeklärter Arbeiter*. Wenigstens halte ich mich für ein Produkt jener großartigen, klar denkenden Menschen, die in der *Periode Der Chronischen Lügner* vernichtet wurden. Mein Vater ist damals spurlos verschwunden. Die *Aufgeklärten Arbeiter* haben wirklich versucht, sich zu rühren, sich zu organisieren, den Kollegen die Augen zu öffnen. Die *Chronischen Lügner* haben die Anführer kastriert, den Rebellen den Mund gestopft, die Schwankenden weichgeknetet, die Schwachen gekauft und alle Welt betrogen. Ist das etwa neu? Keineswegs. Ich kann wohl behaupten, daß ich ein *Aufgeklärter Arbeiter* bin, denn ich habe nicht als einfacher Arbeiter angefangen. Ich habe studiert, bekam mein Diplom in Soziologie und fiel ins Leere. Und dann die Arbeitssuche – und wie ich gesucht habe. Hier was, da was, schließlich landete ich im Personalbüro einer mittelgroßen Weberei am Oberen São Francisco. Nach Jahren der Verwüstung an seinen Ufern lag der Fluß im Todeskampf. Nachdem alle Vegetation ausgerottet worden war, folgten Erosionen, die Oberfläche trocknete mehr und mehr aus, die Nebenflüsse, Stauseen und Kanäle lieferten kaum mehr Wasser. Als der São Francisco nur noch als Rinnsal im heißen Sand dahinsiechte, drehten die Leute durch. Recht hatten sie. Ausgetrocknete Brunnen, leere Stauseen, tote Rinder auf der Steppe, die Sonne immer heißer, sterbende Kinder, die keine Widerstandskraft mehr hatten. *Die Große Epoche Der E-Is* fiel mit dem Ende der Kinder im Nordosten zusammen. Sie wurden ausgerottet, bevor das *System* wegen der Unfälle in den Kernkraftwerken den allgemeinen Sterilisationsprozeß des Volkes einleiten konnte. An manchen Tagen war die Fabrik ein fürchterlicher Ofen, Menschen wurden ohnmächtig, erstickten, zerflossen vor Schweiß, dörrten aus. Ich fragte mich, wohin das führen sollte. Es gab keine Möglichkeit, irgend etwas aufzuhalten, es war wie eine Lawine, die vor vielen Jahren durch einen Schneeball ausgelöst worden war. Das Klima ändern? Wie denn? Die Sonne nach oben schieben? Ja, am liebsten, um sich von der Hitze zu befreien, die die Haut aufriß, sich in den Kopf einbrannte, die Füße röstete. Die Erde bestand nur noch aus Sand oder Steinen. Verzweiflung schüttelte mich, denn nicht einmal einen Grashalm konnte ich finden. Vielleicht sollten wir die Berge wieder an ihre Stelle setzen, Wald anpflanzen, Wasser aus den Tiefen der Erde herausholen und es zu einem Fluß anschwellen lassen? Wohl ein Scherz, was? Ja, sicher. Zur Regierung gehen und denunzieren. Aber was denunzieren, es war alles denunziert. Und waren es nicht die Denunziationen, die zu den *Bedauernswerten Zeiten Der Ungeheuren Entwendun-*

gen führten, als das *System* log und trog, ausführte, auflöste und leugnete? Seit Jahren hatten die Regierenden sich zurückgezogen, waren unerreichbar und unansprechbar, vor jedem Kontakt mit der Bevölkerung geschützt. Hatte es denn Sinn, mit den Menschen zu reden, diesen armen Irren, die sich solche Sorgen um Arbeit und Essen und ihren Alltag machten? Sie fragten: ›Also gut, was sollen wir tun? Aufhören zu arbeiten? Uns beim Arbeitgeber beschweren und entlassen werden? Eine Bewegung organisieren, ein Manifest unterschreiben?‹ Sie hatten recht, wie viele Bewegungen waren schon geplant und boykottiert worden? Und die Tausende von Manifesten, die, wenn überhaupt, im Grab des nationalen Gedächtnisses archiviert sind? Es ging darum, keine Entlassung zu provozieren. Der Verlust des Arbeitsplatzes bedeutete den Tod für die gesamte Familie. In der Fabrik zu sein, das hieß eine Minimalration Wasser, schändlichen Lohn und die Zusicherung einer Hütte, in der man wohnte. Die Unsicherheit war groß, wer arbeitslos war, tat alles, um eine Stelle zu ergattern. Alles. Unglaublich, wie viele Tote jeden Morgen auf den Grundstücken, in den Vororten der Städte, auftauchten. Man richtete Patrouillen ein, die die Leichen jeden Morgen wegräumen sollten. Sie streiften durch die Umgebung und holten die Menschen, die mit Stöcken, Steinen, Messern, Schüssen, Hieben und Fußtritten ermordet worden waren. Es gab Gräben um die Fabriken herum, um jeden Ort, an dem Menschen arbeiteten. Festungsgräben wie im Mittelalter um die Burgen. Die Arbeitnehmer wurden bis zu ihren Häusern eskortiert, und sogar Patrouillen wurden angefallen, denn der Wach- und Sicherheitsdienst war auch ein Beruf. Ich lief durch die Steppe, frühmorgens, mir war übel, ich wollte mich übergeben, in meinem Kopf hämmerte es. Ich erinnere mich an einen alten Film, der einmal sehr berühmt war und den das Fernsehen noch manchmal zeigt, du hast ihn bestimmt gesehen. Er heißt *Vom Winde verweht*, und da gibt es eine Szene, wo die Kamera auf einen Bahnhof schwenkt und den mit Toten übersäten Boden zeigt. Eine phantastische Szene, klassisch in der Filmgeschichte. Noch nie hatte man so viele Tote auf einmal gesehen. Das gibt es nur im Film, hieß es. Aber heute, ich weiß nicht.« (Ich höre das, dachte Souza, mit dem gleichen Entsetzen, das mich befiel, als ich damals die Geschichte vom ersten Kreuzzug nach Jerusalem las. Jedes Wort von D'Agiles, dem Geschichtsschreiber, hat sich mir eingeprägt. Plötzlich war alles wieder da, nicht etwa im Jahre 1099, sondern zu Beginn des 21. Jahrhunderts: *Im Tempel und am Tor Salomons reiten sie bis hinauf zu des Reiters Knie und des Pferdes Zügeln in Blut.*) »Nach Feiertagen nahm die Gewalttätigkeit zu, ich weiß nicht, ob wegen der Trinkerei oder aus Unachtsamkeit. Niemand ertrug es, die ganze Zeit zu Hause zu bleiben und nicht auszugehen. Wie ein Gefangener. Zwischen vier Wänden zu wohnen, in Panzerwagen zur Arbeit zu fahren, zwölf Stunden in der Fabrik eingeschlossen zu sein, stets voller Furcht wegen der täglichen Metzelei. Jeden Augenblick sterben zu können und immer darauf gefaßt zu sein. Wir gewöhnten uns allmählich daran, so sehr, daß wir einen Pakt mit der Tragödie schlossen, sie als alltäglich hinnahmen. Diese Anpassungsfähigkeit, diese Anpassung an den Horror erschreckte mich. Ich glaube, in uns gibt es etwas Perverses, das uns dazu führt, dieses Entsetzen als normal anzusehen, es sogar manchmal herbeizuwünschen, solange es uns nicht berührt. Ein Prozentsatz Perversion, der vom *System* genährt wurde. Das *System*, ein so abstraktes Ding, das sich, in der Maske des Fortschritts, inmitten dieser Anarchie, in dem als Ordnung etablierten Chaos halten kann.

Unterbrich mich nicht, laß mich ausreden und loswerden, auskotzen, was ich geschluckt und akzeptiert habe. Ich kam mir vor wie die Juden, die schön in Reih und Glied in die Öfen von Auschwitz und Dachau gewandert sind. Wissend und ohnmächtig, hoffnungsvoll bis zur Stunde der Vergasung, in der Erwartung, das Feuer könne ausgehen, das Gas seine tödliche Wirkung verlieren, die Alliierten kämen, um sie zu retten. Da frage ich mich, können wir isoliert, individualisiert, für die Rettung kämpfen, oder müssen wir mit Hilfe und Schutz von außen rechnen? Sie haben alles getan, uns zu einer einzigen Masse zu machen, und gleichzeitig haben sie jeden einzelnen zu einem rücksichtslosen Individualisten gemacht, der dem Nächsten gegenüber verschlossen ist, weder unterstützt wird noch bereits ist, andere zu unterstützen. Voller Angst vor sich selbst. Du glaubst, ich bin verrückt. Ich merke das an der Art, wie du mich ansiehst. Kann sein, daß ich es bin. Ist mir auch lieber. Ich wünschte mir, all dies wäre eine Lüge oder Wahnvorstellung. Die nächtliche Reise über die Landstraßen hat mein Gehirn geschmolzen, die Gehirnmasse habe ich in Fetzen auf dem Weg zurückgelassen. Alles, was ich da drin habe, ist eine leichte, kleine Wolke, ein Schatten dessen, was einmal ein denkender Kopf gewesen ist, der mich zum Handeln bewegt hat. Ich glaube, ich suche Entschuldigungen, um keine allzu große Last zu tragen, habe diesen verwüsteten Nordosten betrachtet, es war ein mittelalterliches Schlachtfeld. Jeden Tag ging die Sonne über dem getrockneten Blut der im Dunkeln Gestorben auf, ich war entsetzt. Weil es Menschen mit einem Arbeitsplatz waren. Und jeder Tod bedeutete eine freie Stelle, um die an den Fabriktoren heftig gestritten wurde, in einem stummen, unverhohlenen Kampf, der von den Unternehmen gebilligt und angestachelt, vom *System* aber ignoriert wurde. In meinem Kopf hallten die Worte von Jesaja wider: *Verstocke das Herz dieses Volkes und laß ihre Ohren hart sein und blende ihre Augen, daß sie nicht sehen mit ihren Augen noch hören mit ihren Ohren noch verstehen mit ihren Herzen und sich bekehren und genesen. Ich aber sprach: Herr, wie lange? Er sprach: Bis daß die Städte wüst werden ohne Einwohner und die Häuser ohne Leute und das Feld ganz wüst liege. Denn der Herr wird die Leute fern wegtun, daß das Land sehr verlassen wird.* Es war vorausgesehen. *Oh, mein Volk! Die dich führen, täuschen dich und zerstören den Weg, auf dem du wandeln sollst.* Dort stand alles, vor zweitausend Jahren geschrieben und wiederholt, schließlich in die Tat umgesetzt. Nimm die Stellen heraus, wo vom Herrn gesprochen wird, und du hast richtige Science-fiction. Komisch, daß wir von dort geflohen, hierhergekommen sind und das gleiche vorfinden. Angestellte gegen Arbeitslose in heftigstem Kampf seit dem Krieg von Paraguay. Und über allem die Sonne. Der Eindruck, daß sie Millimeter für Millimeter herabsteigt. Ich weiß nicht, ob das möglich ist, ich verstehe nichts von Wissenschaft. Möglich oder nicht, wenn wir nach oben sahen, platzte uns der Kopf, und die Augen tränten. Unmöglich, das Haus zu verlassen. Die Menschen gingen dazu über, Hüte zu tragen, es half nichts. Es kam die Zeit der Regenschirme. Irgend jemand entdeckte, daß die Sonne nicht durch die Regenschirme aus schwarzer Seide drang. Nur die aus Seide. Andere Stoffe nicht. Nach zwei, drei Tagen Gebrauch lösten sie sich auf. Nur die schwarze Seide nicht. Sie hielt stand, sie schützte und warf einen angenehmen Schatten. Frag mich nicht, warum. Frag mich überhaupt nichts. Keiner hat mir geantwortet. Überhaupt beantwortet niemand irgendwas in diesem Land. Es gab noch etwas anderes Merkwürdiges. Die Hitzeregionen. Es waren richtige Ballons. Es war unmöglich, sich darin aufzuhalten, daran vorbeizugehen oder sie zu durchqueren. Man lief und tauchte in diese unerträgliche Hitze ein. Dann rannte man los und versuchte zu entkommen. Weil der Ballon manchmal klein war, wurde man ihn schnell los. Im Grunde war es amüsant. Dramatisch, aber witzig, weil da plötzlich jemand vor einem anfing, herumzuhopsen und zu schreien, und zurückgerannt kam. Wenn alle zurückkamen, wußte man, daß es ein Ballon war. Als wir später auf dem großen Marsch waren, sahen wir, daß die Ballons überall existierten. Sie waren riesig. In bestimmten Regionen erstreckten sie sich über Kilometer. Bis die *Unerträgliche Zeit* kam. Man konnte sich nicht mehr der Sonne aussetzen. Wenn man auf die Straße trat, hatte man in wenigen Minuten kein Härchen mehr im Gesicht, die Haut schälte sich, in der Hitze zog sich alles zusammen. Das Licht streifte einen wie Laserstrahlen. Mit der Zeit nahm die Gefahr in den Ballons aus Sonnenglut, wie die Leute sie nannten, entsetzlich zu. Wer hineinfiel, konnte sich nicht mehr retten. Die Sonne bohrte sich hindurch und tötete einen. Jedenfalls schien es so zu sein, weil die Menschen einen furchtbaren Schrei ausstießen und den

Kopf in beide Hände drückten. Ihre Augen sprangen hervor, sie japsten nach Luft. Innerhalb einer Sekunde fiel der Unglückliche zu Boden und erstarrte, ohne sich zu winden. Wir sahen, wenige Schritte entfernt, wie der Betreffende schrumpfte und vertrocknete, wie die Haut sich wie ein trockenes Blatt löste, und wenig später zerfielen die Knochen. Du glaubst das nicht, nicht wahr? Du hast nie davon gehört. Niemand spricht je davon, die Presse hat noch nie darüber berichtet. Die Wissenschaftler forschten nach und waren ratlos. Sie konnten lediglich feststellen, daß die Ballons wöchentlich zunahmen. Sie zeichneten Landkarten, die Bevölkerung erhielt graphische Darstellungen, man leitete den Verkehr um, änderte den Verlauf der Straßen, und die Menschen wechselten den Ort. Die Kinder stießen zum Spiel Hunde und Katzen in die Ballons. Bis die Tiere als Nahrung gebraucht wurden und eine solche Verschwendung nicht mehr erlaubt wurde. Die Ziviltäre benutzten die Ballons als Strafe. Sie warfen Gefangene, Feinde und Subversive in die Sonnenglut und warteten. Wenn der Körper ohne Zeugen verschwunden ist, liegt laut Gesetz kein Verbrechen vor. Um Geständnisse zu erpressen, bedrohten sie die Menschen am Rand der Ballons. ›Sprich, oder ich werfe dich dort hinein.‹ Sie redeten. Natürlich verschwanden die Ballons nachts. Es muß so wie dieses Phänomen in der Wüste sein. Tagsüber heiß und nachts kalt. Familien suchten auf Straßen und in Stadtnähe nach der Asche von Verwandten, von denen sie glaubten, sie seien in den Ballons verbrannt. Es war unmöglich, die Überreste zu identifizieren. Die Leute ließen sich durch Hinweise leiten, die sich auf unsichere Angaben stützten: Die Mutter, die das Kind zum Laden geschickt hatte und es vor dem Hitzeballon auf dem Platz gewarnt hatte. Der Vater, der zu einer Versteigerung von Trockenfleisch in die Stadt gegangen war. Die Tochter, die zu einem Geschäft gelaufen war. Die Tante, die eine Großmutter besuchen, oder ein Mädchen, das seinen Freund treffen wollte. Eine sinnlose Suche, alle Welt wußte das. Niemand war sicher, ob er die richtige Asche nach Hause trug. Es konnte ein totes Kalb sein, obwohl ein Kalb etwas

Seltenes und Kostbares war. In Wahrheit konnte es niemand zu Hause aushalten. Man ging nachts hinaus und traf sich. Freunde halfen bei der Suche. Niemand ging allein aus, aus Angst vor den Überfällen der *Unerbittlichen Arbeitnehmerjäger* bildete man große Gruppen. Es waren zaghafte Spaziergänge, die Menschen immer auf der Hut. Wenn jemand eine Gruppe erblickte, machte er schnell einen Umweg. Und von oben betrachtet sah alles fast aus wie ein Ballett, Menschen, die kamen und gingen, einander auswichen, zurückliefen, eine andere Gruppe trafen, sich entfernten, sich umkreisten, rückwärts gingen, sich drehten. Verrückt, sage ich dir. Wie sollte man solche Anspannung aushalten? Bis niemand mehr ausging. Weder tagsüber noch nachts. Nicht einmal die Besitzer von Schirmen aus schwarzer Seide. Sie trauten dem Material nicht mehr. Man brauchte auch nicht auszugehen. Alles war geschlossen. Der Bäcker buk kein Brot, es gab kein Mehl, nicht einmal künstliches. Bars ohne Vorrat. Apotheken ohne Tabletten. Die Lieferanten kamen nicht, und man ahnte, daß sie an irgendeiner Stelle auf der Straße den Hitzeballons anheimgefallen waren. Die Brunnen waren leer. Wer arbeitete, konnte sich aus den Versorgungsräumen der Fabriken etwas holen, obwohl auch diese sich, trotz großer Vorräte, allmählich leerten. Die Leute machten sich einen Spaß daraus, Essensreste, wenn vorhanden, den Abfall aus den Häusern, Papiere und andere Kinkerlitzchen aus dem Fenster zu werfen. Manchmal entzündete sich der Abfall in der Luft, ehe er zu Boden fiel. Ja, einfach unmöglich, dort noch zu leben. Das Volk beschloß zu fliehen. Ein unerträgliches Leben. Weißt du, was wir taten, wenn wir mal mußten oder Durchfall hatten? Wir warteten die Nacht ab und gingen hinaus. Am nächsten Tag verbrannte die Sonne alles. Die Nächte blieben dunkel, die Energie war ausgegangen. Es stimmt, einige Solargeneratoren gelangten in den Nordosten. Weißt du, wo sie hinkamen? Dort, wo noch Angehörige herrschender Familien lebten, die mit den Multinter liiert waren. Herrje, du mußt denken, gab es denn gar nichts Gutes mehr? Doch, da war der Wille dieser Leute, zu leben, sich nicht zu ergeben. Deshalb gingen sie schließlich fort. Die Entscheidung, zu gehen, kam den Leuten wie von selbst. Die Gruppen begannen nachts unter dem Schutz der *Arbeitnehmerjäger* fortzuziehen. Je mehr Leute gingen, um so besser. Die Jäger trieben sie noch an und hetzten sie auf.«

»Wie bitte? Sie hetzten sie auf?«

»Ja.«

»Sie hetzten sie wirklich auf?«

»Was erstaunt dich daran?«

»Seit mindestens sechzig Jahren hat niemand mehr dieses Wort benutzt. Komisch.«

»Hör mal, vielleicht nimmst du mich mal ernst.«

»Zu ernst sogar. Aber ich habe mich eben gewundert. Und dann?«

»Die *Arbeitnehmerjäger* zwangen die Leute praktisch zur Migration. Die Menschen warteten bis zum Einbruch der Nacht, wenn die Hitze abnahm. Erst kurz vor Tagesanbruch kühlte es wirklich ab, und dann fror alle Welt. Es war eine relativ kurze Zeit von etwa drei bis vier Stunden. Jeder trug seinen Koffer, sein Paket, seinen Käfig. Es gab Kisten, die von zwei oder drei Menschen getragen werden mußten. Sie zogen Karren voller Kleidung, Bilder, Statuetten und Krimskrams hinter sich her. Unglaublich, daß die Menschen sich nicht von ihren Sachen lösen können, sie hängen von ihnen ab, fühlen sich unsicher ohne sie, haben Angst. Der erste Treck war tragisch. Als der Morgen anbrach, stand er mitten auf der Landstraße, einige Kilometer vom Ort entfernt. Die Sonne kam hervor, und alle gerieten in einen Hitzeballon. Sie merkten, daß sie sterben würden. Sie sahen sich nach einem Schutz um. Die Straße lief quer durch die Steppe, die Erde rissig, der Asphalt geschmolzen, zu Klumpen neben der ehemaligen Fahrbahn verklebt. Einige rannten zurück. Einer oder zwei schafften es. Sie hätten Olympiamedaillen für ihre Schnelligkeit verdient. Sie berichteten. Die Flüchtenden sahen hier und da ein Haus, einen verlassenen Unterschlupf. Sie drängten und stießen sich, stolperten übereinander im Streit um den spärlichen Schatten. Schließlich rissen sie ein Lehmhaus ein, als zu viele hineindrängten. Andere liefen und liefen, in der Hoffnung, dem Hitzeballon zu entgehen. Wieder andere setzten sich auf den Kopf, was sie nur konnten. Kleidung, einen Ziegel, einen Hut, ein Brett, ein Bild, einen Regenschirm. Der Boden kochte, die Erde verbrannte die Fußsohlen. Man konnte dem unglaublichsten Tanz beiwohnen. Alle hüpften, berührten dabei kaum den Boden und schnellten empor, als seien sie wie Federn gespannt. Sie sprangen und schrien vor Schmerz. Im Verlauf des Tages wurde der Todestanz in der Sonne immer wilder. Wie ein hysterischer Anfall, eine Menschenmenge in Trance. Die Götter waren herabgestiegen. Dann beruhigte sich alles. Die Sonne fraß die Kleidung, die Bilder und die Regenschirme, die nicht aus schwarzer Seide waren. Sie fuhr über die Haare, die Haut, das Fleisch, die Knochen. Um neun Uhr morgens waren Berge von Asche über die Erde verstreut und vermengten sich mit dem geschmolzenen Asphalt. Wer in den wenigen Unterschlüpfen überlebt hatte, wartete auf die Nacht, um den Marsch wieder aufzunehmen. Sie hatten gesehen, wie die anderen sich aufgelöst hatten. Ohne zu wissen, wohin, schlugen sie die Straßen nach Süden ein. Die graphischen Darstellungen über die Hitzeballons halfen nicht weiter. Die eingezeichneten befanden sich nicht an der angegebenen Stelle, vielleicht waren sie wirklich beweglich. Dagegen tauchten andere auf. Die Leute wußten, daß sie viele Umwege vor sich hatten, weil sie die Reservate der Multinter umgehen mußten, Territorien, zu denen die Brasilianer keinen Zutritt hatten. Du kennst das Thema gut. Sie hofften, daß im Zentrum, im Osten und im Süden Städte existierten, die die Sonne noch nicht erreicht hatte.«

»Gut, aber die Hitzeballons kamen doch auch in die Reservate, nicht wahr? Die Unternehmen sind schließlich nicht so mächtig, daß sie eine Barriere gegen das Klima aufbauen können.«

»Nicht die leiseste Ahnung. Ich bin nie drin gewesen. Die, die dort gewohnt haben und Brasilianer waren, wurden gezwungen fortzugehen, und man weiß nicht, was da drinnen geschieht. Das ist das Geheimnis.«

»Jemand muß das doch wissen!«

»Nun ja, dann zeig mir diesen Jemand! Soll ich weitererzählen? Also gut. Allmählich wurde die Menge durch den Zustrom aus anderen Städten immer größer. Sie trafen sich an Kreuzungen und auf Feldern. Sie durchquerten Dörfer, deren Bevölkerung sich ihnen anschloß. Die Kranken blieben zurück und winkten aus Fenstern und Türen hinterher. Ich habe viele Familien gesehen, die die Alten auf ihren Wunsch mitten auf die Straße hinaustrugen. Sie wollten den Tagesanbruch abwarten. Sie konnten nicht mehr laufen, aber sie wollten nicht allein bleiben und entschieden sich für die offene Straße. Sie setzten die Alten in Gruppen zusammen, die sich dann ruhig miteinander unterhielten, die Frauen mit dem Rosenkranz in der Hand, und so warteten sie auf die Sonne. Einige aber nicht! Sie schrien und wehrten sich. Sie versuchten, den Zug zu begleiten. Viele gingen mit, bis sie hier in der Stadt ankamen. Alle sagten: *›Wir werden in die Sternstadt gehen, da kann man leben, essen und arbeiten.‹*«

»Ich erinnere mich, daß das Fernsehen vor Monaten, als das noch erlaubt war, über diesen Marsch berichtet hat. Sie hatten die Flüchtenden vom Hubschrauber aus gefilmt. Es war beeindruckend, diese Menschenmenge in Bewegung zu sehen. Wie beim Papstbesuch. Erinnerst du dich an die Fotos aus den achtziger Jahren, als der Papst hier war, wie diese unendlich scheinende Menge sich beruhigte? Mein Gott, wie das Volk damals Führerpersönlichkeiten brauchte. Es war eine Übergangszeit, die Leute verstanden nicht, daß die Ära der Führer zu Ende war, daß es keinen mehr geben würde. Sie fühlten sich verwaist und schutzlos.«

»Du lenkst vom Thema ab.«

»Nein, ich mußte nur daran denken. Die Ansammlung von Leuten war sehr ähnlich, die Hoffnung die gleiche. Die Historiker gaben dem Marsch einen Namen. Die *Zyklopische Schlange.* Nur diese vom Nichtstun vergifteten Wissenschaftler konnten einen so dämlichen Ausdruck erfinden. Übrigens werden seit Jahrzehnten bestimmte Situationen mit Namen und Etikett versehen, katalogisiert. Wir beziehen uns nicht mehr auf gewisse Tatsachen nach

Jahreszahlen, sondern auf eine Gruppe von Situationen, die unter einer bestimmten Bezeichnung zusammengefaßt worden sind.«

»Bezeichnung hin oder her, der Marsch, diese Schlange war der reinste Wahnsinn, nur wer bei besten Kräften war, kam an.«

»Ich habe genug von diesem Thema. Ich bin ganz benommen von der Hitze. Laß uns hinuntergehen.«

»Willst du den Rest nicht hören?«

»Nein. Ich glaube das alles nicht so richtig.«

»Sehe ich aus wie ein Lügner?«

»Wie sieht denn ein Lügner aus?«

»Es ist besser, nichts davon zu wissen, was?«

»Was nützt es, daß alles zu wissen? Ich will hinunter, ich schwitze, ich fühle mich schlapp.«

»Ich verstehe dich nicht. Ich schwöre dir, ich verstehe dich nicht. Es gibt noch so viel zu erzählen. Ich habe noch nichts von den Leuten mit den hängenden Augäpfeln erzählt.«

»Wie die *Hängenden Gärten von Babylon?* Oder die *Hängenden Wüsten von São Paulo*?«

»Also gehen wir? Wir haben noch eine Menge zu erledigen. Sieh zu, daß du die Sachen zusammenräumst.«

Wir laufen an den Solargeneratoren vorbei. Jedes Gebäude hat einen, er liefert Energie für die Fahrstühle und die Lampen in den Korridoren. Ein Teil dieser Energie geht zusammen mit dem aus dem Abfall gewonnenen Gas in die Wohnungen. Die Fernsehantennen und die Reflektoren der Generatoren sind die Symbole dieser Zivilisation.

»Der blaue Nebel ist immer noch da. Das wird heute ein fürchterlicher Tag.«

»Warum dehnen sie die geodätischen, klimatisierten Kuppeln nicht über die ganze Stadt aus? Damit könnte man wenigstens einen Teil der Bevölkerung fit halten.«

»Warum fragst du das gerade mich?«

»Übrigens ist dieser Nebel ständig da. Er hat uns auf unserem ganzen Marsch begleitet. Manchmal niedriger, manchmal höher. Wir haben die Tagestemperatur an der

Höhe des Nebels abgelesen. Es ist mir nie gelungen, herauszufinden, was er bedeutet. Wissenschaftlich gesehen, meine ich. Welche Erklärung gibt es dafür? Wie bildet er sich? Das werde ich noch herausfinden, keine Sorge.«

»Was wollen wir hier eigentlich? Auf dem Dach spazierengehen?«

»Ich bin hier für eine Inspektion, vielleicht brauchen wir diese Terrasse heute nacht.«

»Für ein Johannisfest mit Scheiterhaufen und allem Drum und Dran?«

»Du vergißt wohl, daß du einen Toten in der Wohnung hast? Wir müssen die Leiche irgendwie loswerden, und zwar vorsichtig.«

»Wer hat ihn getötet?«

»Glaub mir doch, es war keiner von uns. Du kannst sicher sein. Ich verheimliche dir nichts. Und was für einen Unterschied macht das schon in einer solchen Lage?«

»Ja und?«

»Jetzt, wo ich mir Luft gemacht habe, fühle ich mich besser. Es gibt Dinge, die können wir nicht für uns behalten. Sie vergiften einen. Diese Erinnerungen verursachten mir Sodbrennen. Ich habe es vermieden, daran zu denken. Weißt du was? Es war alles im Kopf zusammengedrängt, ich habe nie darüber gesprochen. Und es war notwendig, das einmal loszuwerden, den Schmerz zu teilen, wie es in einem Lied aus meiner Jugend heißt. Ich war Sänger, kannst du dir das vorstellen?«

»Ein richtiger Sänger? Ein Profi?«

»Samstags habe ich die Rundfunkhörer in unserer Stadt unterhalten. Und die Mädchen waren vielleicht hinter mir her. Ich habe in verschiedenen Wettbewerben von Erstsemestern gesiegt. Hast du mich nie im Fernsehen gesehen? Ich habe im letzten Wettbewerb von Miß Bahia gesungen.«

»Musiksendungen haben mich nicht so interessiert. Ich habe lieber Fußball und Nachrichten gesehen. Meine Frau hat keine Fernsehserie ausgelassen. Und Diskussionsrunden haben mich gereizt.«

»Nein, aber doch keine Diskussionen!«

»Ich habe mich amüsiert. Damals habe ich diese Zeit die *Sterile Epoche Der Sinnlosen Debatten* getauft. Sie redeten und redeten, und es geschah gar nichts. Das *System* stimmte ihnen immer zu, es war ein Riesentheater, sie brüllten, denunzierten einander und schrien sich an. Und nichts tat sich, alles blieb unverändert. Es gab einen Autor, den ich in meiner Jugend viel gelesen habe, Cassou, ein Franzose. Und er meinte, alle Debatten seien eine verlorene Sache. In jedem Kampf aber bleibe der Kampf an sich übrig, er sei das Eigentum des Kämpfers. Verstehst du?«

»Nicht richtig. Während du dir darüber Gedanken gemacht hast, ist das Land seitwärts und rückwärts gegangen.«

Der Kerl mag mich nicht. Er findet immer etwas, mich an die Wand zu drängen, zu zeigen, daß ich nicht recht habe. Und er, der reinste Heilige. Wir steigen die verdreckten Stufen hinunter. Ich fühle den Schweiß, die klebrige Kleidung. Da nun einmal genügend Wassermarken da sind, werde ich unter die Dusche gehen.

Ich habe Hunger und fühle einen stechenden Schmerz im Nacken. Denke an den Tag, den ich noch vor mir habe. Nichts, aber auch gar nichts zu tun. O doch, ich muß die Möbel zusammenstellen, sehen, was weg kann. Ich erschrecke über meine Gleichgültigkeit. Es sind meine Möbel, ein Stück meines Lebens, das heute abend zu Ende gehen soll.

Sinnlos. Es rührt mich nicht. Die Möbel, das Gerümpel wegzutragen berührt mich nicht. Ich wollte, es würde mich berühren oder bewegen. Ein Glück, besser so. Ich werde nicht einmal etwas heraussuchen, sollen sie doch mitnehmen, was sie wollen. Vielleicht behalte ich die Sachen, die mich an Adelaide erinnern. Wo sie wohl ist?

Ich habe keine Ahnung, wo ich anfangen könnte, sie zu suchen. Ob ich mir mit Absicht Zeit lasse? Ich fühle mich nicht wohl, nein, nein, ich bin gar nicht so. Oder ich will der Wahrheit nicht ins Gesicht sehen. Die einfach ist. Ich habe meine Frau nicht gesucht. Ich habe zugelassen, daß sie gegangen ist, habe ihr Zeit gegeben wiederzukommen.

Für sie war es ernst. Sie ist fortgegangen. Sie wird nicht

wiederkommen. Sie hat nicht versucht, Kontakt mit mir aufzunehmen. Und ich will wissen, wo sie ist. Wollen ist eine Sache, Suchen eine andere. Wir sind gleich da. Bei so einer Hitze stehen einem nicht einmal die Heiligen beim Abstieg bei. Wir kommen mit hängender Zunge an.

»Wie willst du die Leiche loswerden?«

»Wir warten bis zum Einbruch der Nacht, bis alles ruhig ist, dann legen wir los.«

»Über das Dach?«

»Wenn wir merken, daß wir sie nicht auf normale Weise entfernen können, müssen wir Hilfe suchen. Dein Neffe weiß Bescheid.«

»Weiß er schon von dem Toten?«

»Viel mehr, als du denkst.«

»Was willst du damit sagen?«

Adelaides Geheimnis ist eingeschlossen in den Paketen, aufbewahrt in der Truhe, die auf dem Kleiderschrank vergessen worden ist

Wie soll ich das Durcheinander in der Wohnung ertragen? Ich bin immer ordentlich gewesen, darin habe ich mich auch mit Adelaide verstanden. Jedes Ding auf seinem Platz, nichts verstreut. Wenn mein Neffe als Kind das Wochenende bei uns verbrachte, wurde ich fast verrückt. Rannte immer hinter ihm her.

Er zerriß Papier, ich hob die Schnipsel auf. Er ließ Kaugummi auf dem Teppich liegen, nahm Spielsachen auseinander, zerwühlte die Bettücher und verstreute die Bleistifte auf dem Boden. Ich konnte die Unordnung nicht ertragen, auch wenn Adelaide mir sagte: Laß den Jungen in Frieden, wenn er weg ist, räumen wir alles auf.

Mir wird klar, daß ich kaum mit ihm gespielt habe, weil

ich die Wohnung in Ordnung halten wollte. Und jetzt haben die Leute hier dieses Chaos fabriziert, ein Hauptquartier nach ihrer Art und ihrem Geschmack aufgeschlagen, ganz gleich, ob es mir paßt oder nicht. Ich merke, daß ich nicht für sie zähle, sie rechnen mich nicht ein.

Ich habe Hunger, die Küche widert mich an, der Tisch steht voll mit offenen Büchsen und Essensresten. Wenn sie wenigstens nicht solche Schweine wären, schließlich leben sie bei mir, dann könnte es hier auch sauberer sein. Hört ihr mich? Einer hängt dauernd am Radio, der andere ißt Konfekt, der dritte ist undurchsichtig, drischt lauter Phrasen.

Ich habe das Gefühl für die Zeit verloren, bin unruhig, will eine Uhr und weiß nicht, wofür. Vielleicht, weil es Zeit zum Essen ist, ich habe schlechte Angewohnheiten, nicht einfach abzulegen. Wenn ich nicht pünktlich esse, bekomme ich Kopfschmerzen. Passe ich nicht auf, verwandeln sie sich in Migräne, dann muß ich den Tag im Dunkeln verbringen.

Mein Tag war genau eingeteilt, damit ließ sich ruhig leben. Kaffee, Bus, Arbeit, Mittagessen, Fahrt, zu Hause, Adelaide, Fernsehen, Nachrichten, schlafen. Alles hat sich aufgelöst, ich komme mir verloren vor, suche Zuflucht bei der Uhr.

»Gibt's was zu essen?«

»Was?«

»Gibt's was zu essen?«

»Sie können ruhig schreien, ich kann kaum was verstehen.«

»ICH WILL ESSEN! ESSEN!«

»Essen? In der Pfanne da auf dem Herd gibt's Spiegelei. Kalt, wenn es dir nichts ausmacht.«

»Doch, es macht mir was aus. Das Spiegelei macht mir was aus.«

»Was?«

»Ich mag keine Spiegeleier.«

»Lauter.«

»Ich mag keine Spiegeleier. Ich verabscheue künstliche Eier.«

»Ah, ja, ja, ja, ich weiß, verstehe. Ei ist gut. Sogar die da.«

»Sie schmecken nach Plaste, und die Nabelschnur ist ziemlich merkwürdig.«

»Was?«

Also, ich werde hier in der Küche doch nicht wie ein Blöder herumschreien. Der Typ ist nicht taub, nein, keineswegs, er ist blöd. Und ich diskutiere hier mit ihm über Eier, bin wohl auch ganz schön blöd. Unerträglich. Und zu guter Letzt werde ich noch Spiegelei aus künstlichen Eiern essen.

»Warum magst du das denn nicht?«

»Darum.«

»Was für ein Luxus. Wenn du so gelebt hättest wie ich, jahrelang ohne Ei, wirklich jahrelang, dann würdest du jetzt nicht so gucken wie jemand, dem es nicht geschmeckt hat, ohne daß er überhaupt etwas gegessen hat. Als ich in deine Wohnung kam und den Kühlschrank voller Eier fand, bin ich bald verrückt geworden, ehrlich, bin durchgedreht, mir wurde ganz anders, ein Ei ist so was Gutes, ich kann dir gar nicht sagen, wie gut. Das letzte Ei habe ich gesehen, bevor ich hierherkam, im Kühlschrank vom Versorgungsraum in der Firma, wo ich gearbeitet habe. Ich durfte nicht, durfte wirklich nicht, streng verboten, die Küche zu betreten, aber mein Chef hat mich geschickt, ein großes Messer zu holen. Ich ging rein, kein Koch war da, ich sah mich um, öffnete den Kühlschrank und bin durchgedreht, aber wirklich. Was ich gesehen habe? Was meinst du? Rate mal!«

»Ein Ei?«

»Was?«

»Ein Ei!«

»Geraten, richtig, sieh mal einer an. Da war's, ein tolles, riesiges Ei, es glänzte sogar, und da kam der Koch. Ich war wie betäubt und habe gefragt: *Wem gehört dieses Ei?*

Dem Superintendenten.

Und wie habt ihr ein Ei besorgt, wo es gar keine Hühner mehr gibt?

Frag den Superintendenten, der ist mit einer Schachtel angekommen.

Mit einer Schachtel? Das heißt, einer ganzen Menge Eier? Und hat sie nicht mit der Belegschaft geteilt?

Mit der Belegschaft? Du bist wohl bekloppt, was?

Für die Belegschaft gibt's den Fraß. Es gab sogar einen komischen Zwischenfall wegen diesem Ei da. Sie haben einen Landarbeiter fertiggemacht, weil sie ihn erwischt haben, als er versuchte, das Ei zu stehlen. Also mach schon die Tür zu und komm ja nicht näher. Und keine Sorge. Ich habe gehört, daß es im anderen Lager gutes Essen geben soll. Die Besitzer von diesem Hügel hier sind knauserig wie sonst was. Sobald das hier zu Ende ist, an einen Klotz von Berg ran.

Hast du dafür Töne? Ich fand das ziemlich unmöglich, da im Kühlschrank ein Ei zur Schau zu stellen, wirklich unmöglich, denn die Arbeiter, die kriegten nur Sojafleisch, Sojahuhn, Sojamilch, und zu allem Übel war die Soja aus dem Labor. Ich weiß nicht, welcher Unglücksmensch dieses Essen erfunden hat.«

»Wenn sie es nicht erfunden hätten, wärst du schon lange tot.«

»Könnten sie nicht wenigstens Geschmack beigeben? Schließlich riecht es ja auch, und zwar ganz gut, genau wie in meiner Kindheit. Wer Geruch herstellt, fabriziert auch Geschmack, oder nicht?«

»Als was hast du gearbeitet?«

»Ach, das ist lange her. Ich bin schon seit mehr als zehn Jahren arbeitslos, meine letzte Stelle hatte ich, als ich das Ei sah. Eine riesige Planierfirma, wirklich riesig, hat Spaß gemacht, für die zu arbeiten. Die hatten vielleicht Riesenmaschinen, Mensch, das lohnte sich echt, die haben die Erde gefressen, das war 'ne Wucht, die haben die Hügel nur so verschlungen, für die gab es keinen Berg. Es machte echt Spaß, eine von diesen Mordsmaschinen zu fahren, alles hydraulisch, ganz leicht, man brauchte nur die Hebel in Bewegung zu setzen, dann riß sie alles um, schleifte alles mit und füllte die Lastwagen mit Erde. Ich habe an die zwölf Jahre mit den Maschinen gearbeitet, man bekam richtig Angst, wenn man in eins von diesen Viechern stieg, ganz aus gelbem Eisen, ein Riesenmonster aus Schaufeln und Raupen, keiner konnte dagegen an. Ich hab alles gemacht, lag alles wirklich in meiner Hand, kannst du dir vorstellen, wie so 'ne Maschine einen zu einem mächtigen Kerl macht, keiner konnte es mit mir aufnehmen, wirklich keiner. Am Anfang hatte ich Angst, dann habe ich mich eingewöhnt, und sie und ich, wir wurden dicke Freunde, ich kletterte hinein und schrie, los, jetzt fressen wir die Hügel, denn es war meine Aufgabe, Hügel abzutragen, ich weiß nicht einmal, wie viele ich eingeebnet habe, ich glaube, einmal habe ich einen ganzen Staat in der Nähe von Maranhão eingeebnet, kennen Sie Maranhão? Das war ein Job, mein Lieber, dauerte ein Jahr, dreihundert Maschinen haben felsiges Gebirge eingeebnet und Täler aufgefüllt, die wie Höllenschlünde aussahen. Ich habe Steine, Erde und Büsche an einer Stelle abgetragen und woanders aufgeschüttet, der Berg wurde kleiner und die Vertiefung flacher, bis alles eine Ebene war, da blieb dann nur noch dieses schöne, riesige Feld aus roter Erde, oder wenn sie weiß war, wirkte sie wie ein endloser Strand. Ich weiß nicht, was sie mit dem Gelände vorhatten, die einen sagten, sie wollten neue Städte bauen, und die anderen, es sollten Plantagen hinkommen, hast du vielleicht schon mal gehört, daß man Land einebnet für Plantagen? Ich nicht, wirklich noch nie, ich finde das ziemlich blödsinnig, weißt du, was mein Chef immer gesagt hat, der war ganz verrückt nach dieser Arbeit, wirklich verrückt, wenn wir ankamen, war der schon auf seinem Posten, wenn wir gingen, blieb der noch, knallhart. Er träumte davon, ganz Brasilien zu planieren, dann, sagte er, wäre es das ebenste Land der Welt, es lohnte sich, Geld dafür auszugeben und das ganze Land einzuebnen, dann könnte man viel Geld für den Bau von Straßen, Eisenbahnen, Pisten, was auch immer, einsparen. Also ich weiß nicht, aber diese Firma, die haben da so viel Land flachgemacht, also wenn man die gelassen hätte, dann wär das Land jetzt ganz anders. Also sag doch mal, aber ehrlich, meinst du nicht, es wäre besser für Brasilien? So viel Ersparnis bei Asphalt und Zement, ohne dieses ganze Auf und Ab, ohne Erdaufschüttung, Brücken, Viadukte, nicht wahr? Die Menschen würden weniger ermüden, alle Städte wären flach, ganz gerade, ohne steile Straßen, wieviel Energie man sparen könnte, ja, das hat mein Chef immer gesagt, und ich hab ihm recht gegeben, der war in Ordnung. Findest du nicht auch? Siehst du, wir haben zwei oder drei Flüsse in Rohre gesteckt, einer davon war ein ganz schönes Flüßchen, aber wir haben das Ding gezähmt, eine tolle Abdeckung gebaut, ganz aus Zement, riesig, wirklich riesig, ein Kahn ist unten drin geblieben, man konnte den Krach durch die Luftschächte hören, als ob er wütend wäre, weil er da so gefangen war. Aber man konnte doch nicht soviel Platz über dem Fluß verlieren, nicht? Das hat mir jedenfalls der Chef erklärt, der war nicht nur der Chef, der war dazu geboren, dem gehörte die ganze Firma, der hatte wirklich Köpfchen und kümmerte sich um alles, ganz prima, der hing so an den Maschinen, wenn einer von den Arbeitern nicht gut damit umging, konnte er aber was erleben, er wurde bestraft oder suspendiert oder entlassen, ja sogar verprügelt, jawohl, da gab es so ein paar Gringo-Typen, die konnten die Angestellten ganz schön verprügeln.«

O weia, der legt aber los. Alles wegen einem Ei, das er vor zehn Jahren im Kühlschrank gesehen hat. Wie kann ich den bloß anhalten? Ich habe Hunger, werde mir etwas zu essen organisieren, eine von diesen Büchsen nehmen, von denen das Zimmer vollsteht. Ich habe Lust auf einen Palmenherzen-Salat mit Tomaten und Kopfsalat und ein bißchen gegrilltes Fleisch.

Ich will mal ins kleine Zimmer gehen und nach dem Barbier sehen, womöglich stinkt er schon. Er zersetzt sich bei der Hitze bestimmt schon. Am besten sollte man ihn den *Nächtlichen Einsammlern* übergeben. Das Problem ist nur, den Tod durch Erstechen zu erklären, sie werden die Ziviltäre rufen und die *Notwendige Untersuchung* einleiten. Was soll's!

Die Leiche stört mich, ich würde sie gern schnell loswerden, niemand hat gern Leichen um sich. Weder in der

Nähe noch weiter weg. Obendrein jemand, den man gekannt hat, der in demselben Haus gelebt hat, und dann entdeckt man, daß er ermordet worden ist. Allerdings war der Barbier ein unangenehmer Kerl.

Es ist eigentlich nicht wegen der Leiche, aber bei dem Gedanken, daß einer von diesen Männern ein Mörder ist, läuft es mir kalt den Rücken hinunter. Aber warum gerade der Barbier? Ein lästiger Mensch, weiter nichts, er war nur lästig mit seinen Bitten, immer wollte er ein Privileg aushandeln, überall etwas abhaben.

Alle wollen das, es ist die einzige Möglichkeit zu überleben. Wir leben in einer Scharade, wer sie löst, gewinnt ein Anrecht. Man muß eine Möglichkeit finden, das System zu durchlöchern. Eine Bresche schlagen. Nichts ist erlaubt, alles wird geduldet. Diese Formel wurde angewendet, damit das Land nicht aus den Fugen geriet.

Eine Notlösung, heißt es. Wir leben seit zehn Jahren damit, mehr oder weniger, ich weiß nicht. Ich habe Adelaide abgeschrieben, zähle die Stunden nicht mehr, bin weit entfernt von den Grenzen der Zeit. Alles hat sich in der ungleichgewichtigen Summe von Tagen und Wochen, von Stunden und Monaten aufgelöst. Die Barrieren sind gesprengt.

Distriktzugänge halten uns fest. O ja, alles mußte organisiert werden, damit das Leben normal weitergehen konnte und das Chaos sich nicht ausbreitete. Was für eine Vorstellung sie wohl vom Chaos haben? Würde ich gern wissen. Ich muß darüber nachdenken, wieder einen klaren Kopf gewinnen, vielleicht mit Tadeu Pereira diskutieren, einem klar denkenden Menschen.

Das Ziel ist eindeutig. Die Teilungslinie eliminieren, die die Zeit anzeigt, und uns gleichzeitig enge Grenzen setzen, unseren Bewegungsspielraum einschränken. Genau da liegt ein subtiles Verwirrungsspiel. Und es erklärt die Aufteilung, die sich in unseren Köpfen fortsetzt.

»He, du hörst ja gar nicht mehr zu.«

»Ich habe Hunger.«

»Das Beste habe ich dir noch gar nicht erzählt.«

»Später.«

»Ich weiß nicht, ob ich später noch Lust dazu habe.«
»Ich weiß, ob ich jetzt Lust habe, es zu hören.«
»Blöder alter Kerl.«
»Na und?«
»Ich will dir von den Staudämmen erzählen, an denen ich mitgearbeitet habe, wirklich toll, wir haben fast alle Flüsse in diesem Land dichtgemacht, wir haben Seen ausgebaggert, die waren groß wie ein Meer.«

Ich stehe mit dem Rücken zu ihm, und er nervt mich weiter. Ich verlasse die Küche mit einem Würstchen auf einem Brot von merkwürdiger brauner Farbe, das trügerisch weich ist. Jedesmal, wenn ich belegte Brote kaue, verrutscht meine Brücke. Ein Glück, daß es nicht so schlecht schmeckt und nach frischem Brot duftet. Künstlich, aber es schmeckt.

Ich gehe ins Zimmer, ich wollte das Bett heraustragen, es nimmt soviel Platz weg. Ich kann auf einem Sofa schlafen, kann einen Schlafsack besorgen. Ich betrachte die Truhe auf dem Kleiderschrank. Sehe hinauf, weiß nicht einmal, warum. Automatisch. Die Korbtruhe ist schon ganz dunkel. Ah! Sie steht hier und nicht im Dienstmädchenzimmer!

Unberührte, alte Truhe. Ich fühle mich wie sie, vollgestopft. Wozu dient das eigentlich, was ich da alles in mir angehäuft habe? Um das zu erfahren, müßte man es herausnehmen, ansehen, das Unnütze in den Müll werfen. Aber wenn das Gerümpel aus so vielen Jahren ist und niemals zu etwas gedient hat, wozu sollte es denn jetzt gut sein?

Ich habe meine Zweifel. Altes Gerümpel verbrennt man, es nimmt nur Platz weg. Ich kann Adelaides Truhe öffnen und sehen, was darin ist, warum sie so geheimnisvoll damit umgegangen ist. Nicht, daß es verboten wäre. Nur einmal hat sie zu mir gesagt: »Das sind meine Sachen, und es wäre mir lieber, wenn du nicht darangehst.« Ich gehorchte, warum auch nicht?

Als ich auf den Stuhl steige, treffe ich eine Entscheidung. Kalt und ruhig. Ich beschließe, die ganze Wohnung auszumisten, die Wände leerzumachen, Schränke auszuräumen, zwei Anwensenheiten auszulöschen. Gleichzeitig erkenne ich, daß es Adelaide gegenüber nicht aufrichtig wäre, wenn ich ihre geheime Truhe öffnete.

Öffnen wozu? Was kann ich in diesen Paketen aus Packpapier entdecken? Briefe an einen Liebhaber? Ein Tagebuch? Alte Fotografien? Was nützt es denn, in Adelaides Vergangenheit einzudringen, wenn sie selbst Vergangenheit ist? In Ruhe lassen, was zurückliegt. Wenn ich sie wiederfände, wäre das etwas ganz anderes.

Wenn es noch eine Möglichkeit gäbe, natürlich. Eine wirkliche Begegnung. Da war ich nun jahrelang von Johannisbeerduft umgeben, während das wirkliche Leben sich um uns herum abspielte. Alles Mögliche geschah und verwandelte sich, und ich habe immer nur auf den Abend und den Johannisbeerduft gewartet.

Damals dachte ich, das Leben setze sich aus Kleinigkeiten zusammen. Ein Flickenteppich, ein Puzzle, Mosaiksteinchen, die, zusammengefügt, einen Fußboden ergaben. Ich habe nie die Fähigkeit besessen, die Welt als ein Ganzes, in einem umfassenden Sinn zu begreifen. Ich habe nur immer Stücke, Momente, Teilchen und Augenblicke gesammelt.

Und was kam schließlich dabei heraus? Als ich mein Leben ordnete, fehlten wesentliche Elemente. In meiner Illusion gab ich das Lebenswichtige auf. Zwischen dem Johannisbeerduft abends und den Händen, die Klavier spielten, zog ich die Johannisbeere vor. Ein schrecklicher Irrtum.

Wäre ich wach geblieben, hätte ich vielleicht etwas später ihren wirklichen Atem riechen können. Den menschlichen Geruch, der nicht durch eine künstliche Pille, die man in einer Apotheke kauft, hergestellt wird. Ich habe mit der Verzerrung gelebt und sie für die Wirklichkeit gehalten. Wir haben sowieso schon die Vorstellung vom Wirklichen verloren.

Ich will mich nicht rechtfertigen. Nur habe ich das Recht, zuzugestehen, daß ich verwirrt bin, mich nicht auf Bezugspunkte stützen kann. Wahnvorstellungen. Ich überlege unentwegt, ersticke, meine Füße sind geschwollen. Nie habe ich geschwollene Füße gehabt. Und von gestern auf heute passen meine Schuhe nicht mehr, sie drükken.

Ich überlege, ob ich das Recht habe, die Truhe zu öffnen. Man braucht nur den Deckel zu heben und die Pakete herauszunehmen. Aber so einfach ist das nicht. Es geht nicht darum, ob Adelaide zurückkehrt oder nicht. Es gab eine Abmachung zwischen uns, und die wird weiter bestehen. Ein Minimum an Loyalität. Die Truhe zerstören, aber nicht hineinsehen.

Wie oft bin ich auf den Stuhl gestiegen und habe die bräunlichen Pakete, die sie mir gab, ordentlich aufgestapelt. Die Anweisungen waren präzise: »Diese Seite nach oben, das Band nach links.« Warum wohl? Die Truhe roch nach Mottenpulver, jeden Monat sahen wir alles nach Ratten und Küchenschaben durch.

Sie gab mir das Paket und sah mich dabei an. Wenn etwas an ihr schön war, dann ihre Art, mich anzusehen. Voller Dankbarkeit. Ihre Augen, etwas gesenkt, sahen alles. Sie wirkte schüchtern. An jener Theke, wo ich das Johannisbeeraroma verschüttet hatte, gefiel sie mir wegen ihrer Art, einen anzusehen.

Ich habe immer Angst gehabt vor Leuten, die mir direkt ins Gesicht sehen, sie zwingen einen, sie auch anzuschauen. Schon als Kind verlor ich immer im Spiel *Nicht lachen.* Als ich sah, daß sie mich von unten anblickte, mich unbemerkt beobachtet hatte, verliebte ich mich in sie.

Man mag denken, daß ich nicht ganz richtig im Kopf bin, aber schließlich ist es der einzige Kopf, den ich habe. Besser, er bleibt da sitzen, schön fest auf dem Hals, und denkt seine Gedanken. Komisch, mein Leben mit Adelaide wurde von einer Reihe von Ritualen bestimmt, ich fühle, wie sehr wir an sie gebunden waren. Sie aufrechterhielten.

Jetzt zum Beispiel fühle ich mich allein vor dieser Truhe. Nie habe ich daran gerührt, ohne daß Adelaide da unten neben mir stand und mir die Pakete gab. Wenn ich herunterstieg, strich ich ihr mit der Hand über die Schulter, und wir gingen in die Küche. Als gingen wir zu einem Fest.

Eine Feier nach unserer Art. Wir waren abhängig, einer vom anderen, waren uns selbst genug. Es ging uns gut, selbst in der großen Stille, die uns hin und wieder einhüllte. In der Küche kochten wir uns einen schwarzen Tee (sie verabscheute Mate), und Adelaide öffnete eine Keksdose.

Die Dosen füllten ein Regal in der Küche. Jeden Tag backte sie neue Kuchen, Kekse, Plätzchen. Runde, rechtekkige, sternförmige, quadratische, dreieckige, mit einem Loch in der Mitte, mit Puderzucker darauf, mit Gelee in der Mitte, mit Käse oder Quittengelee gefüllt.

Jede Dose war sorgfältig versiegelt, damit die Kekse schön trocken und knusprig blieben. Sie wurden in einer bestimmten Reihenfolge aufgemacht. Wenn Besuch kam, was selten geschah, füllte sich der Tisch mit Keksen aller Art, die kunstvoll auf kleinen Tellern serviert wurden.

Kaffee, Milch und schwarzer Tee. Als wir verlobt waren, wünschte sie sich ein Haus mit einem Holzherd. Seit ihrer Kindheit träumte sie davon. Weil ihre Großmutter einen hatte, in dem immer ein Feuer brannte, die Platte heiß war und es im ganzen Haus nach Rauch und verbranntem Holz duftete.

Was kostete es schon, Nostalgien zu befriedigen? Wie sie es wünschte, geschah es dann auch. Wir wohnten in einem kleinen Haus im Vorort, das immer wohlig warm war. Im Winter brauchte man nur alles zuzusperren und die Wärme in die Zimmer zu lassen. Man stelle sich diesen Wahnsinn vor, ein solcher Herd heute in dieser höllischen Hitze.

Gekochtes und Gebratenes, Reis, schwarze Bohnen im Steintopf, es schmeckte alles anders. Hm, mir läuft das Wasser im Mund zusammen! Man sollte sich nicht an solche Dinge erinnern. Aber es war schön. Es hatte auch seine Kehrseite. Feuerholz zu beschaffen wurde immer schwieriger.

Unmöglich. Eines Tages gab es keins mehr. Als Kind, auf dem Land, sah ich jeden Tag den Mann mit seinem Feuerholz auf einem Karren durch unsere Straße kommen und das Holz in die Häuser bringen. Das Lager war nicht weit, die Jungen spielten immer zwischen den Holzstapeln. Wir bauten Hütten und Verstecke.

Wir klauten Holz für die Scheiterhaufen zum Johannisfest und zu Sankt Anton. Das war damals ein schwieriges Unterfangen, weil der Holzfäller die Ohren spitzte und sein Lager Tag und Nacht bewachte. Wir bildeten eine Gruppe, die ihn ablenken sollte, und eine andere, die durch den Zaun kroch und das Holz stibitzte.

Dann lieferte der Wagen nur noch in größeren Abständen Holz. Das Lager war fast leer. Die Leute kauften elektrische Herde. Eines Tages tauchten Gasflaschen in der Stadt auf. Der Holzfäller verkaufte den Esel, den Karren und das Grundstück und zog fort. Letzteres diente nun als Lager für Baumaterial.

Mein Vater, der sich im Geschäft mit Holz und Wald gut auskannte, sagte, als sie unseren Gasherd brachten: »Jetzt gibt es um die Stadt herum nur noch Weiden und Zuckerrohr. Bäume existieren nicht mehr, auch nicht mehr dieses rachitische Gestrüpp auf der Steppe. Das Holz kommt von immer weiter her und ist sehr teuer geworden.«

Adelaide gefiel es gar nicht, als wir nach anderthalb Jahren umziehen mußten. Es sollte ein Wohnsilo gebaut werden, und rundherum wurde alles aufgekauft. Wir wurden unter Druck gesetzt. Hielten aus. Die Unterhändler ebneten alles um uns herum ein. Nur unser Haus blieb allein in der Einöde stehen. Lastwagen und Maschinen zerstörten die Straße. Wasserwagen verwandelten alles in einen einzigen Schlamm. Schilder wurden angebracht: ENTSCHULDIGEN SIE DIE BELÄSTIGUNG, WIR ARBEITEN FÜR DIE ZUKUNFT DER STADT. Nachts kamen Maschinen, um Steine zu zertrümmern, die tagsüber wie durch Zufall abgeladen worden waren.

Dampframmen arbeiteten unaufhörlich. Sinnlos, die zuständigen Behörden anzurufen. Anrufbeantworter nahmen die Gespräche an. Riesige Scheinwerfer beleuchteten nachts die Baustelle, drangen bis in den hintersten Winkel des Hauses. Um Adelaide nicht ins Irrenhaus einliefern zu müssen, verkaufte ich alles.

Es war nicht einmal ein Verkauf. Wir tauschten das Haus gegen diese Wohnung ein. Sie bedauerte, daß sie den Holzherd aufgeben mußte. »Wer weiß, vielleicht kann man ihn im Dienstmädchenzimmer aufstellen?« Als gäbe es in den Wohnhäusern keine Gesetze, als unterlägen sie nicht einer ganzen Reihe von Einschränkungen. Ach, meine gute, naive Adelaide.

Auch auf dem Gasherd backte sie weiter ihre Kuchen und Plätzchen. Selbst als Weizen und andere Produkte künstlich hergestellt wurden. Es stimmt, wir schränkten die kleinen Annehmlichkeiten wegen des Gasverbrauchs sehr ein. Nicht, daß es rationiert wurde. Aber die Preise! Wer sollte das noch bezahlen? Die Lage besserte sich, als sie sich ein Herz faßte. Ganz einfach.

Sie bat den Neffen um zusätzliche Marken. Und da er die kleinen Kuchen der Tante schätzte, brachte er sie gern. Nicht von ungefähr ist er ein kompetenter Militechner, der eine schön eingerichtete Wohnung hat. Wohnung? Sieh mal einer an, was mir da Merkwürdiges aufgeht. Ich kann es kaum glauben. Unmöglich.

Komplizierte Lage, weil Souza die Machenschaften seines Neffen nicht versteht, der alles durcheinanderzubringen scheint

Ich weiß nicht, wo mir der Kopf steht. Die Wohnung meines Neffen. Stehe ich denn so wenig mit beiden Beinen auf der Erde? Dann hatte Adelaide also doch recht. Muß wohl dic Sonne sein. Man wird mürbe und erinnert sich nicht mehr. In dieser stickigen Hitze verliert alles seine Bedeutung. Man will nur Schatten.

Ein bißchen frische Luft, ein wenig kühles Wasser. Meine Lippen sind aufgesprungen, alle leiden hier übrigens daran. Man darf es nur nicht zugeben. Ich weiß nicht mal, wo mein Neffe wohnt. Er hat mich noch nie eingeladen. Einmal hat er gesagt, er wohne gut, Adelaide glaubte sogar, es könne im *Akrylpalast* sein.

Ich kenne weder seine Telefonnummer noch seine Adresse. Wenn ich ihn in einer Notlage bräuchte, könnte ich ihn nicht benachrichtigen. Nein, nein, es kann nicht im *Akrylpalast* sein, wo nur die hohen Funktionäre leben. Der Neffe ist kompetent, aber er ist noch nicht in die höheren Chargen zu den *Unsichtbaren Privilegierten*, dieser neuen Rasse, aufgestiegen.

So was von Mattigkeit, ich lehne mich an das Bett, halte ein Nickerchen, der Ventilator bewegt die warme Luft, ich schlafe fest ein – öffne die Augen, alles still, ich stelle mir einen Fäulnisgeruch vor, ruhig –

»Na, was ist? Wie viele Tage willst du schlafen?«

»Ich bin ein bißchen eingenickt.«

»Ein bißchen. Wir dachten, du seist gestorben, du hast anderthalb Tage geschlafen. Wenn du bei dieser Hitze wie ein Mehlsack schlafen kannst, wirst du es in der Hölle ja ganz gut aushalten.«

»Anderthalb Tage? Du bist verrückt, ich habe immer nur wenig geschlafen.«

»Dein Neffe ist hier, ist gekommen, um sich um den Umzug zu kümmern.«

Vor Jahren hätte es mir etwas ausgemacht, daß ich soviel geschlafen und soviel Zeit vertan habe. Wenn möglich, wäre ich am liebsten gleich wieder in Schlaf versunken und im nächsten Monat oder in einem Jahr aufgewacht. Überwintern wie die Bären. Nein, nicht überwintern. Übersommern, in Erwartung kühlerer, angenehmerer Zeiten. Ja, sieht so aus, als sei ich noch immer nicht aufgewacht.

»Na, was ist, Onkel, hast du alles zusammengepackt?«

»Werde ich gar nicht erst, nehmt mit, was ihr wollt.«

»Sollen wir aussuchen?«

»Zuerst muß ich wissen, ob es nicht möglich ist, meine Wohnung wieder für mich allein zu haben.«

»Nein, das geht nicht. Darüber wollte ich mit dir sprechen. Es kommen noch mehr Leute.«

»Noch mehr?«

»Vier Personen. Für einige Tage.«

»Was für einen geheimnisvollen Handel treibst du eigentlich? Kannst du mir das erklären?«

»Ich tue etwas Gutes, Onkel. Ich bringe Leute unter, die ohne Dach über dem Kopf sterben müßten.«

»Ach wirklich? Und warum kümmerst du dich nicht um die, die in den *Lagern* sind?«

»Onkel, und du kommst mir mit den *Lagern*? Die Leute dort sind verloren, mit denen kann man nicht rechnen. Diese Leute hier sind wichtige Techniker.«

»Hör mal, hier gibt's einen Kerl, der immer mit dem Ohr am Radio klebt, der kann kein wichtiger Techniker sein, wirklich nicht. Das ist ein vollkommener Idiot.«

»Vielleicht tut er nur so? Vielleicht hat er die Ohren gespitzt und beobachtet alles. Was?«

Daran habe ich nie gedacht, kann aber sein. Solche Typen gibt es, die laufen überall herum. Sie sind bekannt, die sind nicht ohne. Sammeln Informationen, ich weiß nicht, was für welche oder wozu und was sie damit machen. Jedenfalls ist das mit den Informationen zu einer Neurose geworden.

Wer informieren will, soll informieren. Also, das Radio ist ein Sender, er hört Befehle, Zeichen, Codes. Er sendet auch Informationen über alles, was sich hier in der Wohnung abspielt. Wunderbar für das *System*, eins in jedem Haushalt, totale Sicherheit. Nein, nein, das geht zu weit. Unsinn, ich spinne.

Welche Bedeutung hat das jetzt wohl? Wäre er ein Informant, dann wüßten sie jetzt schon von der Leiche des Barbiers, und die *Leichensammler* stünden vor der Tür. Mit ihren Drohungen, da kannst du sicher sein. Ich brauche mir keine Sorgen zu machen, der Mann mit dem Radio ist wirklich ein Schwachkopf, vor lauter Planierraupefahren ist der verblödet.

»Willst du nichts raussuchen?«

»Nichts. Nun macht schon.«

Ich helfe den Männern, alles im Wohnzimmer aufzustapeln. Tische, Stühle, Vitrinen, die Bar aus Zedernholz. Ist mir egal. Jedes Glas in der Vitrine hatte Adelaide nach und nach gekauft. Wir hatten nie genug Geld, einen ganzen Satz auf einmal zu kaufen. Einmal weinte sie wegen zwei Tassen. Es waren rosa Tassen mit goldenen Buchstaben: ER-SIE. Sie stammten von ihrer Mutter, die sie zur Hochzeit bekommen hatte. Jede Woche öffnete Adelaide den Schrank, spülte die Tassen und staubte die Glasregale ab. Dann schloß sie mit dem Schlüssel zu, niemand sonst öffnete, nur sie.

Ein Fußtritt gegen die Vitrine, ich greife Gläser heraus, Tassen, Kelche, Schalen, Likörgläser, Kompottschälchen, Miniaturen. Ich werfe sie aus dem Fenster. Ein Ding nach dem anderen. Ich werfe immer erst das nächste, sobald ich auf dem Bürgersteig die Scherben klirren höre. Den Männern gefällt das Spiel. Sie machen mit.

»Das ist meine«, schreie ich, als der Mann, der immer Konfekt ißt, die rosafarbene Tasse in der Hand hält. Ich schreie mit einer solchen Wut, daß er erschrickt und sie fallen läßt. Ich sammle die Scherben auf, lasse sie noch einmal zu Boden fallen und zertrete sie. Die andere Tasse werfe ich auf die Straße. Gleich stehen die Nachbarn am Fenster und protestieren.

»Bist du verrückt geworden, Onkel?«

»Ich amüsiere mich.«

»Die Tante hat diese Tassen so geliebt.«

»Ja eben. Und wo ist sie?«

»Wo sie ist?«

»Ich bin sicher, daß sie bei dir ist!«

»Wieso bei mir?«

»Weil du ihre Abwesenheit so selbstverständlich hingenommen hast. Du hast mich überhaupt nicht nach Adelaide gefragt. Ihr hattet euch sehr gern, wart so eng verbunden wie Mutter und Sohn. Ich habe darüber nachgedacht, und es hat mich beruhigt. Adelaide ist bei dir, nicht wahr?«

Er antwortet nicht, sondern erteilt Befehle. Wenn es überhaupt Befehle zu erteilen gibt. Aber Militechner übernehmen gern das Kommando, sie halten sich für Logistiker, Strategen. Und sei es nur in einer Wohnung, beim Reinemachen oder Umziehen. Sie sind imstande, den Gang zum Klo und die Klosettspülung zu beaufsichtigen.

Ich werfe meinen Kram weiter durchs Fenster. Es klopft. Natürlich kann das nur die Nachbarin mit den geschminkten Lippen sein. Sie ist es nicht. Vorahnungen sind nicht meine Stärke. Der Alte, der immer die *Pathétique* spielt. Er will wissen, ob ein Umzug stattfindet oder was sonst. Er ist durch die Wohnzimmertür gekommen. Äußerst mager.

Ein schmächtiges, weißes Kerlchen, undefinierbares Alter, zwanzig oder hundert Jahre. Stark akzentuierte Geheimratsecken und langes, weißes Haar, das ihm strähnig über die Schulter fällt. Die Hände dagegen glatt und vollkommen, als sei er zwanzig. Ein richtiges Auge, blau, und ein unbewegliches aus Glas.

»Ich will mich nicht einmischen. Ich dachte, Sie hätten Streit mit Ihrer Frau. Ich bin ein Freund von ihr und wollte meine Hilfe anbieten.«

»Sie hätten nicht viel helfen können, auch wenn es wirklich ein Streit gewesen wäre.«

»Ja, was denken Sie denn?«

»Sie waren befreundet?«

»Sehr. Sie kam nachmittags immer herauf, und wir spielten gemeinsam die *Pathétique.* Wir hatten verschiedene Interpretationen und diskutierten darüber. Sie hatte das Zeug zu einer großen Pianistin. Warum hat sie aufgegeben?«

»Das war ihre Sache, sie hat nie mit mir darüber gesprochen. Vor kurzem habe ich noch darüber nachgedacht, und mir war nicht wohl dabei, ich habe überlegt, ob ich sie vielleicht vom Spielen abgehalten habe.«

»Ihre Frau schleppte Probleme mit sich herum. Sie war sehr beherrscht. Die ganze Zeit über beherrschte sie sich, ging nie aus sich heraus, nicht einmal in der Musik erlaubte sie sich das, immer war sie auf die Noten fixiert, unzufrieden, blind. Es hat mich einige Mühe gekostet, sie davon zu überzeugen, daß man den Noten folgen kann, sie als Pianist korrekt spielen kann, die Musik aber dennoch leblos bleibt. Später, viel später, nachdem sie gesehen hatte, was ich aus dem Stück machte, stürzte sie sich hinein und verausgabte sich, wie sie sagte. Sie machte sich nur mit großer Furcht frei, denn wer jahrelang gefesselt gewesen ist, bewegt sich zunächst steif und braucht viel Übung und Anleitung, um wieder zu sich selbst zu finden. Als sie fühlte, daß sie wirklich leben konnte, wie sie es sich ersehnte, veränderte sie sich völlig. Ich glaube, daß sie deshalb verschwunden ist. Sie kam nicht mehr herauf, und oft habe ich die *Pathétique* Nachmittage und Abende hindurch gespielt, unaufhörlich und immer in der Hoffnung, sie zu erreichen, in der Erwartung, sie könnte jeden Augenblick an die Tür klopfen.«

»Wann war das?« fragte ich und dachte dabei: Er ist mir mit seinem Spiel auf die Nerven gegangen.

»Vor zwei Monaten, lassen Sie mich mal überlegen, sie fand zu sich vor etwas mehr als zwei Monaten, an einem Nachmittag, als ich eine Bananenspeise zubereitet hatte und mein Darm streikte, diese künstlichen Bananen taugen nichts. Es ging mir ziemlich schlecht, können Sie sich gar nicht vorstellen. Es war recht unangenehm, ich konnte mich nicht einmal hinsetzen, um ihr zuzuhören, dauernd mußte ich ins Badezimmer. Ich war unruhig, der Schweiß brach mir aus, ich nahm mich zusammen, fast wäre mein Gebiß gesprungen, weil ich vor Koliken so mit den Zähnen knirschte. Dieser Nachmittag war wichtig für sie und für mich auch, denn es gelang mir, meine Krämpfe zu vergessen und in die schmerzvoll klingende *Pathétique* einzutauchen, die sie mir vorspielte.«

Merkwürdige Adelaide. Seit diesem Tag hat sie sich von mir entfernt und nur noch auf einen Vorwand gewartet. Etwas, was den Bruch rechtfertigte. Nachdem die Idee in ihr gereift war, betete sie, der Augenblick möge kommen. Damit wollte sie mir etwas sagen, ohne mich zu verletzen. Wenigstens haben wir uns all diese Jahre nicht wehgetan.

Wir taten uns nicht weh. Gingen behutsam miteinander um. Keine Aggressivität. Freundliche Diskussionen, einer gab immer nach, wenn der andere die Stimme erhob. Ein sanftes Zusammenleben. Leben? Ah, du Schlimme, du hast es früher gemerkt als ich. Wenn wir wenigstens die Angewohnheit gehabt hätten, zu sagen, was in uns vorging.

»Schläft sie?«

»Wer, Adelaide?«

»Haben Sie eine andere Frau?«

»Sie ist fort.«

»Wohin?«

»Verschwunden.«

»Hat sie keine Nachricht hinterlassen?«

»Deshalb ist sie weg.«

»Ein Loch in der Hand?«

»Erschreckt Sie das?«

»So sehr wie eine Ratte.«

»Nun, es hat Adelaide erschreckt.«

»Das kann nicht sein. Sie war so gelassen, hatte andere mit einem Loch in der Hand gesehen. Zwei meiner Schüler haben eins. Sie kam einmal herauf, als die beiden am Klavier saßen. Am ersten Tag fand sie es merkwürdig, mit der Zeit gewöhnte sie sich daran. In dieser Stadt ist nichts anormal.«

Verrat, Adelaide! Ich komme mir vor, als sei ich verraten worden. Dieser Mann weiß mehr über dich als ich in all diesen Jahren. Das gilt nicht. Hätte ich das geahnt, hätte ich Klavier spielen gelernt, wir hätten beide gespielt und miteinander geredet. Ja, ja, ich verstehe, jetzt sehe ich das alles.

Wer weiß, vielleicht wäre ich mit dir gegangen. Als du deine Beherrschung über Bord geworfen hast, hast du dich von mir befreit. Weil du mich verlassen hast, hast du bewirkt, daß ich dich erst richtig kennenlerne. Das Loch in der Hand war ein Vorwand, schlicht und einfach ein Absprung für deine Rettung. Es genügte, deine Erschütterung zu zeigen. Danach konntest du verschwinden. Ob ich Zeit haben werde, dir solche Dinge zu sagen?

»Ich muß gehen, ich will die Sendung mit den Superhelden nicht verpassen, ich sehe furchtbar gern Trickfilme im Fernsehen. Jetzt zeigen sie eine Serie mit dem Supermenschen, nach Sartres *Das Sein und das Nichts.* Kennen Sie das?«

»Den Supermenschen oder Sartre?«

»Warum nicht beide?«

Er soll mich nicht so ironisch ansehen. Ich bin sicher, daß dieser Alte sich verflüchtigen wird. Es gibt ihn nicht, er ist ein Geist der verlorenen Wälder, der sich in einer modernen Stadt verirrt hat, die weder Büsche besitzt noch Mythen ertragen kann.

»Sind noch mehr Leute hier? Dieser Krach in der Küche!«

»Sie sind neugierig, was?«

»Ich mag Menschen. Das tut mir gut. Ich gehe kaum aus, hin und wieder besuche ich Verwandte, aber die sind immer beim Essen. Ich weiß nicht, wieso die nicht sterben, sie stopfen sich unaufhörlich voll.«

»Dann werden Ihnen diese Leute hier nicht gefallen. Die verbringen auch ihre Zeit in der Küche und essen.«

»Verwandte?«

»Freunde meines Neffen. Der da, das ist mein Neffe.«

»Hauptmann?«

»Hauptmann. Sie kennen die Ränge? Wie das?«

»Kennt man eben. So jung und schon Hauptmann. Glückwunsch.«

»Der Herr Lehrer wohnt in diesem Gebäude?«

»Zwei Stockwerke höher. Seit achtundzwanzig Jahren.«

»Also gefällt es Ihnen hier?«

»Nein, ich finde es fürchterlich, ich würde lieber wie Diogenes in einem Faß hausen, ich kann diese Alten nicht mehr sehen. Was für eine Idee dieser Regierung, die Alten auf eine Seite, die Mittvierziger auf die andere, die Jungen getrennt davon.«

»Unsere *Planer Für Das Gesellschaftliche Wohlergehen* wissen, was sie tun, die Gesellschaft hat sich entsprechend verhalten.«

»Sie reden so offiziell wie ein Dokument.«

»Leben Sie allein, Herr Lehrer?«

»Hm, hm.«

»Wie wär's mit ein paar Leuten zur Gesellschaft?«

»Untermieter?«

»Sagen wir, Gefährten, Freunde. Für einige Zeit.«

»Da werden Sie sich etwas Schönes einbrocken, die werden Ihre Wohnung in Beschlag nehmen so wie meine«, versuchte ich ihn zu warnen.

»Davon kann keine Rede sein. Der Onkel ist etwas verwirrt, weil die Tante fort ist. Es wird Ihnen guttun.«

»Wenn niemand mein Klavier anfaßt.«

»Darum kümmere ich mich persönlich, niemand wird Ihr Klavier anrühren.«

»Gut, aber da ist noch ein Problem. Ich weiß nicht, ob das geht.«

»Herr Lehrer, für uns gibt es keine Probleme.«

»Aber für mich. Mein Schlafanzug.«

»Der Schlafanzug?«

»Ja, ein riesiges Problem, das mich nicht in Ruhe läßt.«

»Brauchen Sie Schlafanzüge? Wir bringen Ihnen so viele, wie Sie wollen.«

»Der Herr Hauptmann löst alles durch Kaufen?«

»Ja.«

»Nun, das wird nichts nützen.«

»Was ist denn mit diesem Schlafanzug? Ich kann mich nicht mit Spinnereien von alten Leuten aufhalten.«

»Na was denn, Opa? Es ist schon Abend.«

»Nun, das hängt vom Klavier und vom Schlafanzug ab.«

»Klavier und Schlafanzug?«

»Niemand darf mein Klavier anrühren.«

»Keiner von uns kann spielen.«

»Eben, und wer nicht spielen kann, der tut gern so, als würde er es lernen.«

»Wer sich dem Klavier nähert, wird sofort vor die Tür gesetzt. Das garantiere ich Ihnen.«

»Das garantieren Sie jetzt, und nachher?«

»Mein Wort darauf.«

»Das Wort von jemand, der für die Regierung arbeitet? Wissen Sie, was das wert ist?«

»Schon gut, schon gut. Und der Schlafanzug?«

»Ich will ihn schön säuberlich zusammengelegt.«

»Was soll das heißen?«

»Fein säuberlich zusammengefaltet und unter das Kopfkissen gelegt. Ich finde es gräßlich, den Schlafanzug zusammenzulegen. Und kann es nicht ausstehen, wenn er auf dem Bett herumliegt oder auf dem Boden. Ein Schlafanzug gehört unter das Kopfkissen.«

»Ist gut, Opa. Wir werden den Schlafanzug zusammenlegen. Alles organisiert, in Schichten. Jeden Tag einer. Wer nicht seine Pflicht erfüllt, der weiß Bescheid.«

»Ehrenwort?«

»Ehrenwort! Ganz bestimmt. Beantworten Sie mir nur eine Frage, wenn es erlaubt ist. Bei dieser Hitze schlafen Sie im Schlafanzug?«

»Ich habe Angst vor Zugluft in der Morgenfrühe.«

»Zugluft? Es geht doch kein Lüftchen mehr, geschweige denn Zugluft. Nicht einmal mehr der Hauch eines Aufstands gegen die Regierung.«

»Legt ihr den Schlafanzug wirklich zusammen?«

»Natürlich.«

»Kommen Sie mit, Hauptmann. Wir wollen eine hübsche kleine Musik hören, die Ihre Tante und ich immer gespielt haben. Und wenn Sie Nachricht von Ihrer Gattin haben, teurer Freund, sagen Sie mir Bescheid. Ich mache mir auch Sorgen.«

»Onkel, ich komme gleich wieder herunter. Stellt die Sachen weiter aufeinander.«

»Und der Tote?«

»Ein Toter?« fragte der Alte.

»Das ist ein Slangausdruck bei uns, nichts weiter.«

»Komischer Slang.«

Sie gehen. Kaum sind sie an der Treppe angelangt, trifft das Licht auf die Fenster. Unerbittlich wie Riesenscheinwerfer. Dieselben riesigen Scheinwerfer, die sie benutzt haben, um uns aus unserem Haus zu vertreiben. Lichter und ein entsetzlicher Krach. Erst bin ich wie betäubt, dann renne ich zum Fenster. Die Nachbarn sehen auch hinaus.

Mein Neffe kommt angelaufen. »Sie haben es geschafft«, schreit er. Er ruft die Männer. Sie gehen in die Küche, diskutieren laut. Ich betrachte meine aufgestapelten Sachen. Eigentlich sollte ich mich von ihnen verabschieden. Schließlich haben sie mich mein Leben lang begleitet, waren meine Gefährten. Als könnten Gegenstände sich vermenschlichen.

Die Männer kommen aus der Küche und laufen eilig an mir vorbei in den Korridor. »Alles fertig, Onkel?«

»Ja und nein, von mir aus können sie mitnehmen, was sie wollen.«

Mein Neffe rennt durch die Tür und schreit: »Sie sind mit dem Hubschrauber gekommen.« Jetzt, glaube ich, verstehe ich alles.

Eine ganze Menge Leute müssen in diese Sache verwikkelt sein. Aber in was verwickelt? Ich kann nicht glauben, daß mein Neffe, ein junger Kerl von dreiundzwanzig Jahren, einen solchen Einfluß hat. Und nun kommt mir eine Frage nach der anderen in den Sinn: Einfluß worauf? Auf welchen Gebieten? In welchem Umkreis?

Wenn wir wenigstens eine Vorstellung von der Organisation der Regierung, der hierarchischen Aufteilung, der handelnden, herrschenden Gruppen hätten. Es gab Zeiten, da kannten wir die Mechanismen der Macht, die Herkunft der Parteien aus weiter zurückliegenden Epochen und wußten, was Unionen und Allianzen bedeuteten.

Lange vor der Technokratie. Die Gruppierungen unterschieden sich durch ihre Ideen. Man lebte innerhalb eines Kräftespiels gewisser faktischer oder opportunistischer Kombinationen, teilte das Kommando untereinander auf. Alle hatten einen bestimmten Anteil daran. Jede Gruppe übernahm die Leitung für eine bestimmte Zeit.

Während der siebziger und achtziger Jahre wehten dann andere Winde, die Technokraten erlangten die Vorherrschaft. Ihre Anhänger besetzten die Posten, ohne irgend jemandem Zeit zur Anpassung zu geben. Sie brachen jäh mit den Systemen und etablierten sich. In der Gewißheit, daß die Zukunft ihnen gehörte.

Die Arroganz hielt einige Zeit an. Hochnäsig und eingespannt in die Verwaltung, bemerkten sie nicht, daß die neue Klasse aufstieg. Die Militechner vertraten sowohl die Organisation der Militärs als auch den Rationalismus der

Technokraten. Hierarchie, Strenge, Disziplin und eigenartige Führungsideen.

Zu Dynastien zusammengefaßt, nahmen sie göttliches Recht für sich in Anspruch. Sie waren unerbittlich, eingeschlossen in ihre Festungen. Die Macht wurde durch Pakte, Kabalen und Beziehungen unter ihnen aufgeteilt. Sie verfielen wieder auf den alten Brauch der politischen Intrige, als sie die Leute aus dem Staat Minas in die Verwaltung holten.

In der Universität hatten die Studenten der Politologie oft gebeten, ich solle die Machtstruktur analysieren. Sie wagten nicht, die anderen Professoren danach zu fragen, aus Angst, sie könnten angeklagt werden, weil sie *Unverdauliche Fragen* formulierten. Aber es half nichts. Bestimmte Elemente fehlten uns.

Mir fällt nur ein Vergleich ein: Wir waren wie die Etrusker. Trotz vieler Forschungen wußten die Historiker nur wenig über die Organisationsform der Etrusker oder über den Aufbau ihrer Zivilisation. Alles Informationen, die sie von Gegenständen, bemalten Keramiken und Wandgemälden ableiteten.

Jene Zeichnungen und Steingravuren lieferten nur unvollständige, isolierte Erkenntnisse. Es war kaum wahrscheinlich, einen Zusammenhang zu erfahren, eine umfassende Sicht von ihrer Regierungsweise oder dem Aufbau ihrer Gesellschaft zu erhalten. Wir befinden uns heute in der gleichen, unergründlichen Situation.

Mein Neffe kommt brüllend zurück, gefolgt von seinen Anhängern. Der Mann, der immer Radio hört, schlägt mit der Faust auf die Vitrine ein, das Glas zerspringt. Der Anführer der drei rennt zum Telefon und versucht, eine Verbindung herzustellen. Jedesmal, wenn ihm dies mißlingt, knallt er wütend den Hörer hin.

»Das mußte ja schiefgehen. Es gibt Leute, die mich übergehen wollen. Ich weiß sogar, wer. Das Schlimmste ist, daß ich diesen Hubschrauber brauche.«

»Lassen Sie doch, Hauptmann. Wir gehen unten raus, es kommt alles in den kleinen Laster.«

»Nicht in den Laster. Die wollen nur erreichen, daß wir

die Leichen im Laster rausfahren. Dann laufen wir den *Leichensammlern* in die Arme und können nichts erklären.«

»Ja, müssen Sie denn etwas erklären, Hauptmann?«

»Das ist nicht das Problem. Da steckt eine Falle dahinter, irgendwas stinkt.«

»Ganz schön mißtrauisch sind Sie. Sind Sie immer so argwöhnisch?«

»Wer ist das nicht? Ich bin sicher, daß sie irgendwas im Schilde führen.«

»Wenn die etwas aushecken wollen, tun sie das auch.«

»Ja, aber einen Hauptmann mit einer Leiche im Arm zu erwischen ist schließlich ein gefundenes Fressen. Das heißt Beförderung, bewirkt Vergünstigungen, verschafft Privilegien.«

»Ja, nur wissen sie nichts von der Leiche. Niemand weiß etwas davon.«

»Aber mein Onkel.«

»Der Alte ist ja überhaupt nicht rausgegangen, er hat mit niemandem gesprochen.«

»Und der verrückte Pianist? Seid ihr sicher, daß mein Onkel ihm nicht einen Zettel zugesteckt hat?«

»Er ist dein Onkel, mein Teurer. Du bist in seiner Wohnung. Das heißt, wir.«

»Ja, aber du hast mir selbst gesagt, daß er nicht gerade glücklich ist über die Invasion. Eine gute Gelegenheit, uns endlich loszuwerden.«

»Nun gut, es ist deine Familie, ihr kennt euch. Was kann ich tun? Ich bin in eurer Hand. Was soll diese Diskussion hier überhaupt? Laß uns abhauen.«

»Und der Hubschrauber?«

»Vergiß den Hubschrauber.«

Stundenlang Möbel mit dem Fahrstuhl nach unten befördern. Ich hätte nie gedacht, daß ich so viele Sachen besitze. Stühle und kleinere Gegenstände gehen über die Treppe nach unten. Der mit dem Konfekt und der mit dem Radio sind beide verschwitzt und erschöpft. Wenn wir uns nur auf den Fahrstuhl verließen, brauchten wir drei Monate zum Verladen.

Ich fasse Mut und gehe ins Mädchenzimmer. Leer. Die Leichen sind schon unten. Komisch, ich rede wie sie: die Leichen. Ob alle tot sind? Und warum fühle ich überhaupt nichts? Ich müßte Schrecken oder Ekel empfinden, schließlich hat mich Gewalt immer schockiert.

Ich laufe durch die Wohnung wie eine Katze, die alles auskundschaftet. Die Räume sind leer, all meine Sachen fort, so ist das Persönliche verlorengegangen. Jetzt ist es irgendeine Wohnung. Sie kann von mir, von Adelaide oder einem Unbekannten bewohnt worden sein. Es macht keinen Unterschied. Wir hatten den Dingen unseren Stempel aufgedrückt.

Dieser Gedanke läßt mich erschauern. Wir haben die Dinge humanisiert und zu unseren Stellvertretern gemacht. Sie haben uns symbolisiert und uns definiert. Sie sind ein Ausdruck unserer selbst gewesen. Wir fühlten uns mit ihnen verbunden und haben einen Kult getrieben, der bloß ein Ersatz war.

Vielleicht mußte es so sein. Ich leide nicht. Durch die leere Wohnung zu laufen tut nicht weh. Ich zermartere mir den Kopf und finde keine Erinnerungen. Gut. Wenn das wenigstens bedeutete, daß wir die Manie, das Tragische zu kultivieren und das Dramatische zu vergöttlichen, aufgegeben haben.

Der Mann mit dem Konfekt saß am Lenkrad. Er schien die Stadt gut zu kennen. Die Scheinwerfer warfen Licht auf Mauerecken, Kirchenportale, auf die Unterseite von Viadukten, auf beleuchtete Säulen veralteter Free-Ways. Das Licht zeigte Menschen, die mit überraschten Gesichtern eilig aufstanden und erröteten.

Die Leute versuchten etwas zu verbergen. Hervorspringende Augen, Horror, Angst. Der Mann, der immer Konfekt aß, hupte. Die Leute liefen in Gruppen davon. Einige versuchten, über die Gitterzäune vor den Gebäuden zu springen, erlitten einen Schock, schrien und fielen zu Boden. Sie hatten vergessen, daß die Zäune elektrisch geladen sind.

Gruppen saßen um Lagerfeuer herum, in Lumpen gehüllt, aßen aus Dosen. Sie waren so verwundert über unser Eindringen, daß sie sich nicht einmal rührten. Sie blieben wie gelähmt sitzen und versuchten herauszufinden, warum wir nicht anhielten. Sie verstanden nicht, daß ein solcher Lastwagen nicht schon eine Patrouille auf Razzia im Morgengrauen war.

»Der Zustrom wächst mit jedem Tag. Es wird gefährlich. Das Volk hält es in den *Ärmstenlagern* einfach nicht mehr aus.«

Als wir um eine Ecke bogen, mußte der Fahrer plötzlich bremsen. Trommelförmige Hindernisse aus Beton versperrten die Straße. Es war üblich, daß die Bewohner die Straßen selbst versperrten. Ein Scheinwerfer beleuchtete den Lastwagen. »Weisen Sie sich aus«, rief eine Stimme über ein Megaphon.

Der Fahrer legte den Rückwärtsgang ein, Schüsse durchlöcherten den Motor und die Kotflügel. Wir duckten uns, die Schüsse hielten an. Eine Gruppe Kahlköpfiger rannte hinter den Lastwagen. Bis wir an Tempo gewannen, konnte ich sie neben dem Führerhaus sehen, mit ihrer roten Haut, ohne ein einziges Haar am Körper.

»Die Nacht ist frisch. Aber wenn der bläuliche Nebel weiter herabfällt, stellen wir uns lieber darauf ein. Es wird schlimmer als im Nordosten sein.«

»Schlimmer?«

»Hier gibt es soviel Zement, Asphalt, Steine. Dinge, die sich stark aufheizen. Dort war es nur die Erde, und die absorbiert die Hitze. Wenn sie sie zurückstrahlt, dann ist das nicht so schlimm wie bei Beton.«

»Wir müssen einen Regenschirm aus schwarzer Seide für unseren Freund besorgen.«

Plötzlich tauchte vor der Windschutzscheibe, von oben herunter, ein Kahlköpfiger auf. Und noch einer. Der Mann, der Konfekt aß, bremste, warf das Lenkrad herum, die beiden verloren das Gleichgewicht und fielen herunter. Der Laster fuhr schneller. Kurz darauf sprang ein weiterer Kahler auf die Motorhaube.

Der Mann, der immer an der Stirnseite des Tisches saß, zog den Revolver. Ausgerechnet er. Ich hatte ihn für einen friedfertigen Menschen gehalten. Er streckte die Hand durch das Fenster und schoß. Entschlossen. Einer der Kahlen auf der Motorhaube stürzte. Ein anderer sprang ab. Er schrie nicht, sondern fiepte wie ein Äffchen.

Neben dem Geräusch des Motors und den quietschenden Reifen, die auf dem weichen Asphalt klebten, hörten wir ein Schnauben, das das ganze Viertel erfüllte. Wie eine Dampflokomotive, die auf einem Rangierhof abgestellt ist. Kein Licht in den Fenstern. In dem einen oder anderen Wachhäuschen eine gelbliche Lampe, die sich langsam drehte.

Und dennoch hielt das Gefühl, wir würden bewacht, an. Einen Augenblick lang dachte ich, ich hätte den Propeller eines Hubschraubers über uns gehört. Aber am dunklen Himmel war nichts zu sehen. Es sei denn, sie machten Blindflüge. Mein Nacken brannte, jemand war hinter mir. Aber wer?

Der Laster fuhr weiter, vorwärts oder rückwärts, in Straßen hinein oder aus Straßen mit Absperrungen heraus. Wir waren gezwungen, große Umwege zu machen. Ich ohne die geringste Orientierung, durch Straßen, an deren Existenz ich nie geglaubt hätte. Der Mann, der Konfekt aß, war ein ausgezeichneter Fahrer, er schien an den Lastwagen gewöhnt zu sein.

Oft fuhren wir auf den für Ambulanzen, Panzer, Polizeiwagen, Gefangenenbusse und Fahrzeuge für die *Isolation* reservierten Fahrbahnen. Tagsüber würde das Gefängnis bedeuten, ohne weitere Umschweife. Wie konnten sie die Stadt nachts nur so sich selbst überlassen und einfach ausliefern.

Die Viertel änderten sich, als wir weiterfuhren, die Wohnblocks wurden einfacher, immer häßlicher und verwahrloster. Wir überquerten eine große Avenida und drangen in eine völlig verkommene Zone vor. Etwas später fuhren wir an düsteren Ruinenblocks vorbei.

»Sind wir noch in São Paulo?«

»Mensch, was für eine Frage.«

»Ich glaube, ich habe geschlafen. Wir sind so lange gefahren.«

»Wir sind in der Nähe der *Vierten Haltestelle.*«

»*Vierte Haltestelle*? Elend weit. Was wollen wir denn hier?«

»Den Müll ausladen.«

»Warum hast du die Möbel nicht auf die Straße geworfen? Die Stadt war menschenleer.«

»Und die Leichen?«

»Sind alle die aus dem kleinen Zimmer gestorben?«

»Alle. Sie waren schlecht dran.«

»Oder sind sie umgebracht worden?«

»Ich schwöre es bei meiner Seele. Der einzige Tote war der Barbier. Die anderen hätten sowieso nicht überlebt. Die Überlebenschancen für die Kahlen sind minimal, sie haben sich angesteckt. Sind verurteilt. Sie gehen schneller zugrunde als Mücken.«

»Und der Barbier? Wer hat den getötet?«

»Also hör mal, ist doch uninteressant, so was jetzt zu diskutieren.«

»Kannst du mir sagen, warum?«

»Hör mal, das Wichtigste ist, die Leichen loszuwerden, ohne daß es jemand sieht.«

»Ich verstehe immer noch nicht, warum ihr die Leichen nicht einfach an einer Ecke ausgeladen habt. Es war doch alles dunkel.«

»Und die *Blockwächter*? Die *Nachtalarmhauswarte*? Die *Mobilisateure*? Denkt ihr, die passen nicht auf? Hinter Fenstern und Säulen, in den Wachhäuschen versteckt, mit Infrarotkameras? Alle haben uns durch die Stadt fahren sehen.«

»Warum haben sie uns nicht denunziert?«

»Für sie war das nur ein Lastwagen. Stell dir vor, sie denunzieren, und es ist *Einer Von Der Führung*? Da würden sie in ganz gehörige Schwierigkeiten geraten. Wenn sie aber das Ausladen von Klumpen und Leichen sehen würden, wäre das etwas anderes.«

»Sieht fast so aus, als käme den Toten in dieser Stadt eine gewisse Bedeutung zu.«

»Nicht den Toten, sondern dem politischen Spiel, das man mit ihnen treiben kann. Ein ganzes System von Tauschen und Schachern, Abrechnen und Anordnen.«

Hier war jetzt etwas los. Der Lastwagen fuhr zunehmend langsamer. Die Menschen sahen uns entsetzt an, überall der gleiche überraschte, angstvolle Blick. Jeder trug etwas. Einen Sack, eine Kiste, einen Stuhl, Plastestöcke, Pakete.

Von Block zu Block immer mehr Leute. Sie trugen Laternen aus Draht und Blech mit einer Kerze darin. Ein schwaches Licht, das kaum den Weg beleuchtete. Erinnerungen an frühere Prozessionen in der Karwoche, der Herr gekreuzigt am Karfreitag, die Gläubigen mit ihren Kerzen, der Passionsgesang.

Hier gab es keine düstere Litanei, sondern ein dichtes, kompaktes, fast rhythmisches Gemurmel. Und über allem der Gestank. Fürchterlich. Mefitisch. Im Gymnasium hatten wir einen äußerst pedantischen Geographielehrer. Der benutzte dieses Wort für alle und für alles. Für ihn bedeutete es eine Beleidigung.

Für mich ist es das Symbol eines Geheimnisses, ein Code geblieben. Ein Synonym für etwas Schlechtes. Ein Wort, das nicht einmal in allen Wörterbüchern steht. Daher der Eindruck, es sei ein besonderes Wort. Mefitisch. Was ich bis hier rieche, ist der Gestank von Tod und Verwesung. Von Abfall und Exkrementen, von Kanalisation und Schweiß.

Ein scharfer, durchdringender Geruch. Stechend. Wie hält dieses Volk das aus? Die Menge wird immer dichter, bis wir auf ein riesiges Gelände stoßen. Wenn ich das in einem Film sähe, würde ich es nicht glauben. Abfallberge voll mit verdreckten Gestalten, Türme von Krimskrams.

Berge aus Plaste, Hügel aus Büchsen, Stapel von Schrott, Schutt, Dreck, Gerümpel, Plunder, Schurrmurr. Ich weiß nicht, ob es eher einem Kaufhaus für Schnickschnack glich oder einem großen Trödelmarkt, der von unbegreiflich begeisterten Leuten besucht wurde.

Elendes Völkchen. Zerlumpt und verlaust, strichen sie durch die verfaulten Alleen mit der gleichen Aufregung, die Adelaide und ich an den Tagen des obligatorischen Konsums in den *Hyperernährern* empfanden.

Viele standen um die Feuer herum. Sie verbrannten Plastegegenstände, und es stieg mehr Rauch auf als Feuer.

Zerlumpte erkletterten in Horden die Müllberge, sammelten und sammelten. Sie hielten inne und beobachteten, wie der Lastwagen langsam durch das graue Tal aus Dreck fuhr.

»Gibt es hier denn keine Ziviltäre zur Bewachung?«

»Ich weiß nicht«, antwortete mein Neffe.

»Und diese Leute greifen einander nicht an?«

»Weiß nicht. Aber es wäre nur gut, wenn sie aneinandergerieten, denn es geht darum, daß möglichst viele sterben.«

»Wahnsinn. Das kann doch nicht Absicht sein.«

»Die hier sind Millionäre. Hast du schon die *Ärmstenlager* gesehen? Ja? Da liegen sie einer über dem andern, ohne Kraft, sich zu erheben. Und sie lehnen sich nicht auf, warum? Weil sie nur den Mund auf- und zumachen können, nur um Wasser und Essen bitten. Hast du schon ein Vogeljunges gesehen? Genau so, fehlt nur das Piepsen.«

»Wie entsetzlich!«

»Entsetzlich? Du sprichst von Entsetzen? Das sagst du so hin. Du hast ein angenehmes Leben, dir ist es gelungen, innerhalb des *Kreises* zu bleiben, du hast eine Wohnung, Essen und einen einflußreichen Neffen.«

»So einflußreich nun auch wieder nicht. Irgend etwas ist mit dem Hubschrauber passiert, das hat gezeigt, daß sein Machtbereich angekratzt ist.«

»Kleiner Streit, Eifersüchteleien, aber sonst alles o. k.«

»Wenn alles o. k. ist und der Einfluß groß, warum hast du mir dann nie geholfen, deine Tante wiederzufinden?«

»Der Tante geht es gut. Sei beruhigt.«

»Was heißt gut? Hast du Nachricht von ihr?«

»Nein . . . das heißt, ja, hatte ich . . .«

»Na sag schon, los, sag schon.«

»Nimm deine Hand weg, Onkel. Neulich habe ich es erfahren. Sie ist bei einer Freundin.«

»Wie hast du das erfahren? Bei welcher Freundin? Hat sie von mir geredet?«

»Nein . . . es hat mich jemand angerufen . . . für sie . . .«

»Sie ist bei dir? Nicht wahr, ist sie doch?«

»Wieso?«

»Du bist mir die ganze Zeit so gelassen vorgekommen. Du hast nie vom Verschwinden deiner Tante geredet. Und ihr mochtet euch. Obwohl du ein mieser Charakter bist, hast du immer an ihr gehangen. Ich werde dir was sagen. Wenn du jemals jemanden gemocht hast, wirklich jemanden geliebt hast, dann war es deine Tante. Von klein auf.«

»Was soll das, Onkel?«

»Mit zehn hast du dich unter dem Bett versteckt, um ihre Beine zu betrachten. Ja oder nein?«

»Jedes Kind tut das.«

»Ja, aber es mit achtzehn immer noch zu tun ist schon merkwürdig.«

»Ich? Mit achtzehn?«

»Wie oft habe ich dich überrascht, wenn du durch das Schlüsselloch der Badezimmertür geguckt hast!«

»Du bist krank.«

»Warum hast du nie geheiratet? Warum hast du einmal eine Freundin gehabt, die genauso aussah wie deine Tante? Wir haben sogar noch gescherzt und gesagt, sie sei unsere Tochter und du würdest eine Kusine heiraten.«

»Du bist wirklich krank.«

»Und als die Freundin einen Unfall hatte und eine Schönheitsoperation machen mußte, die ihre Nase und das Kinn leicht veränderte, was war da? Du hast sie sitzenlassen. Ohne Erklärungen.«

»Ich mochte sie nicht mehr.«

»Nein, weil sie Adelaide nicht mehr ähnlich sah und dein Interesse an ihr erlosch.«

»Halt den Mund, Onkel. Ich schicke dich in die *Isolation*.«

»Auch wenn du weißt, daß Adelaide unter dieser *Isolation* leiden würde?«

»Sie mochte dich nicht.«

»Bist du sicher?«

»Bin ich.«

»Wieso weißt du denn das?

»Sie hat es mir immer erzählt. Wir beide waren meistens allein. Erinnerst du dich? Dann spielte sie den ganzen Tag lang Klavier, ununterbrochen. Sie war dann ganz anders, fröhlich, sie sang und putzte sich heraus.«

»Putzte sich heraus ... Du redest ja wie ein Alter.«

»Was hast du denn für sie getan? Wenn du zurückkamst, wurde das Klavier zugedeckt, die Kleidung kam in den Schrank. Die schönsten Sachen, die sie hatte, waren versteckt. Warum, Onkel? Du hast ihr keine reizvolle Kleidung erlaubt. Dekolletés etwa. Sie hat mir einmal gesagt, du seist eifersüchtig, hättest dich ziemlich mit ihr gestritten, als ihr verlobt wart, wegen eines Minirocks.«

»Ich habe mir nie etwas aus Kleidung gemacht. Nur einmal, da hatte sie sich ein Kleid eine Nummer zu klein gekauft, es saß hauteng, die Brust hing fast raus. Es war nicht einmal ein Streit, ich sagte ganz ruhig, sie könnte so nicht ausgehen.«

»Und ihr Kopf, Onkel? Was dachte der?«

»Wie meinst du das?«

»Was dachte sie über das Leben, was wollte sie?«

»Ist das hier ein Verhör?«

»Du hast angefangen, jetzt ...«

»Sie ist bei dir, nicht wahr? Hältst du deine Tante gefangen?«

»Siehst du fern? Neulich konnte ich nicht schlafen und verbrachte die frühen Morgenstunden vor dem Fernseher, ein ganz alter Streifen. Der Kerl mochte das Mädchen und hielt sie bei sich gefangen. Wie hieß der Film?«

»Woher soll ich das wissen?«

»Du bist doch ein Kinoliebhaber. Du müßtest das wissen.«

»Ich glaube, es war *Der Sammler.*«

»Genau. Also du denkst, ich halte die Tante zu Hause gefangen, was? Na, geh doch hin.«

»Gib mir eine Zirkulationsmarke, ich werde wirklich hingehen.«

»Denkst du, du kommst so rein?«

»Chef, ist es hier richtig?«

Der Mann, der immer Konfekt aß, hielt den Lastwagen an. Da war eine kleine, kahle Stelle, und wir standen genau in der Mitte. Die Leute sahen uns immer noch unruhig und mißtrauisch von den Abfallhaufen herab an. Der bläuliche Nebel hing sehr tief. Die Spitzen der höheren Haufen lagen schon in Nebel eingehüllt. Eine europäische Landschaft.

Es wurde hell. Im Zwielicht erschienen die Lumpengestalten auf dem Abfall noch schreckenerregender. Der Geruch war unerträglich. Wie kann so etwas nur um einen herum geschehen, ohne daß man davon weiß? Und man kann nicht einmal sagen, daß das versteckt gehalten wurde. Da lag es offen vor uns.

Merkwürdig. Wir waren gar nicht durch einen *Distriktzugang* gekommen. Wir hatten verschiedene Stadtteile durchquert, und ich konnte mich nicht an eine einzige, funktionierende Kabine erinnern. Und soweit mir bekannt war, schlossen sie nachts nicht, im Gegenteil, sie verstärkten die Wachsamkeit wegen der Durchbrüche. Ob es wegen des Lastwagens in den offiziellen Farben war?

Wir stiegen aus. Sowohl der Mann, der Konfekt aß, als auch der, der Radio hörte, gingen mit dem Revolver in der Hand vorsichtig hinaus. Mein Neffe stieg unbekümmert aus, als sei er daran gewöhnt. Sie begannen die Möbel abzuladen. Die Hügel rundherum füllten sich mit Leuten. Sie beobachteten uns schweigsam, fast verdutzt, wegen der Möbel. Wie lange hatten sie schon kein Holz mehr gesehen? Ein Kahlköpfiger kam lässig herangeschlendert. Er legte die Hand auf einen Stuhl, blickte um sich, ergriff ihn und rannte fort. Wir sahen noch, wie er ihn in Stücke zerlegte und sie dann in das Feuer warf.

Nun hatten die anderen Mut gefaßt, sie kamen langsam herab. Sie trauten sich nicht, über uns herzufallen, aus Angst vor den Revolvern, die deutlich zu sehen waren. Sie nahmen, überraschenderweise schön der Reihe nach, die Möbel mit. Sie zerschlugen sie und fütterten damit ihre Scheiterhaufen. Mein Neffe näherte sich einer Gruppe von Blinden.

Die Blinden konnten wahrscheinlich die Geräusche nicht verstehen. Mein Neffe schüttelte eine Flasche Wasser. Ich kann nicht sagen, daß ihre Augen strahlten, aber die hängenden Münder lächelten weichlich. Sie gaben gutturale Laute von sich und reckten die Hände ins Leere.

»Wollt ihr Wasser?«

»Hm, hm, hm.«

»Ihr müßt mir beim Graben helfen, abgemacht?«

»Hm, hm, hm.«

»Viel graben, schön tief.«

»Err, urr, err, hmhm.«

Der Mann, der immer Konfekt aß, öffnete den seitlichen Kofferraum, entnahm ihm Hacken, Schaufeln und Spaten und verteilte sie an etwa zehn Blinde. Mein Neffe rief, sie könnten tief graben, er würde sagen, wann sie aufhören sollten. Er stellte die Gruppe auf, damit nicht einer auf den anderen einhackte oder mit der Schaufel einschlug.

Ich sah in das Feuer. Tische, Stühle, Schränke, Kommoden, Toilettenschränkchen. Der Scheiterhaufen meiner Ehe. Alles, was wir gemeinsam ausgesucht, auf Raten gekauft, unter Schwierigkeiten bezahlt hatten. Alles in Sekunden weg. Nur verarbeitetes Holz. Alles zu Ende.

In einer Minute. Ich hätte diesen Männern die Geschichte jedes Möbelstücks erzählen können. Was in jeder Schublade lag. Jedes Papier, das darin war, jedes Kleidungsstück, jede Klammer, jede Stecknadel. Welche Bedeutung sollte es schon haben, alles aufzuheben, immer alles aufzuräumen? Plötzlich kam ich mir dumm vor, wie ich so dastand.

Ein Mann mit hängenden Augen zerstörte die Truhe. Ein anderer kam ihm zu Hilfe. Ein dritter. Alle mit hängenden Augen. Sie gerieten aneinander, der Deckel der Truhe öffnete sich, ich sah die Pakete aus braunem Packpapier herausrollen, sich mit dem Abfall und dem Staub auf der Erde vermischen. Was würde Adelaide sagen? Oder würde sie gar nichts sagen?

Von den Hügeln kamen andere Männer mit hängenden Augen herab. Es sah so aus, als teilten die Gruppen sich je nach Gebrechlichkeit ein. Die Verkrüppelten, die Deformierten, die Kahlköpfigen, die Hautlosen, die Krebskranken. Sollte ich vielleicht Männer mit einem Loch in der Hand suchen? Um mich in meine Klasse zu integrieren?

Während mir irgend etwas an diesen Menschen vertraut vorkam (aber was?), kehrte der grünbraune Fleck wieder, und ich war auf der ganzen linken Seite für einen Augenblick gelähmt. Diesmal wurde der Fleck von einem stechenden Klopfen im Nacken und auf der Stirn begleitet.

Ich schloß die Augen, aber der Fleck blieb. Unbewegliches Grün, und darin bewegte sich das Braun. Mit einiger Klarheit begann sich ein Bild zu formen. Und gleich löste es sich wieder auf, das Unwohlsein war vorbei, ich konnte mich wieder rühren. Und als ich diese Männer mit den hängenden Augen sah, kam mir meine Kindheit in Erinnerung.

Das Grün in dem Fleck verharrte, das Braun bewegte sich. Wenn es mir gelungen wäre, das Bild für einige Zeit festzuhalten, hätte ich es deuten können. Ich konnte mich wieder bewegen, der Fleck löste sich auf, er verflüssigte sich, Braun und Grün verschwammen ineinander.

»Gib ein paar Schüsse ab und verjag diese Leute.«

»Wozu?«

»Sieh mal, was sie mit den Sachen anstellen.«

»Du bist ein sehr merkwürdiger Mensch. Dich soll einer verstehen. Na und? Haben wir das nicht weggeworfen? Sollen sie damit doch machen, was sie wollen.«

»Das waren meine Sachen!«

»Wirklich sehr merkwürdig.«

Die Männer mit den hängenden Augen schrien, stritten sich, rollten sich im Abfall herum und fielen in das Feuer. Die Möbel gaben den Scheiterhaufen Nahrung. Die Leute griffen nach den Paketen aus braunem Packpapier und öffneten sie. Einer riß sie dem anderen aus der Hand, sie vermengten sich brüllend in einem infernalischen Durcheinander.

Ich weiß nicht, wieso diese hängenden Augen nicht abgerissen wurden. In der Verwirrung hätte so leicht einer einmal an diesen Bändern ziehen können. Es war, als verstünden sie sich noch in ihrer Wildheit. Die Pakete begannen sich aufzulösen. Ich beobachtete sie höchst fasziniert.

Also war es wahr. Was ich sah, war die Bestätigung. Die nicht mehr zu überbrückende Distanz, die mich von meiner Frau trennte. Dreißig Jahre Zusammenleben, ohne es zu wissen. Und in weniger als einer halben Stunde die ganze Offenbarung. Durch die Pakete, die zerflederten und jetzt ihren Inhalt preisgaben.

Die Adelaide, die aus den Paketen hervorkommt, verblüfft Souza. Welches war die wahre Identität seiner Frau? Und jetzt?

Es stimmte. Ich wurde wütend, als ich sah, daß mein Neffe recht hatte. Ausgerechnet er, den ich haßte. Mir war nicht wohl, so ähnlich oder schlimmer noch als damals, als mein Vater und ich uns einig waren, daß wir den Jungen mit dem ausgelaufenen Auge nicht rächen würden. Die offenen Pakete enthielten die Kleider meiner Frau.

Wäsche aus Seide und Satin. Bunte, auffällige Muster, riesige Blumen, verrückte Schnitte, Dekolletés, Minis. Die Frauen mit den hängenden Augen heulten, als sie sich darum rissen. Sie waren wild, aber nicht dumm. Sie stellten alles Mögliche an, um etwas zu bekommen, ohne es zu zerreißen. Hat schon einmal jemand einen Streit voller Zuvorkommenheit gesehen?

Nun, das hier war einer. Diese entsetzlichen Frauen zogen vor mir ihre Lumpen aus und hängten sich die schreiend bunten Kleider von Adelaide um. Und nun kam es wahrhaftig zu aberwitzigen Verwandlungen. Frösche wurden zu Prinzessinnen, ein Hexensabbat.

Ich versuchte mir Adelaide in diesen Kleidern vorzustellen. Es gelang mir nicht. Ich war an ihre zerbrechliche Figur in unauffälligen Kostümen oder leichten Kleidern in nüchternen Farben gewöhnt. Für mich paßte sie nicht in diese schillernden Sachen. Und wenn das nun das wirkliche Bild von ihr war, diese Extrovertiertheit?

Plötzlich war die ganze Welt aus den Fugen geraten. Der Rhythmus war total gebrochen. Wie abgenutzte Zahnräder, fügten die Teile sich nicht mehr ineinander. Es war notwendig, alles neu zu beginnen, an nicht gehaltene Gespräche anzuknüpfen. Tausende von nicht vollzogenen Liebkosungen nachzuholen. Die Frau, die ich geliebt habe, hat es nie gegeben. Leere.

Ja, ich habe sie geliebt. Auf meine Weise. Es mag die falsche Art gewesen sein, aber auf meine Weise. Was hilft es, jetzt über die Formen des Liebens zu theoretisieren? In mir bohrt nur eine Frage: Habe ich noch Zeit, oder ist meine Zeit abgelaufen? Wie viele Chancen hat der Mensch in seinem Leben?

Und unsere kurzen, schlaflosen Nächte? Wäre alles anders gekommen? Ich empfand plötzlich den Verlust. Maßlos. Grenzenlos. Es gibt ein Wort, das mein Großvater oft benutzt hatte, wenn er vom Wald sprach: unermeßlich. Etwas zu verlieren, um zu fühlen, daß man es einmal gehabt hat, ist ungerecht.

Diese verlorenen Nächte, ich weiß wohl, man kann sie nicht vergessen. Gesten, Liebkosungen, Flüstern, Stöhnen, Lachen, Düfte, Schweiß, nie wieder. Es ist, als sei man in der Mitte zerteilt, auseinandergerissen worden unter den Rädern eines Zuges. Mit dem ganzen Schmerz, den man bewußt und ohne Betäubung ertragen kann.

Welche Verrücktheiten hätten wir in jenem Zimmer anstellen können. Einer den anderen bis zur äußersten Grenze entdecken. Grenze. Wir haben immer Barrieren im Kopf. Wir hätten bis ans Ende gehen können. Oder es überschreiten können, wenn wir gewußt hätten, was das Ende ist. In Schweigen jedoch begnügten wir uns mit diesem lauwarmen Leben.

Eine wohlerzogene, anhaltende Liebe. Voller gegenseitiger Achtung, jedenfalls dachten wir das. Nein, nein, Adelaide hat nichts damit zu tun. Ich dachte immer an Achtung, sie hat dieses Wort nie ausgesprochen. Und zu diesem Zeitpunkt weiß ich, ich kann gar nicht für sie sprechen, wir sind nicht mehr dieses Paar, ein Herz und eine Seele.

Abhängigkeit vom Wenn. Wenn das so gewesen wäre, wenn man gesucht hätte, wenn man versucht hätte. Zu existieren im Vertrauen auf eine vergangene Hypothese. Einmal las ich in einer Zeitung einen Satz, der mir unsinnig erschien: die Rettung ohne Morgen. Ich glaube, jetzt habe ich die Bedeutung erfaßt.

Ich stieg auf einen fauligen Hügel. Es war beschwerlich, inmitten dieses Gestanks. Es heißt, hier sei der Friedhof der *Vierten Haltestelle* gewesen. Weit und breit übersät mit Gräbern. Es war eine große Errungenschaft der Immobilienfirmen, als es keine Grundstücke im Stadtgebiet mehr gab.

Nachdem das letzte Haus abgerissen, das letzte Hochhaus in der Stadt errichtet worden war, blieben nur noch die Vororte. Da verfiel man auf die Friedhöfe. Traditionelle, volkstümliche, luxuriöse, katholische, jüdische, protestantische, von den Zeugen Jehovas, den Baptisten, den Mormonen, den Linken und Armenfriedhöfe.

Eine großangelegte Werbekampagne folgte. Über Amortisierung. Um die Menschen vorzubereiten, die die Vorstellung ablehnten, ihre geliebten Toten könnten weggeschafft werden. Die Projekte für einen Friedhofsersatz klangen wunderschön. Gebäude mit hohen, weißen Spitztürmen, die die Wolken durchbrechen und bis zum Himmel reichen sollten.

Die Familien stritten erregt um die höheren Stockwerke, die sich, den Annoncen zufolge, in der Nähe des Herrn befanden. Auf diese Weise wurden beachtliche Landstriche von den Immobilienfirmen vereinnahmt. Dort pflanzten sie ihre mastodontischen Gebäudekomplexe auf, Knochen und Asche als Fundament.

Ich konnte nicht mit Sicherheit sagen, ob sich der Friedhof wirklich hier befand. Seit langem war ich wenig in der Stadt herumgekommen, seit sie die Zirkulationsprojekte eingeführt hatten. Alles, was ich von den pyramidenförmigen Hügeln herab sehen konnte, waren sich gleichende Gebäude, die sich eintönig wiederholten.

Und zwar so, daß ich nicht hätte sagen können, ob ich an der *Vierten Haltestelle* in Bela Vista oder in Brooklyn stand. Komplexe über Komplexe mit glatten Wänden. Fenster, Gitter, saubere Fassaden. Sie glichen sich, zumal alle Baufirmen standardisierte Grundrisse und Pläne benutzten.

Entwürfe, Aufteilungen und Materialien waren vereinheitlicht worden, um die Kosten zu senken. Unterschiede gab es nur noch bei den pompösen Namen wie Villa Rimbaud, Sonnenhof Maria Antonieta, Fontäne von Versailles, Halle der Adligen, Aristokratenturm, Königliches Landhaus, Florentinischer Glanz.

Tadeu Pereira und ich waren viel herumgelaufen. Wir waren zu Fuß durch die Straßen des alten Zentrums gegangen, bis in die früheren Viertel wie Campos Elíseos, Higienópolis oder Brás. Wir suchten Spuren Japans und Italiens in den ehemals von Japanern und Italienern bewohnten Stadtteilen.

Den Sonntagmorgen verbrachten wir immer mit Spaziergängen, während Adelaide zur Messe und dann zu ihren Eltern ging. Sie schimpfte, daß es keine Wochenenden mehr gab. Sie vermißte unser sonntägliches Churrasco. Damals wurde das Fleisch schon knapper.

Wir konnten nicht fotografieren. Sogar unauffällige Kameras brachten uns in Verlegenheit. Wir notierten unsere Entdeckungen in kleine Hefte. Eine langwierige Arbeit, die Aufmerksamkeit erforderte. Als kämmte man mit einem feinen Kamm oder schwenkte die Goldwäscherschale. Aber wir hatten es keineswegs eilig. Die Zeit war auf unserer Seite.

Tadeu wagte sogar ab und zu eine Zeichnung. Eine Erinnerung an die Universitätskurse. Er hatte Architekt werden wollen statt Mathematikprofessor. Er bestand die Aufnahmeprüfung nicht, weil er in diesem Lotto einige Kreuzchen in den zur Auswahl gestellten Antworten falsch gesetzt hatte.

Wir hielten den Standort alter Häuser, Villen und Stadthäuser fest. Befreundete Architekten halfen uns, Stile und Epochen zu bestimmen. Wir entdeckten versteckte Wohnviertel. Fast verborgene Plätze und Straßen, die seit den zwanziger Jahren unversehrt geblieben waren, und Bauten, die dem Vordringen der Immobilienfirmen noch widerstanden hatten.

Ein über hundert Jahre alter Feigenbaum in der Straße Piratininga. Mehrere *art-deco*-Fenster in der Bresser Straße, Bilder von Calixto, die in einer vergessenen Kapelle in Santana verfielen. Der Rest eines Projektes von Warchavchik, das durch den Anbau einer Garage aus Plaste und Mosaikplättchen auf der Fassade verunstaltet worden war.

Eine Skulptur von Brecheret, verloren inmitten von Gartenzwergen in Tremembé. Ein Kloster aus der Kolonialzeit, das zu einer Autowerkstatt geworden war. Die armenische Basilika mit einem Schatz: Teile von Reliefs aus der Kirche von Althamar. Eine Bronzetür in einer Synagoge im Viertel Bom Retiro.

Wir hatten keine wissenschaftliche Methode. Wir taten es aus Spaß und ein wenig aus Nostalgie. Auch, weil wir uns an Hand der geographischen Spuren, die sich verwischten, wiederfinden wollten. Weil wir fühlen wollten, daß es noch einen Halt gab. Vielleicht war das, was wir suchten, eine Art Sicherheit.

Irgendwo ein mit Blumen verziertes Fenster. Blumenvasen in den Fenstern eines düsteren Straßenblocks in der Aurora-Straße. Eine schmiedeeiserne Treppe, die schutzlos dastand, denn die Veranda, zu der sie geführt hatte, existierte nicht mehr. Verrostete Gartengitter. Fassaden mit Mosaiken aus Marmor oder Porzellan. Galerien. Gewölbe mit Bogenstützen.

Kuppeln und Erker, Balkons und Aussichtsterrassen, Pilaster und Gebälk, Gesimse und Kreuzbögen, alle möglichen Verzierungen wie Reliefs und Stuckarbeiten, Girlanden und geschnitzte Blumenmuster, Säulen und Jugendstiltüren, Gebäude mit gotischen und barocken Elementen.

Vergraben unter einer Barriere aus Akryl und Blechschildern fanden wir das erste Projekt in Sichtbeton von Paulo Mendes da Rocha. Das Gebäude war ganz in Rosa und Blau gestrichen worden. Da trieben wir nun einen solchen Aufwand, bis wir uns eines Tages ansahen und uns fragten: Wozu eigentlich?

Es traf uns wie ein Blitz. Wir waren so verlegen, daß

wir uns trennten. Ohne ein Wort zu sagen. Jeder von uns wußte in seinem Innern, warum. Je mehr wir herumgekommen waren, desto mehr hatten wir uns der Peripherie genähert. Und diese Arbeit belastete uns immer mehr, wurde zunehmend sinnloser.

Wir taten es weder aus Radikalismus noch aus Salon-Engagement. Herrje, seit wie vielen Jahrhunderten hatte ich dieses Wort nicht mehr benutzt. Ich vergaß mein kleines Heft. Als ich Tadeu wiederbegegnete, sprachen wir nicht mehr darüber. Erst jetzt, vor einigen Wochen, erinnerte er sich und weckte wieder meine Neugier.

Heute sehe ich, wenn auch unklar, einen gewissen Sinn darin. Wir wollten alles festhalten.

He, aber was machten die denn da unten? Ach so, sie trugen eine Leiche fort, sie war in die von Adelaide gestickten Bettücher eingewickelt. Es waren fünf Tote. Fünf. Wieso fünf? Das heißt, sie sind alle gestorben? Es waren aber nicht fünf.

Du lieber Gott im Himmel, was ist das bloß? Sie haben die Unglücklichen alle getötet. Es sind aber nur vier gewesen. Die drei, die bei mir eingedrungen waren und sich sowieso schon mehr jenseits als diesseits befanden. Und schließlich der arme Barbier. Meiner Meinung nach hatte der Kerl, der Radio hörte, sie getötet. Er hatte alles, was zu einem Paranoiker gehört.

Dieses fünfte Bündel beunruhigte mich, ich stieg stolpernd den Abfallhügel hinab, hielt mich an meinem Neffen fest. Warum wollten sie sie alle so heimlich begraben? Ich verstand das alles nicht. Ich konnte nur feststellen, daß sie Angst hatten. Aber wovor? Vor wem?

»Fühlst du dich nicht gut, Onkel? Das ist der Gestank.«

»Nichts da Gestank. Ich will wissen, wer der andere Tote ist.«

»Einer der Typen aus dem kleinen Zimmer.«

»Das waren drei.«

»Vier.«

»Ich bin alt, aber nicht senil. Es waren drei.«

»Einer ist in irgendeiner Nacht noch dazugekommen. Wir haben dir das gar nicht erst erzählt.«

»Ich will ihn sehen.«

»Laß gut sein, Onkel! Die sind bestens untergebracht.«

»Von wegen untergebracht, zeig ihn mir.«

»Und wenn ich das nicht tue?«

» – «

»Nützt es denn was? Es ist ein Unbekannter. Ein Tauber, der herumlief und um Essen gebeten hat.«

»Laß mich sehen, damit ich mich beruhige.«

»Vergiß es, Onkel. Wir haben keine Zeit, es wird schon Tag. Wenn es hell wird, sind wir verloren.«

»Bei der Liebe zu deiner Tante.«

»Nun komm mir nicht wieder mit solchen Geschichten.«

»Sag mir, wer es ist.«

»Ein Tauber, sagte ich doch schon.«

»Ein Tauber, das heißt gar nichts. Es gibt sie zu Tausenden in der Stadt.«

»Ich glaube, er ist wegen einer Bausäge taub geworden.«

»Nimm mich nicht auf den Arm.«

»Wirklich, das gibt es.«

»Genug.«

»Nervös, Onkel?«

»Wer ist der andere Tote? Ich ahne Schlimmes.«

»Ich glaube, ich weiß, warum, Onkel.«

»Der Klavierlehrer?«

»Ja.«

»Warum? Warum denn?«

»Er ist an Herzversagen gestorben, wir sind es nicht gewesen. Er hat den Treppenaufstieg nicht verkraftet, die Nachricht vom Verschwinden der Tante. Er erlitt einen Infarkt.«

»Unverschämtheit!«

Ich stürzte mich auf ihn, man muß sich das vorstellen. Mit links warf er mich auf den Abfall. Ein Kinderspiel für jemanden, der rigoros die strengen Regeln der Sporterziehung der Militechner befolgt hat. Ich hasse es, wenn ich geschlagen werde. Und ganz zu schweigen vom Kneifen. Dann bekomme ich einen Lachanfall.

Noch einmal ging ich blindlings auf ihn los. Es macht einen Unterschied, ob man kämpft und glaubt, man sei schlagkräftig, oder ob man von vornherein weiß, daß man verlieren wird. Jetzt war ich nur noch wütend. Es ging nicht einmal mehr um die Ehre, diese Geschichten von wegen ein Mann läßt sich nicht schlagen. Wieder hielt er mich mit der Linken fest.

»Hör auf damit, Onkel. Denk an dein Herz.«

»Du bist doch zu nichts gut.«

»Schimpf nur, Onkel. Schimpf richtig, mach dir Luft.«

»Das werde ich dir heimzahlen.«

»In Raten?«

»Ich kann es nicht glauben. Ich höre das und kann es nicht glauben.«

»Hör auf mit diesem Gerede, Onkel. Es rührt mich überhaupt nicht. Das ist ein Gespräch wie in uralten Zeiten, ich weiß nicht einmal, wieso du auf diese Weise so lange überlebt hast.«

»Ich verachte dich.«

»Macht mir gar nichts. Ich werde mir gerade etwas daraus machen, wie du über mich denkst.«

»Sag, daß es nicht der Klavierlehrer war.«

»War es aber.«

»Das ist entsetzlich. Ich werde dich an die Ziviltäre ausliefern.«

»Vorher werde ich dich umbringen.«

»Hättest du den Mut dazu?«

»Braucht man dazu welchen?«

Ob Adelaide diesen Neffen, für den sie so gesorgt hatte, wiedererkennen würde? Er hatte die Stelle unseres Sohnes eingenommen. Wir brachten ihm alles bei, was wir wußten. Es war nichts davon übriggeblieben. Dessen war ich mir sicher. Er hatte mich nur noch nicht umgebracht, weil irgend etwas, ein Rest von Anständigkeit, ihn daran hinderte.

Der Hubschrauber tauchte mit unglaublicher Geschwindigkeit hinter dem Müllberg auf. Als wir den Lärm hörten und die Köpfe hoben, war er schon über uns. Es wurde langsam hell, die Sonne war noch nicht ganz herausgekommen. Zwei Scheinwerfer am Rumpf der Maschine umfluteten uns.

Ein drehbares Maschinengewehr eröffnete Feuer. Ein Nacheinander von Lichtbändern, die in dieser zwielichtigen Morgendämmerung intensiv leuchteten. Das Feuer drang mit dumpfem Geräusch in den Boden ein, kleine Explosionen folgten. Alle begannen zu schreien.

Kahlköpfige, Zerlumpte, Krüppel, die mit den hängenden Augen, Hinkende, Alte, alle rannten. Mein Neffe rollte mit bewundernswerter Geschicklichkeit über den Boden, gefolgt von den Maschinengewehrsalven. Ich hatte nicht die leiseste Ahnung, wie ich mich verhalten sollte. Ich war einfach entsetzt.

FOLGEN SIE DEM SCHILD
RICHTUNG ENTLADUNGSCAMP

Basierend auf einer Erfahrung Japans, hat das Departement für Soziales Wohlergehen neben die privilegierten Viertel die Entladungscamps gebaut. Sie sind wie Clubs organisiert, mit Monatsbeiträgen, und vermieten ihre Dienste auch stundenweise. Es sind riesige, kahle, gekachelte Turnhallen. Puppen aus Plaste, Schaumstoff oder künstlichem Gummi hängen von großen Querbalken herab. Man hat das Recht, auf die Puppen einzuschlagen, sie zu beschimpfen, zu beleidigen, anzuschreien, zu bespucken und auf sie zu urinieren. Wenn die Patienten vielleicht auf eine der Puppen zu schießen wünschen, müssen sie Einzelräume benutzen. Wenn sie jedoch nur die Absicht haben, sie zu erstechen, gibt es Spezialpuppen, die bluten. Die Entladungscamps lösen aufgestaute Aggressionen, besänftigen den Streß, vermindern die Nervosität, bekämpfen Kopfschmerzen und Müdigkeit, entspannen und beschwichtigen. Sie helfen häusliche sowie berufliche Diskussionen und Unstimmigkeiten vermeiden, die zu Scheidungen und Arbeitslosigkeit führen können. Auf gesellschaftlicher Ebene verhindern sie die Isolation.

Aufgestachelt von Souza, enthüllt der Neffe die Wahrheit über den Barbier. Kaum zu glauben

Die durch den Propeller verdrängte Luft trieb kleine Stücke Müll in alle Richtungen. Die Fäulnis schlug mir ins Gesicht, drang in meinen Mund ein, reizte die Nase, klebte an der Stirn. Undefinierbare Popel, Schleim, bitterer Geschmack staute sich in meinem Hals.

Ich fühlte mich dreckig und unwohl. Sie wollten sicher niemanden töten. Nichts wäre leichter gewesen, als uns mit diesen sich wie ein verrückt gewordenes Karussell drehenden Maschinengewehren zu treffen. Dennoch rannten wir. Mein Neffe rollte am Boden, erhob sich und lief im Zickzack weiter, mit bewundernswerter Behendigkeit. Gefolgt von den Salven.

Es gab einmal eine Zeit, da bedeuteten Hubschrauber auf ihren Überwachungsflügen über der Stadt, da bedeutete das Geräusch ihrer Propeller Freiheit. Ich weiß nicht, wieso ich darauf kam. Es hatte nichts hiermit zu tun. Das hier rief Panik hervor. Ich war wie gelähmt. In der Starre kehrte der grünbraune Fleck wieder.

Diesmal war die Reaktion umgekehrt. Die Lähmung kam zuerst, der Fleck danach. Das Braun bewegte sich in der schleimigen Mitte wie eine Echse vor dem Ausschlüpfen. Das Grün war fest, nein, nicht, es bewegte sich ebenfalls leicht schwankend hin und her. Wenn es noch etwas anhielt, würde ich wissen, was es war.

Entspannen, mich von dem Fleck einhüllen lassen. Erst hatte ich Angst, dann fühlte ich, daß er wachsen und mich vereinnahmen konnte. Ich würde in ihn eintauchen, als fiele ich in ein schwarzes Loch im Weltall. Aber es war mir gleichgültig, wohin er mich brachte, ich wünschte mir nur, seine Bedeutung endlich erkennen zu können.

Nahe sein, ohne zu berühren. Das Wort auf der Zunge haben und es nicht aussprechen. Quälende Gefühle. Die

Bewegung des Grün wurde immer wellenförmiger, wie Wind, der über Büsche hinwegstrich. Der Fleck umgab mich, ich drang in ihn ein, und der vom Hubschrauber hervorgerufene Wind bewegte Zweige.

Vegetation, Stämme, Äste, Blätter. Ich verstehe nicht, wie der Wind des Propellers so in meine Augen eindringen konnte, diesen Wald, der Teil einer Erinnerung war, so heftig schüttelte. Die Vorstellung vom Tod suchte mich erneut heim, traf mich wie eine dieser Leuchtkugeln, die wie bei einem Fest aus dem Rumpf des Hubschraubers herabschossen und mich in kurz aufeinanderfolgenden Blitzen erkennen ließen, wie das Grün des Flecks sich zu einem Wald formte. Meine Augen übernahmen verschiedene Funktionen. Sie wirkten wie eine Vergrößerungslinse, eine Lupe, ein Fernglas, ein Mikroskop und ein Teleskop.

Ich näherte mich den Stämmen, schnitt in Büsche und Blätter und sah das Gewirr der Adern. So gewann ich das Gefühl, Teil dieser Vegetation zu werden. Dennoch ging alles viel zu schnell, ich hatte keine Zeit, mich zu verfestigen, ich war weiterhin in dem Fleck verloren.

Ich konnte das Braun nicht bestimmen. Auf Grund seiner Bewegung wußte ich, daß es nicht die Erde sein konnte, das Braun drang von innen aus dem Grün heraus, hob sich von ihm ab und gehörte nicht dazu. Als flüchtete es, nachdem es sich seinen Weg gebahnt hatte. Wieder ließ mich das Gefühl erschauern, ich sei losgelöst. Wenn wenigstens dieser höllische Lärm aufhörte.

Wenn dieser Hubschrauber mich doch hätte nachdenken lassen. Übrigens, wenn es möglich gewesen wäre, hätte ich da nicht wie ein Idiot auf der Stelle gestanden, diesem mörderischen Feuer ausgesetzt. Ich rannte hinter ein paar Betonklötze, kroch zu einem Müllhügel, jetzt verschlang das Feuer die Berge aus brennbaren Abfällen.

Um ein Haar. Um ein Haar wäre ich gestorben und hätte nicht entdeckt, was dieser mich lähmende Fleck bedeutete. Ich sah den Mann, der immer Radio hörte, hinaufklettern, er hielt etwas wurfbereit in seiner Hand, während der Hubschrauber sich über seinen Kopf herabsenkte. Immer tiefer, ohne zu schießen. Immer tiefer.

Bis er ihn traf. Der Mann fiel zu Boden. Der Gegenstand in seiner Hand rollte ihm vor das Gesicht. Sofort stieg der Hubschrauber senkrecht wieder auf. Beeindrukkend. Was für ein schönes Vieh. Für eine Sekunde, weniger als das, sah ich das Gesicht des Mannes, wie es sich in einem starken Widerschein auflöste.

Ich erschrak. Der Mann war als Unbekannter in meine Wohnung eingedrungen. Dennoch hatten wir uns in den wenigen, gemeinsam verbrachten Tagen aneinander gewöhnt. Es war wirklich mehr eine Gewöhnung und keine Verbundenheit. Jemand, mit dem ich reden konnte, wenn ich wollte. Zuhören, wenn er sprechen wollte. Und der quatschte viel.

Plötzlich explodierte er wie ein Ballon auf einem Kinderfest. Genau vor mir. Es gibt Dinge, die man nicht akzeptieren kann. Das zum Beispiel. Ich weigere mich, das als normal hinzunehmen. Ich weiß, wenn ich ständig wiederhole: alles in Ordnung, so ist das eben, würde ich alles hinnehmen und nicht schockiert sein.

Hat schon mal einer gesehen, wie sich ein Kopf in Flüssigkeit auflöst? Ich sah das zum erstenmal. In Zeitlupe. Komisch, ich hörte überhaupt keinen Ton. Vielleicht, weil ich entsetzt war, daß ich nur das Bild behielt, das sich wie in einem Replay wiederholte.

Die Helligkeit löste sich von einem Gegenstand, einer Bombe oder einer Granate, was weiß ich, ich habe mit diesem Zeug nie zu tun gehabt. Er beleuchtete sein Gesicht und begann die Haut, die Augen und die Nase zu verschlingen. Die Zähne barsten, die Splitter flogen durch die Luft. Er zerfraß die Knochen und schmolz alles zu einer Masse zusammen, die zu Staub wurde. Weggeblasen von Wind, der nichts anderes als die von der Helligkeit verdrängte Luft war.

Adelaide erzählen, erfahren, ob die Köpfe der Kinder auch so zerplatzt waren, als sie mit dem eiskalten Meereswasser in Berührung kamen. Eine Wahnidee von mir, nur ein Alptraum, ein Schreckensbild, das Adelaide Jahre hindurch verfolgt hatte, etwas, was sie immer im Kopf hin und her geschoben hatte, solange der Brief nicht kam.

»Geh in Deckung, Onkel. Auf den Boden, hinter den Müllberg.«

Ich sah, wie mein Neffe über die Leute sprang, sie trat und sich einen Weg bahnte. Aus ihren Körpern machte er einen lebendigen Schützengraben, der Schlaukopf. Wenn ich diese Geschichte zu Hause erzählte, würde Adelaide sie nie glauben.

Der Hubschrauber entfernte sich einige Meter, blieb dann reglos über uns stehen. Der Propeller surrte sanft. Sicher beobachtete er uns, auf dem Sprung, bereit, sich wütend auf uns zu stürzen. Katz und Maus. Mein Neffe war da wirklich in ein dickes Ding geraten, eine schöne Bescherung.

Warum hätten sie sonst einen solchen Hubschrauber aufsteigen lassen und so viel Munition verschwendet, nur um irgendein armes Schwein zu jagen? Für diese Unglücklichen, die vom Müll lebten, reichte ein unbewaffneter Ziviltär. Allein die Uniform flößte ihnen Schrecken ein, ein Schlag haute sie um, ein Schrei jagte sie in die Flucht. Kein Wunder, daß sie in solcher Furcht leben.

Viel Lärm um nichts. Und ich? Ich war hineingeraten, ohne etwas damit zutun zu haben. Hätte zu Hause sitzen können und nicht mitzukommen brauchen. Dennoch hatten sie mich aus irgendeinem Grund mitgeschleppt. Sie wollten mich unbedingt da rausholen. Ich konnte mir keinen Reim darauf machen, auch wenn ich mir noch sosehr den Kopf darüber zerbrach.

Warum mich da rausholen? Was konnte ich ihnen in den Weg legen? Oder wollten sie einfach, daß ich nichts zu sehen bekam? Wenn ich alle Fragen, die ich in den letzten Jahren gestellt habe, in einem Heft gesammelt hätte, besäße ich heute eine Enzyklopädie. Ich würde ein Buch der Warums zusammenstellen, wie sie früher im *Schatz der Jugend* standen.

Der Hubschrauber kreiste, als sei er auf der Suche. Ein Mann lehnte in der Tür und sah durch ein Fernglas nach unten. Mein Neffe und seine beiden Begleiter steckten noch immer mit dem Kopf im Müll, wenige Meter von mir entfernt. Ein Zeichen, daß auch sie Angst hatten.

Ich glaube, sie hätten sich durch Ansteckung in der verfaulten Erde eher den Tod geholt, als daß sie durch die feindlichen Schüsse umgekommen wären. Ich wußte noch immer nicht, ob die da oben uns nur einschüchtern oder ob sie die Bande ausrotten wollten. Man hörte nur die Motoren, das Knistern der Scheiterhaufen und ein Keuchen.

Vereinzeltes Weinen. Alle warteten. Ich entdeckte, daß ich völlig schutzlos dastand und auch nicht wußte, wie ich mich hätte schützen sollen. Wo war die beste Stelle, wie die beste Position, damit das Maschinengewehrfeuer mich nicht erwischte. Ich war eben noch nie im Krieg gewesen, und die Strategie aus den Filmen verstand ich nicht.

Die Zeit verstrich, wir rührten uns nicht. Wie betäubt. Bewacht von einem metallenen Geier, der unentschlossen lauerte. Heutzutage muß man viel Geduld haben, zum Teufel. Plötzlich kam ich mir richtig lächerlich vor, wie ich da ohne jeden ersichtlichen Grund im Dreck lag.

Fast hätte ich gesagt: Ich werde mir einen Vortrag halten. Gibt es etwas Dümmeres, als Selbstgespräche zu führen? Bin ich schon so verkalkt? Aber ich habe mir immer wieder gesagt, es sei sinnlos, nach Erklärungen zu suchen. Man muß einfach hinnehmen, von einem Augenblick zum andern leben. Überleben.

Die Teile zusammensetzen, um zu sehen, ob am Ende ein Leben daraus geworden ist. Als ich noch ein Kind war, hämmerte meine Mutter uns die Gebote der Kirche ein. Es gab verbotene Wörter: Warum? Wieso? Jesus ist in der Hostie. Wie denn? Ist er aber. Der Papst ist unfehlbar. Wie das? Er ist es eben.

Adam wurde von Gott geschaffen. Und Gott? Er ist, war, wird immer sein. Es fehlte der Anfang, aber mein Vater sagte, daß Gott ein Mobile sei, das keinen Anstoß brauche. Jahre später sollte ich Stunden über Stunden im Garten eines Verwandten verbringen, den die Familie für verrückt hielt: Sebastian Bandeira.

Sebastian versuchte, ein Mobile zu konstruieren. Er war ein ungehobelter Mensch ohne Schulbildung, er kannte kein einziges physikalisches Gesetz. Mit Hölzern und Drähten baute er sich ein Gebilde zusammen, das sich tagelang drehte. Sebastian war jedoch nicht damit zufrieden, weil er es anstoßen mußte.

Der Hubschrauber kam zurück, schoß wieder, im Tiefflug, die Feuerlinie zerstörte alles, riß Arme, Beine und Köpfe auseinander.

Rauch, Geschrei, Müll, der herumflog wie Schwalben im Sommer. Viele Menschen reagierten nicht, blieben reglos unter dem Beschuß. Ungerührt.

Andere rannten. Wenn man es als rennen bezeichnen kann, wenn geschwächte Menschen sich langsam vorwärts schleppen. Ich mußte an Sackhüpfen denken, sie hopsten wankend los, wild darauf, ans Ziel zu kommen. Ihre Augen waren trüb, nicht aus Furcht, sondern weil sie ständig unter Drogen standen.

Der Hubschrauber drehte vier oder fünf Runden und schoß dabei aufs Geratewohl. Die Kugeln entfachten in verschiedenen brennbaren Hügeln Feuer. Der Qualm von Plaste und verfaultem Zeug hüllte alles ein, dichter als der Qualm von verbranntem Gummi. Meine Augen brannten, die Zunge war trocken, die Kehle schmerzhaft rauh.

Allgemeine Husterei, vermischt mit Stöhnen und Weinen der überall verstreuten Verwundeten. Wo waren die Ziviltäre? Warum tauchten sie jetzt nicht auf, um ein Massaker zu verhindern? Hör mal, Souza, alles Leute vom selben Schlag. Je mehr starben, desto besser für sie, damit löste sich das Problem für das *System*.

Wegen des Qualms konnte ich nichts sehen, aber der Motorenlärm entfernte sich. Mein Neffe hob lächelnd den Kopf. Der Mann, der nur Konfekt aß, guckte blöd um sich, er hatte wohl keine Ahnung, was geschehen war. Sein Gefährte erhob sich besorgt.

»Verletzt, Onkel?«

»Nein.«

»Erschrocken?«

»Ziemlich.«

»Es war nichts weiter, die wollten uns nur kriegen.«

»Und sieh mal, wie viele sie dafür umgelegt haben.«

»Besser so. Sie waren sowieso verurteilt. Früher oder später hätten die Ziviltäre eine Razzia gemacht und die meisten mitgenommen. Alles Leute, die aus den *Lagern* geflohen und in die Stadt eingedrungen sind.«

»Und jetzt?«

»Fahren wir nach Hause.«

»Und die Leute, die du getötet hast?«

»Ich habe niemanden getötet, Onkel.«

»Dann war ich es wohl, was?«

»Du hast eine fixe Idee. Was nützt das?«

»Mir nützt es was.«

»Weißt du was, Onkel? Du bist ein lästiger, alter Moralist, dein Kopf hat nichts mehr zu melden, der wackelt schon. Du denkst in überholten Begriffen über den Tod nach. Ich werde dir etwas gestehen. Mein Patent im *Neuen Heer* gestattet mir zu töten.«

»Gestattet?«

»Da staunst du, was?«

»Vielleicht, Banditen zu töten. Nicht aber den Barbier oder den Musiklehrer oder diese armen, zerlumpten Gestalten da.«

»Die armen Zerlumpten sind in deine Wohnung eingedrungen, erinnerst du dich?«

»Und ihr?«

»Schon wieder diese Geschichte? Du langweilst einen, du bist alt und wiederholst dich. Total verkalkt«, sagte der Mann von der Stirnseite des Tisches.

»Er war ein anständiger Mensch. Ich kannte ihn seit dreißig Jahren!«

»A ja? Soll ich dir mal was sagen? Er hat in eurem Gebäude eine Bande angeführt, eine Riesenbande aus eurem Stadtteil. Eine Truppe, die auf Wasserdiebstahl spezialisiert war. Und auf die Vertreibung von Familien aus ihren Wohnungen. Erinnerst du dich, daß er mich sprechen wollte? Als er erfuhr, daß ich Kapitän im *Neuen Heer* bin, bekam er es mit der Angst. Er wollte für alle Fälle mit unseren Leuten in Verbindung bleiben. Wenn er sich hätte einschmuggeln können, wäre er geschützt gewesen und hätte Informationen bekommen.«

»Ich glaube kein einziges Wort davon. Das ist eine Verleumdung dieses armen Alten.«

»Wenn du's nicht glauben willst, dann eben nicht.«

»Gibst du mir einen Beweis?«

»Glaubst du denn, Onkel, daß der Geheimdienst des *Neuen Heeres* Bestätigungen mit beglaubigter Unterschrift, Kopien und Informationen an die Presse verteilt?«

»Ich glaube dir nichts mehr.«

»Für mich kommt es auf das gleiche hinaus. Niemand kümmert sich um glauben oder nicht glauben. Zählen kann nur, daß wir so gut wie möglich leben, bis uns jemand erwischt.«

»Die aus dem Hubschrauber haben uns fast erwischt«, sagte der Mann, der Konfekt aß.

»Diesmal noch nicht.«

»Morgen werden wir sie kriegen.«

»Und der Musiklehrer? Wer hat den getötet? Und warum?«

»Oh! Wie können wir Sherlock Holmes antworten? Oder bist du Poirot? Oder James Bond? Welcher von den Detektiven, die du als Junge gelesen hast? Ich glaube, das ist es, nicht wahr, Onkel? Ich erinnere mich an ein Bücherregal voller Kriminalromane bei dir. Und noch die Heftchenreihen.«

»Wer hat den Lehrer getötet?«

»Mal sehen, ob du es errätst. Wollen wir ein Spiel spielen? Wir bringen dich auf die Spur, und du leitest die Untersuchung. Erste Spur: Es war kein Hauptmann.«

Von der Sinnlosigkeit, die wahren Verantwortlichen herauszufinden, und Souzas Trauma, als er Tadeu Pereira anruft

»Zweiter Hinweis«, sagte der Mann von der Stirnseite des Tisches, »er hat Diabetes, wird aber nicht sterben.«

»Dritter Hinweis: Er ißt immer Konfekt.«

»Vierter Hinweis: Er sitzt genau neben dir.«

»Fünfter Hinweis: Schüttet sich aus vor Lachen.«

»Sechster Hinweis: Er ist ein bißchen beschränkt, aber ein Arbeitstier, der bringt alles fertig, hat eine unglaubliche Kraft.«

»Siebter Hinweis: Ich war's, Alter.«

»Hast du's raus, oder brauchst du noch mehr Elemente?«

»Wie konntest du nur, Dominguinhos?«

Der Tag war völlig klar. Wir schwitzten. Der bläuliche Nebel lag dicht über den Müllbergen. Man konnte in der Schwüle und der Hitze von den Scheiterhaufen kaum atmen. Ich hustete weiter, wollte so schnell wie möglich weg. Ich gab es auf, diese Männer herauszufordern. Wer sind sie?

Die Kleidung war klebrig und klatschte am Körper, Schweiß rann vom Gesicht. Alle dreckig. Neben uns schien das Leben wieder zur Normalität zurückgekehrt zu sein, die Bettler, Blinden, Zerlumpten, Triefaugen, Krüppel, die sich wie Automaten bewegten und in den fauligen Hügeln etwas Brauchbares aufpickten.

»Bringt mich nach Hause.«

Die drei sahen sich unverhohlen an. Ich begriff schlagartig. Sie wollten mich nicht wieder zurückhaben. Und wo wollten sie mich lassen? Mein Neffe entfernte sich. Der Mann von der Stirnseite des Tisches packte mich am Arm und zog mich fort. Ich sträubte mich. Er griff fester zu, zog mich entschlossen mit, mit ihm war nicht zu scherzen.

»Laß mich los!«
»Ich werde dich mitnehmen.«
»Wohin?«
»Nach Hause.«
»Und mein Neffe, kommt der nicht mit?«
»Der ist den Lastwagen holen. Nur mit dem Lastwagen können wir die *Distriktzugänge* passieren.«
»Heute morgen sah das aber anders aus.«
»Was heute früh anders war, ändert sich bei Tagesanbruch.«
»Ein kleiner Dichter, was?«
»Gehen wir.«
»Ihr bringt mich gar nicht nach Hause. Wohin dann?«
»Nach Hause, mein Herr.«
»Was für eine Hitze, mein Gott. Heute wird es fürchterlich.«
»Wenn wir uns nicht beeilen, geraten wir noch in einen Hitzeballon.«
»Sind die schon bis hierher gekommen?«
»In dieser Zone gibt es viele. Noch sind sie nicht so intensiv. Nicht so stark wie die im Nordosten. Hier versengt sich nur die Haut, die Sonne tötet aber nicht.«
Wir gingen zwischen den Hügeln hindurch; scharenweise, mit mechanischen Bewegungen, durchwühlten die Verstümmelten und Mißgestalten alles. Sie waren noch abgestumpfter als die Leute aus der Stadt. Nun, die essen und trinken und haben ihre Wohnungen. Mein Gott, ich glaube, wir sind alle verstümmelt.
»Wenn die Ballons zunehmen, wird es entsetzlich.«
»Du hast gesagt, sie nehmen zu. Wenigstens war das im Nordosten so. Wie soll das weitergehen?«
»Die Militechner vom *System* müssen eine Lösung finden.«
»Niemand wird mehr das Haus verlassen.«
»Ja, wer eine Wohnung hat. Und die anderen? Die Obdachlosen sind fünf- oder sechsmal mehr.«
»Interessiert das *System* sich denn für sie? Sind die nicht alle aus den *Ärmstenlagern*?«
»Ach was. Es gibt eine Menge Mittelklasse, die frei her-

umläuft. Ich versuche mir nur den Augenblick vorzustellen, wo sie die Regenschirme aus schwarzer Seide entdecken.«

»Welche Regenschirme?«

»Hab ich dir erzählt. Im Nordosten war das einzige, was die Sonne abhielt, der Regenschirm aus schwarzer Seide.«

»Es gibt keine Seide mehr, heute ist alles aus Nylon.«

»Es gibt künstliche Seide, das geht, aber die ist sehr teuer.«

»Wo gibt es die?«

»Wir sind auch auf der Suche danach. Fast hätten wir welche gefunden, dann gab es ein fürchterliches Durcheinander, wir wissen nicht, wieso. Es sind viele Leute hinter derselben Sache her. Einer entdeckt etwas, und dann wird es gleich bekannt, es läßt sich nicht geheimhalten. Wir hatten schon eine Spur, deshalb haben wir deine Wohnung als Hauptquartier benutzt. Sah so aus, als wäre da irgendwo was.«

»Hatte der Barbier etwas damit zu tun?«

»Erst glaubten wir, der wäre da mit drin, dann haben wir gemerkt, daß das nicht stimmte. Der war in etwas anderes verwickelt. Er zapfte Wasser ab und vertrieb Leute aus ihren Wohnungen. Ein ganz unsympathischer Kerl, der reinste Gangster. Wir sind da anders. Wir schaden niemandem.«

»Oh, wie gut! Ihr schadet niemandem! Ich bin gerührt! Da kommt der Lastwagen.«

Nur schwer konnte er sich durch die Gruppen und Grüppchen einen Weg bahnen. Er hupte dauernd. Die Elenden betrachteten erstaunt das Fahrzeug und wichen zurück. Andere brauchten eine Weile, bis sie begriffen, was los war, sie wurden geschoben und gezogen. Der Mann von der Stirnseite des Tisches versetzte mir einen heftigen Schlag. Ich fiel zu Boden.

Ich war benommen, der Atem stockte mir, als versuchte jemand, mich zu erwürgen. Verzweifelt faßte ich mir an den Hals, versuchte die Kehle frei zu machen. Es war nichts, nur die Wirkung des Schlages; ein halbes *Knockout.* Dann konnte ich wieder atmen.

Erst nur mühsam. Vor meinen Augen verschwamm alles, der Kopf war umnebelt. Als ich sehen konnte, was los war, fand ich mich auf den Knien wieder, um mich herum lachten die Leute. Die verstümmelt und ich zerlumpt. Ich weiß nicht, was daran so komisch war. Der Lastwagen war verschwunden. Auf Nimmerwiedersehen.

Ich sackte in mich zusammen, konnte mich nicht einmal mehr aufrichten. Was für ein Bulle, dieser Nordestino. Ich glaube, der kam gar nicht aus dem Nordosten. Überhaupt stimmte nichts von dem, was er mir erzählt hatte. Alle diese Geschichten hat er erfunden. Der war nichts als ein Bandit im Gefolge meines Neffen, wahrscheinlich Soldat im *Neuen Heer.*

Was nun? Entweder rühre ich mich, oder ich gehe zugrunde. Ich will schnellstens abhauen, denn wenn es etwas gibt, was ich noch nie habe ertragen können, dann ist es Gestank. Ich entscheide alles mit dem Geruchsinn. Deshalb habe ich mich für Adelaide entschieden. Sie war immer hübsch zurechtgemacht, frisch und duftend. Köstlich.

Um nach Hause zurückzukehren, werde ich die Zirkulationsmarke brauchen. Ich Idiot, wie konnte ich nur ohne sie weggehen? Es sei denn, ich finde eine Abkürzung quer durch die Blocks, wenn ich der Spur der Busse folge. Unsinn, ich weiß nicht einmal, wo ich bin. Ob mir das jemand sagen kann?

Moment mal. Und wenn ich die Taschen des Mannes, der immer Radio gehört hat, durchsuche? Gute Idee. Wo waren wir noch mal? Was für ein Labyrinth. Ich versuche zurückzugehen, die Müllberge sehen alle gleich aus. Ich erinnere mich aber an dieses Mädchen da ohne Nase. Wenn ich geradeaus gehe, treffe ich auf einen Kerl mit amputierten Beinen.

Es ekelt mich an, was ich da tue. Ich drehe die Taschen des Toten um. Von Kopf und Hals ist nichts übriggeblieben. Ich muß mich zusammenreißen, um mich nicht zu übergeben. Er hat Geld und Karten bei sich, ich weiß nicht, wofür. Und Telefonmünzen. Aber keine Zirkulationsmarken. Mist.

Es sei denn, er hat die Marke im Stiefel versteckt. Er

trägt einen braunen Kothurn, genau wie die im Heer, krumm, ganz zum Schnüren. Er muß Soldat gewesen sein. Das kann mir niemand ausreden. Von wegen Migrant aus dem Nordosten. Die sind doch alle gleich. Ob er auch den Musiklehrer getötet hat?

Jetzt verirre ich mich auch noch auf dem Rückweg. Aber wer garantiert mir, daß der Ausgang da vorn ist? Schließlich habe ich diese Halunken nur begleitet. Und sie wollten mich hier nur zurücklassen. Unverschämt, das ist mir aufgegangen, als sie sich so ansahen. Warum war ich nicht vorgewarnt?

Eine Gruppe versammelt sich um ein Radio herum und hört Musik. Zerlumpte Pärchen tanzen langsam, in ganz anderem Rhythmus als die heiße, flotte Musik. Niemand ist so verrückt, sich bei solcher Hitze hektisch zu bewegen. Außerdem hat keiner die Kraft dazu. Sie tanzen, als sei es ein Bolero.

Zwei rechts, zwei links, nur aus Spaß am Tanzen, um alte Bräuche wiederaufleben zu lassen. Die Sonne ist noch immer verdeckt von dem unbeweglichen, bläulichen Nebel. Die Schwüle ringsum ist erdrückend. Die Menschen hier scheinen beim Tanzen sorglos zu sein.

Als sei dies ein großer Feiertag, der sich endlos hinzieht. Der Mensch auf der höchsten Stufe der Freiheit, ein Alltag ohne Arbeit, nur das Nötigste zum Überleben. Die Menschheit gewinnt ihre Unbefangenheit, ihre Sorglosigkeit aus dem Paradies wieder.

Der Generalsender spielt *Weltmusik*, eine Formel, die sie gefunden haben, um die Musik zu internationalisieren. Die Komposition ist so angelegt, daß ein Franzose mühelos versichern kann, er höre französische Musik, und der Brasilianer nicht bezweifelt, einen alten *Chorinho* vor sich zu haben.

Die Charakteristiken der Musik jedes Landes wurden Computern eingegeben. Aus der ganzen Welt. Dann wurden die Töne und Melodien, die allen gemeinsam sind, herausgezogen. Eine minutiöse Aufstellung folgte. Natürlich dauerte diese Arbeit, unter der Anleitung der besten Techniker, Jahre.

Es wurden Informatiker, Kritiker, Professoren, Spezialisten für Arrangement, Konkordanz, Variationen und transistorisierte Transformationen herangezogen. Kommissionen erarbeiteten Vorschläge für verschiedene Arrangements. Sie verfaßten eine Anleitung für die Komponisten.

Die Anleitung ist komplex, und der Komponist braucht einen Intensivkurs, den die Aufnahmefirmen bieten. Im Falle spontaner Kreation, jener, die die *Musikalischen Militechner* abschätzig Barmusik nennen, wird ein besonderes Vorgehen angewandt, wenn die Kreation eine gute Note erhält.

Das von dem Komponisten aufgenommene Band wird einer Wiederverwertungskommission vorgelegt, die es den Vorstellungen von der *Weltmusik* angleicht. Die Leute aus den Bars haben keinen Zugang zu den Kursen der Aufnahmefirmen. Es ist etwa so, als wollte jemand aus den *Lagern* in die *Erlaubten Offiziellen Kreise* eindringen.

Der Sender unterbricht die Musik, der Sprecher gibt die Temperatur an, voraussichtlich wird der bläuliche Nebel abziehen, nachmittags wird die Sonne scheinen, alle sollen sich entsprechend in acht nehmen. Die eintönige Stimme versucht besondere Erregung zu zeigen, als sie um die Aufmerksamkeit für eine wichtige Mitteilung bittet:

Die Verantwortlichen des Systems machen sich Sorgen über das in unserem Land herrschende Klima. In wenigen Tagen wird der Regierungschef in seiner Rede zum Jahresende über diese wichtige Frage sprechen. Gründliche Untersuchungen haben gezeigt, daß die Pessimismusindices leicht verwirrend sind. Zum erstenmal in vielen Jahren schwanken die überaus hohen Werte der Optimismusindices, die das System gegen Ende der Offenen Achtziger erreicht hatte. Diese Indices, von einer internationalen Kommission, die sich von der Arbeit des Systems sehr angetan zeigte, für die besten auf unserem Planeten gehalten, lassen ein leichtes Absinken erkennen. Zur Zeit findet eine große Untersuchung statt, um den Gründen hierfür nachzugehen, da überhaupt kein Anlaß zu Pessimismus besteht. Das System bittet um das Verständnis der Allgemeinheit, falls sich eine Kampagne zur Hebung der Moral als nötig erweisen sollte. Es ist hinreichend bekannt, wie wichtig die Steigerung der Optimismusindices für uns alle ist, ohne die das Land seine fortschreitende Entwicklung nicht fortsetzen kann. Dieses Verständnis wird sich anläßlich der Erhebung einer kurzfristigen Steuer zeigen, die in sechs Monatsraten zu zahlen sein wird, um die Promotionskampagne zu finanzieren, die die Wiedererlangung des Optimismus zum Ziel hat. Das heißt, es geht hier um ein Unternehmen zu Ihrem eigenen Besten, da Pessimismus Unzufriedenheit, Traurigkeit, schwere Depressionen, manisch-suizide Anfälle und Zerstörungswillen zur Folge hat. Empfinden Sie sich nicht als ein Geschlagener, arbeiten Sie mit an der Wiedergewinnung des kollektiven Optimismus.

Wieso bin ich eigentlich nicht früher darauf gekommen? Wenn ich ein Telefon finde, rufe ich Tadeu Pereira an. Ich weiß nicht, was er tun kann. Sicher einen Hinweis geben. Ich kann jedenfalls nicht die *Offiziellen Posten* oder Ziviltäre um Informationen bitten. Dann müßte ich erklären, warum ich keine Marke habe und mich außerhalb meines *Distriktes* aufhalte.

Der betonierte Platz ist verlassen, kaputte Kinderspielsachen liegen verstreut herum, verrostete Eisenteile. Soll mir einer erklären, wieso bei einem so trockenen Klima etwas verrosten kann, für mich bedeutet Rost Feuchtigkeit. Es sei denn, nachts fällt Tau, eine Winzigkeit wenigstens.

Staudammschleusen öffnen sich auf den Platz, das Wasser überschwemmt alles, kommt wie ein Meeressturm, reißt alles fort. Ich habe jedoch keine Angst, ich will von dieser erfrischenden Furie gepackt werden. Und das Wasser ist schon gar nicht mehr da, es ist verdunstet. Ich sehe nur eine Frau in Lumpen, die sich um sich selbst dreht.

Sie dreht sich von rechts nach links, dann wieder zurück. Ich zähle zwölf Drehungen in eine Richtung, zwölf in die entgegengesetzte. Dann werden es weniger, erst elf. Dann zehn und neun und acht. Bis sie bei einer Drehung angelangt ist und wieder von vorn anfängt. Nur fängt sie diesmal bei dreizehn, dann bei vierzehn an.

Ich stelle mich direkt neben sie. Sie sieht mich, unterbricht aber ihre Übung, ihr Ritual oder was immer sie da macht, nicht. Sie ist noch sehr jung, brünett, sonnengebräunt, hübsche Gesichtszüge. Wie kommt es, daß ihr bei so vielen Drehungen nicht schwindlig wird? Sie wirkt verschreckt und unterernährt wie alle normalen Menschen.

»Was machen Sie denn da?«

»Ich drehe mich, sehen Sie das nicht?«

»Doch, aber ich dachte, es sei noch etwas anderes.«

»Nur, wenn Sie verrückt sind. Sie brauchen doch nur hinzuschauen, und dann sehen Sie, daß ich mich drehe.«

»Und warum?«

»Weil ich unbeweglich bin, wenn ich anhalte.«

»Entschuldigen Sie, ich habe die Frage falsch gestellt. Wozu?«

»Braucht man einen Grund, um sich zu drehen? Oder gibt es schon ein Gesetz dafür? Sind Sie Ziviltär?«

»Nein, nein, beruhigen Sie sich. Drehen Sie sich weiter.«

»In dieser Stadt gibt es lauter Verrückte. Jetzt legen Sie sich mit mir an, weil ich mich drehe.«

»Ich sagte bereits: Entschuldigung. Ich wollte nur wissen, ob das gut ist.«

»So gut wie stehenbleiben. Sie bleiben gern stehen. Ich dreh mich gern.«

»Schon gut, schon gut, ich gehe.«

»Sie gehen? Wohin? Warum nutzen Sie nicht den verlassenen Platz? Ohne Wache.«

»Ich gehe ein Telefon suchen.«

»Sie wollen telefonieren?«

»Nein. Ich werde eine Telefonmuschel suchen, wenn ich eine finde, werde ich ihr einen Kuß geben.«

»Wozu einen Kuß?«

»Ich habe Spaß gemacht. Du nimmst alles ernst.«

»Du auch. Ich war ganz ruhig und habe mich gedreht, und du hast lauter Fragen gestellt. Wenn du dich wenigstens auch drehtest, dann könnte ich dir eher vertrauen.«

»Ich habe keine Lust, mich zu drehen.«

»Auch nicht auf diesem verlassenen Platz?«

»Verlassen oder nicht, das kommt für mich auf das gleiche heraus.«

»Wen willst du anrufen?«

»Tadeu Pereira. Kennst du ihn?«

Sie antwortete nicht, drehte sich weiter hin und her. Ohne mich anzusehen. Sie hatte ein interessantes Gesicht. Etwas dreckig. Dabei waren ihre ungepflegten Haare zu einem Zopf geflochten, der auf der rechten Seite ihres Gesichtes herunterhing. Ein langer Zopf.

Wieder eine Halluzination, wie das Wasser. Ich werde noch durchdrehen. Ich habe dieses Mädchen erfunden, sie gerade in meinem Kopf geformt. Eine interessante Frau, sie hat etwas Sinnliches, was mich anspricht. Ich hoffe, ich rieche nichts in ihrer Nähe. Wenn sie aber existiert, ist sie verrückt. Wie mit ihr reden?

Sie dreht sich weiter, ohne zu antworten, ohne mich anzusehen, die Hüften bewegen sich. Hüften. Woher habe ich hin und wieder solche Wörter? Sie hat einen schönen, runden Hintern. Viel zu rund für eine Geschädigte wie sie. Allein. Warum ist sie nicht im *Großen Müll*, bei all den anderen? Merkwürdig.

Gut, ich bin allein, ich selbst halte mich nicht für so merkwürdig. Vielleicht findet sie das aber. Na und? Hintern. Warum sage ich nicht gleich Arsch? Ich war immer an lauter Dinge gebunden, Menschen oder Situationen. Habe mich selbst blockiert, mir selbst im Weg gestanden. Wer hat gesagt, ich laufe mit angezogener Bremse herum?

Das muß Adelaide gewesen sein. Nein, sie lief auch mit angezogener Bremse herum. Wenn Adelaide hier wäre, würde ich mich hier mit ihr auf den brennendheißen Zement legen. Sie oder ich, einer würde sich den Arsch verbrennen, aber wir würden uns in der Sonne lieben, von geschlossenen Fenstern aus beobachtet werden.

Ich schweife ab. Ich tue das ausnehmend gern. Vielleicht gibt es in der Bar auf der anderen Seite des Platzes ein Telefon. Unter einem Schild, das mit Symbolen des *Systems* beschriftet ist. Design und Gigantomanie sind eine Charakteristik der *Offiziellen Intensivpropaganda.* Die müssen denken, wir sind blind, sie machen alles riesengroß.

Die Lösung sind die ausgedehnten Markisen. Warten sie.

Schon seit einiger Zeit wird von diesen Markisen geredet. So ist es immer. In Andeutungen. Dann plötzlich starten sie eine Kampagne. Schilder tauchen auf, die das Werk symbolisieren sollen. Zeichen, die später auf Straßenschildern verwendet werden. Es heißt, die Markisen seien fertig.

Sinnlose Dialoge in einer Bar. Die Sinnlosigkeit von Zusammenhängen in bestimmten Situationen und ein Telefongespräch mit furchtbarem Ergebnis

Eine einfache Vorortbar. Ausgeblichene Resopalmöbel, das Blech der Theke könnte etwas Aufpolieren gebrauchen, halbleere Regale, eine auseinandergenommene Kaffeemaschine, Staub. Kachelbilder mit Landschaften. Überbleibsel der *Interessanten Epoche Der Portugiesischen Vorherrschaft In Cafés Und Bäckereien.*

Das waren die Bars, die es vor der Einrichtung der Weltimbißstuben gab, die für die Einführung von *fast food* von den Multis betrieben wurden. Effiziente Sauberkeit, schnelle Bedienung. Als wir jung waren, nannten wir die Imbißstuben *Tritt in den Hintern.* Hinein, essen und raus.

Die Weltimbißstuben verbreiteten sich über die Wohnviertel der höheren und mittleren Mittelschicht an lukrativen Standorten. Ihre Besucher verachteten die volkstümlichen Vororte, wo die alten, schäbigen Resopalbars immer noch unter prekären Zuständen existierten.

Diese Bars überlebten, nur Gott weiß, wie. Sie kämpften gegen den von den Weltimbißstuben angebotenen Service frei Haus an. Oder gegen die Agenturen, die Einkäufe ihrer Kunden erledigten. Dieses Geschäft florierte, seit sich die *Große-Furcht-Auf-Die-Straße-Zu-Gehen* verbreitet hatte, ein Zyklus, der uns alle belastete. Wir lebten wie im Gefängnis.

Wer wagte es noch, sich im Fenster zu zeigen oder den Fuß vor die Tür zu setzen? Gitter, Fernsehkameraüberwachung, Schlösser, Wächter, Alarmsysteme. Relative Sicherheit zu Hause. Und außerhalb? Die Leute erschienen nicht mehr am Arbeitsplatz, die Produktion begann zu sinken. Das *System* bemerkte das. Machte sich Sorgen.

Entweder man errichtete ein Sicherheitssystem, oder eine Katastrophe wäre unvermeidbar. Es war anders als in der großen Krise, die Ende der *Offenen Achtziger* ausbrach, als das Volk nicht mehr so viel verbrauchte. Das bedeutete den Ruin für den Handel, Rezession in der Industrie, eine Welle von Entlassungen folgte. Die *Ökonomische Kasuistik* vollbrachte Wunder.

Man schuf die berüchtigten *Kaufverpflichtungen,* die KV. Jeder einzelne war verpflichtet, eine monatliche Konsumquote einzuhalten. Die Quote variierte je nach der Einstufung, die das Finanzministerium nach der Gehaltsstufe der Steuerpflichtigen vornahm. Man setzte eine Mindestgrenze fest.

Ob wir wollten oder nicht, wir mußten mit der KV zurechtkommen. Ohne sie, abgestempelt und angeglichen je nach nationalem Preisindex, lohnte das Leben erst recht nicht. Wir konnten weder verreisen noch den Arbeitsplatz und das Bankkonto halten, noch die Wasserzuteilung und den weiteren Aufenthalt der Kinder in den Schulen garantieren.

Fahrräder wurden nicht zugelassen, wir konnten die Berechtigungsscheine für den Erwerb von Alkoholtreibstoff nicht abholen. So kam es, daß die KV den Handel retteten und der Industrie wieder zum Aufschwung verhalfen. Damals gab ich es endgültig auf, die Wirtschaft begreifen zu wollen, ein Phänomen, das mit der Zeit nur noch eine kleine, isolierte Gruppe verstehen konnte.

Aus den Schubladen des *Systems* tauchten zeitweise Organisationen wie *Du-weißt-es-nicht-aber-ich-bin-Polizist-und-überwache-dich-die-ganze-Zeit-sei-auf-der-Hut-und-*

neben-mir-ist-ein-Typ-der-ebenfalls-Polizist-sein-kann-der-mich-ausspioniert-und-wir-kommen-alle-in-die-Isolation.

Man erfand die *Von Natur Aus Mißtrauischen Agenten.* Es kamen Inspekteure auf, die befugt waren, Leute einfach einzusperren oder zu töten. Die *Offizielle Intensivpropaganda* trug dazu bei, ein Klima der Unsicherheit zu schaffen: *wenn-du-ein-outcast-bist-sei-auf-der-Hut-jeden-Augenblick-kannst-du-verschwinden.*

Heute verläuft unser Leben sogar ganz angenehm, wenn man bedenkt, was wir schon hinter uns haben. Wie wir uns gerettet, diese ganze Zeit durchgestanden haben, ist eine andere Frage, die ich nicht beantworten möchte. Wir haben sie durchgestanden. Manchmal ist es leichter, als man denkt. Furcht ist die Frucht der Phantasie.

Die Glasbehälter auf der Theke sind leer und verstaubt. Die langen Neonröhren erloschen. Nur einige schläfrige Kunden mit vornübergeneigten Köpfen vor ihren Gläsern mit Zuckerrohrschnaps. Denke ja nicht, es sei Zuckerrohrschnaps, nein. Pur, aber künstlich, der gleiche Geschmack, aber er kratzt in der Kehle und hinterläßt keinen Geruch.

Drei Kellner, zuviel für solch eine Spelunke. Wenn der Besitzer jedoch eine Lizenz erhalten möchte, muß er für eine bestimmte Anzahl von Angestellten einen Arbeitsplatz garantieren. Die Löhne müssen gleich Null sein, sie warten auf Trinkgelder, essen hier und nehmen Reste mit.

Dreckig, klebrig, verschwitzt, stinkend, mich vor mir selbst ekelnd, lehne ich an der Theke. Der Kellner kommt angeschluft. Er niest viel, hat eine rote Nase, sein Augen triefen. Eine bedauernswerte Gestalt, aber er muß mich auch für einen Lumpen halten. Auf einer Wertpapierbörse stünden unsere Aktien auf Null.

»Haben Sie ein Telefonbuch?«

»Sie wollen nur ein Telefonbuch?«

»Leihen Sie mir das Telfonbuch, später reden wir.«

»Das muß aber eine gute Unterhaltung werden. Eine anständige.«

Zweimal Tadeu Pereira. Soll ich eine Marke für jeden ausgeben? Ich prüfe die Adressen. Der erste wohnt in der Nordzone, ein Viertel für die kleinen Leute. Der zweite im Sektor der *Privilegierten Angestellten* neben den ausgetrockneten Waldseen. Es muß die andere sein. Und wenn sie es nicht ist? Ah, Sohn einer . . .

»Hallo? Ist dort Tadeu Pereira?«

»Ja.« (Die Stimme einer Frau am anderen Ende.)

»Tadeu Pereira, der Fahrstuhlführer?«

»Ja.« (Die Stimme klingt reserviert.)

»Ist er zu Hause?«

»Nein.« (Die Stimme klingt schmerzvoll.)

»Ist er ausgegangen?«

»Ja.«

»Kommt er wieder?«

»Nein.«

»Wieso kommt er nicht wieder? Ist er umgezogen?«

»Nein, gestorben.«

»Gestorben? Wie gestorben?«

»Tadeu hat sich gestern das Leben genommen.«

»Er hat sich das Leben genommen? Dann war es nicht mein Freund. Es war ein anderer, nicht wahr?«

»Weiß ich nicht. Tadeu wird heute eingeäschert.«

»Wo?«

»Wissen Sie vielleicht, was sie mit ihnen machen, wenn wir ihnen die Leichen übergeben?«

Jetzt ein bisschen Action: Streit, Verhaftungen und sogar eine Szene mit unerwartetem Sex an ungewöhnlichem Ort mit merkwürdigen Gerüchen

»Hallo? Sie, hallo?«

»Ich höre, Sie können sprechen. Sprechen Sie! Was wollen Sie?«

»Sagen Sie, war dieser Tadeu, der gestorben ist, auch Professor?«

»Ja, vor langer Zeit. *Im Jahrzehnt der Widersprüchlichen Erklärungen des Präsidenten*, die sich mit den *Paradoxen Versicherungen der Minister* nicht vertrugen.«

»Was für ein Durcheinander damals. War Tadeu pensioniert?«

»Er wurde pensioniert. Sie mochten seinen Unterricht nicht.«

»Mein Gott, ich hatte so gehofft, es sei nicht mein Freund. Hat er einen Brief, einen Hinweis hinterlassen?«

»Nichts.«

»Wer spricht denn?«

»Seine Schwägerin.«

»Hier ist Souza, ein alter Freund. Hatten Sie denn keine Angst, ich könnte einer der *Von Natur Aus Mißtrauischen Agenten* sein?«

»Was soll uns denn noch passieren? He, Souza? Warten Sie einen Augenblick, eine Minute.«

» – – – «

»Souza, mein Bruder sagt, da sei ein Umschlag für Sie.«

»Ein Umschlag?«

»Tadeu hat einen dicken, geschlossenen Umschlag hinterlassen. Es fühlte sich so an, als sei ein Heft oder ein Notizbuch darin.«

Die Verbindung wurde unterbrochen, ich hatte die drei Minuten vergessen. Ich nehme eine andere Münze. Besetzt. Ich hänge auf, der Apparat behält die Münze. Ein Unglück kommt selten allein. Ich bin wie gelähmt, der undefinierbare Fleck. Außer furchtbarem Entsetzen fühle ich nichts. Schmerz, Erregung. Vielleicht bin ich zu perplex.

»He, sie ist zurück.«

Brünett, Typ aus Bahia, die hellen Augen, die Brasilien in der Vergangenheit Miß Berühmt beschert haben, ich erinnere mich nicht an den Namen. Das Mädchen, das sich auf dem Platz gedreht hatte, lehnt an der Theke. Die apathischen Angestellten rücken zusammen, kommen näher. Ihr Kleid ist offen, man sieht kleine Brüste mit rosigen Warzen.

Lange, fettige Haare. Wer hat keine fettigen Haare? Ein Fuß ist nackt, der andere in einer goldfarbenen Sandale.

Jedenfalls war sie mal goldfarben. Eine blaue Glasscherbe, mit einem Pflaster am Hals befestigt. Sie erkennt mich wieder, läßt sich auf dem Hocker neben mir nieder. Mir gefällt diese Frau.

Sie zieht mich an. Kalter Schweiß legt sich über meinen normalen Schweiß. Mein rechter Fuß stößt nervös an das Bein meines Hockers, ich habe ihn nicht unter Kontrolle. Mich selbst auch nicht. Eine radikale Veränderung in mir. Als beträte ich einen Raum und mein Blick brächte alles in Unordnung.

Möbel fliegen herum, Papiere kleben an der Decke, Schreibmaschinen tippen von allein, Papierkörbe nehmen Abfälle von den Fenstern weg. Ich bin wie betäubt, stehe völlig unter dem Bann ihres Körpergeruchs. Schweiß und Haut. Tropfen rinnen über ihre Stirn und aus den unrasierten Achseln.

Ein verkniffenes Lächeln, die Lippen kaum geöffnet, ich sehe ihre Zähne nicht, möchte beißen, ihre Zähne beißen, welch ein Unsinn. Bin verwirrt. Und wenn die Kellner das sehen? Ach was, sie sind ganz nah und sehen unverhohlen auf das offene Kleid und die spitzen Brüste des jungen Mädchens.

»Schon wieder diese Gammlerin? Schmeiß dieses Weibstück raus.«

Der Besitzer der Bar, ich halte ihn jedenfalls dafür, weil er mich bedient und mir Wasser verkauft hat, brüllt. Er schäumt. Was hat das Mädchen nur angestellt, daß der Mann so aus der Fassung gerät? Eine Furie. Er brüllt und trommelt mit den Fäusten auf die Theke, das Gebiß tanzt in seinem Mund.

Ich möchte am liebsten lachen. Die oberen Zähne klappern auf die unteren. Bei jedem Schrei droht das Gebiß herauszufallen, er schiebt es wieder hinein. Er schließt den Mund, rückt es mit der Zunge auf dem Zahnfleisch zurecht und brüllt wieder los, das Gebiß bewegt sich, droht herauszufallen, er hört auf, schiebt, rückt zurecht.

Es hat sogar einen gewissen Rhythmus. Ich lache schallend. Wie lange habe ich nicht mehr so hemmungslos gelacht? Das Mädchen sieht zu, lacht ebenfalls und ergreift meine Hand. Wir lachen beide, einer auf den anderen gestützt. Plötzlich gewinne ich den unendlichen Frieden wieder, den ich schon einmal in mir gespürt habe. Ein magischer Schritt.

Langsam, wie bei einer Spritze in die Vene, überkommt mich Gelassenheit. Ein wohliger Einklang mit der Welt, denn Welt ist das, was da ist. Da kann man jetzt nichts tun.

Die schläfrigen Kellner haben das Mädchen hinausgestoßen. Sie kommt zurück. Sie stoßen sie von neuem hinaus und schlagen sie, lassen sie auf dem Rinnstein sitzen. Minuten später sitzt sie wieder auf dem Hocker und bittet: »Ein Sandwich.« Der Mann mit dem losen Gebiß zieht einen Stock hinter der Theke hervor. »Dir werde ich's zeigen.«

Ich stelle mich zwischen ihn und die Brünette. Er zögert. Nicht lange. »Gehen Sie aus dem Weg, oder Sie kriegen auch was ab.« Ich will mich verziehen, die Frau mitschleifen. Aber sie fängt an, die verstaubten Scheiben an der Theke mit Füßen zu treten. Ich versuche sie festzuhalten. Sinnlos, sie ist vollkommen außer sich.

Der Mann mit dem Gebiß trifft nicht mit dem Stock. Er fordert: »Ruft die Ziviltäre. Die Ziviltäre.« Das Mädchen wird von den Angestellten festgehalten, der Stock prasselt auf sie nieder. Sie wehrt sich, die Kellner lachen, die Brünette zerschlägt, was in ihrer Reichweite liegt. Der Besitzer kriegt ein Bein von ihr zu fassen.

Sie fällt hin. Nun trifft er sie ins Gesicht, auf die Brust und den Bauch. Sie rollt auf dem Boden, das Pflaster löst sich, die blaue Scherbe bleibt auf dem Bürgersteig liegen. Sie blutet im Gesicht. Ich sehe zur Theke. Ein Wassersterilisationsapparat kocht dort. Ich weiß nicht warum, hier wird ja gar kein Kaffee verkauft. Ich ziehe mit aller Kraft.

Ich wußte gar nicht, daß ich so kräftig bin. Der Apparat gibt nach, mit Leitung und allem. Funken sprühen, ich bekomme einen Schlag. Ich werfe den Apparat auf den Besitzer. Diesmal fällt sein Gebiß heraus, ein Wunder, wenn es noch im Mund geblieben wäre, so weit hat der sich bei dem Schrei geöffnet. Das kochende Wasser ergießt sich über Gesicht, Brust und Bauch.

Ich sehe durch das Loch in meiner Hand. Trete dem Mann in den Bauch, wie er es mit dem Mädchen getan hat. Die Kellner erschrecken, der Mann bleibt stöhnend liegen. Jede Bewegung bringt einen um in dieser Hitze. Wir sind rot und keuchen. Die Angestellten dringen mit Knüppeln in der Hand auf mich ein.

Ich renne auf die Straße, rufe nach der Brünetten. Sie erhebt sich schwankend. Vielleicht hat sie noch nie jemand verteidigt. Sie ahnt nicht, wie sehr ich von mir selbst überrascht bin.

Da merken wir, daß um uns herum Ziviltäre stehen. So sind sie. Man braucht nur an sie zu denken, und schon nehmen sie Gestalt an, sie haben paranormale Kräfte. In zwei Sekunden legen sie uns Handschellen an. Zum Glück schießen sie nicht mit ihren kataleptischen Kugeln. Es heißt, die Kopfschmerzen seien unerträglich, wenn die Wirkung vorüber ist.

In den Gefangenenwagen geworfen, in Konserven verwandelt. Ein dunkles, stinkiges Quadrat ohne Luft. Wir halten den Atem an. Als die Augen sich umgestellt haben, sehen wir winzige Atemschächte, durch die Sonne hereinsickert. Heiß, ein Backofen mit Höchsttemperatur. Wenn wir nicht bald herauskommen, werden wir tot sein bei der Ankunft.

Plötzlich fällt sie erstarrt um meinen Hals. Entweder ist sie eingeschlafen oder bewußtlos. Sie atmet schwer, ein Röcheln kommt aus ihrer Kehle. Ich verspüre Lust, mit der Hand über ihre Arme zu streichen, ihre Brustwarzen zu drücken. Diesen Mund zu küssen. Ich muß schlecht aus dem Mund riechen, ich habe seit Stunden nichts zu mir genommen. Habe es völlig vergessen.

Eine seltsame, heftige Anziehungskraft. Die Brustwarze wird hart. Ob sie wach ist, oder ist das eine natürliche Reaktion? Ihre Haut klebt, aber sie ist glatt und weich. Ich streife ihre Bluse ab, in diesem höllisch heißen Halbdunkel kann ich kaum die Umrisse erkennen. Jetzt ist der Körpergeruch angenehm, erregt mich.

Es ist kein sauberer Geruch, aber er erscheint mir dennoch natürlich. Ich glaube, wenn sie frisch nach Seife duftete, empfände ich das als eine Provokation. Manchmal arbeitet der Kopf in einem Rhythmus, den nur er versteht und unter Kontrolle hat. Wo ist meine Geruchsphobie? Wie weggeblasen. Ich freue mich, ich bin wieder ganz da.

Das Auto fährt. Eine leichte Brise kommt durch den Atemschacht. Sehr wenig, aber ausreichend. Ich nehme die Brünette von meinem Schoß, sie wacht auf. Ich erhebe mich mit eingezogenem Kopf, mit der Nase an den Luftlöchern. Ach, welche Wohltat! Wir fahren und fahren, ab und zu glüht das Dach richtig.

Ob es von den Hitzeballons kommt? Der Wagen beschleunigt sofort, fährt in Schlangenlinien, auch die Ziviltäre wollen wohl entkommen. Ohne Zeitbegriff versuche ich, die Minuten zu zählen, dann hätte ich wenigstens ungefähr eine Vorstellung! Wozu? Nützt es denn, zu wissen, ob es mehr oder weniger lange gedauert hat? Laß sie fahren, ich will nur bald ankommen.

»Wohin fahren wir?«

»Wer weiß?«

»Ob es in die Isolation geht?«

»Kann sein, kann auch nicht sein.«

»Haben sie dich schon mal verhaftet?«

»Mehrmals.«

»Und wie haben sie dich freigelassen?«

»Sie haben mich anständig vernascht und dann freigelassen.«

»Deshalb haben sie dich freigelassen? Weil du nachgegeben hast?«

»Wer soll das wissen? Du sprichst eine komische Sprache. Nachgegeben. Das Wort habe ich noch nie gehört. Bist du Anwalt?«

»Nein, Professor. Das heißt, ich war Professor.«

»Ach, Professor, ja? Wie heißt du?«

»Souza, und du?«

»Elisa.«

»Hübsch.«

»Hübsch! Weder hübsch noch häßlich. Ein Name wie jeder andere.«

»Doch, hübsch! Das kommt aus dem Griechischen. Es heißt die Befreite. Ob deine Eltern das wußten, als sie dir diesen Namen gegeben haben?«

»Kann sein. Mein Vater war nicht so dumm, nee.«

»Wo ist er?«

»Er hat sich als Ausländer naturalisieren lassen. Heute ist er Russe. Man stelle sich einen Capixaba verwandelt in einen Russen vor, der im *Multinterreservat* der Sowjetunion arbeitet. Da habe ich abgeschnallt, obwohl ich seine Abenteuer, sein Auf und Ab, zur Genüge kannte.«

»Und deine Mutter?«

»Irgendwo. Sie hat sich geweigert, Russin zu werden, hat sich von meinem Vater scheiden lassen und lebt mit einem Arzt zusammen, der in der *Abteilung für Familiensterilisation* arbeitet, wir haben uns aus den Augen verloren.«

»Hast du eine Wohnung?«

»Mein Vater hat für jedes Kind ein kleines Appartement hinterlassen. Ich habe drei Brüder, sie sind schon viel älter. Aber ich habe meins verloren.«

»Wie verloren?«

»Eine Bande hat mich vertrieben, auf die Straße gesetzt, ich wußte in der Verzweiflung nicht, was ich tun sollte. Und keiner glaubt mir.«

»Ich aber. Mir ist das gleiche passiert.«

»Ja?«

»Ich will dich mal was fragen. Als ich dich auf dem Platz getroffen habe, wo du dich wie eine Verrückte im Kreis gedreht hast, habe ich dich nach meinem Freund Tadeu gefragt. Du sagtest, er sei Fahrstuhlführer. Kanntest du Tadeu? Oder hast du das einfach so gesagt?«

»Du denkst immer noch darüber nach, was?«

»Was heißt nachdenken, warum antwortest du nicht?«

»Es ist viel witziger, dich zu beobachten, wenn du überlegst und dieses dumme Gesicht machst: Kennt sie ihn, oder kennt sie ihn nicht?«

Wir durchqueren mehrere Hitzeballons, einige heißer,

einige weniger heiß. An bestimmten Stellen hören wir Schreie und Stimmen. Wir merken, daß wir in der Nähe von Menschenansammlungen sind. An anderen Stellen dringt ein fürchterlicher Gestank durch die Atemschächte, schlimmer, viel schlimmer noch als auf den Müllbergen. Der Wagen hält an einer schattigen Stelle.

Die Ziviltäre steigen aus. Wir warten, daß sie uns herausholen. Nichts. Stille. Die Schritte entfernen sich. Das Geräusch der Stiefel hallt wider, also befinden wir uns in einem geschlossenen Raum? Ein Tor? Eine Garage? Wir werden in diesem Ofen geröstet, es ist unerträglich.

»Wo sind wir?«

»Ist das wichtig?«

»Ich möchte gern raus, mir ist schlecht. Der Magen kommt mir hoch, es drückt mir auf die Brust, und ich möchte urinieren.«

»Urinieren? Hab ich nicht gesagt, daß du komische Wörter benutzt? Warum pinkelst du nicht?«

»Hier?«

»Nein, da draußen, in einem Bad aus Marmor, das auf dich wartet, mit Dusche und allem Drum und Dran. Mensch, bist du denn blöd?«

Ich stehe mit dem Rücken zu ihr, ich komme mir dumm vor, ich uriniere. Gleich wird das in dieser Hitze stinken. Lieber der Geruch als die zum Platzen volle Blase. Ich bin erregt, weil ich vor ihr uriniert habe. Aber in dieser Dunkelheit sieht man sowieso nichts, macht nichts. Es scheint, als hätten sie uns lebendig begraben.

»Was war dein Vater?«

»Verschiedenes. Lange Zeit hat er Geld als Raustreiber verdient. Das war unsere beste Zeit, es kam immer massenweise Geld rein. Mein Vater war anders, und ob er das war.«

»Halt mal, was ist denn ein Raustreiber?«

»Vielleicht weißt du das nicht. Das war der Jargon in den Baufirmen. Ein Raustreiber mußte Diplomat sein, ein guter Unterhändler und Ideen haben. Das ging so. Die Baufirma wollte ein bestimmtes Haus kaufen. Der Besitzer wollte nicht verkaufen. So unglaublich es erscheinen mag, aber es gab Leute, die hingen sehr an ihren Häusern, selbst bei all der Unsicherheit. Wenn alle Verhandlungen gescheitert waren, erschien mein Vater auf der Bildfläche. Er besorgte sich in dem Gebäude neben dem Haus eine Mietwohnung. Wenn möglich, auf der Seite, wo das Haus stand. Er freundete sich mit dem Hauswart und einigen Bewohnern an. In kurzer Zeit waren sie entzückt von meinem Vater. Dann wurden sie gekauft. Die Kampagne konnte beginnen. Von da an wurde das Leben der Bewohner des Hauses zur Hölle. Alles Mögliche landete auf ihrem Dach und verdreckte ihren Garten. Steine, Eisen, Töpfe, schwere Vasen, Abfälle, Scheiße, vollgepinkelte Plastesäcke, was du dir nur vorstellen kannst.«

»Haben denn die Leute aus dem Haus sich nicht gewehrt, mit Polizei und Gerichtsverfahren?«

»Heilige Unschuld. Erinnerst du dich denn nicht an den Zyklus der *Juristischen Umkehrungen*? Wer versuchte, mit etwas Geld gegen einen anderen zu prozessieren, konnte das großartige Manöver der Anwälte beobachten und sah sich plötzlich selbst als Angeklagten. Es gab Spezialisten auf dem Gebiet der *Umkehrung*. Die Polizei ging zum Gebäude, bekam ihren Anteil, und auf Wiedersehen. Die Kampagne ging weiter. Die Tiere im Hof starben an Giftkugeln, die Wäsche auf der Leine verdreckte. Das Appartement meines Vaters war ein Arsenal mit den unglaublichsten Sachen. Einmal warfen sie einen Esel auf ein Dach. Die Familie war verreist, als sie wiederkamen, fanden sie einen verfaulten Esel mitten in ihrem Wohnzimmer.«

»War dein Vater ein Verbrecher?«

»Er hat nie jemanden umgebracht, nie jemanden beraubt, er war einfach ein Mann, der die Leute unter Druck setzte. Es gibt Schlimmere als ihn.«

»Du machst es dir aber leicht.«

»Schau her, mein Alter. Wie heißt du noch mal?«

»Souza.«

»Hör zu, Souza, sollen wir jetzt von Familiengeschichten reden? So'ne Scheißunterhaltung!«

»Damit die Zeit vergeht.«

»Da gibt's was Besseres, um die Zeit totzuschlagen.«
»Was denn?«
»Du bist wirklich komisch. Was ist denn? Warst du nicht scharf auf mich? Wenigstens ein bißchen?«
»Doch.«
»Und hast nicht runtergelassen?«
»So ist es nun auch wieder nicht. Da hat man Lust und läßt einfach runter.«
»Natürlich ist das so. Anders geht das nicht.«
»Ich habe auf eine Gelegenheit gewartet.«
»Gelegenheit? Noch so ein komisches Wort. Ich glaube, ich werde noch ein Wörterbuch von Souza zusammenstellen.«
»Mach keine Scherze.«
»Welche Gelegenheit? Den großen Ball, die Silvesternacht? Ein Abendessen mit Kerzen und Champagner? Die Gelegenheit ist jetzt.«
»Jetzt?«
»Sofort.«
»Jetzt gleich?«
»Willst du nicht? Willst du mich nicht? Du bist der erste. Wenn die Leute mir näher kommen, wollen sie mich gleich anmachen.«
»Du denkst wohl, du bist köstlich, was?«
»Bin ich auch.«
»Und wenn ich nicht will?«
»Jetzt bist du aber witzig.«
»Ich bin nervös, das ist es. Bei dem Gedanken daran gerate ich unter Spannung. Weißt du, es ist lange her, ich habe Angst.«
»Angst?«
Jetzt herrscht im Gefangenenwagen ein scharfer Geruch, der uns brutal einhüllt, ich atme langsam. Ein neues Aroma, das von uns kommt und die Wände dieser schmerzhaften Zelle überzieht. Wir haben diesen Geruch geschaffen, er kommt von dem vibrierenden Geschlecht, das sich gerieben hat, eingedrungen ist, sich unermüdlich bewegt hat.

Sie hat viel geschrien. So viel, daß wir Angst hatten, ein

Ziviltär könnte kommen. Na und? Wir sind schon gefangen, wir haben nichts zu verlieren. Und wie unsinnig, nur aus Furcht einen solchen Augenblick zu vertun. Auf diese Weise habe ich in meinem Leben nämlich einen Augenblick nach dem anderen verpaßt. Nun schreie auch ich.

Elisas Körper. Fest, griffig, glatt. Die feuchten Beine, Saft läuft an ihnen herunter wie ein Wasserfall. So etwas habe ich noch nie gesehen. Nun habe ich in meinem Leben auch nicht gerade viel gesehen. Wenige Frauen nur. Keine nach Adelaide. Wir befriedigten uns, ich brauchte keine andere.

»War's toll?«

»Wie? Natürlich war's schön! Muß man das fragen?«

»Hast du nie gefragt?«

»Wozu?«

»Um zu wissen, ob die Frau es auch toll gefunden hat.«

»Wir haben nie gefragt. Das hätte meine Frau nie getan.«

»Weißt du denn, ob sie es toll fand?«

»Ich glaube, ja.«

»Du glaubst?«

»Sie war immer so froh danach, ihr Gesicht so nett.«

»War dir denn nicht danach, zu fragen? Hast du nicht manchmal gefühlt, daß ihr nicht aufeinander abgestimmt wart?«

»Wir verstanden uns so gut, daß wir in einem solchen Fall dachten, es liege an dem Tag. Beim nächsten Mal würde es besser sein. Und so war es auch.«

»Ein vollkommenes Paar!«

»Schön wär's. Und du? War es schön für dich?«

»Ach, du hast ja gefragt! Was meinst du denn?«

»Ich weiß nicht, du scheinst soviel Erfahrung zu haben. Du warst ruhig, und ich hatte Angst.«

»Angst wovor?«

»Nervös. Gespannt. Angst, nicht zu können. Du schüchterst mich ein.«

»Dummkopf. Es war gut. Beim erstenmal warst du steif, du konntest dich nicht gehenlassen. Beim nächsten wars gut. Du bist eigentlich ziemlich ruhig.«

»Ich sterbe vor Müdigkeit.«

»Und ich vor Hunger.«

Umarmt auf dem Boden. Die Platte auf der Rückseite ist kühl, die Temperatur ist erträglicher geworden. Ich kann keinen Finger rühren. Ein Wunder, daß ich das getan habe. Die Lust war groß. Ob es stimmt, daß Hunger erregt, die Sinne schärft? Wie lange werden wir hier bleiben? Ob sie uns vergessen haben? Oder ist es ein Hinterhalt?

Sie wollen uns fertigmachen. Unsinn. Für die sind wir zwei Gammler, nichts weiter. Kein politischer Beigeschmack bei unserer Verhaftung. Ich habe nur Angst, daß dieses Fahrzeug wenig benutzt wird. Ich muß essen, die Kopfschmerzen beginnen, bald wird das Schwindelgefühl kommen, und dann wird mir schlecht.

Ich kenne mich. Elisa hat noch eine Alternative. Wenn sie es wie die Bologneserinnen vor Jahrhunderten macht. Damals war die Stadt umlagert, es gab nichts mehr zu essen. Und die Frauen ernährten sich vom Sperma der Männer. Wieviel kann ich im Zustand der Untätigkeit produzieren? Bleibt nur noch zu wissen, ob es ausreichend nahrhaft ist und Vitamine enthält.

»Woran denkst du?«

»Wenn du wüßtest. Unsinn.«

»Sag doch.«

Ich bin zu schüchtern. Ich hätte es gern, wenn sie es wie die Bologneserinnen machte, ich würde auch versuchen, es ihr zu vergelten. In meiner Jugend war das so weit verbreitet. Mein Gott, wo bin ich denn in all diesen Jahren gewesen? In einer Höhle wie Rip van Winkle? In einer Raumkapsel wie die Menschen in dem Film *Planet der Affen.*

Wache ich plötzlich in einer Welt auf, die jenseits meiner Reichweite liegt? Ich renne, versuche anzukommen. Als hätte ich die ganze Zeit verborgen in einem Fahrzeug wie diesem gelebt, in einer dunklen Zelle, kilometertief. Komisch, mein größter Wunsch ist jetzt, mir die Hände mit Seife zu waschen.

»Holt uns niemand ab?«

»Was sie wohl tun werden?«

»Es geht uns doch gut. Laß nur.«

»Auch nicht ein bißchen unruhig? Möchtest du nicht wissen, was passieren wird?«

»Ich bin mehr für Überraschungen.«

»Stellst du dir was vor?«

»Auch nicht. Ich fege den Kopf leer, denke an Weiß. Als sei es ein unendlicher Hintergrund.«

»Kannst du alles in Weiß verwandeln?«

»Es wird ein Nicht-Denken.«

»Willst du dich unterhalten?«

»Was sollen wir hier machen?«

»Ich möchte vielleicht lieber still sein.«

»Brauchst du denn für alles eine Erlaubnis?«

»Ich störe andere nicht gerne.«

»Und läßt alle Welt dich stören?«

»Das ist meine Art, laß mich so, ich bin zufrieden.«

»Wirklich?«

»Dräng mich nicht, das mag ich nicht, es irritiert mich.«

»Ah, eine Reaktion!«

»Ich habe keine Lust zu streiten, ich bin müde.«

»Ich bin auch müde. Mit einem netten kleinen Streit werde ich wieder wach. Und schön werde ich dann.«

»Wir sind zu verschieden.«

»Glänzende Schlußfolgerung, eines Professors der Philosophie würdig.«

»Der Geschichte.«

»Geschichte oder Philosophie, beide sind unnütz.«

»Du bist bitter.«

»Mehr Brillanz im Gespräch, wenn ich bitten darf.«

»Erzähle mir von dir. Als ich dich auf dem Platz sah, dachte ich, du seist verrückt. Das finde ich jetzt nicht mehr. Trotzdem, irgendwie bist du seltsam, ich kann dich nicht begreifen.«

»Was begreifen? Du bist wie all die Alten, die ich kenne. Fragen über Fragen. Warum, warum, wann, wie?«

»Du stellst auch dauernd Fragen.«

»Ich will einfach wissen, ob es notwendig ist, alles, was um einen herum ist, zu verstehen. Während man Zeit mit dem Verstehen verliert, lebt man nicht.«

»Das stimmt nicht.«

»Gelogen ist es auch nicht. Was ist es dann?«

»Eine Phrase.«

»Also ich weiß, daß wir in einer schmutzigen Welt leben. Für mich ist nichts übriggeblieben, ich kann nichts erwarten. Du hast dein Leben wenigstens gelebt. Und ich? Weißt du, wie alt ich bin?«

»Sechsundzwanzig.«

»Neunzehn. Siehst du? Und jetzt wollen sie von mir, daß ich arbeite, produziere. Dauernd wiederholen sie das: Laßt uns den Tatsachen ins Gesicht sehen. Oder: Brasilien geht auch dich etwas an. Sie wollen die Schuld übertragen. Ich soll ein Problem lösen, das ich nicht geschaffen habe. Es war da, als ich geboren wurde. Ins Gesicht sehen? Wenn ich das tue, sehe ich, daß es besser ist, wenn ich mich umbringe.«

»Keine Hoffnung?«

»Hast du Hoffnung?«

»Ich habe die Richtung verloren, ich weiß nicht einmal mehr, wohin ich eigentlich gehe. Ich gehe einfach.«

»Wir alle gehen. Was denkst du denn, was meine Freunde tun?«

»Wo sind deine Freunde?«

»Na, überall. Klauen hin und wieder. Essen. Stehlen Wasser. Wenn's geht, machen sie einen Überfall. Es kommt drauf an, die Leute außerhalb ihrer Wohnungen zu kriegen. Aber man kann bei dieser elenden Sonne auch nicht ewig herumlaufen, jeden Tag wird sie wärmer.«

»Ist es hier drin besser?«

»Wenigstens ist hier Schatten, und wir schlafen miteinander.«

»Wenn wir durchhalten. Ich habe fürchterlichen Hunger.«

»Wir werden durchhalten. Hast du schon mal Hunger gehabt?«

»Ja, so ein bißchen, wie wenn man auf ein verspätetes Mittagessen wartet.«

»Nein, richtig Hunger, tagelang, ohne was zu essen.«

»Nein, so nicht, Gott sei Dank.«

»Ich aber, schon oft. Das hat in der Uni angefangen. Da haben wir zwölf Tage lang gestreikt.«

»Warum?«

»Ganz einfach. Wir wollten gute Professoren, Gelder für Forschung und billiges Lehrmaterial.«

»Habt ihr was erreicht?«

»Wir wurden verhaftet und die Uni geschlossen. Wir konnten uns nie wieder irgendwo immatrikulieren. Was macht es schon für einen Unterschied, ob man studiert oder nicht?«

»Wie lange ist das her?«

»Zwei Jahre. Von dem Hungerstreik bekam ich ein Magengeschwür. Der Arzt sagte, ich dürfte nie mehr mit leerem Magen rumlaufen, ich müßte immer etwas essen, in kleinen Abständen. Ein Witz, was? Manchmal spucke ich Blut. Und dann tut es wahnsinnig weh, ich winde mich dann in Krämpfen.«

»Ich habe schrecklichen Hunger.«

»Morgen wird es erst hart.«

»Holen sie uns denn hier nicht raus? Haben sie uns vergessen?«

»Wir sind nicht wichtig für sie, beruhige dich. Manchmal ist es besser, wenn sie einen vergessen.«

»Mir ist kalt. Es muß schon Nacht sein.«

»Wir werden Arm in Arm schlafen müssen.«

»Hört sich an, als sei dir das unangenehm.«

»Nein, ich habe es liebevoll gesagt, habe Spaß gemacht.«

»Magst du mich?«

»Ich finde dich ein bißchen altmodisch, ziemlich konservativ, aber ich mag dich.«

»Konservativ?«

»Ich kann dir das nicht erklären, ich fühle es. Du willst korrekt und aufrecht erscheinen, und das ist irritierend. Es bringt mich durcheinander, es verunsichert mich. Ich merke, daß du dir noch Gedanken machst, weil du mit mir geschlafen hast. Als wenn das irgendeine Verantwortung zur Folge hätte.«

»Du hast recht.«

»Was heißt das, Alter?«

»So bin ich eben.«

»Laß nur, ich habe es getan, weil ich wollte. Ich war scharf drauf. Ich finde das gut. Brauch es. Wenn es nicht mit dir gewesen wäre, dann mit einem anderen.«

»Es ist nicht gerade nett, das so zu sagen.«

»Die Welt ist nicht nett, ich auch nicht, will ich auch nicht sein. Ich bin die Antwort auf alles, ich bin Schöpfung und nicht Schöpferin, verstehst du? Schuld tragen wofür und wozu? Eine Sache würde ich gern wissen, warum Leute in deinem Alter soviel Schuld mit sich herumtragen.«

»Das muß unser christliches Gefühl sein.«

»Christlich? Christlich bin ich. Die letzte Christin in einer beschissenen Welt.«

»Eine Christin in den Trümmern der Welt.«

»Wenn du das im Ernst gesagt hast, dann ist das geschmacklos.«

»Das war ernst gemeint. Manchmal bin ich geschmacklos.«

»Hast du gedacht, die Trümmer seien für dich, weil du in einer anderen Zeit gelebt hast? Für mich ist die Welt dies hier. Wenn ich alt und tattrig bin, dann sind das Trümmer. Zur Zeit ist es eine neue Welt, eine bewundernswerte, alte Welt. Es ist das, was ich habe, nur darin kann ich leben.«

»Glaubst du, das ist Leben?«

»Ich kenne kein anderes und habe auch noch kein anderes gelebt. Wenn ich so alt bin wie du, werde ich sagen, ich habe gelernt.«

»Das Leben bringt einem gar nichts bei.«

»Und wer will schon lernen? In der Schule wollte ich lernen, da wurde ich geschlagen. Und jetzt ist es mir egal.«

»Egal? Sieh mal an, so hat meine Mutter immer geredet. Ich habe dich dabei erwischt, wie du altmodisch geredet hast. Du hast auch tattrig gesagt. Seit fünfhundert Jahren habe ich dieses Wort nicht mehr gehört.«

»Nun, ich mache eine Rückeroberungsphase durch.«

Ein Auto parkt mit lautem Motor. Der Motor stöhnt und stottert, als würde er jeden Augenblick absaufen. Es ist ihnen bis jetzt mit dem neuen, künstlichen Treibstoff und selbst mit Sonnenenergie nicht gelungen, die Motoren richtig einzustellen. Es geht auf keine Kuhhaut, wie sie schnauben und qualmen. Und ich wollte so gern, daß sie kommen und uns holen, jetzt habe ich ziemliche Angst. Türen öffnen sich, Schritte entfernen sich. Kurz darauf ein anderer Motor, Türen, Schritte. Kurz darauf ein dritter und vierter. Es muß eine Garage sein, die Ziviltäre kommen von ihren Patrouillen zurück.

Wenn wir an die Wand klopfen, werden sie es hören und kommen. Und wenn es schlimmer wird? Lassen wir uns ein wenig Zeit, um uns an die Vorstellung zu gewöhnen. Es wird der Augenblick kommen, in dem wir darauf vorbereitet sind, den Kerlen gegenüberzutreten. Vorbereitet oder nicht, wir wissen, daß es hart sein wird, die sind zu niemandem nett, sie haben ein Conditioning hinter sich.

Elisa streichelt mich, ich habe wieder Lust. Das überrascht mich. Wunderbar, die Entdeckungen dieses Tages. Meine Mutter sagte immer: Verzweifle nicht. Selbst auf dem Weg zur Hölle gibt es eine Möglichkeit der Rettung, einen Umweg, der dich schließlich in den Himmel bringt. Sie hatte recht.

Ich halte Elisas Hände, ich habe immer das Bedürfnis gehabt, die Hände der Menschen, die ich mochte, zu fühlen, ihre Finger zu berühren und ihre Handfläche zu streicheln, es ist meine Art des Kennenlernens. Ich hänge sehr von diesem Entgegenkommen oder der Ablehnung in den Händen ab. Hitze, Schweiß, Hingabe, alles ist im Berühren enthalten.

Ihre Finger sind schmal (steck den Finger raus, ich will sehen, ob du schon schön fett bist. Und das Mädchen steckte das Knöchelchen durch die Gitterstäbe), sie sind nervös, sie übertragen Unruhe und Kraft auf mich. Spitze Stangen, die zu Haken werden, sich ängstlich um meine Finger klammern.

In diesem Gefangennehmen liegt Schutzlosigkeit, und plötzlich sehe ich, daß wir beide sehr allein sind. Und es gibt keinen Ausweg, denn es ist Teil unserer *condition.* Der menschliche Körper, aufgeteilt in Kopf, Rumpf, Glieder und Einsamkeit. Sie ist physisch, integrierter Bestandteil des Körpers.

Abgemessene Schritte hinter dem Wagen, sie entfernen sich, leise Stimmen, eine Gewehrsalve. Die Schritte sind fort. Es ist ziemlich kalt, wir halten uns noch immer umarmt, ich beginne wie durch eine Wolke zu hören, der Kopf platzt, ich kann mich kaum bewegen, die Magenwände kleben aneinander.

»Mir ist nicht gut.«

»Heute und morgen wird es furchtbar, dann willst du am liebsten sterben.«

»Will ich jetzt schon.«

»Denk nicht dran, versuch dich abzulenken.«

»Wie denn?«

»Setz dir in den Kopf, daß du nicht sterben kannst. Das Leben ist da draußen, wir haben nur ein einziges, es liegt vor dir.«

»Sieh mal einer an, wer da redet! Eben noch hast du geschrien, es sei ein dreckiges Leben.«

»Eine dreckige Welt, nicht das Leben. Das Leben gehört mir, ich habe ein Recht darauf. Ich will bis zum Ende gehen, sie können es mir nicht wegnehmen. Beschissen oder nicht, ich will alles, was es mir geben kann, gut oder schlecht. Ich gebe es nicht einfach so her, wie du das machst.«

»Gar nichts mache ich.«

»Aber du engagierst dich auch nicht.«

»Ich bin schon erschöpft, denk daran.«

»Wenn ich wirklich leben will, gibt es für mich keine Erschöpfung.«

»Lichter, sie kommen uns holen. Sie haben Licht gemacht.«

»In deinem Kopf ist Licht. Es ist so dunkel wie vorher.«

»Ach was, Elisa. Es ist ganz hell. Ich sehe die Schatten auf dem Boden, lauter Leute sitzen da. Sie essen Muscheln, die die Wellen an den Strand spülen. Die Wellen sind nicht aus Wasser, sondern aus Muscheln. Hör das Wasser. Wo bist du? Gib mir deine Hand, sonst verlierst du mich zwischen all diesen Leuten! Ich höre dich nicht,

Elisa. Sie haben meinen Kopf gefangen, was wollen sie tun, laßt mich auch Muscheln essen.«

»Ich halte deinen Kopf, Souza. Beruhige dich doch, nicht schreien, sonst kommen die Kerle uns holen.«

»Adelaide, lauf weg, Adelaide. Nicht die Muscheln essen. Sieh doch, die Leute fallen um. Vergiftet. Sie zucken noch. Die Muscheln sind nicht gut, Adelaide. Sieh mal, wie sie Lampen voller Wasser ausspucken. Lampen, die auf dem Meeresgrund waren.«

»Souza, nicht schreien. Vorsicht, Lieber.«

»Adelaide, sieh die Köpfe der kleinen Kinder, wie sie über den Strand rollen, von den Muscheln gegessen werden. Du hast recht gehabt, Adelaide. Ich habe es immer bestritten, du hast recht gehabt, die Kinder sind im Meer gestorben.«

»Hör auf, Souza! Schau, da kommen Leute.«

»Wie gut, daß ich dich gefunden habe, Adelaide. Was tust du denn hier am Strand? Du hast Angst vor dem Meer gehabt, wegen des Schiffes. Ah, jetzt sehe ich, du bist hier, um auf den Briefträger zu warten, da kommt er zu Pferd, mit seinem Horn, wie kommt es, daß so ein altes Pferd so herrlich galoppieren kann? Adelaide, wie gut, der Briefträger ist Tadeu Pereira. Nein, gib mir diesen Brief, Tadeu, komm aus dem Fahrstuhl raus, komm da raus mit dem Klepper, ihr werdet noch beide stürzen. Hab ich es nicht gesagt? Adelaide, Tadeu wird untergehen, es war so hoch, die Wellen haben alles überflutet, ich habe seine Tasche gerettet, wir werden den Brief suchen. In der Tasche sind nur verfaulte, vergiftete Muscheln.«

»Souza, Souza.«

»Hast du mich geschlagen?«

»Ja.«

»Du hast mich geschlagen, du Wahnsinnige.«

»Ich mußte dich schlagen. Du hast einen hysterischen Anfall gehabt.«

»Du bist hysterisch. Was tust du hier? Wer bist du?«

»Elisa, deine Freundin.«

»Ich habe keine Freundin, die Elisa heißt. Du bist ein verkleideter Ziviltär.«

»Hör auf, Souza.«

»Du hast mich wieder geschlagen! Ich bringe dich um, du!«

»Hör auf.«

»Elisa, was ist los? Wo ist der Strand? Wo ist Adelaide?«

»Nichts da mit Strand. Und wer ist diese Adelaide?«

»Meine Frau.«

»Ich wußte gar nicht, daß du verheiratet bist.«

»Ich war, meine Frau ist verschwunden, eben habe ich sie am Strand wiedergetroffen.«

»Das war im Delirium.«

»Delirium?«

»Vor Hunger.«

»Ich habe keinen Hunger.«

»Das ist natürlich, genau so entwickelt sich das.«

»Die Kälte ist auch vorbei. Wo sind wir?«

»In einem Fahrzeug gefangen.«

»Laß mich meinen Kopf in deinen Schoß legen, ausruhen.«

Der braune Fleck mit der grünen Masse hüllt mich ein, ich sehe den Lastwagen mit den riesigen Langhölzern aus dem Wald kommen. Die Schlepper fahren einer nach dem anderen heraus. Das Braune sind die Schlepper, vollgeladen mit gigantischen Stämmen. Alles ganz klar, ich will die Lastwagen aufhalten, bin wie gelähmt.

Mein Großvater steht hinter den Lastern, er blickt so seltsam, so kenne ich ihn gar nicht. Ein Ausdruck voller Schmerz und Haß. Er war immer sehr ruhig und fröhlich, ein Geschichtenerzähler, ich habe nie Wut oder Gewalt in seinem Gesicht oder seinen Gesten bemerkt. Das kann nicht mein Großvater sein.

Noch ein Schlag ins Gesicht, was zum Teufel will diese Frau eigentlich, die mich so schlägt? Was machen wir im Dunkeln? Und wenn Adelaide hereinkommt und mich in diesem reizenden, wohlriechenden Schoß überrascht? Dazu ist die Frau auch noch nackt, ihre Haare kitzeln mich.

»Weißt du was? Einmal hatte ich eine schöne Arbeit. Mein Freund und ich haben große Bilder an die Seitenmauern der Häuser gemalt. Wir wurden angestellt, um auf alles, was es in dieser Stadt an Wänden gab, Büsche und Wälder zu malen. Wir haben das Tag und Nacht getan, es machte großen Spaß. Bäume, Sträucher, Zweige, Blätter, Kletterpflanzen haben wir gemalt. Mein Freund war unglaublich. Wenn er einen Farn malte, hättest du schwören können, daß er echt war, diese kleinen Blätter da, einfach perfekt. Er malte Frauenhaar, Orchideen, Schmarotzer, er hatte eine ganz besondere Art, sie wirkten plastisch, man hätte sie am liebsten angefaßt. Obwohl ich ihm nicht das Wasser reichen konnte, hat er mir alles beigebracht. Kannst du dir vorstellen, daß ich in meinem Leben nie einen wirklichen Baum gesehen habe? Ich habe immer in São Paulo gelebt, konnte nie verreisen. Bis vor kurzem gab es noch Reservate, nicht wahr? Mein Freund hatte eine Exkursion geplant, wir wollten richtige Bäume und Pflanzen sehen. Dann hätte ich Dinge gemalt, die ich wirklich gesehen habe, und hätte keine Stiche, Fotografien und Filme mehr im Studio anzusehen brauchen.«

»Und wo ist dieser Freund? Habt ihr euch zerstritten?«

»Ich weiß nicht, wir haben uns dauernd verpaßt. Das letztemal hat er die Villa von einem Senator im Block der *Sinnlosen Pharaonischen Bauten* dekoriert. Ich konnte nicht rein, weil ich keine Marke hatte. So haben wir ab und zu miteinander telefoniert. Dann hörte er auf, mich anzurufen. Wenn ich anrief, hat keiner abgenommen, ich glaube, sie haben das Telefon abgestellt.«

»Ein Mensch kann doch nicht einfach so verschwinden.«

»Nein? Und deine Frau?«

»Nun, sie ist aus eigenem Willen weggegangen. Sie hat sich versteckt, aber ich werde sie finden, ich glaube, ich weiß, wo sie ist. Mein Problem ist auch die Zirkulationsmarke.«

»Und dann hat das Umweltministerium den Etat gekürzt, und das Studio wurde geschlossen. Ohne ihn war das Studio auch nichts mehr. Ich habe dann in einem Kino mit künstlichem Regen gearbeitet.«

»Mensch, mochte ich diese Kinos gern. Das wäre eine

Arbeit, die mich interessieren würde, statt Zahlenkolonnen zu vergleichen, womit ich mein Leben verbracht habe.«

»Die waren vielleicht voll! Schade, daß es eine Modesache war und nur eine bestimmte Zeit anhielt. Genau wie Bowling, Rollschuhlaufen, Diskotheken, ›Endlos-Pizzas‹, der Kampf der Drachenflieger oder der Monozyklus der Geduld.«

»So ein kleiner Regen wie die damals, das wäre was, nicht? Ich erinnere mich, manchmal ging ich nachmittags hinein und blieb fünfzehn Minuten, ringsum diese Panoramaleinwand, das Wasser strömte von allen Seiten herab. Ich fühlte mich erfrischt.«

Wieder nähern sich Schritte. Jetzt sind wir dran, wir hören, wie jemand sich am Türschloß zu schaffen macht. Mir kommt das große Kacken. Sie blenden uns mit ihren Laternen, der Hunger kehrt mit aller Gewalt wieder, ein starker Schmerz im Magen, als würde man ein Messer darin herumdrehen.

»Auch noch nackt, unverschämtes Pack! Was habt ihr gemacht?«

»Nichts, die Hitze.«

»Hitze. Wie wär's mit einem Bad?«

»Ein Bad wäre gut.«

»Nein, kein Bad, um Gottes willen.«

»Die kleine Nutte will kein Bad.«

»Nein, nein, jetzt ziehst du dich nicht an.«

Wir werden durch einen Korridor mit Zellen geführt, in denen Menschen übereinanderliegen. Ich werde, noch halb blind, vorwärts gestoßen. In der Luft ein Geruch, den ich nicht identifizieren kann. Viel schlimmer als die Luft an Tagen mit Inversion, wenn der faulige Gestank von Toten und Exkrementen die Atmosphäre verpestet.

Wenn ich etwas im Magen hätte, würde ich mich jetzt übergeben. Die Gefangenen stehen hier aufrecht zusammengepfercht. Einer an den anderen gelehnt, ohne den geringsten Platz. An den Wänden alle zehn Meter ein weißes Emailleschild mit großen Buchstaben: PRODUZIERE, ARBEIT MACHT FREI.

Die Gefangenen heulen, als wir vorbeigehen und sie Elisa nackt sehen. Sie rufen Schimpfwörter, werden anzüglich, pfeifen, strecken die Hände durch die Gitterstäbe. Selbst diese erregte Demonstration spielt sich jedoch wie in Zeitlupe ab, die Gesten sind langsam, die Schreie gedämpft und geschwächt.

Elisa geht ungerührt weiter, sie hat das schon öfter durchgemacht, es verwirrt sie nicht. Ihre Ruhe beeindruckt und stimuliert mich, warum Angst haben vor diesen Männern hinter Gittern? Für Augenblicke lasse ich mich täuschen und denke, sie sind die Gefahr und nicht die Ziviltäre, die uns eskortieren.

Ich werde in eine leere Zelle gebracht. Zum Glück lassen sie mich allein. Sie müssen gemerkt haben, daß ich kein gemeiner Verbrecher bin wie die anderen. Obwohl man bei den Ziviltären nie wissen kann, ob Verbrecher oder nicht, sie packen und verhaften einen und schlagen zu. Rücksichtslos. Sie haben Elisa fortgebracht.

Ich habe mich nicht einmal mehr verabschiedet, der Kerl hat mich vorwärts gestoßen und die Tür zugeschlagen. Wenig später erscheint ein kleiner Mann mit fauligen Zähnen in einem Monteuranzug aus blauem Plaste. Er öffnet einen Schrank in der Wand und beginnt einen Schlauch auszurollen. Er befiehlt mir, einen Meter von der Rückwand entfernt stehenzubleiben.

Der heftige Strahl wirft mich gegen die Mauer. Ich muß mir mindestens die Rippen gebrochen haben. Ich klebe an der Wand, während das Wasser auf meinen Bauch strahlt wie ein Sturmbock. Ich fühle, wie der Darm sich windet, alles, was darin war, läuft an meinen Beinen herunter, mein Gott, wie peinlich.

»Na, gefällt dir das Baden, Alter? Deshalb hast du dich doch ausgezogen, was?«

Das Wasser ist schlecht aufgearbeiteter Urin, mit einem ekelerregenden Geruch nach Ammoniak, der mir in Mund und Nase und in die Poren eindringt.

... atmen, Lungen voller Urin ...

... der Strahl verschiebt die Leber und die Galle, alles, was ich habe ...

... Das kalte Wasser belebt mich, ich schwebe in der Zelle ...

... Tadeu kommt mit einem fliegenden Fahrstuhl herunter, um mich zu retten. Er wirft Adelaide die Tasche mit der Post zu und galoppiert wütend über den Strand. Sein Pferd wird von Sonnenenergie angetrieben ...

... seine verfaulte Lanze geht gegen den Mann mit den verfaulten Zähnen vor, biegt ab und durchbohrt meine Brust, aus der eine gelbe Flüssigkeit läuft, die in einem sehr schmutzigen Plasteeimer aufgefangen wird ...

... Adelaide zerreißt Briefe und wirft Papierschnipsel in die große Zelle, wo die Männer im Chor den immer gleichen Refrain singen: ARBEIT MACHT FREI, und sich gegenseitig wegdrängen, um nach den Schnipseln zu greifen und die Briefe zu lesen.

... tu's nicht, Adelaide, diese Briefe sind für die anderen Mütter, die genauso ängstlich wie du auf Nachricht vom Schiff warten, tu es nicht, Adelaide ...

... der Mann mit den verfaulten Zähnen schüttet Eimer voller gelber Flüssigkeit in der Zelle aus, Tausende von Gefangenen trinken und heulen ...

... und wieder der Schlauch, nein, ich bin gerädert, er wird mich umbringen, ich will Elisa sehen, was machen sie mit ihr? Adelaide läuft den Strand entlang mit den zerbrochenen Lampen, sie liest einen Brief, ah, sie hat den Brief bekommen ...

... der Lastwagen kommt heran, voller Stämme, was machst du da vorn, geh aus dem Weg, du kannst nichts verhindern, er wird über dich hinwegfahren, bremsen,

bremsen, auf dem glatten Boden mit den grünen Blättern rutschen, die Stämme werden sich lösen, der Lastwagen kippt über meinem Großvater um (was hat er zu verhindern versucht?), niemand kann sie aufhalten, schau, wie viele Lastwagen aus dem Wald kommen, mehr und immer mehr, hör die elektrischen Sägen, Großvater, du kannst nichts gegen sie unternehmen, hör das Krachen des Baumes, der auf den nächsten fällt und auf den nächsten und weiter auf den nächsten, immer so weiter, wie ein Kartenhaus, immer weiter, wirf deine Axt fort, stell sie in die Ecke, in deinen Werkraum auf dem Hof, sie wird dir dienen, um Feuerholz für Großmutters Ofen zu spalten, wenn es noch Feuerholz gibt...

...warum warst du angesichts des braunen Lastwagens, der aus dem grünen Fleck hervorkam, gelähmt? So, Großvater, hast du überhaupt nichts ausgerichtet...

...Galle tropft aus meinem Mund, sie haben aufgehört, mich zu bespritzen, der Schlauch hängt schlaff in den Händen des Mannes mit den faulen Zähnen...

...sie tragen mich, ich habe keine Kraft, sie haben mir die Beine amputiert, sie werfen mich irgendwo hin...

...mein ausgetrockneter Körper, wie lange bin ich schon hier...?

...wenn ich mit der Hand darüberstreiche, ziehe ich Hautfetzen ab, ich weiß nicht, ob es der angeklebte Urin oder irgendeine Krankheit ist...

...ich weiß, ich bin kräftig und kann lange aushalten, wenn ich Elisas Foto an der Wand sehe, von einer Fackel erleuchtet, die von nirgendwo kommt...

...bei allem, was du gesagt hast, Elisa, gibt es einen Punkt, in dem du dich irrst, wir tragen die Schuld, weil es die Schuld gibt, du hast die Welt so bekommen, dich angepaßt, die Verantwortung den anderen überlassen, das ist einfacher, du hast nicht versucht, etwas zu verändern ...

Auf einem Plasteteller eine glibbrige, eklige Masse. Ich weiß, ich muß langsam essen, ganz langsam, das hat Elisa mir geraten. Wenn ich alles verschlinge, kann ich sterben. Komisch, mein Kopf funktioniert ganz normal. Der Mann mit den verfaulten Zähnen wartet auf mich, er ist sicher mein *chevalier-servant.*

»Wir werden Sie verlegen.«

Diesmal fahre ich nicht im Gefangenenwagen. Meine Kleidung ist zu groß und dreckig, es ekelt mich vor den Sachen anderer. In der Helligkeit sehe ich wieder Krusten auf meiner Haut, ich weiß nicht, ob es Schmutz oder eine Krankheit ist. Und Elisa? Lust auf sie. Ich möchte sie gern sehen, umarmen. Ich kann nicht einmal fragen, eine Scheibe trennt mich vom Fahrer.

Die Straßen erkenne ich nicht wieder, sehe nur verlassene Bürgersteige unter der brennenden Sonne. Die Hitze knallt auf den Wagen. Wir schwitzen, und mit dem Schweiß lösen sich die Krusten von der Haut. Ein Leprakranker muß so riechen. Der bläuliche Nebel hängt tief, ich habe ihn noch nie so niedrig gesehen, die Schwüle ist erstickend.

Die Häuser mit den geschlossenen Fenstern. Ab und zu ein großer *outdoor*: DAS SYSTEM HAT DAS PROBLEM DER SCHUTZDÄCHER GELÖST. IN KÜRZE ÜBERGABE DER AUSGEDEHNTEN MARKISEN. Darunter der Slogan: ARBEIT MACHT FREI. Ein unangenehmes Gefühl, es sieht so aus, als hätten sie alle Menschen getötet.

Der Kleinbus hat sich auf eine höllische Fahrt begeben, ich möchte gern die Fenster öffnen, durch die Geschwindigkeit würde etwas Luft hereinkommen. Oder wollen sie mich umbringen? Perplex. Warum dieses Privileg, verhaftet und dann freigelassen? An der Tür einer Baptistenkirche läßt der Fahrer mich unter einem Zinkdach aussteigen.

Die Hitze sickert herab. Ich kann nur bis zum dritten Stockwerk hinaufsehen, alles ist von diesem bläulichen Nebel eingehüllt, der mir jetzt eher wie das Gas in einer

Todeskammer vorkommt. Die Stufen sind heiß. Ich warte, bis der Kleinbus sich entfernt hat, bin verklebt, schwitze, habe Durst. So heiß war es noch nie.

Ich muß nach Hause. Wissen, wo ich mich befinde, ein Mittel finden, die *Distriktzugänge* zu passieren. Wenn sie mich erwischen, werfen sie mich hinaus, jenseits der *Offiziellen Erlaubten Kreise,* ich werde in den *Ärmstenlagern* landen. Wenn es nur eine Möglichkeit zu telefonieren gäbe. Aber mit wem?

Kugelsicheres Glas, Wachhäuschen, elektronische Identifikationssysteme, ich werde mich auf die Suche nach einem Superhirn machen, um diese Barrieren zu überwinden. Da habe ich so viele Bücher über mysteriöse Vorgänge gelesen, über Menschen, die aus verschlossenen Zimmern entkamen, über Detektive voller Kniffe und Tricks.

Komisch ist, daß ich keinen Hunger habe, nicht einmal an Essen denke. Egal. Vielleicht ist der Magen geschrumpft und braucht nun kein Essen mehr. Ich bin zum Mobile-Mann geworden. Wenn Sebastian Bandeira mich jetzt erforschte, könnte er die neuen Erkenntnisse auf seine gescheiterte Maschine übertragen.

Nichts von der eigenen Stadt zu wissen. Da liegt sie vor einem, und man selbst ist auf eine winzige Spur reduziert. Das Gebäude, das Kino, der Supermarkt, der Barbier, die Kneipe, das Restaurant. Das wär's. Sind die geographischen Grenzen einmal abgesteckt, lassen wir uns jeder für sich nieder. Die Welt, das sind nur wir selbst.

In meinem Kopf Tausende von Theorien. Ah, das *Schreckliche Risiko Des Ewig Bekannten.* Nun, ich habe immer mit diesen Risiken gelebt, ohne mich hineinzustürzen. Ich, der ich von den Seeleuten geträumt habe, die die Horizonte hinter dem Horizont suchten. Oder von Astronauten, die den Mond erkundeten.

Los, Professor, streng deinen Kopf an. Du warst so gut im Nachdenken. Finde einen Weg, einen Hausmeister zu täuschen. Konzentriere dich jetzt auf das Wichtige: telefonieren, eine Kleinigkeit essen, Hilfe suchen. Nach Hause zurückkehren, Adelaide treffen. Mensch, so viel zu tun. Dabei will ich gar nicht.

Hör her Sebastian Bandeira, auch wenn es zu spät ist, die Verrückten waren in Wahrheit wir

Saubere Straßen, solide Häuser, Fassaden aus Granit. Ich wundere mich, daß hier kein Gestank herrscht. Warum haben sie mich hier herausgelassen? Panoramabilder mit schönen, künstlichen Gärten vor jedem Gebäude. Einige Türen haben Spiegelglas, und ich sehe meine Gestalt darin. Und was für eine Gestalt!

Ein verschreckter, bärtiger Mann mit knochigem Gesicht, mit weit aufgerissenen Augen und zittrigen Händen (habe ich im Gefängnis einen Virus aufgeschnappt?), in zerknitterter Kleidung, ohne Strümpfe, mit ausgetretenen Schuhen. Erst kann ich es nicht ertragen, mich zu betrachten. Unangenehm, ich schäme mich vor mir selbst. Der da bin ich.

Ich muß mich akzeptieren, der Mann, der sich in der Tür spiegelt, ist eine immer gegenwärtige Möglichkeit in jedem von uns. Sie ist bei mir Wirklichkeit geworden. Mein Problem ist nur: Noch halte ich eine gewisse Distanz zu diesem anderen Mann, kann mich aus der Entfernung sehen, einigermaßen mit dem anderen leben.

In dem Maße, wie ich in diese neue Figur schlüpfe, werde ich das Siegel brechen. Noch kenne ich ihn nicht, aber ich wüßte nicht, wie ihn ablehnen. Denn der Mann, den das Glas widerspiegelt, bedeutet den Beginn der Erkenntnis. Er steht für die Verwandlung eines Menschen, der einmal Souza hieß.

Ihn abzulehnen bedeutet, den Vorgang der Offenbarung zu unterbrechen. Die Existenz dieses anderen ist Teil der Entdeckung. Jede Veränderung muß notwendigerweise im Menschen beginnen. Um danach das Ganze zu umfassen. Die äußere Modifikation, die Veränderung der Gesellschaft, kommt von innen.

Ich werde nicht verfolgt, das ist merkwürdig. Es ist noch

kein *Von Natur Aus Mißtrauischer Agent* aufgetaucht. Da sind nur meine Schritte, so laut, daß es mich stört. Ich halte an, blicke mich um. So ein Viertel wie dieses hier kann nicht unbewacht sein. Verborgene Kameras? Männer mit Ferngläsern auf den Dächern? Scharfschützen?

Schlapp von der Sonnenhitze, naß, hinkend wegen der verflixten Arthrose, die sich auf einmal bemerkbar macht, gehe ich weiter. Ich versuche, mich an den Schildern zu orientieren, aber es gibt unentzifferbare Symbole. Das müssen Hinweise für eine besondere Kategorie von Menschen sein.

Die Mauer erstreckt sich bis ans Ende der Straße. Hoch, vor kurzem erst gestrichen. Das heißt, es gibt noch etwas Instandhaltung in dieser Stadt. Ich habe die Mauer erst gesehen, als ich schon ganz nahe war, wegen der Farbe und des tiefliegenden Nebels. Ich schleppe mich langsam daran entlang. Ich komme nur schlecht vorwärts, mein Bein schmerzt heftig.

Ich lehne mich an die Wand, um auszuruhen, ich fahre zusammen. Sie ist kalt, ja, ich würde sagen, eiskalt, wenn man sie mit der Hitze vergleicht. Ich glaube, das ist ein Irrtum, ich frage mich, ob es auch für den Tastsinn so etwas Ähnliches wie Halluzinationen gibt. Ob es eine Wahnberührung ist? Ich lehne mich von neuem dagegen, die Mauer ist kühl. Wie die Wand eines Kühlhauses.

Es sind noch keine fünf Minuten vergangen, da nähert sich ein Mann in einer khakigelben Uniform und Lederschurz. Er schnieft unaufhörlich, hat eine wunde Nase, hält vor mir an, um mich zu beobachten. Vorsichtig, ohne zu wissen, was er mit mir anfangen soll. Er geht hin und her, leicht mißtrauisch. Dann mit fester Stimme: »Was machen Sie hier?«

»Nichts, ich ruhe aus.«

»Sie müssen weg hier.«

»Warum?«

»Das ist eine Sicherheitszone.«

»Warum? Was ist hinter dieser Mauer?«

»Wohnhäuser. Das ist der *Klimatisierte Superblock.*«

»Sagen Sie mir nur eins: Leben da drin Leute? Wirklich?«

»Natürlich wohnen da welche. Was soll denn diese Frage?«

»Das Volk sagt, sie sind alle tot in diesem *Superblock.*«

»Ach was, alle lebendig. Das sind die *Geheimen Beamten.*«

»Kennen Sie einen?«

»Nein, die leben nur da drin.«

»Das heißt, ihr kommt gar nicht rein?«

»Natürlich nicht. Wir sind nur die externe Wache. Wir verständigen uns mit der internen über Funk.«

»Sie haben nie einen gesehen, keinen einzigen? Es ist nie jemand herausgekommen, zu Fuß oder im Auto? Sie haben nie ein offenes Fenster gesehen?«

»Was heißt: gesehen? Sehen Sie sich doch mal diese hohe Mauer an. Und die kommen nicht raus. Wozu? Da drin gibt es alles. Ein Paradies.«

Unangenehm an diesem Wächter ist sein Geruch, so charakteristisch für die Leute, deren Eingeweide zerstört sind. Er gehört sicher zu den Leuten, die einmal als Versuchskaninchen für künstliches Essen gedient haben, als die Chemie noch nicht so weit entwickelt war.

Die Labors des *Systems* stellten in bestimmten Regionen Experimente an, um die Reaktionen des menschlichen Organismus zu erkunden. Das Essen zerstörte den Stoffwechsel. Jetzt leiden diese Menschen an vielfachen Blähungen und sind in einen fürchterlichen Gestank eingehüllt, den sie selbst kaum ertragen können. Wegen dieser *Ständigen Blähungen* dürfen sie sich nicht mehr in der Stadt aufhalten, nur in verlassenen Gebieten. Ich weiß auch, warum sie den *Superblock* nicht betreten.

»Unmöglich. Niemand kommt heraus? Wie halten die das aus?«

»Gut, ich werde es Ihnen erzählen, aber sagen Sie es nicht weiter, ja?«

»Na hören Sie mal, wem soll ich das schon erzählen?«

»Es ist nichts Schlimmes dran, wenn man erzählt, daß sie ab und zu herauskommen.«

»Sie kommen heraus? Wohin gehen sie dann?«

»Hier in die Nähe. Sie verbringen den Nachmittag oder Sonntag im Entladungscamp.«

»Reiche Leute, das ist etwas anderes. Wer hier eine Entladung braucht, das bin ich.«

»Was soll ich erst sagen. Wissen Sie, was es heißt, um diese Mauern herumzulaufen, ohne je einen Menschen zu sehen? Tagelang, wochenlang. Wie ein Gefangener.«

»Und die Nachbarn?«

»Nette Leute in diesem Viertel, alle verschanzt. Die haben eine Sterbensangst, auf die Straße zu gehen.«

»Haben sie Personal?«

»Der eine oder andere kommt vorbei, ohne sich auf ein Schwätzchen einzulassen. Ein paar Worte braucht so einer wie ich.«

»Woher sind Sie?«

»Aus Vera Cruz, aus dem Landesinnern von São Paulo.«

»Was haben Sie dort gemacht?«

»Was alle Welt machte, wenn man ein Stückchen Land besaß. Ich habe in der Produktion energetischer Ernten gearbeitet.«

»Waren Sie es leid?«

»Die Erde war es leid, die Pflänzchen wurden immer kleiner, das Ungeziefer zerstörte alles.«

»Entschuldigen Sie, aber mein Problem, wenn ich so mit Ihnen rede, ist diese Furzerei. Nicht einfach, Alter.«

»Und wenn wir uns mehr voneinander entfernen?«

»Dann höre ich nichts mehr. Erzählen Sie mal, wie sind diese geheimen Beamten?«

»Wie alle anderen, sie haben einen Kopf, Hände, Füße und Mund. Es gibt Glatzköpfige, Zahnlose und die mit dem hängenden Beutel.«

»Mein Neffe trägt auch so einen.«

»Wissen Sie, daß sie weiß sind, richtig weiß wie Milch, weiß wie die weiche Zuckereiweißmasse von einer Maria-Mole.«

»Maria-Mole? Sie erinnern sich noch an Maria-Mole?«

»Ich bin damit aufgewachsen.«

»Wenn Sie wollen, kann ich Ihnen eine Adresse geben,

wo man hervorragend Maria-Mole ißt. Im *Vergessenen Zentrum* von São Paulo. Gehen Sie doch mal hin. Haben Sie eine Zirkulationsmarke für die Gegend?«

»Ja. Unsere Marken gelten überall. Ich bin Wächter bei den *Geheimen.* Ob die Maria-Mole wirklich gut ist? Mit künstlicher Milch und künstlichem Kokos gemacht?«

»Die Milch ist echt. Sie kaufen Milch von jungen Frauen.«

»Von jungen Frauen? Verstehe ich nicht.«

Ach herrje, jetzt habe ich mich verquatscht, ich habe vergessen, daß der Kerl Sicherheitsbeamter ist. Ich kann ihm nicht von den schwangeren jungen Mädchen erzählen, die heimlich Kinder kriegen. Es würde Alarm geben, weil die Sterilisation nicht überall funktioniert. Die Nachforschungen würden zu den *Shelters-der-Kinder-die-das-System-zum-Gespött-gemacht-haben* führen.

Alle *Kinderstätten* würden auffliegen. Natürlich wird den Kindern nichts passieren. Die Verblüffung wäre groß, und ich wette, daß keine einzige staatliche Abteilung eine Vorstellung hätte, was dann zu tun wäre. Diejenigen jedoch, die die *Shelters* unterhalten haben, würden isoliert werden, den Müttern wäre jeder Kontakt zu den Kindern versagt.

Ich muß ihn ablenken, was nicht schwer ist, er kommt mir sowieso ein wenig benommen vor, vielleicht wegen der Blähungen. Nicht leicht, in einer verdünnten Atmosphäre wie hier zu leben. Warum stellen sie nicht Kleidung wie die für die Astronauten her, mit Sauerstoffflaschen? Damit würde man die mühselige Pein vermeiden.

»Sprechen Sie! Welche Milch von jungen Frauen?«

»Ein Scherz, denken Sie denn, junge Mädchen haben Milch?«

»Wenn sie Kinder haben, ja.«

»Ja, aber wer hat schon Kinder?«

»Hm, da haben Sie recht.«

»Na, ich werde mal weitergehen.«

Verflixte Arthrose, ich werde noch mein Bein amputieren lassen müssen und zum Invaliden werden. Fast brauche ich eine Krücke. Ich will mich rasch entfernen, bevor er etwas merkt. Einmal hat eine Masseuse mich richtig durchgewalkt, und für ein Jahr war alles gut.

»Warten Sie, mein Herr.«

»Was ist? Ich habe vergessen, Ihnen die Adresse zu geben, nicht wahr?«

»Nein. Der Chef hat unsere Unterhaltung über das Walkie-Talkie gehört und angeordnet, Sie zu verhaften. Er will mehr Informationen.«

»Über die Maria-Mole?«

»Über die Milch der jungen Frauen.«

»Hab ich doch schon gesagt, das war ein Scherz.«

»Was soll ich machen? Er ist *Von-Natur-Aus-Mißtrauisch.*«

»Ich gehe. Ich habe nichts weiter zu erzählen. Reiner Unsinn.«

Er richtet die Waffe auf mich, ich fahre zusammen. Revolver versetzen mich ganz schön in Angst. Ich mache ihm ein Zeichen, er solle sich beruhigen. Plötzlich tauche ich in seine verpestete Luft ein. Ich werfe mich unversehens auf ihn, wir gehen beide zu Boden, ich spucke ihm in die Augen. Wieder einmal in meinem Leben überrascht mich meine eigene Kraft.

Mit der Faust ziele ich daneben, treffe aber mit dem Ellenbogen sein Kinn, zack-peng! Aus dem Walkie-Talkie ertönt unaufhörliches Piepen. Ich schalte es aus. Ich durchsuche den Sicherheitsbeamten, nehme seine Zirkulationsmarke an mich, die Trinkflasche und ein paar schwarze Kekse. Keinerlei Geld oder Ausweise. Ich reiße den Gürtel ab.

Ich feßle seine Füße. Lehne mich wieder an die gekühlte Mauer, um mich zu erholen. Wenn es nach mir ginge, würde ich das ganze Leben hier bleiben. Ich schleppe mich auf dem Bürgersteig entlang, bezwinge die Schmerzen in meinem Bein, egal, ich muß fliehen, die Kerle werden schon hinter mir her sein, sie können jederzeit irgendwo auftauchen.

Was für eine blöde Idee, von der Milch der Mädchen zu sprechen. Ich sehe ein, daß es dämlich war. Lauter Mädchen mit nackter Brust, sie nehmen die Milch ab, damit die Köchinnen Maria-Mole zubereiten können. Ich habe das gesagt, ohne es zu wollen, und fast hätte ich eins der geheimsten Vorhaben aller Zeiten aufs Spiel gesetzt.

Unsere Putzfrau hatte heimlich ein Kind bekommen. Sie war plötzlich schwanger. An einem Punkt versagte die Sterilisationsmethode. Sie beschloß, das Kind auszutragen. Sie wußte von den *Shelters,* weil sie eines Tages auf der Straße mit einem Mann zusammengetroffen war, der von der Organisation erzählte. Sie wurden Freunde.

Durch ihn wurde ich Mitarbeiter, beschaffte hin und wieder Geld, Wassermarken, Essensrationen. In winzigen Mengen. Ich lernte Kinder zu versorgen, hatte Dienst in der Kinderkrippe und in der Schule. Meine Absicht war es, Tadeu Pereira hinzubringen und eines Tages auch Adelaide.

Eine nicht enden wollende Mauer. Grau. Wenn sie wenigstens bunte Bilder oder eine Tapete mit Wald und Tannen angebracht hätten. Es steckt eine bestimmte Absicht hinter dieser Monotonie, ich weiß nur nicht, welche. Ich würde so gern dahintersehen. Vielleicht können wir eines Tages eindringen.

Die kleine Stadt unter der Kuppel einnehmen so wie damals Troja oder die Bastille oder Jerusalem durch die Kreuzritter. Ich bringe alles durcheinander, verheddere mich. Ob die Akrylpaläste wohl hier stehen? Wenn ja, wohnt mein Neffe hinter diesen Mauern. Und Adelaide muß auch dort sein.

Ich bin ziemlich sicher, daß sie bei ihm lebt, was mich beruhigt. Adelaide ist in Sicherheit. Ich frage mich nur, ob sie sich noch frei bewegen kann oder im Haus festgehalten wird. Er kann verhindert haben, daß Adelaide sich mit mir verständigt. Ihre Abwesenheit verwirrt mich nicht mehr.

Auf der einen Seite die Mauer. Auf der anderen die schützenden Gitter. Ein schmaler Gang. Die Lichter gehen an. Die Schwüle ist kein bißchen besser geworden. Mal sehen, ob ich in diesem Winkel der Erde ein bißchen schlafen kann, bevor die Kälte des Morgengrauens hereinbricht. Die schwarzen Kekse schmecken entsetzlich. Einer reicht mir schon.

Mit Wasser scheint er zu quellen und den Magen auszufüllen. Früher aß der Nordestino Mehl, trank Wasser und formte so einen Kuchen. Vielleicht werde ich mit einem Schatten verwechselt, wenn ich mich in die Kurve lege. Der Mast steht vor der Kurve, ich lege mich im Dreieck hin und glaube, man sieht mich nicht.

Ich wache auf vom Gestank. Es riecht nach verfaultem Fleisch. Ein bißchen Wind? Welche Hoffnung. Der Boden ist abgekühlt, ich werde noch ein bißchen ausruhen, habe gut und ruhig und traumlos geschlafen. Die Morgenfrühe nutzen, um zu laufen, ich fühle mich blendend. Nicht, daß ich das Bad vergessen hätte, ich will es immer noch.

»Heda! Halt! Ausweisen!«

»Sicherheit.«

»Sicherheit? Siehst aber nicht so aus.«

»Und du? Hast du dich schon mal angesehen?«

»Was ist mit mir?«

»Ich müßte dich um einen Ausweis bitten.«

»Ich habe einen.«

»Ich auch. Hast du nicht daran gedacht, daß ich verkleidet sein könnte?«

»Verkleidet? Wozu?«

»Vertrauliche Mission, nicht einmal ich weiß, was es ist.«

»So was gibt es, Kamerad. Wir müßten erst erfahren, was für eine Mission wir haben, dann könnten wir sie auch erfüllen. Sie erschweren unsere Arbeit nur. Alles wird immer bürokratischer. Gehst du weiter?«

»Ich habe den Befehl, die ganze Gegend zu beobachten.«

»Da vorn ist es schwierig. Totales Durcheinander, sie bitten um Verstärkung. Die Lage wird mit jedem Tag komplizierter für uns. Große Durchlässigkeit in den *Ärmstenlagern,* das Völkchen bricht aus.«

»Schießen.«

»Das ist schon geschehen, aber es sind zu viele. Wie in China, das nimmt kein Ende. Fällt einer um, tauchen zwei andere auf.«

»Ist das das Problem da vorn?«

»Nein! Das sind Schlangen für diese Schirme aus schwarzer Seide, hast du schon davon gehört?«

»Ja, ich glaube kein Wort davon.«

»Das Volk aber. Weil sie in der Sonne verrückt werden, klammern sie sich an irgendwas. Die Sonne hat mehr Menschen getötet als Hunger, Krankheiten und Ziviltäre. Die *Offiziellen Kreise* sind durchbrochen. Das Problem ist, daß das *System* verspricht und verspricht, und die Markisen werden einfach nicht fertig.«

»Wenn sie dich so reden hören, dann adieu, dann schikken sie dich in die *Isolation.*«

»Wir von der Sicherheit kommen nicht in die *Isolation.*«

»Nein, wirklich?«

»Nein. Jetzt hast du dich aber verraten. Gib mir deinen Ausweis.«

»Und was jetzt?«

»Vielleicht können wir uns einig werden. Gib mir irgendwas und hau ab.«

»Ich habe einen kleinen schwarzen Keks.«

»Hast du den anderen gegessen?«

»Ja. Willst du diesen?«

Weitergehen. Egal. Zurückgehen. Auch egal. Bloß weg von hier. Ich will laufen, gegen Abend vor Müdigkeit umfallen, damit ich irgendwo schlafen kann. Wenn ich bis zum Abend überlebe. Es ist noch Morgen, der Boden brennt, meine Füße brennen, sie werden voller Blasen sein.

Wenn ich wenigstens einen Tag im Entladungscamp verbrächte, könnte ich mich von dieser Angst und von diesem Druck befreien, der mir die Kehle zuschnürt. Aber die Camps sind nur begrenzt zugänglich. Vielleicht könnte mein Neffe mir eine Erlaubnis besorgen. Aber ich darf nicht vergessen, daß der Elende mich hat umbringen wollen.

. . . die Straße erbebt, als würden die Häuser in der Sonne einstürzen . . .

... wenn ich hüpfend weitergehen könnte, aber wo ist meine Kraft...?

... ein Dach, eine Kollektivhaltestelle, wenigstens Schatten gibt es, ich habe das Recht, dort zu bleiben, bis der Bus kommt...

... eine Fernsehkamera auf mich gerichtet, ich bewege mich hin und her, sie folgt mir. Wo sind wohl die Kontrollen? Unangenehmes Gefühl, daß sie mein Bild irgendwohin, ich weiß nicht wohin, projizieren.

LAUFEN. TEURER BÜRGER. IMMER WEITER LAUFEN. DEINE ZEIT IST ABGELAUFEN.

Die Stimme kommt irgendwo aus diesem Unterschlupf, eines der Rohre muß ein Sender sein. Ich werde nicht mit einem Eisenrohr sprechen, auch wenn es mich hören kann. Ich muß eingenickt sein, die Sonnenglut macht einen fertig, erdrückt einen, ich kann hier nicht raus. Lieber so tun, als hätte ich nichts gehört.

Das Unwohlsein ist vorbei, wahrscheinlich niedriger Blutdruck. Die Fenster sind geschlossen, die Gebäude sehen jetzt volkstümlicher aus, einfacher, ich sehe Wäsche auf der Leine, ein Zeichen, daß dort jemand wohnen muß. Jetzt spüre ich den Geruch näher, es heißt, er kommt von den Leichen, den Exkrementen und den Abfällen.

Diese Ventilatoren können den Gestank nicht immer vertreiben. Man erzählte immer, und ich redete es nach, daß die Bewohner in einigen Vierteln die ganze Zeit über Masken benutzen. Und daß am Erdboden die Tiere sterben. So weit sind wir schon? Wer weiß? Heute hängt der Nebel höher.

WEITERLAUFEN. ES GIBT KEINEN BUS. DIE LINIEN DIESER AVENIDA WURDEN UMGELEITET.

FOLGEN SIE DEN HINWEISSCHILDERN, DIE AUSGEDEHNTEN MARKISEN SIND SCHON VORBEREITET.

Ich sitze und höre diese Stimme eines Niemand. Einer Stimme gehorchen? Das ist sicher eine Tonbandaufnahme. Bin ich blöd? Da läuft dieses Bändchen ab und redet, und die Leute tun das, was es sagt. Ich nicht! Ich betrachte den

Boden, die Pflastersteine weichen auf, sie werden zu einem dunklen, zähflüssigen Brei.

Ich sehe zwischen den Steinen in der Ritze etwas glänzen. Ein quadratisches Kästchen, etwas größer als eine Armbanduhr. Als ich versuche, es aufzunehmen, merke ich, daß es in einem Loch steckt. Als hätte jemand es genau dorthin getan. Ob die Stimme von dort kommt? Ein Minisender?

Ich ziehe mit Gewalt daran, benutze die Schnalle meines Gürtels dafür. Innen summt es. Ich bekomme Angst, es könnte eine Bombe sein, ein Explosionsmechanismus. Seit wann sind keine Bomben mehr explodiert? Ruhig bleiben. Unbekannte Dinge vermitteln Unsicherheit, wir stellen uns alles Mögliche vor.

Ich drehe das kleine silberne Ding hin und her. Bis ich es irritiert auf den Boden werfe. Wenn etwas surrt, dann funktioniert irgendein Mechanismus. Wozu? Und warum ein versiegeltes Kästchen? Ich komme mir vor wie ein Kind, das ein Spielzeug zerbricht, um zu sehen, was drinnen steckt.

Nur gut, daß ich mich von dem Kind in mir beherrschen lasse. Der Deckel springt auf. Kein elektronischer Apparat. Jedenfalls sieht es nicht so aus. Hunderte von millimetergroßen Zahnrädchen, die sich mit höllischer Geschwindigkeit drehen, die einen stoßen die anderen an.

Es gibt kein Tick-tack wie bei einer alten Uhr, als würde alles auf sorgsam arrangierten Achsen laufen. Nur das Summen. Was zum Teufel kann so ein Ding bedeuten? Wozu ist es da? Was setzt es in Bewegung? Mit dem Dorn der Schnalle versuche ich, eines der Rädchen anzuhalten. Statt anzuhalten, springt es aus dem Kästchen heraus.

Und dreht sich immer weiter und steigt mit größter Geschwindigkeit aufwärts. Wie der Propeller eines Hubschraubers. Dann fällt es auf den Bürgersteig, direkt neben mich. Als ich es aufheben will, springt es vor mir her und nistet sich zwischen den Pflastersteinen ein.

Es paßt sich in ein winziges Loch ein und dreht sich weiter. Als sei es ein Bohrer. Feiner Staub steigt auf. Mein

Blick schweift fasziniert von dem Rädchen zum Mechanismus, dessen Hunderte von Rädchen sich ihrerseits weiterdrehen, unabhängig von dem, das da herausgesprungen ist.

Ich knie mich auf den Bürgersteig, das Gesicht ganz nah am Boden, und betrachte dieses Mobile. Woher kommt nur die Energie, der Impuls, daß das Rädchen sich mit solcher Geschwindigkeit fortbewegt? Jetzt ist schon das ganze Rädchen in dem Loch. Wie tief wird es eindringen, wenn ich nichts tue?

Überwältigt stelle ich fest, daß ich völlig unwissend vor diesem Mechanismus stehe, der wie von selbst funktioniert. Von selbst? Ich merke, daß ich dauernd Fragen stelle. Ausgerechnet ich, der ich jede Neugier verloren hatte. Ich lebte in jenem Büro, akzeptierte alle Dogmen, ohne sie je zu hinterfragen, daran zu zweifeln oder sie abzulehnen.

Ohne Impuls, ohne Antrieb. Sebastian Bandeira, mein Verwandter, wollte auch, daß sein Rad sich aus eigenem Antrieb drehte. Aber das Rad blieb reglos. Und wir wußten alle, daß es so bleiben würde.

Wir. Wenn ich an uns denke, meine ich mich, meinen Vater, meine Großmutter, meine Tanten und die Nachbarinnen von Sebastian Bandeira. Und was konnten wir schon wissen?

Abgesehen von dem, was von unseren Vorfahren überliefert worden war und was wir um uns herum aufgegriffen hatten?

Alles, was unser tägliches, augenblickliches Leben ausmachte. Unseres = ihres. Denn mein Leben mit sieben, acht Jahren bedeutete keinerlei Erfahrung. Ich schwankte zwischen der Bewunderung für Sebastian Bandeira und dem respektvollen Schweigen vor jenen Verwandten, die gemessen den Kopf schüttelten und versicherten: verrückt.

Sebastian Bandeira war verrückt, er brauchte nur noch eingeliefert zu werden. Sie flüsterten und verstummten, wenn Kinder hereinkamen. Es gab verbotene Themen, von denen man nicht sprach, wenn die Kleinen sich näherten. Es gab, wenn ich mich recht erinnere, unter den

Menschen, die Sebastian liebte, nicht einen einzigen, der ihn ermutigt hätte.

Nun, es gab einen, der sicher war, daß das Rad sich drehen würde. Mich. Ich war jedoch auch anderer Dinge sicher, die die Erwachsenen nicht verstanden: mein Bambus war ein Schwert; die alte Schüssel ein Schiff; der obere Teil der Mauer ein Flugzeug; die Hühner Monsterraubvögel. Nur Sebastian und ich hatten eine blühende Phantasie.

Die anderen redeten nur immer vom Impuls. In meiner Kindheit hörte ich ständig davon. Als ich kein Kind mehr war, bemerkte ich eines Tages auch, daß Sebastian gestorben war. Ich habe nie herausgefunden, wann und wo. Plötzlich war er aus meinem Leben verschwunden, hatte sich verflüchtigt.

Ob er eingeliefert worden war? Oder war er gestorben? Habe ich die Erinnerung an seinen Tod ausgelöscht? Es muß eine Totenwache, Kaffee, ein Begräbnis mit weinenden Leuten gegeben haben. Keine Familie würde darauf verzichten – der Schmerz bei dem Trauerzug durch die Straßen, die notwendige Zurschaustellung der Tragödie, die Suche nach Trost und Mitleid.

Irritierend, an diesen Impuls zu denken. Jedenfalls wird zu einem gegebenen Augenblick ein physikalisches Gesetz, das die Menschen nicht kennen, das Rad zum Drehen bringen. Temperaturschwankungen, das vom Tau benetzte Holz, das dann trocknet, ein Zusammenziehen an der Achse, das mußte eine Bewegung hervorrufen.

Ich verbrachte Stunden auf dem Hof voller Steine, Blätter, Flaschen, Büchsen, Hölzer, Schrauben und Drähte und spielte, während ich mit Sebastian Bandeira auf den Impuls wartete. Jetzt sehe ich die bewundernswerte Geduld dieses Mannes, wie er reglos vor seinem vollkommenen Mechanismus saß.

Denn er war absolut sicher, daß er vollkommen war. Und er würde sich Jahre über Jahre drehen können, bis Achsen und Teile sich abgenutzt hatten und nicht mehr ineinandergriffen. So saß Sebastian unter dem Mangobaum, einen Strohhut auf dem Kopf, ganz aufgeregt, und wartete von morgens bis abends.

Sein Gesicht war nicht undurchdringlich. Er schien glücklich, vertrauensselig, zuversichtlich, daß das Rad sich drehen würde. Er glaubte fest daran. Er hatte in keiner freien Minute, vierzig Jahre lang, vergeblich gearbeitet, hatte nach seiner Pensionierung keinen einzigen Tag vertan. Jetzt fehlte nur noch wenig bis zur Perfektion.

Nur jene einfache, harmonische, leichte, schweigsame Bewegung. Sebastian Bandeira hatte das Gesicht eines Heiligen, mit seiner mageren, gelblichen Figur, dem schütteren Bart und dem leuchtenden Blick vor dem Gewirr aus Holz und Draht, das er geschaffen hatte. Ein Heiliger neben dem Altar, hoffnungsvoll wartend.

Ich mußte oft denken, ob der Fehler, der Irrtum von Sebastian Bandeira nicht vielleicht gerade dort lag, in seinem Warten. In der Sinnlosigkeit jener nicht genutzten Zeit, während der Impuls nicht kam, nicht kommen würde. Niemals. Er starb, ohne daß die Maschine sich je gedreht hätte.

In mir dämmerte die Erkenntnis, daß der wirkliche erste Antrieb Sebastian selbst gewesen war. Seine Berührung, die Energie, die sich von seinem Körper auf den Mechanismus übertrug. Denn in Wahrheit gab es nur einen ersten Impuls, der sich dann fortsetzen würde.

Genauso, wie die Rädchen dieses verrückten Mechanismus sich durch kleine, ineinandergreifende Zähne in Bewegung setzen. Eins stößt das andere an und das letzte wieder das erste. Leider war ich ein Kind und Sebastian ein Träumer, und wir wußten nicht, daß auch wir nur ein verbindendes Glied sind.

IM STADTTEIL WEINEKIND
VERWIRRUNG, SCHLANGEN, BÖSE
TRÄUME UND EINE
ÜBERRASCHUNG, DIE REGENSCHIRME
AUS SCHWARZER SEIDE BETREFFEND

ACHTUNG! ACHTUNG!
IN ACHT SEKUNDEN WERDEN WIR DIE
ATEMKANÄLE ÖFFNEN.
SIEBEN SEKUNDEN BIS ZUM VERLASSEN DES ORTES.
ALARM, ACHTUNG, ACHTUNG!

SECHS SEKUNDEN BIS ZUR ÖFFNUNG
FÜNF, VIER, DREI, ZWEI.
LETZTE WARNUNG.

DEN ORT VERLASSEN, DEN ORT VERLASSEN,
DEN ORT VERLASSEN.

Die Ansage blieb stecken wie eine fehlerhafte Schallplatte. Wie gut, daß diese Elektronik hin und wieder verschnupft ist. Hoffentlich auch die Atemkanäle, sie sind schon lange nicht mehr benutzt worden. Wahrscheinlich sind sie bereits verstopft, jemand hat irgendwelchen Mist in das Rohr gepackt. Wie das in Brasilien so ist. Jeder macht gern irgendwelchen Unsinn.

Weit gefehlt. Ich komme noch rechtzeitig weg, sehe, wie das Gas aus den Atemkanälen steigt. Diesmal sind sie auf dem Bürgersteig. Das heißt, in diesem Viertel wohnen wirklich Großkopferte. Die Atemkanäle wurden in der Zeit der *Gefährlichen Betrügereien* geschaffen. Erst baute man sie in Industriegegenden ein, dann in den privilegierten Vierteln.

Sie wurden wirksam auf dem Bürgersteig aufgestellt, in einer Mauerecke, in einem Briefkasten, Mülleimer oder in Gegenständen, die anscheinend nicht mehr benutzt wurden. Ein Netz leitete Lach-, Tränen-, Durchfall-, Nies-, Husten-, Brechreizgase weiter und solche, die blind machten,

Krämpfe verursachten, einen stolpern ließen oder in die Flucht jagten, harntreibend und pilzfördernd waren.

Die Art des Gases hing von der Demonstration und der Teilnehmerzahl ab. Manchmal strömten alle gleichzeitig aus, und am Ende hatte man einen Haufen Leichen im größten Gestank liegen. Die Ziviltäre selbst haßten die Operation *Überreste*, denn der Geruch blieb wochenlang am Körper haften.

In den Arbeiterversammlungen wurde die wichtigste Arbeitsgruppe von den *Freiwilligen Zur Stillegung Der Atemkanäle* gebildet. Wegen der strengen Bewachung keine leichte Aufgabe. Die Atemkanäle waren mit überempfindlichen Alarmapparaten versehen, die in allen Sicherheitsabteilungen der Region ertönten.

Es war die Epoche der sogenannten *Gefährlichen Betrügereien*, weil das *System* sich paradox und inkonsequent aufführte und keinen Protest duldete. Es predigte Sparen und Verbrauchen, Auto kaufen und Treibstoff sparen, die Inflation aufhalten und Preise freigeben, die Wahrheit wollen und Lügen erzählen.

Während ich laufe, bemerke ich Veränderungen an den Häusern. Die Unterschiede sind auffallend. Vor einiger Zeit bin ich durch die Gegend mit klimatisierten Häusern gekommen, hier hingegen sieht man nur die Löcher für die Apparate. Leer oder mit Plaste zugedeckt. Heruntergekommene Fassaden.

Alles wäre erträglich, wenn es nicht so schwül wäre. Ich glaube, ich hätte direkte, strahlende Sonne lieber. Und so viel geht mir durch den Kopf. Der ehrgeizige Phaeton raubte seinem Vater Helios den Sonnenwagen. Dieser wurde von vier Pferden gezogen, umkreiste die Himmelskuppel, erleuchtete und erwärmte den Tag.

Aufrecht, über dem weit geöffneten Abgrund, inmitten des Lichtes und der Hitze, wurde Phaeton, der die feurigen Pferde nicht meistern konnte, von Angst ergriffen. Die Zügel entglitten ihm. Geblendet, ohne Führer und ohne Ziel, kamen die Pferde vom Wege ab. Sie setzten Wälder in Brand, trockneten Flüsse aus und entflammten Gebirge.

Die Erde reckte ihre Arme empor und rief um Hilfe.

Und Zeus blieb keine andere Wahl, er tauchte Phaeton in die Wasser des Eridanos. Der Sonnenwagen zog sich abends in die Ställe von Latona zurück, dorthin, wo Aurora aufstieg. Eine Sage, die mich in den Mythologiestunden an der Universität verwirrt hatte.

Der Straßenbelag hat aufgehört, jetzt kommt nur noch gestampfter, staubiger Lehm. Baufällige Gebäude wechseln mit leeren Grundstücken ab. Müllberge auf Schritt und Tritt. Abgenutzte, alte, dreckige Akrylplatten verdekken Fassaden, die wohl einmal zu einem alten Geschäftszentrum gehört haben.

Menschen kommen hervor aus Türen und Türchen, aus Kellern, Gäßchen und Straßen. In dieser Gegend gibt es keine schützenden Gitter vor den Gebäuden. Ich sehe weder bewaffnete Portiers noch Fernsehkameras. Haufenweise Exkremente in den Ecken, dazu der scharfe Geruch nach abgestandenem Urin.

Wir bilden eine kleine, eilige Menge. Mit jedem Augenblick wird sie dichter und unruhiger. Die Menschen, ohnehin gereizt, sind jetzt aufgebracht und drängen vorwärts. Frauen rufen nach ihren Männern oder Söhnen, die Männer antworten, treiben sie zur Eile an, schieben und stoßen einander.

Banderolen kündigen Sonderpreise an. Die Menschen stolpern übereinander, schubsen und treten sich. An den Ecken weinen einige Leute, Männer rufen, man müsse etwas tun. Der bläuliche Nebel hat die Sonne völlig verdeckt, man hat nicht die geringste Vorstellung, wie spät es ist. Schweiß rinnt an den Körpern herunter.

Die Männer in Bermudashorts, ohne Hemd. Frauen in Miniröcken, Shorts, Schlüpfern. Auf den Plakaten steht: DAS SYSTEM ÜBERGIBT DIE MARKISEN, DIE GROSSE LÖSUNG FÜR HEISSE TAGE – NIEMAND MEHR OHNE UNTERSCHLUPF – EINE GROSSARTIGE VERWIRKLICHUNG DES SOZIALMINISTERIUMS.

»Ist hier das Viertel Weinekind?«

»Scheint so.«

»Und wo werden die Regenschirme verkauft?«

»Anstellen.«

»Ich sehe aber keine Schlange, nur die vielen Leute.«

»Die Schlange fängt etwa zwei Kilometer von hier an. Sie wird von dort nach hier organisiert, jedenfalls heißt es so. Die Gerüchte gehen von Mund zu Mund. Hier kann man sich nicht rühren. Sehen Sie?«

»Gibt es für jeden einen Regenschirm?«

»Ich habe gehört, ja.«

»Ich weiß nicht, ob das Warten lohnt. Ich glaube, die sind alle verrückt geworden.«

Banderolen über der Straße, von Posten zu Posten, auf denen steht: ECHTE SCHWARZE SEIDE, SONDERPREISE. Der Nebel so tief, daß er die Banderolen fast einhüllt. Ich mische mich unter die Menge. Hier ein Eckchen, da ein freies Plätzchen, ich schiebe ein bißchen. Wie ein Bus in dichtem Verkehr.

Ich gehe durch die Menge, komme mir lächerlich vor, weil ich an dieses Gerede mit dem Regenschirm aus schwarzer Seide glaube. Wenn die Sonne wirklich so scheinen sollte wie angekündigt, wird alles geröstet werden, diese Schirme werden sich krümmen wie Plaste im Feuer. Ich gehe weiter, bis ich auf einen Platz komme, der voller Menschen ist.

Bei Einbruch der Nacht bin ich drückend, schiebend, schimpfend und getreten bis an eine Barriere, einen grünen Drahtzaun vorgedrungen, der von Scheinwerfern erleuchtet und von Ziviltären und Schäferhunden bewacht ist. Die Leute richten sich auf dem Boden ein, versuchen, es sich bequem zu machen. Es gibt nicht für alle Platz.

Ich sehe, daß der Drahtzaun nach vorn hin schmaler wird wie auf Schlachthöfen. Und die Schlange bildet sich innerhalb dieses Trichters. Am Ende des Platzes, der nicht einmal ein Platz ist, eher schon ein großes Feld, kann ich einen Bau aus Stein erkennen. Die Wächter verbieten mir, mich an den Zaun zu lehnen. Leute sitzen auf Klappstühlen und hocken in Zelten auf Schlafsäcken. Privilegierte? Oder wird es mit uns auch noch so weit kommen? Einige Gruppen spielen Gitarre oder Akkordeon, Mädchen singen und tanzen, Pärchen lieben sich. Ich höre ein rhythmisches *tock-tock.* Innerhalb des Drahtzauns marschiert eine Gruppe Männer, sie bringen Hunderte von Fahrrädern in den Bau. Zwei Frauen wärmen Essen im Kochgeschirr, sie bieten mir etwas an. Nein, nein, ich möchte nicht, nachher haben sie zu wenig.

»Wo zwei essen, essen auch drei.«

»Das stimmt nicht. Zwei essen schlecht und drei noch schlechter.«

»Warum so geziert, junger Mann? Hungrig und auch noch stolz.«

»Ich bin wirklich sehr hungrig.«

»Ja, dann nimm ein kleines Ei, das wird uns überhaupt nicht fehlen. Morgen nachmittag bringt mein Mann wieder ein Kochgeschirr, nur gibt es dann wieder Ei.«

»Das bedeutet, Ihrem Mann geht es gut! Bei soviel Ei.«

»Ja, er arbeitet nämlich im Hühnerfarm-Labor.«

»Ist er Chemiker?«

»Chemiker? Er hat nicht einmal studiert. Das einzige, was er kann, und zwar gut kann, ist malen, er malt diese blöden Hühner auf den Eiern, die in Häusern mit Naturprodukten verkauft werden.«

»War er Maler?«

»Maler? Bist du blöd? Wir hatten ein Stück Land in der Gegend von Paratí. Wir sind Bauern. Ich bin Lehrerin, aber ich habe lieber mein Fleckchen Erde bepflanzt, als es schlimmer wurde.«

»Seid ihr wegen des Atomkraftwerks, das untergegangen ist, weggegangen?«

»Nein, wegen der heißen Felsen. Das war einfach die Hölle.«

»Heiße Felsen?«

»Kennst du die Gegend?«

»Ich habe nie einen Fuß dorthin gesetzt.«

»Alles Felsengebirge. Ganz bewachsen, früher. Dann wurden die Grundstücke verkauft. Danach haben sie Häuser auf den Abhängen und auf den Hügeln errichtet und den Wald gerodet. Erosionen folgten. Schließlich waren die Berge ganz kahl. Sie sahen sogar schön aus, diese schwarzen Riesenfelsen! Nur brannte die Sonne darauf und heizte sie auf, nachts kühlte es kaum ab, am nächsten Tag wurde es noch heißer, die Temperatur stieg an. Wer in den Tälern lebte, starb an Versengung. So wie ein Fisch, der auf einem Stein gebraten wird. Wir flüchteten Hals über Kopf, und da sind wir.«

Sie reicht mir das Kochgeschirr mit so etwas wie Suppe darin. Heißes Wasser, Salz, ein paar duftende, künstliche Gewürze und gekochte Eier. Es tut mir gut, beruhigt meinen Magen, obwohl das Ei synthetisch ist. Es füllt. Wieder ein *tock-tock-tock* hinter dem Baum, eine weitere Gruppe von Männern mit Fahrrädern.

»Was machen sie mit so vielen Fahrrädern?«

»Sie stellen Regenschirme aus den Speichen her.«

»Wirklich sehr merkwürdig.«

»Diese Leute, die hier hereinkommen, ziehen jeden Tag los, um Fahrräder zu stehlen. Die Fabrik gehört den Ziviltären.«

»Das glaube ich nicht.«

»Die Regenschirme sollen eine Erfindung der Ziviltäre sein. Sie waren es, die diese Geschichte verbreitet haben, daß die Schirme vor der Sonne schützen, vor allem vor den Hitzeballons. Offensichtlich glauben das alle!«

Jahrelang ließen wir uns weismachen, der Leichengestank sei ein Produkt der atmosphärischen Inversion, bis eines Tages jemand mit der Wahrheit herausrückte. Als sie die Bevölkerung außerhalb der Umgrenzung, jenseits der *Offiziellen Kreise*, festhielten, verbreiteten sie ständig Epidemien und behaupteten, alle stünden unter Quarantäne. Wir unterstützten das.

Ich wache von dem Geräusch eines Lastwagens auf. Das Motorengeräusch ist so nah, daß ich glaube, er will über mich hinwegfahren. Es kommt von der anderen Seite des Drahtzaunes. Alle schlafen noch, die Scheinwerfer leuchten, der Tag dämmert. Der blaue Nebel hängt so tief, daß man ihn fast berühren kann.

Ein Offizier dirigiert einen riesigen braunen Schlepper. Der Fahrer fährt geschickt im Rückwärtsgang durch ein Seitentor des Baues. Die Lähmung ergreift mich diesmal, bevor der Fleck auftaucht. Aber jetzt kann ich erkennen, daß dies der Lastwagen ist, der schwerbeladen mit Langholz aus dem Wald herauskommt.

Heute weiß ich, daß der Alte wahnsinnig war, dieses vollgeladene Monster noch auf der Straße von Jequitibá aufhalten zu wollen. Keine Bremse der Welt hätte den wild gewordenen Laster aufhalten können, der über den winkenden Alten hinwegrollte. Mein Großvater wußte Bescheid. Die Laster, die Holzfäller mit den Sägen, die Schlepper. Das war das Ende.

Nicht mehr Axt gegen Stamm, sondern die schnelle, unbezwingbare Motorsäge. Bis heute habe ich keine Ahnung, was der Alte vorhatte, als er versuchte, den Lastwagen zu stoppen. Ein unbescholtener Mann von fünfundachtzig Jahren, die Arme nach vorn ausgestreckt. Er glaubte, es sei noch möglich, und deshalb bewundere ich ihn bis heute. Er versuchte es und warf in jenem Augenblick alles in die Waagschale, was er besaß: sein Leben. Der Kampf war nicht ungleich, er war unmöglich. Und dennoch ging der Alte hin und tat es.

Jetzt sammeln sich da drüben lauter schwerbewaffnete Ziviltäre mit Walkie-Talkies in der Hand. Brüllend wekken sie alle und stellen uns in Reihen auf. Die Frauen werden von mir getrennt. Schade, eine von ihnen war ganz ansehnlich. Wer weiß, wir hätten uns nachts einmal aneinanderschmiegen können. Ich denke in letzter Zeit nur an so etwas, mich verlangt ganz schön danach. Die Schlangen, die verdutzten, fragenden Gesichter erinnern mich an andere Schlangen aus der Vergangenheit.

Liberalere Geschichtsbücher sprechen davon. Die Juden auf dem Weg in die Gaskammer. Alles ist wiederholbar, und wir sind uns dessen gar nicht bewußt. Wieder eine meiner Wahnvorstellungen. Manchmal kann ich meinen Hang zum Dramatisieren nicht unterdrücken, eine Tragödie ist eine Situation, die den Menschen einfach fasziniert, ihn mißreißt.

»Haben Sie eine Wohnung?«

»Ich hatte eine.«

»Erklären Sie das.«

»Ich habe sie verloren.«

»Ich verstehe, daß man Geld, Marken, die Frau, Gegenstände verlieren kann, aber eine Wohnung?«

»Man hat sie mir weggenommen.«

»Ach so, Sie haben die Raten nicht gezahlt? Nun, machen Sie sich nichts daraus, hier haben viele ihre Wohnung aus dem gleichen Grund verloren. Sie haben über ihre Verhältnisse gelebt.«

»Ich habe alles bezahlt. Aber sie sind in meine Wohnung eingedrungen und haben mich hinausgeworfen. Es ist eine lange, verwirrende Geschichte, da sind Dinge im Spiel, die selbst ich nicht glauben kann. Außerdem bin ich müde, Sie verhören mich schon seit zwei Stunden, und ich weiß nicht, wozu.«

»Jeder Migrant erzählt die gleiche Geschichte. Ihr Lügner. Die ganze Horde hier auf dem Platz ist eine Bande von Lügnern und Vagabunden. Ihr seid über die Umgrenzung vorgedrungen und habt die Stadtteile in Beschlag genommen, die ihr nach den Zirkulationsgesetzen gar nicht betreten durftet. Ihr seid aus den Lagern geflohen. Alles ist falsch gelaufen. Und wer sich jetzt darum kümmern muß, ist das *System.* Alles bleibt dem *System* überlassen.«

»Jetzt warten Sie aber mal! Warum diese ganze Aufregung? Ich will nur einen Regenschirm aus schwarzer Seide.«

»Einen Regenschirm aus schwarzer Seide? Was ist denn das für eine Idiotie?«

»Werden hier denn nicht Regenschirme aus schwarzer Seide verkauft?«

»Also, nimm deine Nummer, achte auf den Buchstaben und such deine Schlange. Mit dem Transport wird es noch dauern, aber wir werden alle mitnehmen. Niemand wird in dieser Stadt ohne ein Dach über dem Kopf bleiben.«

»Transport?«

»Los, los, nimm deine Marke und steig in deinen Bus ein. In zwei, drei Tagen sitzt hier eine andere Abteilung. Sieh zu, wie du zurechtkommst, und komm mir nicht mit Geschichten.«

»Aber . . .«

»Der nächste . . .«

»Sie, ich wollte nur wissen . . .«
»Der nächste, vortreten . . .«
»Bitte, mein Herr . . .«
»Der nächste! Wir haben schon zuviel Zeit verloren.«

ES IST KAUM ZU GLAUBEN. WORAUF HABE ICH MICH DA NUR EINGELASSEN! IST DAS NICHT EINE WUNDERLICHE SITUATION? HOPPLA, DIESES WORT HABE ICH WIRKLICH AUS DER RUMPELKISTE

In den ersten Stunden richten wir uns alle ein. Wir sind noch im Dunkeln angekommen, ohne eine bestimmte Vorstellung von den *Ausgedehnten Markisen* zu haben. Die uns als die große Hoffnung dargestellt worden sind. Ohne ihren Schutz gibt es keine Rettung, hatte uns die *Offizielle Intensivpropaganda* versichert! »Für uns ist alles gut genug«, bemerkt eine Alte, die mit dem Bus gekommen ist.

»Alles, was wir wollen, ist tagsüber ein bißchen Schatten auf dem Kopf.« Das scheint nicht viel zu sein, eigentlich nichts. Dennoch wiederhole ich immer wieder, welch ein verrücktes Land, in dem nichts alles bedeutet. Die Markisen, die endgültige Lösung. Schatten. Warten. Ist es nicht sonderbar, zu warten, ohne zu wissen, worauf?

In meinem Innern hoffe ich, ohne große Überzeugung, Adelaide wiederzufinden. Ich hoffe, wieder nach Hause zurückkehren zu können. Und das ist nicht wenig, denn es geht ja um mein Leben, um die Rechtfertigung meiner Existenz. Tagsüber Schatten, das bedeutet, daß ich etwas länger überleben kann.

Noch ein wenig, irgendwie überleben. Einstweilen reicht das. In Wahrheit wollte ich nicht herkommen. Ich hatte mir wirklich vorgestellt, die *Ausgedehnten Markisen* seien eine vom *System* erfundene Utopie, um das Volk noch eine Weile an der Nase herumzuführen. Um die Hoffnung aufrechtzuerhalten.

Glaubt denn jemand allen Ernstes an eine gigantische Markise, unter der eine ganze Bevölkerung Zuflucht findet? Ja, eine einfache Markise. Ein Dach, damit das Volk nicht in der Sonne steht. Hat das einen Sinn? Meiner Meinung nach, ja. Vielleicht nicht für dich, der du damit nichts zu tun hast und weit weg lebst, schön weit weg von diesem Sonnenzeitalter.

Jetzt verstehe ich auch meine letzte Aussage besser, bevor sie mich in den Transport gesteckt haben. In einem großen Raum aus Spannbeton, größer als die Halle der Grand Central Station in New York. Wir beide, der Inquisiteur und ich, verloren in der Weite. Tisch und Stuhl in der Mitte des Raumes. Eine eintönige, autoritäre Stimme.

»Sie haben keinerlei Probleme.«

»Ich habe nichts dergleichen gesagt.«

»Nun, ich bestätige das nur. Es geht Ihnen blendend.«

»Das weiß ich selbst, das brauchen Sie mir nicht zu sagen.«

»Ich muß das sagen, damit Sie nicht an sich selbst zweifeln.«

»Tue ich nicht.«

»Widersprechen Sie nicht dauernd.«

»Tue ich gar nicht.«

»Sie wollen wahrscheinlich behaupten, daß das, was ich tue, sinnlos ist.«

»Habe ich nie beabsichtigt.«

»Ich möchte Sie beglückwünschen.«

»Das brauchen Sie nicht. Es ist nicht meine Schuld, wenn es mir gut geht. Reiner Zufall, ich kann nicht einmal sagen, warum es mir gut geht, es macht mich sogar mißtrauisch.«

»Hoppla, hoppla, Vorsicht! Fangen Sie nicht an zu zweifeln. Glauben Sie blind, daß es Ihnen gut geht. Denn nur, wenn es Ihnen gut geht, können Sie im Kollektiv leben. Wenn es Ihnen gut geht, werden Sie ein ausgeglichener Mensch sein.«

»Was soll diese Unterhaltung eigentlich?«

»Eine Hilfe für die Menschen. Unsere Bevölkerung braucht mehr Selbstvertrauen, mehr Glauben. Dafür sind wir hier.«

»Verstehe ich nicht.«

»Brauchen Sie auch nicht. Sie sollen nur meine Fragen ehrlich beantworten.«

»Das tue ich ja.«

»Dann sagen Sie mir ganz offen: Wirklich keine Probleme?«

»Nun, die üblichen, wie alle Welt. Große Hitze, Durst, Erstickungsgefühle, zu wenig Luft, ständige Müdigkeit, hin und wieder Hunger, Angst. Und jetzt habe ich auch noch meine Wohnung verloren.«

»Nun, ich sehe, daß da einige Probleme auf uns zukommen. Wir müssen eine Heilung einleiten.«

»Heilung?«

»Sie empfinden keine Hitze, können Sie nicht empfinden.«

»Aber es ist heiß!«

»Ist es nicht. Das denken Sie nur. Ein Conditioning, das man in dieser Stadt geschaffen hat. Wissen Sie, wieviel die Thermometer anzeigen? Sechzehn Grad.«

»Sechzehn Grad?«

»Ich habe mit allen Leuten gesprochen. Es gibt keine Hitze. Sie bilden sich ein, die Hitze zu spüren, und schließlich spüren Sie sie wirklich. Sie müssen sich das nur aus dem Kopf schlagen.«

»Aus dem Kopf schlagen.«

»Nur so können wir Sie freigeben.«

»Mich freigeben? Das heißt, ich bin verhaftet?«

»Nein. Lediglich in einer Übergangsphase, um das Conditioning festzustellen.«

»Wie bitte?«

»Eine vorbereitende Sitzung, um zu erfahren, ob Sie sich an die Lebensumstände in einer Gemeinschaft anpassen oder nicht.«

»Wohne ich vielleicht nicht in der Stadt? Und ist die Stadt etwa keine Gemeinschaft?«

»Aber sie besitzt andere Charakteristika als die Markisen. Wir überprüfen die Anwärter auf die Markisen, um zu wissen, in welche Gruppen wir sie einordnen müssen. Das Team von Psychiatern arbeitet daran, die Leute anzupassen, damit keine Probleme aufkommen.«

»Ich weiß, ich weiß. Aber wer hat denn gesagt, daß ich unter die Markisen gehen will?«

»Sie haben sich angestellt.«

»Ich habe mich in die Schlangen für die Regenschirme aus schwarzer Seide gestellt.«

»Alle in dieser Halle reden davon. Was für ein Unsinn. Wir werden dem nachgehen. Und jetzt begeben Sie sich zur Markise. Ich bin nur verpflichtet, Sie für einige Tage in der Inspektion zu halten, um Ihre Anschauungen auszugleichen.«

Drei Tage, eine Woche. Ich weiß nicht mehr, wie lange. Die Summe der Tage interessiert nicht mehr. Ich nehme einen nach dem andern in Angriff. Unzählige Gespräche, Kinobesuche, Lektüre von Broschüren, Zeitschriften, schriftliche Arbeiten, Kurzfilme. Ich wurde derartig vereinnahmt, bis sie mich für geeignet hielten. Und hier bin ich.

Ob all diese Menschen die psychiatrische Vorbereitung durchlaufen haben? Wenn, dann mußten sie diese Sitzungen seit Jahren abhalten. Ich gebe es auf zu verstehen. Und warum dieses neurotische Bedürfnis, verstehen zu wollen? Es gibt Dinge, deren Reichweite uns entgeht; sie sind deshalb nicht weniger existent.

Häufig ist Verstehen unnötig. So unglaublich es klingen mag, es wird überflüssig, selbst das, was ich hier sage, verstehen zu wollen, da ich zu Wahnvorstellungen neige. Nur Wahn kann heutzutage die Menschen antreiben, sie am Leben erhalten, ihnen ein Motiv zum Überleben geben.

Niemand wußte vorher genau, wie die Markisen aussahen. Wir hatten uns rationell organisierte Unterkünfte wie die im zweiten Weltkrieg in Europa vorgestellt. Oder wie die *Shelters* gegen radioaktive Strahlen. Etwas wie das unterirdische Peking, das während der *Achtziger* existiert haben soll.

Wir hatten mehr Platz, ein Lüftungssystem, einen gewissen Komfort, Bäder und Trinkwasserhähne erwartet. Ich hätte nie gedacht, daß ich hierherkommen könnte, hatte es mir, ausgehend von der *Offiziellen Intensivpropaganda,* aber anders vorgestellt. Als könnten wir irgend etwas vom *System* erwarten. Hoffentlich erfahren sie nichts von diesen pessimistischen Gedanken, sonst isolieren sie mich.

Sie haben uns nachts aus den Bussen gekippt (Bus: ein kleiner, dreckiger, stickiger Transporter, in dem wir zusammengepfercht waren). Wir stiegen auf einer (auf welcher Seite von São Paulo sind wir bloß?) kochend heißen Ebene aus. Wir rückten uns zurecht, ohne etwas zu sehen, und wunderten uns, daß es keine Beleuchtung gab. Stockfinster, nicht einmal der Mond schien zur Erleichterung.

»Es hat einen Defekt in der Stromversorgung gegeben, morgen wird das repariert«, versicherten die *Konservatoren.* Erschöpft ließen wir uns nieder. Nach Sonnenaufgang mußten wir uns unter die Markise begeben, und da wurde uns alles klar. Die Konstruktion des Jahrhunderts ist nichts anderes als eine auf Tausende von Betonpfeilern gestützte Betondecke.

Eine Markise, so weit das Auge reicht. Kein Anzeichen eines Lüftungssystems, wer in der Mitte bleibt, wird es schwer haben. Nur wenige Öffnungen für kleine Lampen. Die Bäder müssen hinter der knienden Menge versteckt sein. Trinkwasserstellen? Selbst wenn es sie gäbe, könnten nur die in ihrer unmittelbaren Nähe daraus trinken.

»Stabilität, erlesene, klimatisierte Atmosphäre.«

Das ganze Baupotential über Monate für die Markisen eingesetzt. Kein anderer Bau war so gigantisch. Nicht einmal die Rio-Niteroi-Brücke, die Kanäle im Nordosten, die Stahlbahnstrecke, das Wasserkraftwerk von Itaipú, die *Wiederbelebte Transamazônica.*

Es wurde eine *Kalamitätensteuer* erhoben, die Bevölkerung finanzierte die riesige Konstruktion, ein pharaonisches Werk, Ausdruck des brasilianischen Stolzes. Große

Reden wurden geschwungen, die Architekten lobten das zwanzigste Weltwunder, das den Hängenden Gärten von Babylon, dem World Trade Center, dem Eiffelturm, dem Koloß von Rhodos vergleichbar sei.

Satellitenfotos aus dem Weltall zeigten, daß die Markisen das Wort »Brasil« bildeten. Pompöse Reden in den *Offiziellen Kreisen* und Regierungssektoren, unter den Hohen Ziviltärrängen, in den *Widerstandsfähigen Clubs*, an den *Distriktzugängen*, in den *Kreisen Betrunkener Minister* und in den Behörden.

Wir hatten Bezeichnungen für alle Epochen. Jede erhielt ihren Namen. Und dieser Augenblick? Wie wird man ihn nennen? Wenn überhaupt jemand übrigbleibt, um die historischen Zeitabschnitte fortsetzen zu können. Wird es die *Zeit-Der-Zusammengedrängten-Die-Auf-Den-Tod-Warten* sein? Oder die der *Gutgläubigen Dummköpfe?*

Wir glaubten alles. Unverbesserlich. Wir hofften sogar, die Unternehmer würden ihre langjährige Gepflogenheit, das jeweils sofort Überholte zu bauen, ablegen. Isolierschichten, Ventilation, Bequemlichkeit. Sollten die Bauherren vielleicht so dumm sein, durch qualitativ besseres Bauen großzügig auf ihre dicken Gewinne zu verzichten?

Ach, Souza, du bist unglaublich. Manchmal der Realität so fern, mit so sinnlosen Gedanken. Da stehst du nun, ausgehungert, eingezwängt, mit platzendem Kopf, brennender Zunge, brennenden Füßen, tränenden Augen und immer noch voller Empörung. In deinem Kopf wälzt du das Offensichtliche mit kindischem Moralismus hin und her. Alles, was du jetzt denken magst, wird nichts nützen. Und wenn du die Wahrheit gefunden hast, was wirst du dann machen? Dich mit ihr zudecken? An ihr erfrischen? Mit ihr von hier fortziehen? Adelaide wiederfinden? Findest du diese Geschichte, daß Adelaide verschwunden ist und es dir nichts ausmacht, nicht merkwürdig? Wirst du Tadeu Pereira wieder zum Leben erwecken? Oder hast du vor, loszurennen und nach Elisa zu suchen?

Antworte! Es gibt einen Preis für die richtige Antwort. Steig ein oder laß es. Mach weiter oder gib auf. Verdoppel oder hör auf. Jetzt ist das Spiel klar, objektiv. Direkt. Früher gab es immer mehrere Alternativen. Eine Frage und drei Kästchen. Vorbei. Die Zeit ist abgelaufen. Du mußt einfach antworten

ACHTUNG! BITTE ACHTUNG! ALLGEMEINE ANKÜNDIGUNG! AN DIE DIE, UNTER DEM SCHUTZ DER GESUNDEN, SICHEREN, AUSGEDEHNTEN MARKISEN STEHEN. DIE VOM MINISTERIUM FÜR PHARAONISCHE BAUTEN ENTWORFEN UND ÜBERGEBEN WURDEN.

Der Zweifel: Wer wird durchhalten? Wir oder die Markise? Wird diese riesige, tragende Decke die durch die Hitze hervorgerufene Spannung aushalten? Und wenn, werden wir dann aushalten? Wir können sterben, wenn sie Risse bekommt und herunterfällt.

Das nennt man keine Wahl haben. Wie man es auch dreht, aussichtslos. Dennoch sind das Hypothesen für die Zukunft. Und was hilft es, darüber nachzudenken, wenn nicht einmal die gegenwärtigen Probleme gelöst sind? Zum Beispiel die Müdigkeit. Die Suche nach einer Körperstellung, die einigermaßen akzeptabel ist. Bequemer.

Es geht gar nicht sosehr um Bequemlichkeit. Wir suchen einfach ein Mittel, Stunden über Stunden aufrecht stehen zu bleiben. Ich erinnere mich an eine Zeit, als bei uns eine bestimmte Mode aufkam. Der Orient war gefragt. Der Kult alles Körperlichen wurde wichtig. Das Geheimnis der Meister wurde verbreitet, man war auf der Suche nach jahrtausendealten Lehren.

Wie kann man in fünf Minuten ausruhen oder die Müdigkeit in vier Sekunden überwinden. Eine Woche ohne Schlaf verbringen, aber in bester Verfassung. Man muß die Kräfte des Körpers stärken. Die Sexualkraft stimulieren. Energie schüren. Die Macht der Berührung offenbaren. Die Haut reizen.

Es wurde alles zu nicht gerade annehmbaren Preisen angeboten. Viele jahrtausendealte Kenntnisse waren eine Woche vor ihrer Verbreitung in weihrauchgeschwängerten Büros entwickelt worden. Ob man eine jener Wunderformeln hier anwenden könnte? Oder soll jeder seine eigene Methode finden?

Meine ist einfach. Ich lasse ein Bein einschlafen. Dann

das andere. Dann wachen sie wieder auf und schlafen beide ein. Und wachen wieder auf. Und schlafen wieder ein. Und so fort. Das Kribbeln in den Beinen ist ständig da, ich weiß nicht einmal, ob das schädlich ist. Und selbst wenn ich es wüßte, was macht das schon? Es käme auf das gleiche heraus

ACHTUNG! BITTE ACHTUNG! ALLGEMEINE ANKÜNDIGUNG! DIE SICHERHEITSSEKTOREN DER MARKISEN GEBEN BEKANNT, DASS DIE MENSCHEN SICH VON DEN RÄNDERN FERNHALTEN MÜSSEN. TRETEN SIE NICHT ÜBER DIE GELBEN STREIFEN AUF DEM BODEN. DIE HITZEBALLONS HABEN DIE GANZE REGION ERFASST. UNTER DEN MARKISEN HERVORZUKOMMEN BEDEUTET SOFORTIGEN TOD. SOFORTIGEN TOD.

»He, Neger. Du da, José!«

»Ich? Ich bin weder 'n Neger, noch heiße ich José!«

»Willst du ein Geschäft machen, ein gutes Geschäft?«

»Ein Geschäft? Hier?«

»Du siehst nett aus. Du solltest nicht so eingezwängt hier herumstehen. Es gibt einen besseren Ort für dich als den hier.«

»Wo gibt es einen besseren Ort? Ich verstehe nicht.«

»Ich kann dir einen angenehmen, schönen Platz anbieten, niemand drumherum, in der Nähe der Toiletten, mit Trinkwasserversorgung.«

»Sicher gibt es so ein Paradies im *Kreis Der Geheimen Beamten.* Oder unter der geodätischen Kuppel des Klerus.«

»Ach was! Hier unter der Markise.«

»Mitten in diesem Haufen?«

»Schön mittendrin. Weit weg von den Rändern, ungefährlich und ganz geschützt.«

»Was für ein Trick ist denn dabei?«

»Gar keiner. Eine außerordentliche Gelegenheit, die wir anbieten. Nutze sie, es gibt nur noch wenig freie Plätze.«

»Ist gut. Aber erklär mir das näher.«

»Hab ich doch schon. Muß ich das wiederholen?«

»Ich habe es für Blödsinn gehalten und nicht aufgepaßt.«

»Folgendes: Wir haben gut gelegene Freiplätze in der Nähe der Toiletten, weg von den Rändern, nicht weit von den Trinkwasserstellen. Und wir werden noch Ventilatoren benutzen.«

»Das glaube ich nicht. Ich sehe nirgendwo Platz.«

»Und du hast keine Augen mit Röntgenstrahlen. Sie liegen genau in der Mitte, in der oberen Hälfte des Buchstabens A. Weißt du, wo die beiden Striche durch den Querbalken verbunden sind? Da liegt ein privilegierter Platz.«

»Selbst wenn ich annehme. Wie soll ich denn da hinkommen?«

»Wir sorgen für alles.«

»Sag mir, wie.«

»Nachts, wenn es etwas abkühlt, kommen die Leute unter der Markise hervor und legen sich auf den Boden. Für kurze Zeit, genau dann, wenn die Hitze des Tages vorbei ist und bevor der nächste Tag anfängt zu glühen. Dann gebe ich ein Zeichen, und meine Kumpel kommen dich holen.«

»Und wie seid ihr an diese privilegierten Plätze gekommen?«

»Willst du nun kaufen?«

»Im Dunkeln kann ich nicht kaufen.«

»Viel Gerede und wenig Geschäft.«

»Wer kauft, muß auch wissen, was er kauft.«

»Willst du mehr darüber wissen?«

»Für mich ist das von Bedeutung.«

»Na gut, ich vergeb mir nichts, wenn ich dir was erzähle. Als die Markisen fertig waren, sind Informationen durchgesickert. Verschiedene Gruppen aus Regierungskreisen haben ihren Kumpels Bescheid gesagt. Die kamen schleunigst hierher, haben Parzellen besetzt und den Platz unter sich aufgeteilt. Sehr gerecht, nicht wahr?«

»Kann ich mit einem Wechsel bezahlen?«

»Wechsel?«

»Oder mit vordatiertem Scheck?«

»Natürlich nicht. Was denkst du denn?«

»Kann ich auf Kredit kaufen?«

»Wir sind doch nicht verrückt und geben Kredit. Denkst du, irgend jemand hier wird überleben?«

»Was?«

»Nichts.«

»Was weißt du eigentlich alles?«

»Ich weiß gar nichts.«

»Du hast gesagt, wir werden sterben.«

»Du bist nicht ganz dicht. Schluß mit dem Gerede. Willst du kaufen oder nicht? Ich verschwende hier nur meine Zeit.«

»Lenk nicht vom Thema ab.«

»Hör mal, mein Freund. Ich habe nichts mit dir zu bereden. Ich schulde dir keine Rechenschaft.«

ACHTUNG! ACHTUNG BITTE! ACHTUNG!
AM RAND DER MARKISE ZU STEHEN
BEDEUTET GEFAHR. SIE KÖNNEN
AUSRUTSCHEN ODER HINAUSGESTOSSEN WERDEN.
VORSICHT! SOFORTIGER TOD IN DER SONNE!

Wir können die Lautsprecher nicht mehr ertragen. Wir wissen Bescheid. Niemand will sich dem Rand nähern. Aber jemand muß ja näher dran stehen. Deshalb ist an den Rändern ständig Bewegung. Die Menschen versuchen rücksichtslos, ihre Position zu verändern, ohne daß es ihnen gelingt. Und wer verliert? Wer wird hin und her geschoben? Die Schwächsten und die Ältesten. Sie werden allmählich hinausgestoßen. Daher sieht man in der Nähe der gefährlichen gelben Grenzen nur die Mageren, Frauen und verängstigte alte Leute. Sie halten sich an den Umstehenden fest. Die wiederum sind verzweifelt, versuchen sich loszumachen und kämpfen.

Es hat keinen Sinn, zu schreien, damit sie still sind. Bewegungen verbrauchen Energien. Jegliche, auch die kleinste Bewegung bedeutet verminderte Überlebenschancen. Das ist unsere letzte Sparmaßnahme. Unmöglich, zu atmen. Die Luft ist wie Feuer, das in die Nase steigt. Sogar die Härchen in meiner Nase versengen.

Früher haben wir uns über die Gerüche beschwert. Das war noch tausendmal besser. Wir haben sie überstanden, und jetzt sind wir hier. Wir leben. Werk und Gnade von etwas Unwägbarem. Als seien die letzten Jahre nicht eine Abfolge von Unwägbarkeiten gewesen. Jetzt geht es darum, zu wissen, wer weniger widerstandsfähig ist. Wir oder das Dach?

Möglich, daß wir schon aufgegeben haben, wenn das Dach einstürzt. Ich bin wie geblendet. Man stelle sich vor. Die Sonne brennt dermaßen, aber dermaßen stark, daß sie Staub aufzuwirbeln scheint. Wie der Propeller eines Hubschraubers. Der Staub senkt sich hin und wieder, und wir können den glühendheißen Boden und, weiter entfernt, Häuser und Knochenhaufen erkennen.

Es herrscht übermäßige Stille, obwohl wir wissen, daß wir in Kürze (wann?) Teil dieser Knochen sein können, ein Teil des herumwirbelnden Staubes. Wenn Wirbel da sind, muß es Wind geben. Und es gibt überhaupt keinen. Sollen die Physiker das Phänomen erklären. Wenn sie können.

Die wogende Menschenmenge hat mich in diesem Vor- und Rückfluten an die äußerste Grenze der Markise getrieben. Ich muß zur Mitte zurückkehren. Ich mache mich ja lächerlich. Nicht umsonst haben sie mich in der Universität für eingebildet gehalten. Zurückkehren wollen ist das gleiche, wie durch eine hundert Meter dicke Wand gehen wollen.

Die Sonne scheint nicht, aber noch ist es hell. Die Skelette der Viadukte, Kleeblätter und Free-ways mit siebzig Fahrbahnen, die um die Städte führten und in alle Richtungen Fahrzeuge ausspuckten, sind jetzt wie irreale, phantasmagorische Zeichnungen. Die Zeit nagt am Beton, oder werden diese Konstruktionen zu bleibenden Zeugnissen? Jedenfalls werden sie den Menschen der Zukunft nichts sagen. Man wird sie voller Neugier betrachten. In Enzyklopädien darstellen. Sie werden Teil sinnloser Alben mit Bildchen sein, die die Kinder sammeln. Gefilmt und fotografiert von den Touristen dieses oder eines anderen Planeten. Tote Bauten.

Da sehe ich ihn. Auf dem rissigen Boden steht ein kleiner Strauch. Nur zwei Blätter. Grün. Oder so ähnlich wie Grün. Vielleicht scheint es nur Grün zu sein. Ich schließe die Augen und öffne sie wieder. Er ist noch da. Eine kleine, fröhliche Pflanze, die mutig zwischen den ausgedörrten Rissen hervorwächst. Keine bloße Frage des Mutes. Es gibt überhaupt keine annehmbare Erklärung für das Auftauchen dieser Pflanze. Auf dieser unfruchtbaren Ebene zu wachsen, sich von dieser erschöpften, ausgelaugten Erde zu ernähren. Es sei denn, es ist keine Pflanze. Nur ein Zweig aus Plaste, den jemand dort hingeworfen hat.

Ich muß dahin. Unter Schieben, Schimpfen und Bitten. Wenn man sich dem Rand nähern will, lassen die Leute einen durch. Jeder Zentimeter, den man von da weg gewinnt, bedeutet einen Sieg und die Wahrscheinlichkeit, einige wenige Augenblicke länger unter der Markise bleiben zu können. Sie lassen mich durch.

Jetzt abends, zu fortgeschrittener Stunde, ist es möglich, hinauszugehen. Gleich werden viele die Beine strecken und sich bewegen, um die Steifheit zu überwinden. Sie wagen es nicht, die ganze Zeit draußen zu bleiben, aus Angst, daß sie bei der Rückkehr keinen Platz mehr bekommen. Wer in der Mitte steht, bleibt dort. Keine zehn Pferde würden die Leute von dort fortbringen.

Ich lasse mich neben der Pflanze nieder. Der Boden ist eiskalt. Ich betrachte den Zweig. Auf dieser dürren Ebene wächst er. Ungerührt. Ungeachtet seiner eigenen Unmöglichkeit, zu wachsen. Er behauptet sich. Wie hält er nur stand ohne Wasser unter dieser Sonne, die sogar Fleisch und Knochen zerfrißt?

Und ich muß an die Gespräche mit Tadeu Pereira denken. (Ich glaube noch nicht, daß er tot ist.) Er erzählte mir, daß es in Israel Pinien gab, die mitten auf den Felsen wuchsen. Wie sie sich ernährten, woher sie das Wasser nahmen, was sie hielt, war ein Rätsel. Sie lebten und wuchsen und forderten das Unmögliche heraus.

Aber dieser Zweig kann eine neue Pflanzenart sein. Die alarmierte Natur entwickelt aus sich heraus einen Erneuerungsprozeß. Warum nicht. Dann hätte sie eine eigene, unzerstörbare Form gefunden. Das ist ihre Art, zu widerstehen. Unerschütterlich.

Wie komisch. Mir ist gerade eingefallen, daß Freiheit in der Fähigkeit gründet, ständig gestärkt unter neuen Formen wiederzuerstehen. Der Prozeß, sich zu erneuern, zu fallen und sich zu erheben, ist nichts weiter als eine Taktik. Ein Vortäuschen. Eine Weise, den Tod zu betrügen, ihn zu besiegen. Zu zeigen, daß der Tod schlicht ein überwindbares Stadium ist.

Er trifft individuell, niemals das Ganze. Das Fortbestehen des Menschen ist der Beweis für die Niederlage des Todes. Wir befinden uns in einem Spiel, in dem es gewonnene und verlorene Schlachten gibt. Aber nie den totalen Krieg, das Ende, die Ausrottung.

Ich erschrecke, wenn ich mir die Verzerrungen klarmache. Wir sind an einem Punkt angelangt, wo wir uns über eine Freiheit freuen, die aus Unfruchtbarkeit geboren wird, aus Zerstörung hervorkommt. Es sei denn, wir sehen in der ständigen Möglichkeit zur Erneuerung einen Sieg. Unser Begriff vom Leben muß geändert werden, damit wir uns anpassen.

Damit wir uns an ein niedrigeres Stadium angleichen, das etwas über der Prähistorie liegt. Der Kampf um ein Nicht-Leben. Wir sind reduziert nicht auf ein Leben, sondern auf ein Nicht-Sterben. Das Leben, beschränkt auf seinen täglichen Kampf. Jeder Sonnenuntergang hat den Beigeschmack verlorener und zugleich dem Tod abgewonnener Zeit.

Da dramatisiere ich schon wieder drauflos. Warum nicht alles umkehren? Zugeben, daß dieses »einfach leben« uns zu einem neuen, menschlicheren Lebenssinn führen wird. Unsere Wesentlichkeit wäre wiedererobert. Um das Haben für nichtig zu erklären und dem Sein Bedeutung zu verleihen. Das *ich habe* zerstören, also bin ich. Ach, meine Utopien.

So unglaublich es erscheinen mag, ich sehe immer klarer. Ich sehe kein Geheimnis in diesem Keim, der in der Unfruchtbarkeit entstanden ist. In ihm existiert eine unbekannte Energie, die der Mensch erforschen wird. Um zu wissen, ob auch er sie nutzen kann. Die Natur regeneriert sich, und der Mensch ahmt sie nach. Oje, alles wieder von vorn!

Ich stoße einen schläfrigen Mann an. Er ist im Sitzen eingenickt. »Was denn, ist es Zeit für den Rückweg?« Ich verneine und sage: »Sehen Sie, dort. Sehen Sie, was ich entdeckt habe. Eine Pflanze.« Ich zeige sie ihm. Er betrachtet mich mit entsetztem Gesicht. Eine Fata Morgana? Sollte ich auf eine leere Stelle gezeigt haben? Er sieht wieder in die Richtung meines Fingers.

ACHTUNG! ACHTUNG BITTE! ACHTUNG!

VORSICHT MIT IHREN PLÄTZEN UNTER DER MARKISE.

RESERVIERUNGEN UND FESTE PLÄTZE SIND NICHT GESTATTET.

BITTE BEWEGEN SIE SICH NICHT ZU SEHR, DAMIT UNSERE ARBEIT ERLEICHTERT WIRD.

Jetzt rede ich laut. Soll ich laut reden? Also, ich rede laut. Wie? Wahnvorstellung? Großartige Neuigkeit. Ich glaube, ich habe die Nacht mit Reden zugebracht. Ich bin heute morgen mit ausgetrockneter Zunge und aufgesprungenen Lippen aufgewacht. Ich habe nie im Schlaf geredet, es gibt immer ein erstes Mal. Die Sonne wird aufgehen.

Und unsere Situation hier, diese Mistmarkise, die glühende Sonne, und der Kerl erschrickt, weil jemand vor sich hin redet. Wie blöd von ihm, sich über so was noch zu erschrecken. Der Glückliche. Physiker und Chemiker, Biologen und Meteorologen, Geographen und Historiker, Psychologen und Soziologen, Forscher, gebt auf.

Gebt es auf, verstehen zu wollen. Wenn es sogar Wirbel ohne Wind gibt, dann deshalb, weil von jetzt an alles gilt. Sogar, daß mich diese Frau erregt. Seit heute morgen lehnt sie sich an mich. Erst habe ich es gar nicht gemerkt, denn wir sind dicht aneinandergedrängt.

Wir sind dieses Quadrat aus Blech, Eisen, Gummi, Glas. Vermischt, verhakt, vereint. Engstens aneinandergeklebt, mischen unseren Atem, unseren Schweiß und unsere Furze. Alles ziemlich eklig. Morgens habe ich erst nicht bemerkt, auf welche Art sie sich an mich lehnte. Dann habe ich den Unterschied gefühlt.

Eine Frau in den Vierzigern, abgespannter Gesichtsausdruck, fülliger Körper. Ich mag auch rundliche Frauen. Ein weiteres Geheimnis. Wie kommt es, daß sie so gut riecht? Frisch, wie aus dem Bad gekommen. Sie duftet nach Lavendel. Nein, nein, das kann nicht sein, mein Geruchssinn hat offenbar auch Halluzinationen. Halluzinationen des Geruchssinns?

In meiner Kindheit spürte ich am Eingang des Kinos den Duft der Frauen, die hineingingen, umgeben vom sonntäglichen Geruch nach Seife und Kölnisch Wasser. Eine beängstigende Empfindung, ich werde nie in der Lage sein, das zu erklären. Da stand ich mit geschlossenen Augen und sog voller Schmerz die Düfte ein.

Ich konnte dem Geruch nach sagen, wer vorbeikam. Es gab nicht viele Leute in der Stadt. In dieses Kino gingen immer dieselben Menschen. Wir lebten miteinander. Diese Frau scheint direkt aus dem Bad unter die Markise gekommen zu sein. Vielleicht war sie auf dem Weg zu einem *Nahrungsmittelsuperposten,* als sie überrascht wurde und man sie hierherbrachte. Unsinn.

Am Vormittag wendet sie leicht den Kopf. Selbst diese Geste ist schwierig. Sie dreht sich so weit herum, daß sie mich aus dem Augenwinkel sehen kann. Mehr nicht, sonst würde sie sich den Hals verrenken. Nun lockert sie sich. Sie entspannt sich und lehnt sich noch mehr an.

Langsam beginnt sie sich anzuschmiegen. Bis ihr ganzer Körper an meinen angelehnt ist. Warm, wohlige Wärme. Jetzt entspanne ich mich auch, lasse alles auf mich zukommen. Sie merkt es und schmiegt sich noch mehr an. Ich bewege mich ruhig, sie paßt sich an. Oder bewegt sich. Zieht sich zurück. Ich suche sie. Wir finden uns wieder, ihr Körper ist weich. Meine linke Hand tastet, so gut es geht, streichelt und zwickt sie. Der Bewegungsspielraum ist sehr gering, die Hand muß immer an derselben Stelle bleiben.

Es gelingt mir, mich genau hinter sie zu stellen, einen lebenswichtigen Punkt zu treffen. Sie ahnt, was ich vorhabe. Sie tut so, als wollte sie sich loslösen, es gelingt ihr nicht. Der millimetergroße Spielraum gestattet nicht einmal einen Flirt. Und wenn ich versuchte, mit der rechten Hand ihren Rock zu heben? Würden die Leute das merken? Ich schwitze vor Aufregung.

Ob sie es zuließe? Ich gehe mit der Hand bis zum Gürtel, lege sie auf ihre Brust. Die Brustwarzen sind hart. Der Staub dringt jetzt durch die Markise, wir beginnen zu husten. Wir werden an Erstickung sterben, lange bevor die Sonne uns tötet. Es gibt nichts Unangenehmeres, als inmitten einer hustenden Menge zu stehen.

Husten, ohne daß man die Möglichkeit hat, die Hand vor den Mund zu halten. Denn die Hände schützen die Augen. Wie gut, daß die Münder ausgetrocknet sind. Denn sonst würden sie in alle Richtungen Schlamm spukken. Ich mag die heiße Luft, die die Menschen ausatmen, einfach nicht mehr. Und der Mundgeruch? Fürchterlich. Das muß eine Folge der künstlichen Lebensmittel sein.

Es herrscht allgemeine Verwirrung, das Hin- und Herschieben geht los. Jemand schreit. Sie haben ihn in die Sonne hinausgestoßen. Der Schrei verstummt sofort. Dort, wo ich bin, kann ich den Boden neben den Rändern nicht sehen. Weitere Schreie und Stöhnen, gefolgt von Stille. Die Zeit vergeht. Die Menschen schweigen. Wir nehmen den Tod zur Kenntnis. Er ist hier.

Er kann jeden Augenblick erfolgen. Wir waren so gelassen und glaubten, uns könne niemand etwas anhaben. Jemand wird uns wegtragen. Aber wer? Nein, das ist nicht die Frage. Sie ist viel komplexer, und es gibt keine Antwort darauf: Warum sollten sie uns wegholen? Moment, es gibt noch eine weitere Frage: Warum zum Teufel sind wir hier eingeschlossen?

Natürlich kann es geschehen. Es wird nicht, kann aber. Ich war immer ziemlich gelassen, hatte mir diesen Augenblick nur wie etwas Vorübergehendes vorgestellt. Ich glaubte, einen Punkt erreicht zu haben, den ich als den Frieden der Unsicherheiten definierte. Da ich diesen Frieden als normal akzeptierte, lebte ich nun damit, weil es keine andere Lösung gab.

Viele Jahre hindurch war ich unverletzbar. Jedenfalls glaubte ich das, ohne zu bemerken, daß ich unter Höchstspannung stand, schlimmer als Gift. Meine Abwehrmöglichkeiten waren gering, aber solide. Eine Täuschung. Sie zergingen und entwerteten sich schneller als Geld.

Und jetzt bin ich verwundbar. Es gibt nichts Zermürbenderes, als verwundbar und ausgeliefert zu sein, ohne reagieren zu können, weil alles, was wir gewußt haben, ungültig geworden ist. In diesem Augenblick bin ich so weit, daß ich den Tod verstehe. Da ist er, nicht weit vom Rand, unter dieser Sonne. Das Spiel geht weiter, ich muß aufpassen, daß ich nicht nach vorn komme.

Inmitten von Husten, Staub und Schreien stecke ich meine Hand in ihr Kleid. Ich drücke ihre Brust, die in meiner Hand liegt. Nicht wie die von Elisa, nur genauso verschwitzt. Aber nicht so fest. Ich finde, sie ist schlaffer, ein bißchen verfettet. Sie lacht, wenn ich drücke und streichle. Es kitzelt sie.

Und wenn ich sie überzeugen könnte, sich zu mir umzudrehen? Um sie auf den Mund zu küssen. Ihre Lippen in meinem Mund zu spüren. Trockene, aufgesprungene, heiße Lippen. Ich muß ein wenig Spucke in meinem Mund sammeln. Um die Zunge anzufeuchten. Und mit der feuchten Zunge in ihrem Mund zu wandern, über ihre Zähne zu fahren. Zu fühlen, wie sie schmeckt.

Ihre Haut ist lauwarm. Sie zittert wie ich vor Erwartung. Meine Finger zwischen ihren Schenkeln. Feucht. Wenn ich mich nicht beherrschen kann, dann, das schwöre ich, bin ich imstande, ihr Kleid hochzuheben und einfach hier und jetzt in sie einzudringen. Ich kann an mich halten, mein ganzes Leben lang habe ich das getan. Dennoch verspüre ich Lust, jetzt mein ganzes Leben über Bord zu werfen.

Inmitten dieses Durcheinanders klammere ich mich an diese Frau. Der Staub ist noch immer da, fast alle haben die Augen geschlossen. Ich kann meine kaum halb offenhalten. Meine Arme um ihre Hüfte, ich drücke die Frau fester an mich. Ich hatte etwas Widerstand erwartet (warum?) und sehe, daß sie kommt, sich hingibt.

»Du bist verrückt.«

»Das wäre schön.«

»Ich mag das.«

»Und diese Leute?«

»Wen kümmert das schon? Warte nur ein paar Tage.«

»Was ist dann?«

»Wir tun jetzt nur, was morgen oder übermorgen alle tun werden.«

»Meinst du?«
»Ich meine nicht, das kann man sich doch ausrechnen.«
»Dreh dich zu mir herum.«
»ONKEL!«
»Umdrehen?«
»Bleib nach vorn gedreht.«
»ONKEL. ONKEL. HIER!«
»Da ruft jemand nach dir, sieh mal.«
»ONKEL, HIER!«

Mein Neffe schubst die Leute. Er ist etwa fünf Meter entfernt. Dreist wie immer. Er boxt mit dem Ellenbogen, schiebt die Köpfe beiseite. Er scheint zu ignorieren, daß er mitten unter Menschen ist. Er kann nicht hier versteckt oder auf der Flucht sein. Er muß irgend etwas vorhaben. Wahrscheinlich ist er an diesem Verkauf von privilegierten Plätzen beteiligt.

»Wer ist denn der Verrückte?«
»Mein Neffe.«
»Ist das ein Familientreffen? Konntet ihr euch keinen anderen Ort dafür aussuchen?«
»Ich kann nichts dafür.«
»Und was wird aus mir? Ich fühl dich nicht mehr. Du bist ganz kühl.«
»Gib mir ein bißchen Zeit.«
»Zeit, Zeit. Geh zum Teufel. Warum fängst du was an, wenn du's nicht zu Ende bringst?«

Ausgerechnet jetzt muß dieser Kerl auftauchen. Wie unpassend. Er ahnt den ungeeignetsten Augenblick und ist plötzlich da wie eine Erscheinung. Neulich frühmorgens hätte ich ihn erschießen sollen. Ein Militechner weniger in diesem Land. Allerdings wundert es mich, daß er unter der Markise ist. Was hat er vor?

Die Frau fingert noch an mir herum. Ihre Hände sind leicht. Adelaide hat nicht solche Hände gehabt, obwohl sie Klavier spielte. Vielleicht ist es die Art, wie sie ihn umfaßt, versucht, ihn wieder aufzurichten. Nun gut, auch Adelaide hatte ihre kleinen Geheimnisse. Wie ihre reizende, schüchterne Art, mich anzusehen.

Schüchtern. Das Wort habe ich in der Prähistorie gesucht. Was es nicht alles gibt. Bei solcher Hitze, Leute sterben, der furchtbare Staub, die Sonne bringt den Kopf zum Zerspringen, und ich errege mich hier und krame noch Wörter wie schüchtern hervor. Wenn Adelaide das hörte, wäre sie wütend. Ich finde aber kein anderes, um ihre Art zu beschreiben.

Beschämt, ohne es zu sein. Schüchtern, ohne es zu sein. Sie behielt immer etwas von einem jungen Mädchen, das mit aller Strenge erzogen worden war. Das sich nun völlig verändert hatte. Und diese neue Möglichkeit machte sie wieder anziehend für mich. Ach, meine Phantasien! Meine süßen Schwärmereien.

»Und was ist nun mit mir?«

»Gib mir ein bißchen Zeit, hab ich gesagt. Bin gleich wieder bereit.«

»Nein, es bleibt keine Zeit. Du hast angefangen und mußt auch weitermachen. Ich kann nicht aufhören, ich bin nicht so.«

»ONKEL, HE, ONKEL!«

»Nun antworte deinem Neffen schon, sonst gibt er keine Ruhe.«

»Meinst du, ich kann trotzdem weitermachen?«

»ONKEL, HÖRST DU MICH?«

»Ja, du brauchst nicht so zu schreien.«

Er zeigt eine Feldflasche. Lächelt. Es ist nicht einmal ein Lächeln, sondern ein ironisches Grinsen. Das muß er bei den Ziviltären in der Akademie gelernt haben. Sein Lächeln hat etwas von Verachtung an sich. Ich sehe seine oberen Zähne nicht. Das irritiert mich. Dieser ständige Anschein von Überlegenheit. Selbst als Verfolgter ist er noch stolz.

»Ich habe dich kaum wiedererkannt, Onkel. Du hast einen riesigen Bart.«

»Ja nun, hier funktioniert der Barbier nicht. Ich habe schon dreimal versucht, einen Termin zu vereinbaren.«

»Du bist einfach verschwunden.«

»Ja sicher, du wolltest mich ja umbringen.«

»Ich? Dich umbringen?«

»Du bist mit dem Lastwagen auf mich losgefahren.«

»Ach was, ich habe die Kontrolle über das Lenkrad verloren, und du hast dich erschreckt.«

»Also nun komm mir nicht mit so was.«

»Bin ich vielleicht einer, der Leute umbringt?«

»Etwa nicht? Und die aus dem kleinen Zimmer?«

»Eine Notwendigkeit.«

»Das gibst du mit solcher Schamlosigkeit zu?«

»Mit was?«

»Mit so einem unverschämten Ausdruck?«

»Sag das Wort da noch mal. Ich schwöre dir, ich werde es in der Kaserne benutzen, und die Kerle werden mich bewundern.«

»Ich würde gern verstehen, was in deinem Kopf vorgeht.«

»Mir geht es genauso. Man weiß nie, was du denkst.«

»Wissen, worauf du hinauswillst.«

»Ich lebe mein Leben wie alle anderen.«

»Nicht wie alle anderen.«

»Natürlich, wenn alle Welt ein Leben wie alle Welt führte, wie sähe die Welt dann aus? Na, wie gefällt dir das? Ich kann auch mit Wörtern spielen, Onkel.«

»Du spielst mit allem. Sogar mit dem Leben von Menschen.«

»Na und? Spielst jetzt den Richter, was?«

»Ich gehe nur meinen Gedanken nach.«

»Auf deine Weise. Warum versuchst du nicht, auf meine Weise zu denken? Du lebst nicht in dieser Welt, Onkel. Du weißt das. Deine Welt ist eine andere. Sie existiert nicht. Die Tante hat mir das schon öfter gesagt. Wie schwer es war, zu verstehen, was in deinem Kopf vorging. Erstens redest du nicht. Zweitens wolltest du die Welt nach deiner Art ausrichten.«

»Nach meiner? Ich wollte eine gute, eine gerechte Welt.«

»Nichts als große Worte, Onkel. Die Welt ist das, was hier ist, merk dir das ein für allemal. Du klammerst dich von außen an den Zug. Du springst weder ab, noch steigst du ein.«

Die Leute sehen uns zu. Wenn er redet, versuchen sie

sich nach ihm umzudrehen. Wenn ich antworte, beobachten sie mich. Als seien sie bei einem Tennisspiel, hin und her, dem Spiel folgend. Ihr Gesichtsausdruck ist zynisch, ich höre hier und da Gelächter. Ich komme mir mitten in dieser Unterhaltung albern vor.

Seinen Kopf werde ich nie ändern. Er ist anders eingestellt worden. Er mag recht haben. Er tut alles so, wie er es tun soll, so hat er es gelernt. Das Problem ist nur: Wo gehöre ich hin? Wo bleiben wir, die wir anderes gelernt haben, anders aufgewachsen sind? Sollen wir in die *Isolation* flüchten? Uns umbringen?

»Was tust du denn hier?«

»Sagen wir, ich habe Urlaub. Für einige Zeit, bis der Staub sich gelegt hat.«

»Ich dachte, du hieltest dich versteckt.«

»Tu ich auch.«

»Hier? An einem dermaßen offenen, bewachten Ort?«

»Keine Spur von bewacht. Es gibt nicht einen einzigen Ziviltär.«

»Es muß hier von *Mißtrauischen Agenten* wimmeln.«

»Auch nicht.«

»Und die Sicherheit all dieser Leute?«

»Das *System* ist in keiner Weise um die Sicherheit hier besorgt.«

»Was soll das heißen?«

»Das hier ist das Ende, Onkel.«

»Sind wir in eine Falle geraten? Hat die Markise keinen Ausgang?«

»Du kannst umkehren. Aber alle Wege führen in die *Ärmstenlager.*«

»Wenn sie dich so reden hören, Vorsicht, paß auf mit der *Isolation*!«

»Sie suchen schon nach mir. Sie haben nur nicht damit gerechnet, daß wir uns hier unter den Markisen verstekken. Sie denken alles Mögliche von uns, nur nicht, daß wir Selbstmörder sind.«

»Sieht aber so aus. Wie wollt ihr hier rauskommen?«

»Wir haben Zeit. Wir haben Leute, die über die Lage verhandeln.«

»Was ist passiert?«

»Die Gruppe, der ich angehörte, ist ein wenig ins Hintertreffen geraten. Es gab eine Spaltung, die Leute haben sich geteilt. Eine leichte Krise in unserem Einflußbereich, während sie Leute des *Systems* austauschen. Weißt du, daß die Nachfolge des Präsidenten ansteht?«

»Unmöglich. Und sie berichten nicht einmal davon?«

»Wozu?«

»Sie regieren uns doch.«

»Wer wirklich regiert, wird nicht abgelöst, Onkel.«

Er trank aus der Flasche und lachte wieder, vollkommen ruhig. Sie werden ihn holen. Ganz sicher. Er wird von hier weggehen, um weiterzumachen, das heißt, wenn es weitergeht. Ich bin melodramatisch, aber ich glaube, daß dies hier nicht das Ende ist. Denn sonst würde alles seinen Sinn verlieren, es gäbe keine Erklärung für die Existenz. Ich verstehe jetzt.

Die Dinge liegen einfacher, es ist nicht nötig, versteckte Bedeutungen zu suchen. Fakten sind Fakten, wahr, nackt, offenkundig. Ein Leben lang wollen wir mit Hilfe rätselhafter Informationen etwas begreifen. Wir stellen uns alles so komplex vor und suchen Mittel, in die Tiefe vorzudringen.

Und das Wirkliche liegt vor unseren Augen an der Oberfläche. So einfach, daß wir es von uns weisen. Wir sind an den Spiegel der Illusion gewöhnt. Wir verbringen unsere Zeit mit der Suche nach etwas, was uns gegeben wurde und auf den ersten Blick zu sehen ist. Wir vertrauen weder auf unsere Wahrnehmungen noch auf die Institutionen unserer Gesellschaft. Wir entfernen uns von der ursprünglichen Kenntnis.

Ich werde mit jedem Augenblick wiedergeboren. Mein Leben = eine Reihe von Wiedergeburten. Ohne daß es einen Tod gegeben hat. Eine Folge von Augenblicken, die sich summieren. Von früher bleiben Erfahrung und Reife, hinzu kommen Unschuld und Besinnung. In diesem Wiedergeborensein werde ich zu einem Kind und verleibe mich dem, was vorher war, ein.

Das frühere Sein verjüngt sich, das neue gewinnt bei

der Geburt die Erkenntnis. Ich besiege den Tod mit jedem Abschnitt. Ich gewinne das Leben. Und ich sehe mich als einen Menschen, der sich ständig kopiert. Ich denke mir, Tadeu Pereira würde mich gern hören. Er würde sich Notizen in sein kleines Heft machen. Oje! Ob ich das Paket, das er mir hinterlassen hat, je bekommen werde?

»Willst du Wasser, Onkel?«

»Ja. Aber wie willst du die Flasche herreichen?«

»Ich werfe sie dir zu, du fängst sie, trinkst und gibst sie mir zurück.«

»Wenn sie hier ankommt.«

Er wirft. Ich hatte erwartet, daß sich verzweifelte Arme erheben und den Wurf aufhalten würden. Niemand rührt sich. Die meisten stehen mit gesenktem Kopf da. Schläfrig, lethargisch, erdrückt von der schwülen Hitze. Vielleicht haben sie nicht einmal aufgepaßt und gar nicht gemerkt, daß das Wasser über ihre Köpfe flog.

Ich nehme einen Schluck. Spüle den Mund damit. Das muß sein. Damit der Mund sich gewöhnt und der Magen das Wasser langsam aufnehmen kann. Ich befeuchte die aufgesprungenen Lippen. Mein Kopf wird klarer. Nach einem weiteren Schluck erinnere ich mich an die Frau vor mir. Ich schüttle sie, sie lebt auf. Sieht mich, schließt die Augen wieder.

»He.«

»Laß mich in Ruh. Fang nicht wieder an.«

»Willst du Wasser?«

»Wasser?«

»Sprich leise, Mensch. Willst du?«

»Blöde Frage. Wo ist das Wasser?«

»Ruhig, ganz ruhig. Es ist wenig.«

»Woher hast du das?«

»Von meinem Neffen dort.«

»Wer bist du eigentlich? Was willst du? Ich verstehe nicht, ich verstehe gar nichts. Ich glaube, ich will gar kein Wasser, nein. Weiß ich, was du dafür haben willst.«

»Genau das, was ich vielleicht von dir möchte, hättest du mir vorher so gegeben. Ohne daß ich dir Wasser angeboten habe. Was ist?«

»Du kannst mich nicht an der Nase rumführen. Du hast dich schon eine ganze Weile in mir gerieben, und dann bist du rausgeflutscht. Ich verstehe das nicht und will nichts mehr damit zu tun haben. Denkst du, ich bin aus Eisen? Daß ich es nur zum Spaß gemacht habe?«

»Ich auch nicht. Ich wollte dich und will dich noch immer.«

»Also ich weiß nicht. Du bist hier, um mich zu überwachen.«

»Wieso überwachen?«

»Weiß ich auch nicht. Aber die Stadt ist voll von Männern, die einen überwachen, und du bist einer davon.«

»Laß doch diesen Blödsinn und trink.«

»Tu mir einen Gefallen. Vergiß mich. Tu so, als würde ich nicht existieren. Als wärst du an eine Säule gelehnt.«

»Eine Säule ist nicht so weich wie deine Schenkel.«

»Idiot, alter Schlappschwanz, unverschämter Kerl. Schmarotzer. Du fummelst gern mit deiner Hand rum. Verrückter, perverser Kerl. Warum machst du dich nicht an deine Enkelinnen ran?«

»ONKEL! HE, ONKEL! GIB DIE FLASCHE ZURÜCK!«

Noch einen Schluck, einen langen. Die Kehle ist nicht mehr ganz so rauh. Das Wasser rinnt mit leichtem Glucksen hinunter. Welche Erfrischung. Der Schweiß bricht mir aus. Ich klebe. Meine Kleidung ist schmutzig, seit einer Woche habe ich mich nicht mehr umgezogen. Ich muß schon stinken.

Das Wasser liegt schwer im Magen. Wenn ich auf den Bau schlage, höre ich es glucksen. Ein scheußliches, schmerzhaftes Gefühl. Das Wasser ist zu schnell in den leeren Magen geflossen. Luftblasen. Der Schmerz steigt in der Brust auf. Und wenn es ein Herzinfarkt ist? Das fängt immer so an, mit einem Schmerz am Mageneingang.

Ich spüre, wie das Wasser sich in mir bewegt. Es schlägt an die Magenwände. Wie Wellen, die Felsen peitschen. Peitschen. Heute habe ich meinen Tag mit pensionierten Wörtern. Woher hole ich solche Fossilien eigentlich? Ich stoße laut auf. Und das Rülpsen kommt mir wie eine kleine Explosion vor.

Eine schnelle, trockene Explosion. Wie bei einer heißen Glühbirne, die in eiskaltes Wasser getaucht wird. Und mit gedämpftem Knall zerspringt. Elektrische Lampen zerplatzen im eiskalten Meer. Festliche Lichterketten erlöschen. Ketten zur Dekoration von Straßen und Plätzen für Weihnachten, Karneval und Kirmes.

Bunte Lampen. Sie tauchen zu Hunderten, Tausenden auf. Ein Fest. Das muß es sein, denn ich kann ganz deutlich die Schreie hören. Eigenartig, nur Musik gibt es nicht. Schreie in völligem Schweigen und das Geräusch von Wasser, von bewegtem Wasser. Warum bewegt, wenn es drumherum still ist? Die trockenen Explosionen folgen aufeinander.

Alles, was ich sehe, ist die Unendlichkeit des Wassers, das Geräusch rollender, klatschender Wellen. Die Lichter erlöschen, und ich kann nicht herausfinden, ob das Wasser um die Felsen peitscht. Schau her, schon wieder dieses Wort. Soll ich mir etwa wegen Wörtern Gedanken machen? Nein! Da ist eine dunkle Hülle. Ein dunkler, sinkender Schiffsrumpf.

Das Bild ist ganz klar, und ich verstehe nicht. Ich bin nie auf dem Meer gewesen, nie mit dem Schiff gefahren. Schiff, zerplatzende Glühbirnen, Schreie, Explosionen, als seien es Köpfe. Mein Gott, das ist Adelaides Traum. Eine Halluzination. Es kann nicht sein. Ich bin völlig in einen Traum eingetaucht, in einen Traum, der nicht der meine ist.

Jeden Morgen erzählte sie ihn mir, und ich fürchtete mich. Ich wollte ihn nicht wahrhaben. Um nichts in der Welt. Ich konnte nicht einmal den Gedanken ertragen, daß das Schiff mit unseren Kindern gesunken sein könnte. Ich bin sicher, daß es in einem Hafen angelangt ist und die Kinder von Bord gegangen sind. Heute müssen sie schon erwachsen sein, ihr eigenes Leben leben. Nur eines beschäftigt mich noch.

Haben sie alles vergessen oder nie etwas erfahren? Ob sie den Kindern das Warum dieses Exodus erzählt haben? Es wurde folgende Bedingung gestellt: Sie sollten es eines Tages erfahren und ihre eigene Entscheidung treffen. Sie sollten die Trennung nicht als eine Ablehnung verstehen. Im Gegenteil, wir taten es aus tiefer Liebe zu ihnen, es war die einzige Lösung.

Das war der Brief, auf den Adelaide jeden Nachmittag, versteckt im Eingangskorridor, gewartet hatte. Der Brief, in dem unser Sohn schreiben würde, alles in Ordnung, Eltern. Ich werde größer, komme auf die Universität, beginne zu arbeiten, werde heiraten, der Enkel ist unterwegs, ich bin ein bißchen knapp bei Kasse, es geht mir gut.

Nachts, vor jenem letzten Kuß, wenn ich erregt war vom Johannisbeerduft, erzählte sie mir die Neuigkeiten. »Laß mich lesen«, bat ich dann komplizenhaft. »Ich will es dir lieber erzählen. Ich habe den Text auswendig gelernt. Ich erzähle dir alles so, wie er geschrieben hat.« Lange Briefe, kleine Zettel, eine Karte mit Grüßen.

Wir machten uns Sorgen, wenn er irgendwelche Probleme hatte, Spannungen, Liebeskummer, Einsamkeit. Waren glücklich, wenn er begeistert war. Froh, wenn wir ihm einen Rat geben konnten. So zogen wir unseren Sohn aus der Entfernung groß. Tag für Tag wuchsen wir mit ihm und gaben an ihn weiter, was wir konnten und wußten.

Ich sehe. Ich habe diese Frau geliebt. Durch ihre Träumereien konnte ich die Wirklichkeit ertragen. Jeden Abend dachte Adelaide sich einen Brief aus. Sie war darin so geschickt, daß selbst Romanciers, die vorgeben, wahre Lebensläufe zu erzählen, nicht hätten besser sein können. Übrigens haben diese Schriftsteller ja so wenig Phantasie, die Ärmsten.

Adelaides chimärenhafte Briefe, ihre turbulenten Phantasien waren tröstlich. Eine kleine Welt für uns. Denn unser Sohn hätte sehr wohl schreiben können. Wahrscheinlich hatte er Angst, wir würden auf seiner Rückkehr bestehen. Was wir nie getan hätten, es lag überhaupt kein Sinn darin, in diesem Land zu leben.

Alles, was wir erbaten, waren nur einige Zeilen. Die uns bestätigten, daß wir in jener Nacht richtig gehandelt hatten, daß die Angst, die wir durchlitten, und seine quälende Abwesenheit nicht umsonst gewesen waren. Wir wußten, daß er irgendwo lebte, andere Eltern hatten die Bestätigung erhalten, das Schiff war angekommen, die Kinder gerettet.

Es blieb nichts mehr zu tun, als wir zusammenkamen. Hunderte von Versammlungen. Tausende von Vätern und Müttern, von allen Seiten wurden Ideen vorgebracht. Unser Bewußtsein war wach und klar, wir waren entschlossen zu bleiben. Wochen und Wochen diskutierten, stritten, schwitzten wir, bis wir uns dazu durchrangen, den Plan auszuführen.

Die Idee war auf einem der ersten Treffen aufgetaucht. Sie wurde geflüstert, als hätte der Urheber selbst Angst vor dem Wagnis. Und wir erschraken auch gleich. Wir diskutierten so lange, bis wir uns von der Idee distanzieren konnten. Wir wollten Zeit, nichts als Zeit, um uns daran zu gewöhnen und sie zu akzeptieren.

Zeit, um mit der Vorstellung der Trennung zu leben. Die Gewißheit reifen zu lassen, daß es gelingen würde. Es war nichts Neues in der Geschichte. Die Juden hatten es zweimal versucht, und es war ihnen gelungen. Als sie in der Antike aus Ägypten auszogen. Als sie nach Israel zurückkehrten und in den vierziger Jahren ihren Staat gründeten.

Niemand soll denken, daß wir uns leicht einigten. Wir quälten uns Tag und Nacht, Schweiß brach uns aus (vor Angst, nicht vor Hitze). Ich weiß, ich dramatisiere jetzt, bin schon wieder zu theatralisch. Mein Laster. Aber ich schwöre, es war so.

Ich erinnere mich, daß unsere Schritte, als wir zur endgültigen Entscheidung zusammenkamen, schwerer wogen als alle Unruhe. Auf eigentümliche Weise waren wir, als wir den Ausgang der Abstimmung vernahmen, sicher. Wagemutig. Gelassen, weil es keinen anderen Weg gab. Wenn wir um uns schauten, sahen wir keine Gegenwart. Und die Zukunft, wo lag die?

Sie war im verseuchten Sand von Agra dos Reis vergraben, im trockenen Bett der Flüsse versickert. Verloren in den gelben Dünen der Amazonas-Wüste. Zersplittert in den Ruinen der Tankstellen. Untergegangen in Erdbeben und Feuerbrünsten in Stadtvierteln, Dörfern, Städten, Wäldern und Feldern.

Unsere Organismen zersetzten sich infolge der künstlichen Nahrungsmittel. Tag für Tag schieden wir Teile des Magens, der Leber, des Darmes aus, wir husteten weißliche Lungenstücke und Teile des Rachens aus. Die nicht wie menschliche Gewebe, sondern eher wie verfaulte Plastereste aussahen.

Adelaides Obsession war ein Sohn. Nicht verwunderlich. Sie sah keinen Sinn in einer Ehe ohne Kinder. Wir hatten mehrere. Nur starben unsere Träume in den Kreißsälen. Adelaide blutend auf dreckigen Tischen bei illegalen Ärzten. Ich weiß nicht, wie sie das überlebt hat.

Sie gab sich selbst die Schuld. Auf Grund ihrer Religiosität meinte sie, das Übel läge in ihr, in ihrem Leib, der kein Kind halten könne. Kein Arzt (diese Elenden) war imstande, zu erklären, daß die verseuchten Leiber der Frauen Kinder nur schwer halten konnten. So war es aber, und das *System* versuchte das zu verbergen.

Allmählich erfuhren wir davon. Hintenherum wurde geredet. Getuschel und Kommentare. Aus einem Krankenhaus sickerten Informationen durch. Fakten wurden bekannt, eine große Panik brach aus. Es war die Zeit des *Freien Leibes,* auf die eine scharfe und höchst schwierige Zeit folgte: *Der Große Zyklus Der Sterilität.*

Hervorgerufen (auch das wurde nur geflüstert) durch die Katastrophe des Atomreaktors. Als er versank, standen wir ohne Strom und ohne Kinder da, und das Land bewegte sich am Rand eines Abgrunds, heimgesucht von dunklen Nächten. Da traf uns die *Große Unsicherheit.* Wie sollten wir die noch existierenden Kinder am Leben erhalten?

Die *Zerriebenen Gruppen* tauchten scheu wieder auf. Es waren jene, die gegen die auf unsinnige Weise angewandte Technologie gepredigt hatten; die an eine Rückwendung zur Natur geglaubt hatten; an die Verteidigung des Grüns; die für natürliche, gesunde Nahrungsmittel gekämpft und sich dabei gegen die multiinternationalen Chemieunternehmen gestellt hatten.

Solche *Zerriebenen Gruppen*, die die Historiker die *Betrogenen* nannten, wollten den *Großen Plan Der Kindeserhaltung* vorantreiben. Eigenartig, alles war groß. Litten wir an Größenwahn? *Große Phase, Großer Plan, Groß, Groß.* Als ahmten wir die Großspurigkeit des *Systems* nach.

Es war schwer, die Leute zu überzeugen. Sie aus ihren Häusern zu holen und aufzustacheln. Versammlungen abzuhalten. Es brauchte Zeit, aber dann kam der Tag, an dem die Versammlungen wie Arbeiterzusammenkünfte aus den *Offenen Achtzigern* wirkten. Tausende von Menschen, viel Agitation, Fahnen, Slogans. Und Reden, Reden, Reden.

Es brauchte Zeit. Aber jene Romantiker waren geduldig. Mehr als das, stur. Sogar etwas nervenaufreibend. Was? Nervenaufreibend? Ich glaube, heute steige ich aus einem Brunnen voller Archaismen. Die Hitze weicht einem das Gehirn auf, sagte Tadeu Pereira immer. Warum hat Tadeu das getan? Hat er es wirklich getan? Ich glaube es einfach nicht.

Sie hatten eine Organisation, standen untereinander in Verbindung. Nach der Entscheidung nahmen sie Kontakt auf. Die Gruppen verteilten sich über die Hauptstädte, das Landesinnere, überallhin. Arbeit im Untergrund. Wie die Ameisen. Sie erhielten Hilfe. Geld, Nahrungsmittel, Wasserzuteilung, Waffen, Kleidung. Die Eltern mischten sich nicht ein. Sie warteten nur.

Wir standen auf Karteikarten, in Registern, jeder unter einer abrufbaren Nummer. Sechs, sieben Monate vergingen. Wir wurden zusammengerufen. In einer Sommernacht fuhren wir nach Santos hinunter. Im Koffer die Dokumente des Jungen. Wäre er größer gewesen, hätte er mehr davon gehabt. Das Schiff im Hafen war beeindrukkend. Heruntergekommen, aber monumental.

Seltsam, wenn man sich vorstellte, daß die Menschen darin den Ozean überquert hatten, mit Festen und Diners, mit Spielen und Theatervorführungen, in eleganter Kleidung, am Schwimmbad, mit rauschenden Orgien und großen Trinkgelagen. Die Welt wußte sich damals noch zu amüsieren. Ich hatte nur Zweifel, ob dieser Koloß die Überfahrt überstehen würde. Er wirkte ziemlich verrostet.

Das Schiff hieß *France* und gehörte bereits der Geschichte der Überseeriesen an. Das letzte vor der *Zeitspanne Der Weltraumjumbos.* Die Kinder wurden kurz nach zehn Uhr eingeschifft. Zweitausend Kinder an Bord. Am Kai die Menschen so schweigsam, wie ich sie noch nie gesehen hatte, die *France* muß sich über die Trauerstimmung gewundert haben.

Die Kinder, deren Alter zwischen zwei – wie unser Sohn – und acht Jahren lag, ahnten etwas. Einige standen an der Reling und winkten zu uns herüber. Die größeren, dessen war ich gewiß, verstanden die Notwendigkeit der Trennung. Und sonderten sich unbewußt ab, um dem Schmerz aus dem Weg zu gehen.

Wir sprachen es nicht aus, denn schließlich mußten wir uns an irgend etwas festhalten. Aber wir glaubten selbst nicht recht daran. Wir wußten nicht einmal, welche Chancen wir hatten. Wir spielten mit hohem, sehr hohem Einsatz. Irgendwo auf der Welt würden diese Kinder ein Zuhause finden, auf neuem Boden mit neuen Eltern. Sie würden normal aufwachsen.

Nicht nur aufwachsen, sondern leben. Als das uralte Transatlantikschiff wie eine Karavelle mit etwas Schlagseite auslief, atmeten wir erleichtert auf. Es steuerte ins Ungewisse, ähnlich den portugiesischen Schiffen, die im 16. Jahrhundert auf »nie zuvor befahrene Meere« hinausgesegelt waren.

Es gab kein Wehklagen, Weinen oder Zähneknirschen. Nur unterdrückte Schluchzer und einige Tränen. Das Schiff legte ab, Hunderte von Lichterketten beleuchteten es. Die bunten Lampen erweckten einen festlichen Anschein; die Festlichkeit verdeckte die düstere, bedrückende Stimmung. Langsam fuhr das Schiff auf das Meer hinaus und entschwand in der Dunkelheit.

Es nahm die Wahrscheinlichkeit unseres Fortbestehens mit. Wir standen da, bis die Lichter nicht mehr zu sehen waren, der Nebel sie verschluckt hatte. Wir brauchten eine Weile, um aus unserer Benommenheit zurückzufinden, unsere Augen starrten in die Finsternis. Wie immer wollte ich alles intellektuell erfassen. Als Adelaide meine Hand ergriff, konnte ich nicht widerstehen und mußte einen Satz formulieren: »Aus der Finsternis wird das Leben geboren. Aus dem Dunkel, das einst das Urchaos war, entstand die Welt. Das Samenkorn wird von diesem unbekannten Punkt zurückkehren.«

Adelaide rieb sich das Auge und sah mich gereizt an wie immer, wenn sie mich zurechtwies: »Jetzt ist nicht die Zeit, Reden zu schwingen, unser Sohn ist gerade fortgefahren.«

»Ich nehme das Wasser.«

» – – «

»He, du, ich nehme das Wasser.«

Von jenem Tag an kehrte der Traum beharrlich wieder. In der ersten Zeit wachte Adelaide schreiend, schweißgebadet und erschöpft auf. Sie sah das sinkende Schiff vor sich, dann das ruhige Meer. Sie hat die Kinder nie sterben sehen, das stimmt. Ich tröstete sie: Sie sind am Leben, sie waren in den Rettungsbooten, irgendein Schiff ist vorbeigekommen und hat sie aufgenommen.

Dieser Traum wurde Wirklichkeit, ein Teil unseres Lebens. Genau wie der Brief. Wir gewöhnten uns daran. Wenn sie längere Zeit nicht träumte, wunderten wir uns und bekamen Angst. Das Schiff hatte neunzig Fahrten gemacht, bevor es endgültig in ein ozeanographisches Museum irgendwo auf der Welt gekommen war.

»Stellst du dich taub? Ich will Wasser.«

Meine Nachbarin kneift und zwickt mich. Lehnt sich an mich. Ich spüre ihren unangenehmen Mundgeruch. Wie konnte ich diese Frau nur küssen wollen? Und ist mein Mundgeruch vielleicht besser, mit diesen verfaulten Mägen, die wir haben? Ich hatte immer die Manie, die Zähne gründlich zu putzen und zu gurgeln, um einen frischen, wohlriechenden Mund zu haben.

Die Kleidung klebt am Körper. Ich empfinde das synthetische Gewebe wie einen Teil meiner Haut. Der Schweiß tropft mir von der Stirn, ich fange ihn mit der Zunge auf, er schmeckt salzig, unangenehm. Ich kann das nicht mehr länger ertragen. Die stechenden Kopfschmerzen beginnen von neuem, mein Arm ist wie gelähmt, und meine Finger sind eingeschlafen. Das Herz?

»Gibst du mir jetzt Wasser oder nicht?«

Ich wache auf, muß wohl eingenickt gewesen sein, die Hitze ist jetzt dicht und undurchdringlich. Die Menge unbeweglich, gespannt. Gemurmel. Schläfrigkeit liegt über allem, als hielten wir eine gigantische Siesta. Die Frau hat sich zu mir gedreht, eng an meinen Körper gepreßt. Ich bleibe ungerührt, bin weit weg.

»Lebst du noch?«

»Hm?«

»Gib mir ein bißchen Wasser.«

»Nur einen Schluck. Das Wasser gehört meinem Neffen.«

»Nun gib mir schon einen Schluck, los, oder ich schreie.«

»Na und? Schrei doch.«

»Ich schreie wirklich.«

»Nun nimm schon und fall mir nicht auf den Wecker.«

Sie greift nach der Feldflasche, in großen Schlucken gluckert das Wasser ihre Kehle hinunter, die Elende wird noch alles austrinken. Ich zerre an der Flasche, sie zieht daran, etwas Wasser spritzt auf den Nachbarn, der Kerl wacht auf, ohne zu begreifen. Bevor er etwas gemerkt hat, reiße ich der Frau die Feldflasche aus der Hand und verstecke sie.

»Regnet es, Kollege?«

»Spinnst du?«

»Ich bin naß.«

»Vor Schweiß.«

»Schweiß ist nicht so frisch. Ich habe etwas köstlich Frisches gespürt.«

»Du hast geträumt.«

»Kann sein. Seit heute morgen träume ich, ich sterbe vor Hunger. Sie haben versprochen, Essen zu verteilen, und bis jetzt nichts.«

»Die Lastwagen müssen am Abend eintreffen. Wie sollen sie gegen die Sonne ankommen?«

»Weiß ich nicht. Es hieß, die Markisen wären schön frisch, bequem, genügend Platz für alle, mit eingebauten Betten und Schränkchen. Es wurde so viel geredet, daß ich sogar meine Wohnung aufgegeben habe, in der Meinung, hier hätte ich es besser.«

»Du hattest eine Wohnung?«

»Nein, wir hatten eine in Untermiete. Durch Bestechung von Offizieren, die die Abgrenzungen kontrollierten, um in die Stadt vorzudringen. Ein Kerl aus dem *Neuen Heer* tauchte auf und bot freie Plätze an. Wir ließen uns überreden. Er nahm unser Geld und unsere Marken mit, wir hatten fast nichts mehr. Wir landeten in einem völlig verdreckten, überbelegten Appartement. Weißt du, wo? Als wir es entdeckten, war es schon zu spät, wir konnten nicht mehr weg. Mitten im Wohnblock der Verlausten. Mensch, war das fürchterlich. In drei Tagen waren wir von Läusen übersät. Wir rasierten uns die Köpfe. Sie waren noch immer da. Die Kopfhaut wurde zu einer einzigen Wunde, so haben wir uns gekratzt. Einer steckte den anderen an. Die Ziviltäre kamen mit Insektenvertilgungsmitteln. Mit Schläuchen, wie die Feuerwehrleute. Es wurde nur schlimmer, denn die Mittel klebten an der Haut, es starben noch und noch Leute. Ich dachte, ich drehe durch.«

»Warum bist du nicht vorher geflohen?«

»Sag bloß, du kennst den Wohnblock der Verlausten nicht.«

»Habe nie davon gehört.«

»Drei Tage nachdem wir eingezogen waren, riegelte die Regierung die Gegend ab. Sie legten ringsherum ein Feuer. Eine drei Meter breite, brennende Wand. Die hin und wieder von Panzerwagen durchquert wurde. Man versicherte uns, der Feuerkreis sei nur provisorisch, für die Dauer der Seuche. Ich versuchte, mich aus dem Fenster zu stürzen, ins Feuer zu springen. Man hielt mich fest. Wir beschlossen, alle Möbel und Gegenstände in der Wohnung zu verbrennen. Wir räumten die Zimmer aus und versuchten, die Läuse punktuell zu bekämpfen, da wurde es ein bißchen besser. Es gab kaum einen Ausweg. Bis ich von den Markisen hörte. Wenigstens standen sie im Freien, fern von der Stadt. Kaum hatte das große Reden über die Markisen begonnen, als auch schon die Ziviltäre auftauchten und Plätze zum Verkauf anboten. Ich kratzte zusammen, was ich noch hatte, und kaufte einen Platz. Besser gesagt, ich kaufte lediglich das Recht, den Feuerkreis verlassen und mich von den Verlausten entfernen zu können. Jetzt bin ich hier gelandet und weiß noch immer nicht, ob es gut oder schlecht war.«

»Lohnt auch nicht, das zu wissen. Hier kommt man nicht mehr raus.«

Hin und wieder rührt sich die Menge. Niemand kann es aushalten, so zusammengepfercht. Die drückende Hitze ist über den Köpfen sichtbar. Wie eine Schicht, wie die Spitze eines Eisbergs schwimmt sie in der Luft. Schreie, wieder ist einer über den Rand gedrängt worden. Niemand versucht, ihn festzuhalten, aus Angst, selbst hinausgestoßen zu werden, jede Solidarität ist gestorben, kein Wunder.

»Onkel, he, Onkel. Gib mir das Ding zurück.«

Ich merke, daß ich gefährlich nah am Rand stehe, und gerate in Panik. Ich kann nichts machen, denn ich werde von dieser sporadischen Bewegung, ähnlich den Wellen des Meeres, mitgetragen. Sie schieben mich Millimeter für Millimeter vorwärts. Bevor ich die Feldflasche zurückgebe, sollte ich eigentlich meinem Nachbarn etwas anbieten. Aber ich mache keine Anstalten.

»Gibt es nachher noch was?«

»Wenn abends einer von unseren Leuten kommt.«

»Glaubst du, es kommt einer?«

»Schon möglich.«

»Und deine Leibwächter?«

»Leibwächter? Was soll das denn heißen?«

»Die Getreuen.«

»Was?«

»Die Leute aus deiner Bande.«

»Du benutzt Wörter, die es nicht mehr gibt.«

»Banditen. Das Wort kennst du doch, oder?«

»Hältst du mich für einen? Warum denn, Onkel?«

»Ja, was seid ihr denn sonst?«

»Eine kommerzielle und finanzielle Organisation wie viele andere auch.«

»Ich würde nur gern begreifen, was das soll. Du bist so gut erzogen worden.«

»Ja, gut, das stimmt. Aber beinahe hättet ihr mein Leben durcheinandergebracht. Was ich gelernt hatte, hatte nichts mit der Wirklichkeit zu tun, Onkel. Es gab einen ganz verteufelten Konflikt in meinem Kopf.«

»Ach wirklich? Das bezweifle ich sehr.«

»Ihr habt mir nur Dinge aus der Vergangenheit beigebracht, aus einer anderen Zeit. Bräuche, die es nicht mehr gibt. Ich war wirklich in einer schwierigen Lage, ich konnte mich nicht zurechtfinden. Ganz schön übel.«

»Nun sag schon, warum, los.«

»Dein Leben, Onkel, besteht darin, hinter dem Warum herzuleben. Dem Wie. Es ist nicht weiter kompliziert, ganz einfach. Was ich tue, tue ich für Geld, sonst nichts.«

»Geld?«

»Jetzt bin ich dran mit Fragen: Warum so entsetzt? Geld. Ich brauche es. Ich will mein Haus im *Kreis Der Privilegierten Beamten.* Denkst du, ich lebe gern in einem heißen, dreckigen, unbelüfteten Gebäude und zähle die Pfennige, um zu sehen, ob ich den heutigen Tag noch überlebe? Ich will essen und trinken, ein Schwimmbad haben, zum *Entladungscamp* gehen können. Ganz einfach. Dazu brauche ich Geld.«

»Ein *Entladungscamp.* Das hätte sogar ich gern.«

»Bist du immer noch wütend auf mich, Onkel?«

»Weiß ich schon nicht mehr.«

»Hör mal, ich hol dich hier nicht raus.«

»Das weiß ich.«

»Selbst wenn ich dich hier raushole, hast du keine Bleibe mehr. Sie haben deine Wohnung beschlagnahmt, wir haben unseren Zwischenposten verloren. Wir haben alle dabei verloren.«

»Wieviel willst du, wenn du mich rausholst?«

»Darüber sprechen wir später.«

Er lachte. Auf einmal belebt mich dieses Lachen. Er ist

so sicher, daß er die Markise verlassen wird, daß seine Hoffnung sich auch auf mich überträgt. Ich glaube, wir werden fortgehen. Es sei denn, er hat durchgedreht, ist verrückt. Nun, er ist verrückt, er ist nicht bei sich, aber das will nicht heißen, daß wir hier nicht herauskommen.

Jemand blickt mich an. Wer spürt nicht, wenn er von jemandem beobachtet wird? Man braucht keinen sechsten Sinn dazu. Ich sehe über die Schulter, bis ich den hochgewachsenen Dunkelhaarigen sehe, ein Typ wie ein Basketballspieler. Er nickt leicht mit dem Kopf. Er hebt die Hände, und, sieh da, ich kann es nicht glauben.

Er hat genauso ein Loch in der Hand wie ich. Es muß ein Erkennungssignal sein, ein Zeichen. Ich hebe meine Hand und winke ihm zu. Er nickt. Als ich die Hände sinken lasse, betrachte ich sie. Was ist geschehen? Nein, ich habe doch nicht den Verstand verloren. Habe ich geträumt und bin eben aufgewacht? Oder beginne ich erst zu träumen?

Denn das Loch in meiner Hand ist verschwunden. Ja, es existiert nicht mehr. Weg. Nicht einmal eine Narbe ist zurückgeblieben. Ich zwicke mich in die Hand, streiche über die Stelle. Wo ist es? Auf den Boden gefallen? Ich stoße die Leute um mich herum an, kann aber niemanden wegschieben. Ein Wahnsinn! Ein Loch, das auf den Boden fällt. Das ist nur in meinem Kopf möglich. Wann habe ich zum letztenmal darauf geachtet?

Ich kann mich nicht erinnern, hatte mich so daran gewöhnt, mich nicht weiter darum gekümmert. Wahrscheinlich hat sich die Hand schon vor Tagen geschlossen. Oder ob . . . Nein, nein, das kann nicht sein. Es hat existiert, monatelang. Monatelang? Wie lange habe ich dieses Loch gehabt? Habe ich, nein, hatte ich. Und da kommt mir ein Gedanke. Unglaublich. Man stelle sich das vor!

Das Loch hat nie existiert. Kann das sein? Es ist nie etwas mit meiner Hand geschehen. Es hat nie ein Loch gegeben, genausowenig, wie es Briefe von meinem Sohn gegeben hat. Sieh doch hier, die Hand. Heil. Kein Zeichen. Wenn ich ein Loch in der Hand gehabt hätte, hätte das nicht eine Spur hinterlassen? Ich schwöre, so was ist in der Medizin undenkbar.

Es sei denn, ich hätte eine kosmetische Operation vornehmen lassen. Da bleibt aber mindestens ein verdeckter Stich. Ich und eine kosmetische Operation! Das Loch hat sich in meiner Vorstellung gebildet, und ich habe mit aller Kraft daran geglaubt. Viele Leute können sagen: Aber Adelaide ist ebendeshalb fortgegangen, weil da dieses Loch in meiner Hand existierte.

Ich akzeptiere, daß sie das behaupten, ich weiß sogar, daß sie auf ihrer Seite stehen. Und sie haben recht, denn ich täte das gleiche. Wie oft habe ich in all diesen Monaten immer wieder gesagt, es muß nicht einfach gewesen sein, mit mir zusammenzuleben. Ich habe mich selbst nicht aushalten können. Und jetzt, wo ich mich ertrage, ist auch das Leben erträglicher geworden.

Kompliziert, was? Und wenn man sich selbst nicht aushält, kann man auch von den anderen nicht verlangen, daß sie einen aushalten. Also liegt überhaupt kein Grund vor, auf meiner Seite zu stehen, auch wenn die Liebe noch so groß ist. Denn auch die größte Liebe vergeht, stürzt wie diese gigantischen Bäume, die ich, gefällt von Wahnsinnigen, habe umstürzen sehen.

Mit heftigem Stechen kehren meine Kopfschmerzen zurück, ich fühle mich wie gelähmt, aber der Fleck ist nicht da. Nein, jetzt weiß ich bereits, daß mein Großvater tot unter jenem Lastwagen liegt, den er aufzuhalten versucht hat. Der arme Alte. Nun gut, aber was hat das mit mir und Adelaide zu tun? Nichts. Das ist mein Tick. Ich muß immer von Thema abschweifen.

Insgeheim, ohne den Mut, es offen zu sagen, gebe ich eigentlich gerade zu, daß Adelaide gegangen ist, weil es an der Zeit war fortzugehen. Das kam nicht plötzlich. Sie hatte sich schon lange mit diesem Gedanken getragen, hatte einige Male versucht, mit mir zu sprechen. Ich habe nie zugehört, wollte nichts davon wissen. Wenn ich wenigstens ihren Brief gelesen hätte. Nicht nötig. Ich wußte, was darin stand, warum sie mich verließ. Hätte ich ihn aber geöffnet, hätte ich ihn lesen müssen. Und ich wollte nicht, daß man erfuhr, wie wir uns auseinandergelebt hatten, wie alles zerbrochen war. Ich bin wirklich ein Scheißkerl.

Ich habe zugelassen, daß man Adelaide für verrückt und mittelmäßig hielt. Engstirnig, weil sie von einem Tag zum anderen ihren Mann verlassen hat, als er sie am meisten brauchte. Als ein unerklärliches Loch in seiner Hand auftauchte. Ich mußte doch mein Gesicht wahren. Alle verstehen das, andere haben auch schon so gehandelt.

Adelaide hat mich nicht verlassen. Sie ist mit der ihr eigenen Einfachheit und Selbstverständlichkeit gegangen. Eine Frau, bestimmt und rechtschaffen. Ich bin ein besseres Porträt von ihr schuldig geblieben. Ich habe sie verzerrt dargestellt. Denn, zugegeben, das alles hat mir sehr weh getan.

Die Einsamkeit, nach zweiunddreißig gemeinsamen Jahren ohne Adelaide zu leben. Ich habe diese Frau geliebt und jeden Morgen ihre Schulter gestreichelt, das war nie eine automatische Geste. Es war wirklich eine Liebkosung voller Zärtlichkeit. Es gab Tage, wo ich den Bus verpaßte, weil wir nach diesem Streicheln schnell wieder ins Bett zurückgingen.

Soll das glauben, wer will. Ich habe weder einen Grund, zu lügen, noch das Bedürfnis, etwas vorzutäuschen oder Phantasien aufzubauen. Ich habe auch keine Wahnvorstellungen.

Manchmal waren es zwar Halluzinationen, aber diesmal mußte ich mein Herz einfach einmal ausschütten. Jetzt bin ich sehr erleichtert.

Ich hoffe, daß Adelaide eines Tages von allem erfährt. Ich weiß nicht, wie.

Hat schon einmal jemand versucht, den Menschen, den er liebt, zu beschreiben? Das erscheint leicht und einfach, ist aber unmöglich. Das Bild ist immer anders. Weil die Angst, demjenigen, den wir lieben, gegenüberzutreten, das Bild beeinflußt. Ich sage nicht, verzerrt. Es stellt sich alles anders dar. Es ist nicht das Wirkliche, aber doch ein gefiltertes Wirkliches. Vermehrt und verändert um das, was wir hinzufügen. Denn der andere ist nicht mehr als das, was er wirklich ist, plus die Summe dessen, was ich hinzufüge und forme. Ich füge dem Sein etwas hinzu, was ich sehe, fühle, empfangen habe, was Adelaide mir jeden Augenblick gewährt. Und so ist das Bild von ihr eine Summe ihrer und meiner selbst, auswechselbar und übertragbar.

Wer das von außen betrachtet, ohne zu fühlen, was ich fühle, nimmt zwei Bilder wahr, die nicht übereinstimmen. Als sähe man einen Film in dritter Dimension und dringe in die vierte vor. Gut, das war's. Bei so einer Hitze mit hämmernden Kopfschmerzen kann man nicht sehr klar denken.

Ich bestätige also, daß Adelaide nicht wegen des Loches in meiner Hand fortgegangen ist, denn das hat nie existiert. Ich habe es mit Gewalt geschaffen, um ein Motiv zu haben, das es mir ermöglichen sollte, die Welt zu verändern, gegen sie anzutreten. Eine Krücke? Na und? Ich gehe lieber an Krücken, als daß ich wie ein nutzloser Idiot an einer Ecke herumstehe.

Adelaide ging fort, weil sie sich dazu entschlossen hatte. Außerdem hätten sich schon die meisten Menschen getrennt, wenn ein einfaches Loch in der Hand dazu führte, daß einer den anderen verläßt. Man denke doch nur an die vielen Menschen ohne Finger, Beine, Arme, Augen, Nase, Zähne, Füße, Knie, Hintern. Ganz zu schweigen von denen, die nicht einmal einen Kopf besitzen.

»Kraft, Energie, Saft, Vitalität.«

»Was?«

»Kraft, Energie, Saft, Vitalität.«

Dem Dunkelhaarigen ist es gelungen, näher heranzukommen. Ich betrachte seinen Hals. An einer Kette hängt ein winziger Mechanismus aus rostfreiem Stahl. Und dreht sich. Genau wie der, den ich auf dem Pflaster gesehen habe. Das muß doch einen Sinn haben. Wir sehen uns an. Irgendeine Kraft vereint uns.

»Kraft, Saft, Energie, Vitalität.«

Gut, noch ein Verrückter, der verschlüsselt redet. Diese Leute, die sich zuviel mit Esoterischem beschäftigen, drükken sich durch Zeichen aus. Und dann erwarten sie, daß alle Welt ihre Symbole versteht. Kannst mich mal . . .! Ich bin weg vom Fenster, hänge völlig in der Luft. Ich habe jetzt kein Interesse mehr daran, mir den Kopf zu zerbrechen.

Ich glaube oder versuche, etwas zu begreifen. Ich will nur leben. Mehr noch, ich würde das Leben gern noch ein wenig genießen. Nur leben, das habe ich gehabt. Das war nicht genug. Ich möchte versuchen, unauffällig durchzukommen. Ich würde gern bis ans Ende gelangen. Wenn möglich der letzte sein, wenn alles zusammenbricht. Der letzte. Was für ein Pessimismus!

Der Mann mit dem Loch in der Hand drängelt gewaltsam, kommt aber kaum von der Stelle. Man muß Geduld haben. Hin und wieder gibt es eine kleine Chance. Wenn die Menge entsetzt zurückweicht, weil jemand über den Rand gedrängt wurde. Winzige Breschen öffnen sich zwischen den Körpern, da heißt es abwarten.

Aufrecht sterben. Hier kann man nicht einmal tot umfallen. Es gibt Leute, die stolz darauf sind, daß sie aufrecht sterben. Ich versuche mir vorzustellen, wie es unter diesen Markisen zuginge, wenn hier Kinder wären. Sie würden erdrückt werden. Wie alt ist unser Daniel wohl? Den Namen hat Adelaide ausgesucht. Ich wollte eigentlich André.

Ich bin eingenickt. Glaube ich jedenfalls. Ich bin mir keiner Sache mehr sicher, seit das Loch verschwunden ist. Es muß ein langes Nickerchen gewesen sein, denn der Dunkelhaarige steht vor mir. Der kleine Mechanismus aus Stahl dreht sich wirklich mit entsetzlicher Geschwindigkeit. Ich bin wie hypnotisiert und frage mich: Wer liefert die Antriebsenergie?

»Hast du das Loch schon lange?«

»Sehr lange.«

»Ich hatte auch eins.«

»Ja?«

»Nur ist es weg. Du wirst es nicht glauben.«

»Doch, glaube ich. Was macht das schon?«

»Ich dachte aber, es macht einen Unterschied. Vielleicht ist es ein Zeichen.«

»Ein Zeichen wovon?«

»Das wollte ich dich gerade fragen.«

»Und warum mich? Seh ich so aus?«

»Ach, nichts. Ich dachte, du wüßtest etwas.«

»Nicht einmal mein Arzt konnte das Loch erklären.«

»Gut, aber den kleinen Apparat da, den kannst du erklären.«

»Du bist ein merkwürdiger Kerl. Du willst alles wissen.«

»Ich habe nämlich schon mal so ein kleines Ding gesehen.«

»Hat's dir gefallen?«

»Wirklich ziemlich eigenartig.«

»Wenn du so eins gesehen hast, warum hast du es dann nicht gekauft?«

»Kann man die kaufen?«

»Überall.«

»Ich gehe nicht oft in Läden. Und wozu taugt dieses Ding?«

»Nichts, nur Schmuck. Eine von diesen technologischen Spielereien, die die Kerle dauernd erfinden.«

»Nichts? Wirklich nichts?«

»Es ist einfach hübsch, ein kleines Schmuckstück. Es funktioniert mittels der Energie, die es dem Licht entnimmt. Im Dunkeln bleibt es stehen. Wenn du eine Kerze anzündest, dreht es sich wieder.«

»Aber es muß doch zu irgend etwas gut sein.«

»Ja. Na, und diese Armreifen, die man zusammen mit der Uhr getragen hat? Wozu dienten die? Und womit haben die Frauen sich nicht so alles behängt, am Hals, am Ohr? Hübsche Dinge, mehr nicht.«

»Ja, stimmt . . .«

Ich lasse mich zusammensacken, aber zwischen all diesen Menschen werde ich gehalten. Bin sehr müde, die Füße schmerzen. Die Beine sind eingeschlafen. Ich fürchte noch immer für meinen Kreislauf. Ich schließe die Augen. Der Tage geht zur Neige, die Hitze hält an. Erst spät in der Nacht wird die Kälte hereinbrechen. Heiß-kalt; kaltheiß.

Am nächsten Morgen sind wieder viele tot. Die Temperaturschwankungen sind erheblich. Sobald es heiß wird, werden wir die Leichen in die Sonne werfen, damit sie sich im Licht entzünden. Ein Teil unseres Tagesablaufs. Das Entsetzen verliert an Grauen, wenn es alltäglich wird.

»Hast du eine Ahnung, wo wir sind?«

»Nur vage. In meinem Bus waren die Fensterscheiben schwarz angemalt. Ich konnte die Straße nicht sehen. Ich weiß nicht, ob wir direkt gekommen oder im Kreis gefahren sind.«

»Ich sage, wir haben São Paulo nicht einmal verlassen. Ich glaube, ich kenne diese Ruinen an dem Free-Way hier.«

»Das kann irgendeine Straße sein. Sie sehen alle gleich aus!«

»Ich frage mich nur, was wir hier tun?«

Ich komme mir lächerlich vor, finde die Situation auf entsetzliche Weise grotesk. Sie wäre komisch, wenn sie nicht so traurig wäre. Als ob ich mitten auf einem Platz ohne Hosen dastünde und alle Leute betrachteten meinen Hintern.

Da ich schon meinen Tag mit archaischen Wörtern habe, soll ich noch eins suchen? Mir hat der Mann gefallen. Hat sich gelohnt, die Begegnung. Er hat eine Last von mir genommen. Er hat definiert, was ich mich geweigert habe zu akzeptieren. Eine wunderliche Situation. Da haben wir's! Ich habe es ja gewußt, noch ein ausgestorbenes Wort.

Nun sag mir einer, hat man je etwas Komischeres als uns hier gesehen? Unter der riesigen Markise, dem pharaonischen Bau, dem Stolz der Regierung, dem Wunder aller Wunder? Spaßvögel und Clowns, und wir haben nicht einmal Zuschauer, denen wir unsere Späße verkaufen könnten. Und das Publikum hält nichts von Applaus.

»Glaubst du, wir kommen hier raus?«

»Wenn ich es mir recht überlege, haben wir eine Chance.«

»Welche?«

»Ich habe einen Neffen, Hauptmann im *Neuen Heer.* Ein schwieriger Kerl, aber mit guten Beziehungen.«

»Kann der uns rausholen?«

»Er hat gesagt, ja. Er hatte die Ruhe weg, war sicher, daß sie ihn rausholen würden.«

»Wenn wir eine Ahnung hätten, wo wir eigentlich sind, dann könnten wir nachts abhauen. Daran hat noch niemand gedacht. Nachts wegzugehen, wenn es abkühlt.«

»Niemand weiß, was tun. Selbst wir nicht.«

»Wir könnten Gruppen bilden, ein paar Leute vorschikken.«

»Wer einmal geht, kommt nicht wieder. Die sind nicht dumm.«

»Du hängst ganz schön durch, Mensch. Nun sei doch mal zuversichtlich!«

»Na gut, sag mal: Würdest du mit der ersten Gruppe gehen? Ohne zu wissen, ob du rechtzeitig vor Sonnenaufgang einen Unterschlupf erreichst?«

»Schon möglich.«

»Es ist gut, wenn's die anderen juckt, was?«

»Sieht so aus, als müßten wir hier noch eine Zeitlang aushalten. Wir müssen uns einfach organisieren.«

»Hm?«

»Uns organisieren.«

»Organisieren?«

»Ja, bist du taub?«

Jetzt brüllt er. Die Leute um uns herum schweigen. In diesem Mann liegt Kraft. Er hat etwas Bestimmtes, wenn er redet. Es muß doch noch andere geben, es kann nicht sein, daß nur wir zwei verstehen, was hier vor sich geht. Ich weiß, daß er mich anspricht. Ich, der Theoretiker, muß in die Praxis.

»Wie?«

»Ich weiß noch nicht. Wir lernen uns lieber erst besser kennen und planen dann.«

»Wir können uns nicht einmal rühren.«

»Morgen oder übermorgen wird es etwas mehr Raum geben. Wir kriegen dann die Plätze von denen, die umfallen.«

»Oder wir verhindern, daß sie umfallen.«

»Es hilft nichts. Wir müssen von den gewonnenen Plätzen ausgehen und planen. Jeder von uns wird bei seiner Rückkehr eine Gruppe leiten.«

Die Nacht verstreicht. Die schwachen Lampen bleiben noch einige Stunden eingeschaltet. Trübes, gelbliches Licht. »Das schmerzhafte Licht elektrischer Lampen.« Ich kann nicht hinschauen, es quält mich entsetzlich. Die Leute schnarchen laut, hecheln, weinen, murmeln. Ich wache von dem Geräusch des Windes auf.

Ein Geräusch wie pfeifender Wind. Ich wiederhole es mir selbst. Es hört sich an wie Wind. Ein Traum in meinem leichten Schlaf. Die Leitungen bewegen sich nicht. Ich merke, wie der trockene Staub um mein Gesicht streicht. Der Wind scheint sehr heiß zu sein und stillzustehen. Ja, stillstehender Wind. Das gibt's!

Wichtig ist, daß er für mich existiert. Soll doch zweifeln, wer will. Es ist kein Delirium im Endstadium. Nur um mehr Gewißheit zu erlangen, zwicke ich meinen dunkelhaarigen Gefährten. Er ist eingenickt und wacht erschrokken auf, blinzelt mit den Augen. »Merkst du etwas?« frage ich. Er wartet einen Augenblick, horcht auf, dann schreit er.

»Das ist Wind, Wind. Wind, altes Arschloch!«

»Also wirklich. Zwei Leute können ja nicht das gleiche träumen.«

»Und es riecht nach Regen, nicht wahr?«

»Jetzt übertreibst du aber.«

»Es riecht nach Regen. Paß auf.«

»Ich kann mich nicht einmal mehr an den Duft von Regen erinnern.«

»Ah, das vergißt man nicht. Das ist wie schwimmen, radfahren, vögeln.«

»Hoffentlich kein saurer Regen.«

»Ach was, der saure Regen hat doch gestunken. Mein Gott, und wie! Kurz bevor er kam, konnte das niemand aushalten, die Leute schlossen Türen und Fenster und stopften alle Ritzen zu. Oder sie starben durch die Nase. Dieser Geruch ist gut. Wie feuchte Erde.«

Auch wenn es nicht duftet, lasse ich mich von diesem Gefühl völlig einlullen. Wiege mich darin. Und dieser frische Wind, der so lange nicht mehr dagewesen ist, dringt zu mir durch. Und so ersehnt. Zum Geruch feuchter Erde ist dieser Wind gekommen. Der den Regen bringt. Wind als Vorankündigung.

»Phantasieren wir, Freund?«

»Und wennschon, na und? Ich will schon seit langem lieber in der Phantasie leben.«

Ich will jetzt nicht einschlafen. Bin alarmbereit. Unruhig warte ich auf diesen versprochenen Regen. Die Gewißheit, daß er kommen wird. Früher oder später. Er wird kommen. Vielleicht ist er noch weit weg, aber er kommt in unsere Richtung. Dank der dünnen Atmosphäre dringen Geräusche und Düfte schneller zu uns vor, erschrekkend schnell.

Wie das Licht der Sterne. Wenn es uns erreicht, hat es schon lange geleuchtet, manchmal vor Tausenden von Jahren. Vielleicht kommt dieser feuchte Duft von so weit her, daß es noch lange dauert, bis er hier sein wird. Ich wette um alles in der Welt, daß es Regen ist. Weiß jemand, ob es da vorn regnet?

E PUR SI MUOVE
UND SIE BEWEGT SICH DOCH
(DIE ERDE)

Galileo Galilei

Neuerscheinung '90

GIOCONDA BELLI
BEWOHNTE FRAU

Roman
Aus dem Spanischen von Lutz Kliche
Etwa 384 Seiten · Leinen · Etwa 9,80 M

Gioconda Belli, Jahrgang 1949, wurde als Lyrikerin weit über die Landesgrenzen hinaus bekannt. Im Mittelpunkt ihres ersten Romans steht eine junge, selbstbewußte Architektin, die nach dem Studium in Bologna ins heimatliche, von einer menschenverachtenden Militärdiktatur beherrschte Faguas zurückkehrt. Levinia erfährt dort die Liebe, aber auch die Notwendigkeit des illegalen Widerstands. Indes, wie Jahrhunderte zuvor das Indiomädchen Itzá, von deren Geist sie bewohnt wird, muß auch sie sich erst über zählebige Konventionen und Vorurteile hinwegsetzen, ehe sie sich einen Platz an der Seite der kämpfenden Männer ertrotzen kann.
Ob man »Bewohnte Frau« als Revolutionsroman, als Liebesgeschichte oder als ein Stück Frauenliteratur liest – es ist ein Buch, das Mut macht. Denn »niemand, der liebt, stirbt jemals«.

Neuerscheinung '90

UMBERTO ECO
DIE PENDEL DES FOUCAULT

(Arbeitstitel)

Roman

Aus dem Italienischen von Burkhart Kroeber

Etwa 816 Seiten · Leinen · Etwa 18,20 M

Wie schon in seinem ersten Roman, dem Welterfolg »Der Name der Rose« (1985 bei Volk und Welt), erzählt Umberto Eco, Jahrgang 1932, auch hier eine obskure Geschichte von Manuskripten, verschlüsselten Botschaften und Verbrechern. Nur spielt sie diesmal in den achtziger Jahren, als drei Mitarbeiter eines kleinen italienischen Verlages, müde der Lektüre so vieler dilettantischer Autoren, einen Plan erfinden, ein intellektuelles Spiel zur Neuinterpretation der Weltgeschichte, das plötzlich blutiger Ernst wird, weil jemand den Plan ernst genommen hat.

Verlag Volk und Welt
Berlin